新世纪高职高专课程与实训系列教材

经 济 法
(第4版)

吉文丽 主 编

清华大学出版社
北京

内 容 简 介

本书立足于职业岗位对经济法知识与应用能力的需要，以经济类职业岗位群工作过程中需要处理的法律事务为主线，吸收最新经济法的立法信息，整合民法、劳动合同法、经济法相关教学内容，重构经济法课程内容体系。以必需、够用为原则，结合经济类的职业资格标准，重点阐述了我国经济法体系中与职业工作密切相关的部门法，包括民法、劳动合同法、个人独资企业法与合伙企业法、公司法、企业破产法、合同法、知识产权法、市场管理法、金融法、票据法、证券法等。

本书内容新颖，吸纳了截至 2018 年 5 月 1 日的最新立法信息。基于经济法教学"应用性"的要求，书中采取"以案说法"的形式编排理论内容，在编写体例上突出了"互动性"和"应用性"，每章前设有"章前测试""案情导入"，章中设有"思考""解析""案例分析"等栏目，结构简洁，深入浅出，重点突出，实现了理论与实践、法律与案例的有机结合。为强化学生的经济法应用能力，每章后均附有强化训练题，有单项选择、多项选择、判断、案例分析等形式，体现了"教、学、做"合一的职教特色。

本书可作为高职高专院校经济类及其他相关专业的经济法教材，也可作为各类成人院校及企业职工的培训教材，还可作为在职工作人员迅速提高经济法知识与应用能力的自学用书。

本书封面贴有清华大学出版社防伪标签，无标签者不得销售。
版权所有，侵权必究。举报：010-62782989，beiqinquan@tup.tsinghua.edu.cn。

图书在版编目(CIP)数据

经济法/吉文丽主编. —4 版. —北京：清华大学出版社，2019(2023.8 重印)
(新世纪高职高专课程与实训系列教材)
ISBN 978-7-302-51542-5

I. ①经… II. ①吉… III. ①经济法—中国—高等职业教育—教材 IV. ①D922.29

中国版本图书馆 CIP 数据核字(2018)第 249537 号

责任编辑：梁媛媛
封面设计：刘孝琼
责任校对：张彦彬
责任印制：杨 艳

出版发行：清华大学出版社
网　　址：http://www.tup.com.cn, http://www.wqbook.com
地　　址：北京清华大学学研大厦 A 座　　邮　编：100084
社 总 机：010-83470000　　邮　购：010-62786544
投稿与读者服务：010-62776969, c-service@tup.tsinghua.edu.cn
质量反馈：010-62772015, zhiliang@tup.tsinghua.edu.cn
课件下载：http://www.tup.com.cn, 010-62791865

印 装 者：三河市龙大印装有限公司
经　　销：全国新华书店
开　　本：185mm×260mm　　印　张：20.25　　字　数：492 千字
版　　次：2007 年 7 月第 1 版　2019 年 1 月第 4 版　　印　次：2023 年 8 月第 6 次印刷
定　　价：58.00 元

产品编号：078296-02

《经济法(第4版)》编写人员

主　　编　吉文丽　(新疆农业职业技术学院)
副 主 编　王　雪　(新疆农业职业技术学院)
　　　　　张泰三　(山西农业大学原平农学院)
参　　编　(排名不分先后)
　　　　　王　芳　(新疆农业职业技术学院)
　　　　　毛德敏　(新疆农业职业技术学院)
　　　　　朱敏莉　(黑龙江农业职业技术学院)
　　　　　孙宝升　(阿克苏职业技术学院)
　　　　　冷晓海　(江西生物科技职业学院)
　　　　　张武刚　(新疆农业职业技术学院)
　　　　　杨昕杰　(辽宁职业学院)
　　　　　孟　杨　(新疆农业职业技术学院)
　　　　　常化滨　(包头职业技术学院)
　　　　　施子良　(新疆昌吉职业技术学院)
　　　　　殷铁兵　(杭州万向职业技术学院)

前　言

　　本书在继承第 3 版精华的基础上，吸收了截至 2018 年 5 月 1 日的最新立法信息，结合教学实践，重新编写了劳动合同法、公司法、商标法、消费者权益保护法等内容，补充、纠错了其他各章内容，并充实了课后强化训练题，修订后使本书内容更加实用。基于经济法教学"应用性"的要求，书中采取"以案说法"的形式编排理论内容，实现了理论与实践、法律与案例的有机结合。为强化学生经济法的应用能力，本书每章后均附有强化训练题，有单项选择、多项选择、判断、案例分析等形式，体现了"教、学、做"合一的职教特色。

　　本书主要特点如下。

　　(1) 内容新。依据国家最新立法信息，精心编写了各章内容，充分吸纳了截至 2018 年 5 月 1 日的最新经济法规信息。

　　(2) 实用性强。以实际职业岗位对工作人员经济法知识与能力的要求为依据，精心选择与经济管理岗位关系最为密切的主要法律，同时，将工作中常用的劳动法及相关民法知识编入本书，所用资料均为近几年职业活动中实际发生的典型案例，使本书内容更具实用性。

　　(3) 应用性强。以经济法应用能力的培养为主线，每章后均附有大量的强化训练题和案例分析题，以促成学生综合应用能力的形成。

　　(4) 体例新。突出了以学生为中心的教育理念，在编写体例上突出了"互动性"和"应用性"，每章前均有"章前测试""案情导入"，以调动学生的求知欲，各章中设有"思考""解析""案例分析"等栏目，突出重点、难点，解析透彻，深入浅出，打破了传统经济法教材"法条罗列"的模式，增强了可读性。

　　(5) 体现职业标准。从职业岗位人才规格需求分析入手，结合经济类的职业资格标准要求，为学生考取助理会计师、助理营销师等资格证书奠定了坚实的基础。

　　本书所用案例中的当事人均做了"化名"处理，如有雷同，纯属巧合，敬请谅解。

　　为便于教师教学，本书提供了配套的电子教案、教学大纲、实训指导书、技能测试库与试题库，需要者可从清华大学出版社官网下载。

　　本书由吉文丽任主编，并负责全书的整体结构设计、总纂及定稿工作；由王雪、张泰三任副主编，并负责修改初稿和定稿。朱敏莉、孟杨、张武刚、毛德敏、王芳、常化滨、殷铁兵、杨昕杰、冷晓海、孙宝升、施子良等教师也参加了本书的编写。具体编写分工为：吉文丽编写第二、三、五章；王雪编写第二、六章；张泰三编写第一、四章；孟杨编写第

三、九章；张武刚编写第十二章；毛德敏编写第三、十一章；王芳编写第一、二章；常化滨编写第四、六章；朱敏莉编写第五章；殷铁兵编写第六章；杨昕杰编写第七章；冷晓海编写第八章；孙宝升编写第十、十一章；施子良编写第十二章。

  本书在编写过程中得到了各位编写人员所在院校的大力支持，也得到了相关企业、律师事务所的热情协助，在此一并表示感谢。

  书中难免存在疏漏和不足之处，恳望广大读者和同行大力斧正。

编　者

目　录

第一单元　经济法基础知识

第一章　经济法概述 ... 1
第一节　经济法的概念及调整对象 ... 2
一、经济法的演变历史 ... 2
二、经济法的概念 ... 2
三、经济法的调整对象 ... 3
四、经济法的特征与渊源 ... 3
第二节　经济法律关系 ... 5
一、经济法律关系的概念 ... 5
二、经济法律关系的特征 ... 5
三、经济法律关系的构成要素 ... 6
四、经济法律关系的产生、变更和消灭 ... 8
第三节　经济法律责任 ... 9
一、经济法律责任的概念 ... 9
二、承担经济法律责任的形式 ... 10
复习思考题 ... 10
强化训练 ... 10

第二章　相关法律知识 ... 13
第一节　民法相关知识 ... 14
一、民法概述 ... 14
二、民事主体 ... 14
三、代理 ... 17
四、诉讼时效 ... 20
第二节　劳动合同法 ... 24
一、劳动合同与劳动合同法 ... 25
二、劳动合同的订立 ... 25
三、劳动合同的主要内容 ... 27
四、劳动合同的解除和终止 ... 32
五、劳动争议的解决 ... 36
复习思考题 ... 37
强化训练 ... 38

第二单元　市场主体法

第三章　个人独资企业法与合伙企业法 ... 45
第一节　个人独资企业法 ... 46
一、个人独资企业法概述 ... 46
二、个人独资企业的设立 ... 47
三、个人独资企业投资人及事务管理 ... 48
四、个人独资企业的权利与义务 ... 49
五、个人独资企业的解散和清算 ... 50
第二节　合伙企业法 ... 51
一、合伙企业法概述 ... 51
二、普通合伙企业 ... 52
三、有限合伙企业 ... 60
四、合伙企业的解散与清算 ... 62
复习思考题 ... 64
强化训练 ... 65

第四章　公司法 ... 74
第一节　公司法概述 ... 75
一、公司的概念与种类 ... 75
二、公司法的概念 ... 76
三、公司的法人财产权与公司的股东权利 ... 76
四、公司的登记管理 ... 78
第二节　有限责任公司 ... 79
一、有限责任公司的设立 ... 79

二、有限责任公司的组织机构............81
　　三、一人有限责任公司的特别规定....85
　　四、国有独资公司的特别规定............85
　　五、有限责任公司的股权转让............86
第三节　股份有限公司....................................87
　　一、股份有限公司的设立....................87
　　二、股份有限公司的组织机构............90
　　三、股份发行和转让............................95
　　四、公司董事、监事、高级管理人员
　　　　的资格和义务............................96
第四节　公司债券与公司财务、会计........98
　　一、公司债券....................................98
　　二、公司财务、会计............................99
第五节　公司的合并、分立、解散
　　　　和清算....................................100
　　一、公司的合并与分立......................100
　　二、公司注册资本的减少和增加......101
　　三、公司的解散和清算....................101
复习思考题..103
强化训练..103

第五章　企业破产法..111
第一节　企业破产法概述..........................112
　　一、破产的概念....................................112
　　二、破产法的概念与特征................112
　　三、企业破产的界限............................112
第二节　企业破产的程序..........................113
　　一、企业破产申请和受理................113
　　二、债权申报....................................116
　　三、债权人会议................................117
　　四、重整与和解................................119
第三节　破产宣告..122
　　一、破产宣告概述............................122
　　二、破产财产与变价........................122
　　三、破产费用和共益债务................124
　　四、破产财产的分配........................125
　　五、破产程序的终结........................126
复习思考题..127
强化训练..128

第三单元　市场运行法

第六章　合同法..133
第一节　合同法概述....................................134
　　一、合同的概念与分类....................134
　　二、合同法..136
第二节　合同的订立....................................137
　　一、合同订立的形式与内容............137
　　二、格式条款....................................138
　　三、合同订立的程序........................139
　　四、合同成立的时间、地点............142
　　五、缔约过失责任............................143
第三节　合同的效力....................................143
　　一、合同的生效................................143
　　二、无效合同....................................145
　　三、可撤销合同................................145
　　四、效力待定合同............................146
第四节　合同的履行....................................147

　　一、合同履行的规则........................147
　　二、抗辩权的行使............................148
　　三、合同保全....................................149
第五节　合同的担保....................................150
　　一、保证..150
　　二、抵押..152
　　三、质押..154
　　四、留置..154
　　五、定金..155
第六节　合同的变更、转让和终止........155
　　一、合同的变更................................155
　　二、合同的转让................................156
　　三、合同的终止................................157
第七节　违约责任..159
　　一、违约责任的主要形式................159
　　二、违约责任的免除........................160

第八节　主要合同..................................162
　　　　一、买卖合同..................................162
　　　　二、借款合同..................................163
　　　　三、租赁合同..................................164
　　复习思考题..165
　　强化训练..166

第七章　知识产权法..................................175
　　第一节　知识产权法概述..........................176
　　　　一、知识产权的概念与特征....................176
　　　　二、知识产权法................................177
　　第二节　商标法....................................177
　　　　一、商标法概述................................178
　　　　二、商标权....................................179
　　　　三、商标注册..................................179
　　　　四、注册商标的续展、转让和使用
　　　　　　许可......................................182
　　　　五、商标权人的权利、义务....................183
　　　　六、商标使用的管理............................184
　　　　七、注册商标专用权的保护....................184
　　第三节　专利法....................................186
　　　　一、专利法概述................................186
　　　　二、专利权的主体..............................186
　　　　三、专利权的客体..............................187
　　　　四、授予专利权的条件..........................189
　　　　五、专利权的取得、终止和无效................190
　　　　六、专利权的内容和限制........................192
　　　　七、专利权的保护..............................194
　　第四节　著作权法..................................196
　　　　一、著作权法概述..............................196
　　　　二、著作权的主体与归属......................197
　　　　三、著作权的客体..............................199
　　　　四、著作权的内容..............................199
　　　　五、邻接权....................................199
　　　　六、著作权的保护..............................199
　　复习思考题..203
　　强化训练..203

第八章　市场管理法..................................210
　　第一节　反不正当竞争法..........................211
　　　　一、反不正当竞争法概述......................211
　　　　二、不正当竞争行为............................212
　　　　三、不正当竞争行为的监督与检查
　　　　　　部门......................................215
　　　　四、不正当竞争行为的法律责任................215
　　第二节　产品质量法................................217
　　　　一、产品质量法概述............................217
　　　　二、生产者、销售者的产品质量
　　　　　　义务......................................219
　　　　三、产品质量的法律责任......................220
　　第三节　消费者权益保护法........................222
　　　　一、消费者权益保护法概述....................222
　　　　二、消费者的权利..............................223
　　　　三、经营者的义务..............................225
　　　　四、消费者权益保护............................227
　　　　五、违反消费者权益保护法的法律
　　　　　　责任......................................228
　　复习思考题..231
　　强化训练..231

第四单元　经济调控监督法

第九章　金融法..237
　　第一节　金融法概述................................238
　　　　一、金融与金融法的概念......................238
　　　　二、金融机构..................................238
　　第二节　中国人民银行法..........................239
　　　　一、中国人民银行法概述......................239
　　　　二、中国人民银行的组织机构..................240
　　　　三、中国人民银行的业务......................241
　　　　四、人民币管理................................242
　　第三节　商业银行法................................243
　　　　一、商业银行法概述............................243
　　　　二、商业银行的经营原则与业务
　　　　　　范围......................................243

三、商业银行的设立、接管
　　与终止 245
第四节　现金管理暂行条例及支付结算
　　法律制度 246
　　一、现金管理暂行条例 247
　　二、支付结算法律制度 248
复习思考题 250
强化训练 250

第十章　票据法 252

第一节　票据法概述 253
　　一、票据与票据法 253
　　二、票据行为 254
　　三、票据权利与抗辩 255
　　四、票据的伪造和变造 257
第二节　汇票 257
　　一、汇票的概念和种类 257
　　二、汇票的出票 258
　　三、汇票的背书 259
　　四、汇票的承兑 260
　　五、汇票的保证 261
　　六、汇票的付款 262
　　七、汇票的追索权 262
第三节　本票与支票 264
　　一、本票 264
　　二、支票 265
复习思考题 267
强化训练 267

第十一章　证券法 273

第一节　证券法概述 274
　　一、证券的概念 274
　　二、证券法的概念 274
　　三、证券管理原则 274
第二节　证券的发行 275
　　一、证券发行的一般规定 275
　　二、证券发行的条件 276
　　三、证券发行的程序 278
第三节　证券的交易 280
　　一、证券交易的一般规定 280
　　二、证券上市 282
　　三、持续信息公开 284
　　四、禁止交易行为 285
　　五、上市公司收购 287
复习思考题 289
强化训练 289

第十二章　经济纠纷的解决途径 295

第一节　经济纠纷解决途径概述 295
第二节　经济仲裁 296
　　一、仲裁法概述 296
　　二、仲裁机构 298
　　三、仲裁协议 299
　　四、仲裁程序 300
　　五、仲裁监督 301
　　六、仲裁裁决的执行 302
第三节　民事诉讼 303
　　一、民事诉讼法概述 303
　　二、民事诉讼参加人 303
　　三、民事诉讼的管辖 304
　　四、民事诉讼的程序 306
复习思考题 309
强化训练 309

参考文献 314

第一单元　经济法基础知识

第一章　经济法概述

【能力目标】
- 识别经济法律关系的构成要素。
- 解释经济法的调整对象。

【知识目标】
- 了解经济法的特征、渊源、法律体系及法律责任。
- 掌握经济法的概念、调整对象。
- 掌握经济法律关系的构成要素。

【职业素质目标】

应用所学，理解我国的市场主体及其运行过程，以及国家对此进行的调控和监管都是由经济法律来规范的，增强依法经营的观念。

【章前测试】

1. 经济组织内部的经济关系应当由下列哪部法调整？（　　）
   A. 民法　　　　B. 劳动法　　　　C. 经济法　　　　D. 行政法
2. 下列各项中，哪些属于经济法的表现形式？（　　）
   A. 宪法　　　　B. 法律　　　　C. 地方性法规　　　　D. 行政法规
3. 下列各项中，哪些可以作为经济法律关系的客体？（　　）
   A. 阳光　　　　B. 房屋　　　　C. 荣誉称号　　　　D. 公民
4. 违反经济法，可能承担的法律责任有哪些？（　　）
   A. 民事责任　　　　B. 行政责任　　　　C. 刑事责任　　　　D. 行政处分
5. 经济法是调整一切经济关系的法律规范的总称。这一说法正确吗？

【参考答案】

1. C　　2. ABCD　　3. BC　　4. ABC　　5. 不正确

【案情导入】

在20世纪90年代末，亚洲金融危机期间，作为世界金融中心的香港受到了较大的影响。为保证香港金融市场的稳定，香港特别行政区政府于1998年8月动用了近千亿元港币入市操作；1998年9月，香港特别行政区金融管理局采取了7项技术性措施；之后，香港特别行政区财政司又公布了30条措施。这些行为都是为了增强香港特别行政区货币及金融系统抵御国际投机者操控的能力。

【思考】
(1) 香港特别行政区政府入市操作的行为是否属于经济法的调整范围？
(2) 香港特别行政区金融管理局和财政司的措施受经济法的约束吗？
(3) 什么是经济法？经济法律关系的构成要素有哪些？

第一节 经济法的概念及调整对象

一、经济法的演变历史

经济法作为法律体系的一部分，是国家用来管理社会经济生活的一种强制性的法律手段。从人类社会进入阶级社会之后，随着国家与法律的出现，经济法就产生了。但当时没有民法、刑法、经济法等具体法律的划分，所有的法都共同存在于一部或几部大的法律之中，称之为"诸法合一"或"诸法合体"。如公元前18世纪古巴比伦的《汉谟拉比法典》中关于土地的国家所有权和土地的法律保护、关于商业管理的法律规定等，其内容都属于经济法的范畴，但全部包含在《汉谟拉比法典》这一大法典中。

进入自由资本主义社会之后，部门法的划分取得了较大的发展，"诸法合一""诸法合体"的局面被打破，在经济生活中奉行自由竞争，国家对经济生活的调整也不再以刑事性方式为主，而是以经济性方式为主，确认自由竞争的市场秩序、保护市场主体的权利成为经济法律调整的重点，以调整平等主体之间经济利益关系的民法、商法成为这一时期法律的重要形式。

进入垄断资本主义社会之后，自由竞争式的资本主义的固有缺陷暴露出来，资本主义社会出现了经济危机，且因资本扩张和战争的需要，资本主义国家普遍意识到政府干预经济的必要性，因此制定了一系列的相关法律，使得调整特定经济关系的相关法律达到相当多的数量，从而使经济法成了一个独立的法的部门。

可见，西方国家的经济法，是在自由资本主义经济过渡到垄断资本主义经济的过程中，国家为应对经济发展中出现的垄断、市场失灵和经济危机等问题，而迫切需要国家干预经济的背景下产生和发展起来的。在我国，经济法是在改革开放和加强经济法制的背景下逐步兴起的，并随着社会主义市场经济体制建设步伐的推进而不断丰富和完善。

二、经济法的概念

一般认为，经济法是调整国家在管理与协调经济运行过程中发生的经济关系的法律规范的总称，经济法的调整对象是特定经济关系，即宏观调控关系和市场规制关系。宏观调控是指对宏观经济运行的调节和控制；市场规制是指对微观市场行为的规范和制约。

【思考1-1】 经济法是调整经济关系的法律规范的总称。这一说法正确吗？
【解析】 不正确。经济法并不调整所有的经济关系，而是调整特定的经济关系的法律规范的总称。

三、经济法的调整对象

经济法与民法调整的对象不同，它们是相互独立的法律部门。民法主要调整平等主体间的财产关系，即横向的财产、经济关系；经济法的调整对象包括宏观调控关系和市场规制关系两类。

(一) 宏观调控关系

市场经济以宏观调控为主，在宏观调控过程中发生的经济关系，简称为宏观调控关系。从宏观调控角度来看，世界各国主要运用财税、金融、计划这三类经济政策以及相应的经济手段，来进行宏观调控。如财税法、金融法、计划法等法规就属于宏观调控法律制度。

(二) 市场规制关系

市场规制关系是指国家为了建立社会主义市场经济秩序，维护国家、生产经营者和消费者的合法权益而干预市场所发生的经济关系。各国主要是通过竞争政策和消费者保护法来进行直接的市场规制。如反垄断法、反不正当竞争法、消费者权益保护法等法规就属于市场规制法律制度。

此外，由于对一些特殊领域需要进行特别监管，如银行监管、证券监管等，这些都是在一般的市场规制的基础上发展起来的特别市场规制，也属于经济法的调整对象，也有人称之为市场监管法。

【思考 1-2】经济法的调整对象主要包括宏观调控关系和市场规制关系。这一说法正确吗？

【解析】正确。经济法的调整对象，在法学界有着长期的争议，经过多年的努力，目前已达成基本共识，即主要包括宏观调控关系和市场规制关系。

四、经济法的特征与渊源

(一) 经济法的特征

经济法作为一个独立的法律部门，具有其自身的特征，主要如下。

1. 经济性

经济法的经济性是指经济法直接调整经济关系，与一个国家的经济生活联系最为紧密。经济法把经济制度、经济活动的内容和要求直接规定为法律，使得市场经济秩序得以建立。

2. 综合性

经济法的综合性是指经济法调整手段的综合性，即经济法在调整手段上运用民事、行政和刑事等各种法律手段进行综合调整。在调整范围上，经济法调整的内容既包括宏观经济领域的管理关系，也包括微观经济领域的协作关系。

3. 干预性

市场调节有很大的盲目性和滞后性，对于经济生活不能放任自流、完全交给市场来调节，需要国家的干预与协调。经济法是国家对市场的干预之法，强调国家意志，不同于强调个体意志的民法。

4. 社会性

经济法的社会性是指经济法的"社会本位性"，即经济法注重保护社会利益，协调国家和个体利益，它调整的经济关系体现了社会的整体利益。

(二) 经济法的渊源

经济法的渊源是指经济法律规范借以存在和表现的形式，亦称经济法的表现形式，主要有以下几方面。

1. 宪法

宪法是国家的根本大法，我国宪法是由全国人民代表大会制定和修改的，规定了国家的根本制度和任务，具有最高的法律效力，任何法律、法规等都不能和它相违背。经济法以宪法为渊源，主要是从中汲取有关精神。

2. 法律

法律是由全国人民代表大会及其常务委员会制定的，在规范性文件体系中，其地位和效力仅次于宪法，它也是经济法的主要形式和渊源，如《中华人民共和国合同法》等。

3. 行政法规

国务院是我国最高行政机关，由国务院根据宪法和法律制定的规范性文件称为行政法规，行政法规的地位仅次于宪法和法律，是经济法的重要形式，如《中华人民共和国外汇管理条例》等。

4. 地方性法规

地方性法规是由省、自治区、直辖市，以及较大的市和民族自治地方的人民代表大会及其常务委员会依据宪法精神制定和修改的规范性文件，如《北京市招标投标条例》等。

5. 规章

规章包括国务院部门规章和地方政府规章。国务院部门规章是指国务院各部门和直属机构在本部门的权限范围内制定的规范性文件，如财政部发布的《代理记账管理办法》等；地方政府规章是省、自治区、直辖市和较大的市的人民政府根据法律、行政法规和地方性法规制定的规范性文件。

6. 自治条例和单行条例，以及特别行政区的法律

自治条例和单行条例是民族自治地方的人民代表大会制定或批准的规范性文件，如《新疆维吾尔自治区自治条例》等；特别行政区的法律包括特别行政区基本法以及由特别行政区立法机关制定的规范性文件，如《中华人民共和国香港特别行政区基本法》等。

7. 司法解释

由全国人民代表大会及其常务委员会、国务院下属和直属机构、最高法院和最高检察

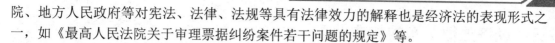

院、地方人民政府等对宪法、法律、法规等具有法律效力的解释也是经济法的表现形式之一，如《最高人民法院关于审理票据纠纷案件若干问题的规定》等。

8. 国际条约、协定

国际条约、协定是指我国同外国缔结或者我国批准加入的确定相互间权利和义务关系的协议。国际条约、协定不属于国内法的范畴，但国际条约、协定在我国生效后，对我国国家机关、公民、法人或者其他组织具有法律约束力，因此也是我国经济法的表现形式之一。

【思考1-3】学生小赵认为，经济法就是国家颁布的经济法律。该观点对吗？

【解析】不对。经济法的渊源有很多，法律只是其中一种表现形式，还有行政法规、地方性法规等。

第二节 经济法律关系

一、经济法律关系的概念

法律关系是一种社会关系，它是社会关系被法律规范确认和调整之后所形成的权利和义务关系。社会关系是多种多样的，并非所有的社会关系都是法律关系，只有那些由某种法律规范加以调整的关系才能称为法律关系。受不同法律规范的调整，就会形成不同的法律关系。例如，受民法调整的权利与义务关系称为民事法律关系，受行政法调整的权利与义务关系称为行政法律关系，受经济法调整的权利与义务关系即为经济法律关系等。

经济法律关系是指经济法主体根据经济法律规范产生的、在国家宏观调控与市场规制过程中形成的权利与义务关系。

二、经济法律关系的特征

经济法律关系具有以下特征。

（一）由经济法律规范确认和调整所形成的法律关系

法律规范是法律关系产生、变更和终止的前提。没有经济法律规范的具体规定，经济法律关系不能产生，其内容也无法实现。在经济法律关系中，任何主体都不享有经济法律规定以外的权利，不承担经济法律规定以外的义务。

（二）具有经济内容的权利义务关系

经济法律关系体现的是经济领域内的权利和义务，所体现的权利和义务具有经济内容。

（三）受国家强制力保护的权利义务关系

同任何其他的法律关系一样，经济法律关系一经形成，就由国家强制力来保证其实施，任何一方经济法主体的经济权利都会得到法律的保护，任何一方经济主体不履行义务都会受到法律的制裁。

三、经济法律关系的构成要素

经济法律关系的构成要素是指构成经济法律关系的必要条件,由经济法律关系的主体、经济法律关系的内容、经济法律关系的客体三个要素构成。这三个要素紧密相连,互相依存,缺少其中任何一个要素就构不成经济法律关系,而改变其中的任何一个要素都会产生一个新的经济法律关系。

(一) 经济法律关系的主体

经济法律关系的主体简称经济法主体,是指在经济法律关系中享有一定权利、承担一定义务的当事人或参加者。经济法主体必须具备一定的资格。经济法的主体资格是由法律所赋予的。

经济法主体的范围非常广泛,根据主体在经济运行中的客观形态划分,经济法主体可分为以下四类。

1. 国家机关

国家机关是指行使国家职能的各种机关的通称,包括国家权力机关、国家行政机关、国家司法机关等。作为经济法主体的国家机关主要是指国家行政机关中的经济管理机关。在特殊情况下,如以国家名义对内对外发行政府债券等,国家也可以成为经济法主体。

2. 社会组织

社会组织是指企事业单位、农村经济组织、社会团体等,是经济法主体中最广泛、最基本的一类。

3. 经济组织的内部机构和有关人员

并非所有的内部机构和有关人员都可以成为经济法主体,只有在实行经济责任制、内部承包经营的经济组织中,其内部机构和有关人员参与生产经营管理活动时,才可能成为经济法主体。

【思考1-4】下列各项中,可以成为经济法主体的有( )。
A. 商场　　　　　　　　　　　B. 市政府
C. 某公司的生产车间　　　　　D. 财政局的预算科
【解析】正确答案是 ABC。只有经济组织的内部机构才可能成为经济法主体。

4. 个人

个人包括公民、个体工商户、农村承包经营户。当他们参与经济法律关系的活动时,则具有经济法律关系主体的资格。例如,在公民承包租赁企业、农户承包集体经济组织土地等情况下,"企业""农户"等个人都是经济法律关系的主体。

【思考1-5】经济法律关系的主体必须是市场主体,政府机关是行政主体,不能成为经济法律关系的主体。该观点是否正确?
【解析】不正确。经济法主体的范围广泛,依法取得资格的单位、个人均可成为经济法律关系的主体。

(二) 经济法律关系的内容

经济法律关系的内容是指经济法律关系的主体所享有的权利和所承担的义务。它是经济法律关系的核心，直接体现了经济法主体的利益和要求。

1. 经济权利

经济权利是指经济法主体依法能够为一定行为或不为一定行为，以及要求他人为一定行为或不为一定行为的资格。经济法主体所享有的权利主要如下。

(1) 经济职权。经济职权是指国家机关及其工作人员在行使经济管理职能时依法享有的权利，如决策权、资源配置权、许可权、审核权等。经济职权是具有隶属性质的权利，既是权利也是义务，不得随意放弃或转让。

(2) 所有权。所有权是指所有人依法对自己的财产享有的占有、使用、收益、处分的权利。它具有排他性和绝对性，无须他人协助即可实现其权利。所有人对自己财产的占有、使用、收益、处分的四种权利在一定条件下可以与所有人相分离，这种分离是所有人行使其财产所有权的一种方式。

(3) 法人财产权。法人财产权是指具有法人资格的组织，对组织中投资者所投入的资产，在经营管理中享有占有、使用、收益和处分的权利。如有限责任公司有权支配公司的财产等。

(4) 经营管理权。经营管理权是指所有者或所有者授权的经营管理者对经营管理的财产所享有的占有、使用、收益和处分的权利，以及经营管理中的人事、劳动等方面的管理权利。如国有企业财产属于国家，但由企业经营管理。

(5) 债权。债权是指经济权利的主体，依据法律的规定或者合同的约定所享有的请求权。债权是一种请求权，其义务主体是特定的。

(6) 知识产权。知识产权即商标权、专利权、著作权等，是智力成果的创造人依法享有的权利和生产经营活动中标记所有人依法享有的权利的总称。

2. 经济义务

经济义务是指经济法主体根据法律规定或为满足权利主体的要求，必须作为或不作为一定行为的责任。经济义务包括三层含义：①为满足权利主体的要求，义务主体必须为或不为一定的行为；②义务主体只承担法定范围内的义务，超出法定范围，义务主体则不受限制；③义务主体如果不依法履行法定义务，则要承担相应的法律责任。

经济主体的权利和义务互相依存，具有对等性，互以对方的存在为前提，没有无权利的义务，也没有无义务的权利。

(三) 经济法律关系的客体

经济法律关系的客体是经济法主体权利和义务所共同指向的对象，它是权利和义务关系形成的载体，没有经济法律关系的客体，权利和义务就失去了目标，经济法律关系也就不能成立。经济法律关系的客体包括物、行为和非物质财富。

1. 物

物是指人们能够控制的并具有使用价值和价值的物质资料。物包括自然存在的物品和人类劳动生产的产品,以及充当一般等价物的货币和有价证券等。

【思考1-6】下列各项中,可以作为经济法客体的有(   )。
A. 阳光   B. 空气   C. 股票   D. 房屋
【解析】正确答案是CD。并非所有的物都能成为经济法客体,必须是人们能够控制的、具有使用价值和价值的物质资料,因此AB不能作为经济法律关系的客体。

2. 行为

行为是指经济法律关系的主体为达到一定的经济目的,实现其权利和义务所进行的经济活动,包括经济管理行为、完成一定工作行为和提供一定劳务行为等。

经济管理行为是指经济法主体行使经济管理权或经营管理权所指向的行为,如经济决策行为、经济命令行为、监督检查行为等。

完成一定工作行为是指经济法主体的一方,利用自己的资金和技术设备为对方完成一定的工作任务,对方根据完成工作的质量和数量情况支付相应报酬,如加工行为、建筑行为等。

提供一定劳务行为是指经济法主体的一方为对方提供一定劳务或服务,满足对方的需求,由对方支付一定报酬的行为,如运输、保管等。

【思考1-7】甲公司委托乙公司运输一批货物,请指出这一关系中的客体。
【解析】客体是运输行为,即提供一定的劳务。

3. 非物质财富

非物质财富也称为精神财富或精神产品,包括知识产品和荣誉产品。知识产品也称智力成果,是指人们通过脑力劳动创造的能够带来经济价值的精神财富,如作品、发明、实用新型、外观设计、商标等。智力成果是一种精神形态的客体,是一种思想或者技术方案,不是物,但通常有物质载体,如书籍、图册、录像、录音等。荣誉产品是指人们在各种社会活动中所取得的物化或者非物化的荣誉价值,如荣誉称号、奖章、奖品等。荣誉产品是荣誉权的法律关系客体。

【思考1-8】A公司将其注册商标转让给B公司,双方签订转让合同,A、B之间是否形成了经济法律关系?如果形成了经济法律关系,请指出该经济法律关系的三要素。
【解析】A、B之间形成了经济法律关系。该关系中主体为A公司与B公司;客体为注册商标,属于非物质财富;内容为双方的权利和义务,即A公司享有收取价款的权利和提供注册商标的义务,B公司享有取得注册商标使用权的权利和支付价款的义务。

四、经济法律关系的产生、变更和消灭

经济法律关系的产生是指在经济法律关系的主体之间某种经济权利和经济义务关系的形成;经济法律关系的变更是指在经济法律关系的主体之间某种经济权利和经济义务关系

形成后，其中全部关系和部分关系的改变；经济法律关系的消灭是指在经济法律关系的主体之间已经存在的某种经济权利和经济义务关系的结束或者消失。

经济法律规范本身并不能必然在经济法主体间形成权利与义务关系，只有在一定的经济法律事实出现后，才能使经济法律关系以经济法律规范为依据而发生、变更和消灭。据此，经济法律关系的发生、变更和消灭需要具备以下三个条件。

(一) 经济法律规范

经济法律规范是经济法律关系发生、变更、消灭的前提之一，必须有对经济法律关系进行调整的法律依据。

(二) 经济法主体

经济法主体是经济权利和经济义务的承担者，没有经济法主体，经济权利与经济义务必将落空，经济法律关系就不会产生。

(三) 经济法律事实

经济法律事实是指能够在经济法律关系的主体之间引起经济法律关系发生、变更、消灭的客观现象。经济法律事实分为以下两类。

1. 事件

事件是指不以当事人的主观意志为转移的法定情况或者现象。事件包括自然现象和社会现象两种。自然现象又称绝对事件，如地震、洪水等自然灾害；社会现象又称相对事件，如爆发战争、人的死亡、重大政策调整等。

2. 行为

行为是指经济法律关系的主体为实现一定的经济目标而进行的有意识的活动。它与事件不同，它是以经济法主体的主观意志为转移的。根据经济法律关系主体的行为是否违法，可以将行为分为合法行为和违法行为两种。无论是合法行为还是违法行为，均可以引起经济法律关系的变化。

有的经济法律关系的发生、变更和消灭，只需要一个法律事实出现即可成立；有些经济法律关系的发生、变更或消灭则需要两个以上的法律事实同时具备。引起某一经济法律关系发生、变更或消灭的数个法律事实的总和，称为事实构成。例如，保险赔偿关系的发生，需要订立保险合同和发生保险事故两个法律事实出现才能成立。

第三节 经济法律责任

一、经济法律责任的概念

经济法律责任是指因经济法主体实施了违反经济法律法规的行为而应承担的法律后果，即经济法主体在违反经济义务时所应当承担的法律后果。

二、承担经济法律责任的形式

经济法律责任具有综合性，是由不同性质的多种责任形式构成的统一体。承担经济法律责任的形式包括民事责任、行政责任和刑事责任。

(一) 民事责任

民事责任是指经济法主体违反经济法律法规给对方造成损害时依法应承担的民事法律后果。承担民事责任的方式主要有：停止侵害、排除妨碍和消除危险；返还财产、恢复原状以及修理、重做和更换；赔偿损失、支付违约金；消除影响、恢复名誉等。

(二) 行政责任

行政责任是指经济法主体违反经济法律法规应承担的行政法律后果，包括行政处罚和行政处分。行政处罚的种类有：警告；罚款；没收违法所得、没收非法财物；责令停产、停业；暂扣或者吊销许可证、暂扣或者吊销执照；行政拘留；法律、行政法规规定的其他行政处罚。行政处分的种类有：警告、记过、记大过、降职、留用察看、开除等。

(三) 刑事责任

刑事责任是指经济法主体违反经济法律法规构成犯罪依法应承担的刑事法律后果，即刑罚。刑罚分为主刑和附加刑。主刑包括管制、拘役、有期徒刑、无期徒刑和死刑；附加刑包括罚金、没收财产和剥夺政治权利。附加刑可独立适用。单位犯罪的，将对单位判处罚金，并对直接负责的主管人员和其他直接责任人员判处刑罚。

【思考1-9】经济法是调整经济关系的法律，因而违反经济法之后，只需承担民事责任，对吗？

【解析】不对。经济法虽然是调整经济关系的法律，但违反经济法后承担法律责任的形式既可能是民事责任，也可能是行政责任或刑事责任。

复习思考题

1. 什么是经济法？经济法的调整对象是什么？
2. 经济法的渊源有哪些？
3. 经济法律关系的构成要素有哪些？
4. 举例说明经济法律关系的三要素。

强 化 训 练

一、单项选择题

1. 下列关于我国经济法地位的表述中，正确的是(　　)。
   A. 经济法从属于民法　　　　　　B. 经济法从属于行政法

C. 经济法是独立的法律部门　　　　D. 经济法从属于刑法
2. 享有经济职权的主体是( )。
   A. 企业　　　B. 国家机关　　C. 事业单位　　D. 社会团体
3. 经济法的调整对象是( )。
   A. 经济法律关系　　　　　　　B. 经济关系
   C. 经济权利与经济义务关系　　D. 特定的经济关系
4. 下列各项中，属于事件的是( )。
   A. 签订合同　　B. 地震　　C. 发行股票　　D. 商品买卖
5. 经济法律关系的内容是( )。
   A. 经济权利和经济义务　　　　B. 非物质财富
   C. 物　　　　　　　　　　　　D. 经济组织
6. 行政法规由( )制定。
   A. 国务院各部委　　　　　　　B. 国务院
   C. 全国人民代表大会　　　　　D. 地方人民政府
7. 下列要素中，属于经济法律关系核心要素的是( )。
   A. 经济法律关系主体　　　　　B. 经济法律关系客体
   C. 经济法律关系内容　　　　　D. 经济权利
8. 罚款属于( )。
   A. 民事责任　　B. 刑事责任　　C. 行政处分　　D. 行政处罚
9. 下列法的形式中，由全国人民代表大会及其常务委员会经一定立法程序制定颁布的规范性文件是( )。
   A. 宪法　　　B. 行政法规　　C. 法律　　D. 行政规章
10. 不同法的形式具有不同的效力等级，下列各项中，效力低于地方性法规的是( )。
    A. 宪法　　　　　　　　　　　B. 同级地方政府规章
    C. 法律　　　　　　　　　　　D. 行政法规
11. 甲公司与乙公司签订买卖合同，向乙公司购买了一台设备，价款8万元，该买卖合同的法律关系的主体是( )。
    A. 买卖合同　　B. 设备　　C. 8万元价款　　D. 甲公司与乙公司
12. 甲公司与乙公司签订租赁合同，约定甲公司承租乙公司一台挖掘机，租期1个月，租金1万元。引起该租赁法律关系发生的法律事实是( )。
    A. 租赁的挖掘机　　　　　　　B. 甲公司与乙公司
    C. 1万元租金　　　　　　　　D. 签订租赁合同的行为

二、多项选择题
1. 下列选项中，属于经济法渊源的有( )。
   A. 宪法　　　B. 法律　　C. 部门规章　　D. 法定解释
2. 下列选项中，属于经济法律关系主体的权利的是( )。
   A. 经济职权　　B. 债权　　C. 知识产权　　D. 所有权
3. 下列选项中，可以作为经济法律关系主体的有( )。
   A. 某股份有限公司　　　　　　B. 中国银行
   C. 消费者　　　　　　　　　　D. 某律师事务所

4. 下列选项中，属于经济法律事实的有( )。
   A. 某公司因战争导致合同无法履行   B. 某企业因台风导致供货日期推迟
   C. 某商场大量抛售伪劣商品   D. 某企业严重拖欠工人工资
5. 经济法律关系的构成要素有( )。
   A. 主体   B. 客体   C. 内容   D. 法律事实
6. 下列可以作为经济法律关系客体的有( )。
   A. 空气   B. 嘉奖、表彰   C. 专有技术   D. 商品
7. 经济法律关系的产生、变更和消灭必须具备的条件有( )。
   A. 经济法律规范   B. 经济法律关系主体
   C. 经济法律事实   D. 经济法律关系内容
8. 下列各项中，属于民事责任形式的有( )。
   A. 返还财产   B. 支付违约金   C. 罚款   D. 责令停产停业
9. 根据我国法律制度规定，下列各项中能够成立法律关系主体的有( )。
   A. 自然人   B. 商品   C. 法人   D. 行为
10. 下列各项中，能够引起经济法律关系发生、变更和消灭的事实有( )。
    A. 自然灾害   B. 公民死亡   C. 签订合同   D. 提起诉讼
11. 下列可以成为法律关系客体的有( )。
    A. 土地   B. 荣誉称号   C. 人民币   D. 天然气
12. 引起法律关系发生、变更或者消灭的下列各项中，属于法律行为的有( )。
    A. 订立合同   B. 发生海啸   C. 销售货物   D. 签发支票

三、判断题

1. 经济组织的内部机构，不具备法人资格，不能成为经济法律关系的主体。( )
2. 最高法院对法律的解释也是经济法的形式之一。( )
3. 经济决策行为、提供劳务行为以及完成一定工作行为，都可以成为经济法律关系的客体。( )
4. 只有合法行为才能引起相应的经济法律关系发生、变更或消灭。( )
5. 道德产品不能成为经济法律关系的客体。( )
6. 经济法律关系的主体是指经济权利和经济义务所共同指向的对象。( )
7. 经济法主要调整两类社会关系，即宏观调控关系与市场规制关系。( )
8. 法律事实是法律关系发生、变更和消灭的直接原因。( )
9. 国务院制定的《中华人民共和国外汇管理条例》属于部门规章。( )
10. 民族自治地方有关调整经济关系的自治条例和单行条例也是我国经济法的渊源之一。( )

四、案例分析题

甲公司将闲置的厂房出租给乙公司，双方签订了厂房租赁合同，租期1年，租金为3万元，应于合同签订之日起3天内一次性付清，甲方收到租金的当天将厂房移交乙公司使用。试分析：

(1) 甲公司与乙公司之间是否形成了经济法律关系？
(2) 如果形成了经济法律关系，其三要素各是什么？

第二章 相关法律知识

【能力目标】
- 识别不同的民事行为能力及代理效力。
- 区分诉讼时效的中止与中断，正确界定诉讼时效。
- 正确分析劳动争议案例。

【知识目标】
- 了解民事主体、代理、诉讼时效的概念、种类。
- 掌握民事主体、代理、诉讼时效的主要规定。
- 掌握劳动合同的签订、劳动者权利义务、劳动争议解决的主要规定。

【职业素质目标】

应用所学，依法开展民事活动、规范签订劳动合同、遵守诉讼时效、保护自身合法权益。

【章前测试】

1. 王某只有12岁，按照法律规定，他可以进行哪些活动？（　）
   A. 与其年龄相适应的民事活动
   B. 与其智力相适应的民事活动
   C. 与其年龄和智力相适应的民事活动
   D. 任何民事活动都需要经其监护人的同意才可以进行
2. 下列选项中，具有法人资格的有哪些？（　）
   A. 合伙企业　　　B. 公司的分支机构　　C. 公司董事长　　　D. 子公司
3. 甲受单位委托去水泥厂购买1号水泥，因1号水泥缺货，甲便直接与水泥厂签订了购买2号水泥的合同。该合同是否有效？
4. 李某2015年1月10日从张某处借现金5 000元，写有借条，但没有写还款日期。张某碍于情面一直未要，直到2018年3月1日，张某才向李某追要，遭到李某拒绝。张某向法院起诉，法院是否应该受理？
5. 劳动合同中规定的试用期限，最长不得超过几个月？（　）
   A. 3　　　　　　B. 6　　　　　　C. 8　　　　　　D. 12
6. 发生劳动争议，能否直接向人民法院起诉？
7. 小赵是今年毕业的高职生，应聘到一家公司做业务员，签订劳动合同时，公司规定其要先交500元的押金。请问公司能否收取劳动合同的押金？

【参考答案】

1. C　　2. D　　3. 效力待定　　4. 不应该受理　　5. B　　6. 不能　　7. 不能

第一节 民法相关知识

> 【案情导入】
> 小强 7 周岁，趁母亲不注意，偷偷地拿了家里的 500 元钱，到商场购买了一个游戏机。他母亲发现后，以小强太小不懂事为由，找商场退货，遭到商场营业员的拒绝，理由是在此项买卖中双方是公平交易的，而且所购游戏机质量并无问题。
>
> 【思考】
> (1) 商场是否应当退货？为什么？
> (2) 民事主体资格有哪些规定？
> (3) 什么是民法？民法的主要规定有哪些？

一、民法概述

(一) 民法的概念

我国民法是调整平等主体之间的财产关系和人身关系的法律规范的总称。

平等主体是指在民事法律关系中地位平等的当事人，也叫作民事主体，包括自然人、法人和其他组织。

(二) 民法的调整对象

民法以平等主体之间的财产关系和人身关系为调整对象。

财产关系是指平等主体之间基于财产的支配和流转所形成的社会关系。财产关系可分为财产归属关系和财产流转关系。财产归属关系主要是指财产所有权关系，即财产的占有、使用、收益和处分；财产流转关系是指财产由一个主体向另一个主体转移而发生的关系，如商品买卖、货物保管、财产租赁等。

人身关系是指平等主体之间基于人格和身份所形成的社会关系，包括人格关系和身份关系。人格关系包括生命、健康、姓名、身体自由、名誉、隐私等社会关系；身份关系主要发生在亲属之间，如配偶关系、子女关系等。

二、民事主体

民事主体是指参加民事法律关系、享受民事权利和承担民事义务的人，包括自然人、法人和其他组织等。其中自然人和法人是最重要的民事主体。

(一) 自然人

自然人是指基于自然生理规律出生的人，既包括我国的公民，也包括境内的外国人和无国籍人。作为民事主体的自然人必须具有民事权利能力和民事行为能力。

1. 民事权利能力

民事权利能力是指法律赋予民事主体享有民事权利和承担民事义务的资格，它是民事主体参加民事活动的前提条件。权利能力不同于权利,它是法律赋予的,不能放弃。

我国公民的民事权利能力始于出生,终于死亡。公民的民事权利能力具有普遍性、平等性和不可转让性。

自然人只有在出生时是活着的,才能成为民事法律关系的主体,胎儿不具有民事权利能力,但法律在一些特殊情况下亦保护其利益,如遗产分割。

公民的权利能力终于公民的死亡。死亡可以分为生理死亡和宣告死亡。生理死亡也称自然死亡,应以医学上公认的死亡时间为准。宣告死亡是人民法院依照法定程序对失踪人口死亡的推定。公民有下列情形之一的,利害关系人可以向人民法院申请宣告其死亡:一是下落不明满4年的;二是因意外事故下落不明,从事故发生之日起满2年的。战争期间下落不明的,下落不明的时间从战争结束之日起计算。

2. 民事行为能力

民事行为能力是指民事主体能够以自己的行为进行民事活动,取得民事权利和承担民事义务的资格。民事行为能力不仅是指实施法律行为的能力,也包括对违法行为承担责任的能力。

自然人的民事行为能力不是与生俱来的。根据自然人的年龄和智力发育的不同阶段和其他有关情况,我国民法将自然人的民事行为能力分为完全民事行为能力、限制民事行为能力和无民事行为能力三种。

(1) 完全民事行为能力人是指可以独立进行民事活动的自然人。18周岁以上的成年人是完全民事行为能力人。另外,16周岁以上(≥16周岁)不满18周岁(<18周岁)的公民,以自己的劳动收入为主要生活来源的,视为完全民事行为能力人。

【思考2-1】小张17周岁,初中毕业后,在一家商店工作,月收入2 400元。小张工作半年后,自作主张花了6 000元为自己买了一条金项链。她父母得知此事后,以小张购买金项链未征得父母同意为由,要求商场退货。商场是否应该退货?

【解析】不应该退货。16周岁以上的公民,其劳动收入能够维持一般的生活需要,属于"被视为完全民事行为能力人"。其父母不得要求退货。

(2) 限制民事行为能力人是指只有部分民事行为能力的自然人。8周岁以上(≥8周岁)的未成年人和不能完全辨认自己行为的精神病人是限制民事行为能力人。限制民事行为能力人可以进行与其年龄、智力或精神状态相适应的民事活动,其他民事活动由其法定代理人代理或征得法定代理人的同意后才能进行。

【思考2-2】小刘14周岁,用节省的零花钱购买了一支价值18元的钢笔。其母亲知道后,认为初中生不该用这么贵的笔,要求商场退货,商场是否应该退货?

【解析】不予退货。8周岁以上的未成年人为限制民事行为能力人,可以从事与其年龄、智力相适应的民事活动,即小刘与商场的买卖关系成立并且有效。

(3) 无民事行为能力人是指不具有以自己的行为独立进行民事活动能力的自然人。不满8周岁(<8周岁)的未成年人和完全不能辨认自己行为的精神病人,是无民事行为能力人,其民事活动由其法定代理人代理,即监护人代理。被监护人造成他人损害的,由监护人承担民事责任。

但是，无民事行为能力人和限制民事行为能力人接受奖励、赠与、报酬、赔偿费或者进行其他对本人有利而不损害他人权益的行为，应予以保护。

【思考 2-3】阿强是 15 周岁的痴呆人。一日，其父母外出办事，阿强一人在家，无人照管。他玩打火机不慎将邻居家的房屋烧毁。试分析责任应由谁来负？若阿强是年满 18 周岁的智力正常的人，责任由谁来负？

【解析】由其父母承担赔偿责任。其父母是监护人，应当承担监护不力的责任。若阿强是年满 18 周岁的正常人，则属于完全民事行为能力人，责任自负。

【思考 2-4】李强 7 周岁，根据我国法律规定，他的下列行为无效的是(　　)。
A. 参加学校作文比赛，接受学校奖励的一支贵重钢笔
B. 接受同学父母赠送的一个书包
C. 为邻居照看 3 岁的小孩 2 小时，接受邻居支付的 10 元报酬
D. 自作主张将自家的计算机卖给邻居

【解析】正确答案是 D。

(二) 法人

法人是指具有民事权利能力和民事行为能力，依法独立享有民事权利和承担民事义务的社会组织。法人是与自然人相对应的另一类民事主体。我国法人分为企业法人、机关事业单位法人和社团法人三种。

1. 法人的条件

法人是社会组织，但并非一切社会组织都是法人。只有具备法定条件，依法取得民事主体资格的社会组织，才是法人。法人应当具备下列条件。

(1) 依法成立。一是指法人组织的设立必须合法，不得违反国家和社会公共利益的要求；二是指法人成立的审核和登记程序必须符合法律要求。

(2) 有必要的财产或经费。这既是法人享有民事权利的物质基础，也是其承担民事责任的物质保障。

(3) 有自己的名称、组织机构和场所。

(4) 能够独立承担民事责任。法人是具有独立人格的民事主体，对自己的行为应当承担法律责任。法人的创立人和法人内部成员不承担法人的民事责任。即法人如果破产，未偿还的债务，不再偿还。其投资人、领导、职工等没有代为偿还的责任。

法人与非法人组织的关键区别就在于是否独立承担民事责任。非法人组织是指不具备法人资格的社会组织，如个人独资企业、合伙企业以及经济组织的内部机构、分支机构等。这些组织不能独立地承担责任，由其投资者承担无限责任。

2. 法人的民事权利能力与民事行为能力

法人依法成立后，便具有民事权利能力和民事行为能力。法人的民事权利能力与民事行为能力是统一的，均随法人的成立而产生，随其终止而消灭。法人的民事行为能力一般通过其法定代表人来实现。

【思考2-5】法人和自然人的民事权利能力与民事行为能力有什么区别？

【解析】法人的民事行为能力和民事权利能力同时产生，同时终止；法人的民事行为能力与其民事权利能力在范围上是一致的；法人的民事行为能力由其法人机关或法定代表人行使。法人的民事权利能力范围不如公民的广泛，如不存在婚姻、生命健康、亲属等民事权利。

3. 法人的法定代表人

法人的法定代表人是指依照法律或者法人章程的规定，代表法人行使职权的正职负责人。法定代表人在其职权范围内，以法人的名义进行的各种活动(包括侵权行为)都是法人的行为。法人组织的其他成员在职权或职责范围内所进行的活动也属于法人的行为，由此产生的权利义务也由法人承担。

【思考2-6】陈某是甲公司的董事长，因一时疏忽，以甲公司的名义与乙公司签订了一份对本公司不利的合同，遭到董事会的坚决反对。甲公司以陈某损害公司利益为由，拒绝履行与乙公司签订的合同，试分析甲公司的做法有法律依据吗？若陈某在合同中只签了自己的名字，没有加盖公司的公章，结果会怎么样呢？

【解析】甲公司的做法没有法律依据。甲公司应对法定代表人以法人名义从事的各种活动承担责任。若陈某只签了自己的名字，则其行为属于个人行为，甲公司对此合同不承担责任。

【思考2-7】下列哪项是法人？(　　)
A. 啤酒厂的生产车间　　　　B. 尚未领取营业执照的商场
C. 工厂的厂长　　　　　　　D. 某服装有限责任公司

【解析】正确答案是D。A是企业的内部机构，B未依法设立，C是法定代表人。

三、代理

(一) 代理的概念

代理是指代理人在代理权限内，以被代理人的名义与第三人实施法律行为，由此产生的法律后果直接由被代理人承担的一种法律行为。代理具有以下特征。

(1) 代理人以被代理人名义实施法律行为。代理人以自己的名义代替他人实施的法律行为，如行纪、寄售等不属于代理。

(2) 代理人直接向第三人进行意思表示。只有第三人加入，才能形成代理行为。

(3) 代理应在代理权限内进行。越权代理，一般被代理人不承担法律责任。

(4) 由被代理人承担法律后果。代理人在其代理权限内依法进行的代理行为，均由被代理人享有权利和承担责任。

代理适用于民事主体之间设立、变更或终止权利义务的法律行为。但是，依照国家法律规定或行为性质必须由本人亲自进行的行为，则不能代理，如遗嘱、婚姻登记、收养子女、演出、约稿等。违法行为也不得适用代理。此外，根据法律规定，只有某些民事主体才能代理的行为，他人不得代理，如代理发售证券等。

(二) 代理的种类

代理可分为法定代理、指定代理和委托代理。

(1) 法定代理是指基于法律的直接规定而发生的代理，通常适用于被代理人是无行为能力人、限制行为能力人的情况，如法定监护人等。

(2) 指定代理是指基于人民法院和有关单位的指定而发生的代理，一般适用于被代理人既无法定代理人，又无委托代理人而又有特定事项需要代理人代理的情况，如指定律师等。

(3) 委托代理是指基于被代理人的委托而产生的代理。被代理人的委托可以基于授权行为发生，也可依据合伙关系、职务关系等发生。委托代理中的授权行为一般以代理证书(授权委托书)的形式表现。授权委托书授权不明的，被代理人应当对第三人承担民事责任，代理人负连带责任。

【思考 2-8】下列行为中，属于滥用代理权的有(　　)。
A. 代理人甲以被代理人乙的名义将乙的一台塔吊卖给自己
B. 代理人甲以被代理人乙的名义卖出一台塔吊，该塔吊由甲以丙的名义买入
C. 代理人甲与买受人丁串通，将被代理人乙的一台塔吊低价卖给丁
D. 代理人甲在被代理人乙收回代理权后，仍以乙的名义将乙的塔吊卖给戊
【解析】正确答案是 ABC。选项 D 属于无权代理。

(三) 代理权的行使

代理人行使代理权必须符合被代理人的利益，不得利用代理权为自己牟取私利。

代理人不得滥用代理权。滥用代理权的行为，视为无效代理。代理人滥用代理权给被代理人及他人造成损害的，必须承担相应的赔偿责任。滥用代理权的行为一般有三种：一是代理他人与自己进行民事活动；二是代理双方当事人进行同一民事行为；三是代理人与第三人恶意串通，损害被代理人的利益。

【思考 2-9】A 商场经理派采购员李某采购 50 台电风扇，单价在 150 元以内。李某便以 A 商场的名义与 B 电器厂签订了单价为 149 元、数量为 45 台的电风扇买卖合同。B 电器厂按期供货，商场经理以价位高为由拒绝收货。试分析：
(1) 商场经理能否拒绝收货？为什么？
(2) 若 B 电器厂同时委托李某代为推销该厂的电风扇，商场经理能否拒绝收货？为什么？
(3) 若 B 电器厂是李某个人投资设立的，商场经理能否拒绝收货？为什么？
【解析】
(1) 不能拒绝收货。代理人在代理权限内以被代理人的名义与善意第三人所发生的行为后果，由被代理人承受。
(2) 可以拒绝收货。在这一买卖关系中，李某同时代理 A、B 进行同一民事行为，属于滥用代理权，代理行为无效。
(3) 可以拒绝收货。代理人在代理权限内与自己进行的法律行为，属于滥用代理权，代理行为无效。

(四) 无权代理

无权代理是指没有代理权而以他人名义进行的民事行为。它包括三种情况：一是没有代理权的代理；二是超越代理权的代理；三是代理权终止后进行的代理。

在无权代理的情况下，如果经过被代理人追认，或者被代理人知道他人以本人的名义实施民事行为而不作否认表示的，无权代理后果由被代理人承担；否则，应由行为人自己承担民事责任。

【思考 2-10】A 建筑公司委托退休的高级工程师赵某到外地采购一批钢材，每吨在 3 200 元以内即可，质量为一级。赵某来到 A 市，便以 A 公司的名义与物资公司签订了每吨 3 150 元的钢材合同。他发现当地水泥便宜，便又与物资公司签订了 100 吨水泥的购销合同。试分析：
(1) 赵某的代理行为是否有效？为什么？
(2) 若建筑公司经理认为水泥合同签订得很及时，应该怎么做？
【解析】
(1) 签订钢材合同的代理行为有效。签订水泥的合同因超越代理权，属于效力待定行为。若 A 公司认可并追认，则该合同对 A 公司有效；否则，后果由赵某自负。
(2) A 公司可以追认赵某采购水泥的代理权。

(五) 表见代理

表见代理是指行为人虽然没有代理权，但善意第三人客观上有充分理由相信行为人具有代理权，而与其进行民事法律行为，该行为的后果由被代理人承担。

表见代理是广义上的无权代理。表见代理的情形包括：①被代理人对第三人表示已将代理权授予他人，而实际并未授权；②被代理人将某种有代理权的证明文件(如盖有公章的空白介绍信、空白合同文本、合同专用章等)交给他人，他人以该种文件使第三人相信其有代理权并与之进行法律行为；③代理授权不明；④代理人违反被代理人的意思超越代理权，第三人无过失地相信其有代理权而与之进行法律行为；⑤代理关系终止后未采取必要的措施而使第三人仍然相信行为人有代理权，并与之进行法律行为。

【思考 2-11】张某是 ABC 公司销售部连任三届的经理。2013 年 10 月 8 日张某到外地洽谈业务，随身携带盖有本公司合同专用章的空白合同书若干和自己的任职证书。10 月 11 日，ABC 公司召开董事会，罢免了张某销售部经理一职，并当即电话通知张某返回，并告知其人事变动一事，但并未发布公告或通知老客户。张某得知后十分气愤，迟迟不归，并于 10 月 12 日至 10 月 16 日以低于成本 40%的价格签订了 9 份产品销售合同。ABC 公司得知此事后，以张某无代理权为由拒不接受合同。试分析 ABC 公司的主张有无法律依据，为什么？
【解析】没有法律依据。张某的行为属于表见代理，即虽然被罢免后已不具有代理权，但是，第三人有理由相信张某有代理权，所签订的合同有效，ABC 公司应当履行合同。由此造成的损失，可以要求张某赔偿。

四、诉讼时效

(一) 诉讼时效的概念

诉讼时效是指权利人在法定提起诉讼的期间内不行使其权利，即丧失请求法院依诉讼程序强制义务人履行义务的权利。法定提起诉讼的时效期间，称为诉讼时效期间。诉讼时效具有以下特征。

1. 诉讼时效属于消灭时效

诉讼时效届满时，除有延长时效的正当理由外，若向人民法院起诉，人民法院一般应驳回起诉。

2. 诉讼时效届满消灭的胜诉权

诉讼时效届满消灭的是权利人的胜诉权，即丧失了依诉讼程序强制义务人履行义务的权利，并不消灭实体权利和起诉权。当事人超过诉讼时效后起诉的，人民法院应当受理(起诉权未丧失)。时效届满后，义务人如果自愿履行义务，权利人仍有权受领，并且义务人不得以时效已过为由请求返还。

案件受理后，义务人提出诉讼时效抗辩的，人民法院查明无中止、中断、延长事由的，判决驳回其诉讼请求，即胜诉权丧失。义务人未提出诉讼时效抗辩的，人民法院不应对诉讼时效问题进行释明及主动适用诉讼时效规定进行裁判，即人民法院继续审理，不得主动适用时效驳回起诉。

当事人在一审期间未提出诉讼时效抗辩，在二审期间提出的，人民法院不予支持，但其基于新的证据能够证明对方当事人的请求权已过诉讼时效期间的情形除外。

当事人未按照规定提出诉讼时效抗辩，却以诉讼时效期间届满为由申请再审或者提出再审抗辩的，人民法院不予支持。

【思考2-12】根据诉讼时效法律制度的规定，下列表述中，不正确的是(　　)。
A. 当事人不可以约定延长或者缩短诉讼时效期间
B. 诉讼时效期间届满后，当事人自愿履行义务的，不受诉讼时效限制
C. 当事人未按照规定提出诉讼时效抗辩，却以诉讼时效期间届满为由申请再审的，人民法院不予支持
D. 当事人未提出诉讼时效抗辩，人民法院可以主动适用诉讼时效规定进行裁判

【解析】正确答案是 D。当事人未提出诉讼时效抗辩，人民法院不应对诉讼时效问题进行释明及主动适用诉讼时效的规定进行裁判。

3. 诉讼时效具有强制性

当事人之间关于诉讼时效期间的缩短、延长，以及预先放弃时效利益的协议均属无效行为。

【思考2-13】小刘学习诉讼时效知识后，认为诉讼时效届满，当事人就丧失了债权。这一观点对吗？

【解析】不对。诉讼时效届满时，消灭的是胜诉权，权利人的实体权利并不消灭，只能被动地等待义务人履行义务。

(二) 诉讼时效的适用范围

下列请求权不适用诉讼时效的规定。
(1) 请求停止侵害、排除妨碍、消除危险。
(2) 不动产物权和登记的动产物权的权利人请求返还财产。
(3) 请求支付抚养费、赡养费或者扶养费。
(4) 支付存款本金及利息请求权。
(5) 兑付国债、金融债券以及向不特定对象发行的企业债券本息请求权。
(6) 基于投资关系产生的缴付出资请求权。
(7) 依法不适用诉讼时效的其他请求权。

【思考 2-14】根据诉讼时效法律制度的规定，当事人对下列请求权提出诉讼时效抗辩，人民法院不予支持的有(　　)。
A. 支付存款本金及利息请求权　　B. 兑付国债本息请求权
C. 兑付金融债券本息请求权　　D. 基于投资关系产生的缴付出资请求权
【解析】正确答案是 ABCD。

(三) 诉讼时效的种类

诉讼时效按其适用范围和时效期间长短的不同，可以分为普通诉讼时效、最长诉讼时效和特殊诉讼时效。

1. 普通诉讼时效

普通诉讼时效是指由民事普通法规定的具有普遍意义的诉讼时效期间，一般为 3 年。法律另有规定的，依照其规定。

2. 最长诉讼时效

《民法总则》规定，从权利被侵害之日起超过 20 年的，人民法院不予保护。即当权利人不知道权利被侵害的情况下，自权利被侵害之日起超过 20 年的，不再保护；在 20 年内，权利人如果知道权利被侵害，可以随时向人民法院起诉，请求保护。有特殊情况的，人民法院可以根据权利人的申请决定延长。

3. 特殊诉讼时效

海上货运运输中，向承运人要求赔偿的请求权、海上拖船合同的请求权、有关共同海损分摊的请求权，诉讼时效期间为 1 年。
因国际货物买卖合同和技术进出口争议提起诉讼或者申请仲裁的期限为 4 年。

(四) 诉讼时效的起算

诉讼时效的起算是指从何时开始计算诉讼时效。普通诉讼时效从权利人知道或者应当知道权利被侵害以及义务人之日起计算，最长诉讼时效从权利被侵害之日起计算。

【思考2-15】诉讼时效期间自权利人知道或应当知道之日起计算。这一说法正确吗？
【解析】不正确。既要知道权利受到侵害，又要知道义务人时，诉讼时效期间才起算；只知道权利受到侵害，而不知道义务人时，诉讼时效期间不起算。

约定履行期限之债的诉讼时效，自履行期限届满之日开始计算；当事人约定同一债务分期履行的，诉讼时效期间自最后一期履行期限届满之日起计算；未约定履行期限之债的诉讼时效，自债权人提出履行要求之日开始计算；债权人给予对方宽限期的，则自该宽限期届满之日开始计算；无民事行为能力人对其法定代理人的请求权的诉讼时效期间，自该法定代理终止之日起计算；未成年人遭受性侵害的损害赔偿请求权的诉讼时效期间，自受害人年满18周岁之日起计算。

【思考2-16】王某的儿子3岁时与刘家的小孩打架，被击中头部，缝了3针。刘家当即支付了全部医药费与营养费。此后，王某的儿子总感觉头晕。15年后，王某的儿子即将高考前，头晕症状频繁发生。后来做脑部CT时，才发现其头部有一团状物，经专家确诊是因当年头部受伤异物落入所致。试分析：
(1) 15年过去了，王某能否向刘家主张手术费？为什么？
(2) 最长诉讼时效与普通诉讼时效、特殊诉讼时效有什么区别？
【解析】
(1) 能向刘家主张手术费。15年前王某的儿子受到的内伤侵害，本人并不知道也不应该知道，适用最长20年的诉讼时效。15年后得知实情，并未超过20年，仍受法律保护。
(2) 诉讼时效的起算不同。一旦知道权利受侵害，最长诉讼时效即转为普通诉讼时效。如在本例中，15年后得知权利受到侵害，则应从知道之日起(专家确诊日)3年内向刘家主张手术费。

(五) 诉讼时效的中止、中断和延长

1. 诉讼时效的中止

诉讼时效的中止，是指在诉讼时效期间即将完成之际，因发生一定的法定事由而使权利人不能行使请求权，暂时停止计算诉讼时效期间，以前经过的时效期间仍然有效，待阻碍时效进行的事由消失后，继续计算诉讼时效期间。

《民法总则》规定，在诉讼时效期间的最后6个月内(包括发生于6个月前但持续到了后6个月内)，因不可抗力或者其他障碍不能行使请求权的，诉讼时效中止。发生诉讼时效中止的条件如下。

(1) 诉讼时效的中止必须是因法定事由而发生。它包括两大类：一是不可抗力，如自然灾害、军事行动等，须属于当事人不可预见、不可避免和不可克服的客观情况；二是阻碍权利人行使请求权的其他障碍，即除不可抗力外使权利人无法行使请求权的客观情况，包括权利被侵害的无民事行为能力人或者限制民事行为能力人没有法定代理人，或者法定代理人死亡、丧失民事行为能力、丧失代理权；继承开始后未确定继承人或者遗产管理人；权利人被义务人或者其他人控制等。

(2) 法定事由发生或者存续于诉讼时效期间的最后6个月内。如果在诉讼时效期间的最

后 6 个月前发生上述法定事由，到最后 6 个月开始时法定事由已消除的，则不能发生诉讼时效中止；但是，如果该法定事由到最后 6 个月开始时仍然继续存在，则应自最后 6 个月开始时中止诉讼时效，直到该障碍消除。

诉讼时效期间中止的效力，在于使时效期间暂停计算，待中止的原因消灭后，即权利人能够行使其请求权时，再继续计算时效期间。继续计算的时效期间不足 6 个月的，应延长到 6 个月。《民法总则》规定："自中止时效的原因消除之日起满六个月，诉讼时效期间届满。"

【思考 2-17】李某 2014 年 2 月 1 日借给朋友赵某 1 万元现金，赵某写了借条，但未写还款期。2014 年 6 月 10 日赵某到外地做生意，音信全无，直到 2017 年 12 月 1 日才返回。李某找赵某要求还款，赵某以时效已过为由拒不还款。试分析诉讼时效过否？为什么？

【解析】诉讼时效没有过。赵某自 2014 年 6 月 10 日起音信全无，一直延续到诉讼时效期间的最后 6 个月，则应自最后 6 个月开始时(2016 年 8 月 1 日)中止诉讼时效，待其 2017 年 12 月 1 日回来后继续计算时效，还有 6 个月的时间。

2. 诉讼时效的中断

诉讼时效的中断，是指在诉讼时效进行中，因发生一定的法定事由，致使已经经过的时效期间统归无效，待时效中断的法定事由消除后，诉讼时效期间重新计算。《民法总则》规定，诉讼时效因提起诉讼、当事人一方提出要求或者同意履行义务而中断。从中断、有关程序终结时起，诉讼时效期间重新计算。发生下列法定事由，诉讼时效期间中断。

(1) 权利人向义务人提出请求履行义务的要求。即权利人直接向义务人作出请求履行义务的意思表示。这一行为是权利人在诉讼程序外向义务人行使请求权，改变了不行使请求权的状态，故应中断诉讼时效。

(2) 义务人同意履行义务。义务人在诉讼时效期间进行中直接向权利人作出同意履行义务的意思表示，使双方当事人之间的权利义务关系重新得以明确，诉讼时效自此中断。同意履行义务的方式包括义务人作出分期履行、部分履行、请求延期履行、支付利息、提供履行担保等承诺。

(3) 权利人提出诉讼或者申请仲裁。权利人依诉讼程序主张权利，请求人民法院给予保护。起诉行为是权利人通过人民法院向义务人行使权利的方式，故诉讼时效因此而中断，并从人民法院裁判生效之时起重新起算。向仲裁机构申请仲裁，与起诉效力相同。

(4) 与提起诉讼或者申请仲裁具有同等效力的其他情形。具体包括：申请支付令；申请破产、申报破产债权；为主张权利而申请宣告义务人失踪或者死亡；申请诉前财产保全、诉前临时禁令等诉前措施；申请强制执行；申请追加当事人或者被通知参加诉讼；在诉讼中主张抵销等。还包括：权利人向人民调解委员会以及其他依法有权解决相关民事纠纷的国家机关、事业单位、社会团体等社会组织提出保护相应民事权利的请求；权利人向公安机关、人民检察院、人民法院报案或者控告，请求保护其民事权利。

诉讼时效期间中断的事由发生后，已经过的时效期间归于无效；中断事由存续期间，时效不进行；中断事由终止时，重新计算时效期间。诉讼时效期间的中断可以多次进行，但不得超过法律规定的 20 年的最长诉讼时效期间。

3. 诉讼时效的延长

诉讼时效的延长，是指人民法院对已经完成的诉讼时效期间，根据特殊情况而予以延长。诉讼时效期间的中止、中断的规定，只能对3年的普通时效期间适用，20年的长期时效期间不适用中止、中断的规定。根据《民法总则》规定，20年长期时效期间，"有特殊情况的，人民法院可以根据权利人的申请决定延长"。由此可见，诉讼时效期间的延长，应当只适用于20年长期时效期间。3年普通时效期间，因有中止、中断的规定，不发生延长问题。能够引起诉讼时效延长的事由，具体由人民法院判定，延长的期间，也由人民法院认定。

【案例2-1】陈某是甲公司的董事长，2014年6月因其个人债务急需用钱，找吕某借款5万元，吕某同意借款。2014年6月15日，吕某与陈某签了5万元借款合同，未写还期。在借款人一栏，陈某填上了甲公司，签名并加盖了公司的公章。陈某拿到款后立即偿还了个人债务。借款期满，陈某无力偿还借款，吕某也未催要，2017年4月5日陈某偿还了1万元。2018年2月12日吕某找陈某追要余款，才发现陈某已被公司开除，陈某以诉讼时效已过为由拒绝还款；吕某遂找甲公司要求偿还余款，甲公司以该笔借款属于陈某个人债务为由拒绝偿还。试分析：

(1) 诉讼时效是否已过？为什么？
(2) 甲公司的理由是否成立？为什么？

【分析】
(1) 诉讼时效没有过。陈某在2017年4月5日的部分偿还行为，造成诉讼时效的中断，诉讼时效将重新计算3年，即延长至2020年4月5日。
(2) 甲公司的理由不成立。陈某是甲公司的法定代表人，该笔借款是以甲公司的名义借入的，甲公司应对其法定代表人以公司名义从事的活动承担责任。

第二节 劳动合同法

【案情导入】

某企业招用一批合同制工人，将一份打印好的劳动合同交给职工刘某签字。合同中规定，刘某入厂时需缴纳1 000元的押金，试用期为1年。试用期过后，合同期限为3年。休息日加班，支付相当于工资150%的报酬；工作期间因个人的疏忽导致伤害事故，企业不承担责任；合同履行期间，企业可根据经营情况随时解除劳动合同。

【思考】
(1) 该劳动合同内容是否合法？
(2) 劳动者拥有哪些基本权利与义务？
(3) 企业在什么情况下可以解除劳动合同？

一、劳动合同与劳动合同法

(一) 劳动合同的概念

劳动合同是劳动者与用人单位之间依法确立劳动关系、明确双方权利和义务的书面协议。

(二) 劳动合同法

劳动合同法有广义与狭义之分。狭义的劳动合同法仅指 2007 年 6 月 29 日第十届全国人民代表大会常务委员会第 28 次会议通过，自 2008 年 1 月 1 日起施行的《中华人民共和国劳动合同法》(以下简称《劳动合同法》)，而广义的劳动合同法泛指我国现行的有关劳动方面的法律、法规和规章。

(三) 劳动合同法的适用范围

《劳动合同法》的适用范围如下。

(1) 中华人民共和国境内的企业、个体经济组织、民办非企业单位、依法成立的会计师事务所、律师事务所等合伙组织和基金会等组织(以下简称用人单位)与劳动者建立劳动关系，订立、履行、变更、解除或者终止劳动合同，适用《劳动合同法》。

(2) 国家机关、事业单位、社会团体和与其建立劳动关系的劳动者，订立、履行、变更、解除或者终止劳动合同，依照《劳动合同法》执行。

(3) 事业单位与实行聘用制的工作人员订立、履行、变更、解除或者终止劳动合同，法律、行政法规或者国务院另有规定的，依照其规定；未作规定的，依照《劳动合同法》有关规定执行。

二、劳动合同的订立

(一) 劳动合同订立的主体

订立劳动合同的劳动者需年满 16 周岁(文艺、体育、特种工艺单位录用人员例外)，有劳动权利能力和行为能力。

用人单位有用人权利能力和行为能力。用人单位不得扣押劳动者的居民身份证和其他证件，不得要求劳动者提供担保或者以其他名义向劳动者收取财物。

用人单位违反规定扣押劳动者身份证等证件的，由劳动行政部门责令限期退还给劳动者本人，并依照有关规定给予处罚。

用人单位以担保或者其他名义向劳动者收取财物的，由劳动行政部门责令限期退还给劳动者本人，并以每人 500 元以上 2 000 元以下的标准对用人单位处以罚款；给劳动者造成损害的，应当承担赔偿责任。

【思考 2-18】李某虚岁 16 岁，与某酒店签订了劳动合同。试分析该合同的效力？

【解析】该劳动合同无效，李某不满 16 周岁，不具有签订劳动合同的主体资格。

(二) 劳动合同订立的形式

建立劳动关系，应当订立书面劳动合同。非全日制用工双方当事人可以订立口头协议。

用人单位自用工之日起即与劳动者建立劳动关系。对于已建立劳动关系，未同时订立书面劳动合同的，应当自用工之日起1个月内订立书面劳动合同。

用人单位自用工之日起超过1个月不满1年未与劳动者订立书面劳动合同的，应当向劳动者每月支付两倍的工资，并与劳动者补订劳动合同；劳动者不愿意订立书面合同的，用人单位应当书面通知劳动者终止劳动关系，并支付经济补偿。支付"两倍工资"的起算时间为用工之日起满1个月的次日，截止时间为补订书面劳动合同的前一日。

用人单位自用工之日起满1年未与劳动者订立书面劳动合同的，自用工之日起满1个月的次日至满1年的前一日应当向劳动者每月支付两倍的工资补偿，并视为自用工之日起满1年的当日已经与劳动者订立无固定期限的劳动合同，应当立即与劳动者补订书面劳动合同。

【思考 2-19】小赵自2017年1月1日起在A公司工作，月工资为3 000元，双方未订立书面劳动合同。2018年3月小赵提出订立书面合同的要求，但公司迟迟未签订。如果你是小赵，应如何保护自身的合法权益？

【解析】小赵自用工之日起已工作满1年，因此按照《劳动合同法》的规定，视为公司与小赵订立了无固定期限的劳动合同。小赵还可以要求公司支付从2017年2月1日至2017年12月31日共11个月的双倍工资补偿，即除了正常的工资外，小赵还可以再获得33 000(3 000×11)元。

(三) 劳动合同的类型

劳动合同分为固定期限、无固定期限和以完成一定工作任务为期限的劳动合同。

1. 固定期限劳动合同

固定期限劳动合同是指用人单位与劳动者约定合同终止时间的劳动合同。

2. 无固定期限劳动合同

无固定期限劳动合同是指用人单位与劳动者约定无确定终止时间的劳动合同。无固定期限劳动合同是一种长期性的合同，但是如果出现法律规定或者合同约定的解除或者终止条件的，劳动者和用人单位也可以解除或者终止无固定期限劳动合同。

有下列情形之一的，劳动者提出或者同意订立劳动合同的，除劳动者提出订立固定期限劳动合同外，应当订立无固定期限劳动合同。

(1) 劳动者在该用人单位连续工作满10年的(从用工之日起计算)。

(2) 用人单位初次实行劳动合同制度或者国有企业改制重新订立劳动合同时，劳动者在该用人单位连续工作满10年且距法定退休年龄不足10年的。

(3) 连续签订两次固定期限劳动合同(自2008年1月1日起计算签订的次数)，且不存在用人单位单方解除劳动合同事由的。

【思考 2-20】小李自 2006 年 1 月 1 日起在某公司工作了 3 年，曾签订过两次固定期限劳动合同(每次均为两年)。2010 年 1 月 1 日，第三次续订劳动合同时，小李提出签订无固定期限的劳动合同。试分析小李的主张有无法律依据。

【解析】小李的主张没有法律依据。法律规定，只有 2008 年 1 月 1 日以后签订的劳动合同，才可以计算连续订立固定期限的劳动合同的次数。

3. 以完成一定工作任务为期限的劳动合同

以完成一定工作任务为期限的劳动合同，是指用人单位与劳动者约定以某项工作的完成为合同期限的劳动合同。双方协商一致，可以签订以完成一定工作任务为期限的劳动合同。

(四) 劳动合同的无效

有下列情形之一的，劳动合同无效。

(1) 以欺诈、胁迫的手段或者乘人之危，使对方在违背真实意思的情况下订立或者变更劳动合同。

(2) 用人单位免除自己的法定责任、排除劳动者权利的。

(3) 违反法律、行政法规强制性规定的。

无效的劳动合同，从订立时起就没有法律约束力。劳动合同部分无效，不影响其他部分的效力，其他部分仍然有效。劳动合同的无效，由劳动争议仲裁委员会或者人民法院确认。劳动合同确认无效，劳动者已付出劳动的，用人单位应当向劳动者支付劳动报酬。

【思考 2-21】2018 年 2 月，小张应聘到 A 酒店做服务员，并与 A 酒店签订了为期 2 年的劳动合同，缴纳了 500 元的服装押金。该合同约定："鉴于酒店服务行业的特殊要求，凡在本酒店工作的女性服务员在合同期内不得结婚、不得怀孕。否则，酒店有权解除劳动合同。"试分析该劳动合同的效力。

【解析】该劳动合同中关于"收取服装押金"和"不得结婚、不得怀孕"的条款无效。签订劳动合同不得以任何方式收取抵押金；"不得结婚、不得怀孕"违反了《婚姻法》《人口与计划生育法》等强制性规定。但该条款的无效并不影响劳动合同其他条款的效力，其他部分仍然有效。劳动者有权要求用人单位继续履行劳动合同。

三、劳动合同的主要内容

(一) 劳动合同必备条款

劳动合同必备条款是指劳动合同必须具备的内容。根据《劳动合同法》的规定，劳动合同必须具备以下条款。

(1) 用人单位的名称、住所和法定代表人或者主要负责人。

(2) 劳动者的姓名、住址和居民身份证或者其他有效证件号码。

(3) 劳动合同期限。

(4) 工作内容和工作地点。

(5) 工作时间和休息休假。我国目前实行的工时制度主要有标准工时制、不定时工时制和综合计算工时制三种类型。

① 标准工时制，也称为标准工作日。国家实行劳动者每日工作 8 小时、每周工作 40 小时的标准工时制度。有些企业因工作性质和生产特点不能实行标准工时制度，应保证劳动者每天工作不超过 8 小时，每周工作不超过 40 小时，每周至少休息 1 天。

用人单位由于生产经营的需要，经与工会和劳动者协商后可以延长工作时间，一般每日不得超过 1 小时；由于特殊原因需要延长工作时间的，延长工作时间每日不得超过 3 小时，每月不得超过 36 小时。但有下列情形之一的，延长工作时间不受上述规定的限制：一是发生自然灾害、事故或者由于其他原因，威胁劳动者生命健康和财产安全，需要紧急处理的；二是生产设备、交通运输线路、公共设施发生故障，影响生产和公众利益，必须及时抢修的；三是法律、行政法规规定的其他情形。

② 不定时工时制，也称为无定时工作制、不定时工作日，是指没有固定工作时间限制的工作制度，主要适用于一些因工作性质或者工作条件不受标准工作时间限制的工作岗位。

③ 综合计算工时制，也称为综合计算工作日，是指用人单位根据生产和工作的特点，分别以周、月、季、年等为周期，综合计算劳动者的工作时间，但其平均日工作时间和平均周工作时间仍与法定标准工作时间基本相同的一种工时形式。

国家实行带薪年休假制度，劳动者连续工作 1 年以上的，享受带薪年休假。职工累计工作已满 1 年不满 10 年的，年休假 5 天；已满 10 年不满 20 年的，年休假 10 天；已满 20 年的，年休假 15 天。国家法定休假日、休息日不计入年休假的假期。

(6) 劳动报酬。劳动报酬应当以法定货币支付，不得以实物及有价证券代替货币支付。

用人单位依法安排劳动者在日标准工作时间以外延长工作时间的，按照不低于劳动合同规定的劳动者本人小时工资标准的 150% 支付劳动者工资；安排劳动者在休息日工作，又不能安排补休的，按照不低于劳动者本人日或者小时工资标准的 200% 支付劳动者工资；安排劳动者在法定休假日工作的，按照不低于劳动者本人日或者小时工资标准的 300% 支付劳动者工资。

用人单位安排劳动者加班不支付加班费的，由劳动行政部门责令限期支付加班费，逾期不支付的，责令用人单位按应付金额 50% 以上 100% 以下的标准向劳动者加付赔偿金。

由于劳动者本人的原因给用人单位造成经济损失的，用人单位可以按照劳动合同的约定要求其赔偿经济损失。经济损失的赔偿，可以从劳动者本人的工资中扣除，但是，每月扣除的部分不得超过劳动者当月工资的 20%，若扣除后的剩余工资部分低于当地月最低工资标准的，则按最低工资标准支付。

【思考 2-22】小唐日工资为 100 元，每周工作 5 天，每天工作 8 小时。2018 年 5 月 1 日加班 1 天，当月的第 3 个双休日加班 2 天。试计算小唐可获得多少加班工资？如果公司不支付，小唐该怎么维护自己的权利？

【解析】5 月 1 日加班，可获得 3 倍工资报酬；双休日加班可获得 2 倍工资报酬。因此，小唐可获得的加班工资为：3×100+2×100×2=700(元)。

如果公司不支付，小唐可以向劳动行政部门反映，由劳动行政部门责令公司限期支付加班费，逾期仍不支付的，劳动行政部门除责令用人单位支付外，并按应付金额 50% 以上 100% 以下的标准向小唐加付赔偿金。

(7) 社会保险。社会保险包括养老保险、失业保险、医疗保险和工伤保险四项。参加社会保险、缴纳社会保险费是用人单位与劳动者的法定义务，双方都必须履行。

(8) 劳动保护、劳动条件和职业危害保护。

(9) 法律、法规规定应当纳入劳动合同的其他事项。

(二) 劳动合同约定条款

除劳动合同必备条款外，用人单位与劳动者可以在劳动合同中约定试用期、培训、保守秘密、补充保险和福利待遇等其他事项。但约定事项不能违反法律、行政法规的强制性规定，否则该约定无效。

1. 试用期

试用期属于约定条款，双方可以约定，也可以不约定试用期。

(1) 试用期期限的强制性规定。

劳动合同期限 3 个月(含)以上不满 1 年的，试用期不得超过 1 个月；劳动合同期限 1 年(含)以上不满 3 年的，试用期不得超过 2 个月；3 年(含)以上固定期限和无固定期限的劳动合同，试用期不得超过 6 个月。

同一用人单位与同一劳动者只能约定一次试用期。以完成一定工作任务为期限的劳动合同或者劳动合同期限不满 3 个月的，不得约定试用期。

试用期包含在劳动期限内。劳动合同仅约定试用期的，试用期不成立，该期限为劳动合同期限。

用人单位违反规定与劳动者约定试用期的，由劳动行政部门责令改正；违反约定的试用期已经履行的，由用人单位以劳动者试用期满后的月工资为标准，按已履行的超过法定试用期的期间向劳动者支付赔偿金。

(2) 试用期工资的强制性规定。

劳动者在试用期的工资不得低于本单位相同岗位最低档工资或者劳动合同约定工资的 80%，并不得低于用人单位所在地的最低工资标准。

试用期内，劳动者被证明不符合录用条件或者发生严重违反用人单位的规章制度等事由的，用人单位可以解除劳动合同，但应当向劳动者说明理由。

【思考 2-23】2013 年，李某与甲公司签订了 1 年期的劳动合同，合同规定试用期为 3 个月，试用期工资为 1 800 元，试用期满后工资为 2 500 元。试分析有无不妥之处？

【解析】试用期 3 个月不合法，法律规定，1 年期劳动合同的试用期不得超过 2 个月；试用期工资标准 1 800 元不合法，应不低于 2 500 × 80%=2 000(元)。若该试用期已履行，则李某可要求甲公司补偿第 3 个月的工资差额：2 500-1 800=700(元)。

2. 服务期

用人单位为劳动者提供专项培训费用，对其进行专业技术培训的，可以与该劳动者订立协议，约定服务期。

劳动合同期满，但是服务期尚未到期的，劳动合同应当续延至服务期满；双方另有约定的，从其约定。

劳动者违反服务期约定的，应当按照约定向用人单位支付违约金。违约金的数额不得超过用人单位提供的培训费用。对已经履行部分服务期限的，用人单位要求劳动者支付的违约金不得超过服务期尚未履行部分所应分摊的培训费用。

【思考2-24】甲公司与王某约定服务期为5年，支付王某培训费10 000元。3年后，王某以劳动合同期满为由，不肯再续签合同。公司要求他支付违约金。试分析王某是否应支付违约金？数额是多少？

【解析】王某应支付违约金，数额为：10 000÷5×2=4 000(元)。

3. 保守商业秘密和竞业限制

用人单位与劳动者可以在劳动合同中约定保守用人单位的商业秘密和与知识产权相关的保密事项。

竞业限制是指根据劳动者和用人单位签订的竞业限制条款或者协议，在双方劳动关系解除和终止后，限制劳动者一定时期的择业权，对于因此给劳动者造成的损害，用人单位给予劳动者相应的经济补偿。

《劳动合同法》规定，对负有保密义务的劳动者，用人单位可以在劳动合同或者保密协议中与劳动者约定竞业限制条款，并约定在解除或者终止劳动合同后，在竞业限制期限内按月给予劳动者经济补偿。补偿金的数额由双方约定，劳动者违反竞业限制约定的，应当按照约定向用人单位支付违约金。

(1) 竞业限制的适用范围。

竞业限制的人员限定为负有保守用人单位商业秘密义务的劳动者，限于用人单位的高级管理人员、高级技术人员和其他负有保密义务的人员。竞业限制的范围、地域、期限由用人单位与劳动者约定，竞业限制的约定不得违反法律、法规的规定。

竞业限制补偿金是用人单位对劳动者履行竞业限制义务的经济补偿，不能包含在工资中，只能在劳动关系结束后，在竞业限制期间内，由用人单位按月支付，数额由双方约定。

【思考2-25】竞业限制条款适用范围应限定为负有保守用人单位商业秘密义务的劳动者，其中包括(　　)。

A. 所有管理人员　　　B. 所有技术人员　　　C. 高级管理人员　　　D. 高级技术人员

【解析】正确答案是CD。竞业限制限于用人单位的高级管理人员、高级技术人员和其他负有保密义务的人员，并非"所有人"。

(2) 竞业限制期限。

在解除或者终止劳动合同后，竞业限制人员到与本单位生产或者经营同类产品、从事同类业务的有竞争关系的其他用人单位工作，或者自己开业生产或者经营同类产品、从事同类业务的竞业限制期限，不得超过2年。

(3) 对竞业限制的司法解释。

针对司法实践中出现的关于竞业限制和经济补偿的各种争议，最高人民法院对如何适用竞业限制条款处理争议做了如下说明。

① 当事人在劳动合同中约定或者保密协议中约定了竞业限制，但未约定解除或者终止劳动合同后给予劳动者经济补偿，劳动者履行了竞业限制义务，要求用人单位按照劳动者

在劳动合同解除或者终止前 12 个月平均工资的 30%按月支付经济补偿的，人民法院应予以支持。前述规定的月平均工资的 30%低于劳动合同履行地最低工资标准的，按照劳动合同履行地最低工资标准支付。

② 当事人在劳动合同或者保密协议中约定了竞业限制和经济补偿，当事人解除劳动合同时，除另有约定外，用人单位要求劳动者履行竞业限制义务，或者劳动者履行了竞业限制义务后要求用人单位支付经济补偿的，人民法院应予支持。即双方均应自觉履行。

③ 当事人在劳动合同或者保密协议中约定了竞业限制和经济补偿，劳动合同解除或者终止后，因用人单位的原因导致 3 个月未支付经济补偿，劳动者请求解除竞业限制约定的，人民法院应予支持。即用人单位"3 个月"未支付，劳动者可以请求人民法院解除竞业限制条款。

④ 在竞业限制期限内，用人单位请求解除竞业限制协议时，人民法院应予支持。在解除竞业限制协议时，劳动者请求用人单位额外支付劳动者 3 个月的竞业限制经济补偿的，人民法院应予支持。即用人单位可以"随时"请求法院解除竞业限制约定，但要额外给劳动者 3 个月的经济补偿。

⑤ 劳动者违反竞业限制约定，向用人单位支付违约金后，用人单位要求劳动者按照约定继续履行竞业限制义务的，人民法院应予支持。即劳动者违约，如果用人单位要求履行，劳动者还得继续履行。

【思考 2-26】人民法院适用竞业限制条款处理劳动争议案件时，应予支持的有(　　)。
A. 在竞业限制期限内，用人单位解除竞业限制协议时，劳动者要求用人单位额外支付 3 个月竞业限制经济补偿的
B. 劳动者违反竞业限制约定，向用人单位支付违约金后，用人单位要求劳动者按照约定继续履行竞业限制义务的
C. 劳动合同解除后，履行了竞业限制义务的劳动者按照协议约定要求用人单位支付竞业限制经济补偿的
D. 劳动合同解除后，因用人单位的原因导致 3 个月未支付竞业限制经济补偿，劳动者要求解除竞业限制约定的
【解析】正确答案是 ABCD。

(三) 医疗期

医疗期是指企业职工因患病或者非因工负伤停止工作，治病休息，但不得解除劳动合同的期限。企业职工因患病或者非因工伤，需要停止工作，进行医疗时，根据本人实际参加工作的年限和在本单位工作的年限，给予 3 个月到 24 个月不等的医疗期。

(1) 实际工作年限 10 年以下的，在本单位工作年限 5 年以下的为 3 个月；5 年以上的为 6 个月。

(2) 实际工作年限 10 年以上的，在本单位工作年限 5 年以下的为 6 个月；5 年以上 10 年以下的为 9 个月；10 年以上 15 年以下的为 12 个月；15 年以上 20 年以下的为 18 个月；20 年以上的为 24 个月。

病休期间，公休、假日和法定节日包括在内。

职工在医疗期内,其病假工资、疾病救济费和医疗待遇按照有关规定执行。病假工资或者疾病救济费可以低于当地最低工资标准,但最低不能低于最低工资标准的80%。医疗期内不得解除劳动合同。如医疗期内遇合同期满,则合同必须续延至医疗期满,职工在此期间仍享受医疗期内待遇。对医疗期满尚未痊愈者,或者医疗期满后,不能从事原工作,也不能从事用人单位另行安排的工作,被解除劳动合同的,用人单位需按经济补偿规定给予其经济补偿。

【思考2-27】下列关于医疗期间的表述中,符合法律规定的有(   )。
A. 实际工作年限10年以下的,在本单位工作年限5年以下的,医疗期间为3个月
B. 实际工作年限10年以上的,在本单位工作年限5年以下的,医疗期间为6个月
C. 医疗期内遇劳动合同期满,则劳动合同必须续延至医疗期满
D. 病假工资可以低于当地最低工资标准支付,但不得低于最低工资标准的80%
【解析】正确答案是ABCD。

四、劳动合同的解除和终止

(一) 劳动合同的解除

劳动合同的解除可以分为协商解除和法定单方解除两种。

1. 协商解除

经当事人协商一致,劳动合同可以解除。由用人单位提出解除劳动合同而与劳动者协商一致的,必须依法向劳动者支付经济补偿。由劳动者主动辞职而与用人单位协商一致解除劳动合同的,用人单位无须向劳动者支付经济补偿。

2. 法定单方解除

(1) 劳动者可以单方解除劳动合同的情形。

① 提前通知解除情形。劳动者可以提前通知解除劳动合同,但不得要求经济补偿:劳动者提前30日以书面形式通知用人单位,可以解除劳动合同;劳动者在试用期内提前3日通知用人单位。

② 随时通知解除情形。用人单位有下列情形之一的,劳动者可以随时通知解除劳动合同,并要求用人单位支付经济补偿:a.未按照劳动合同约定提供劳动保护或者劳动条件的;b.未及时足额支付劳动报酬的;c.未依法给劳动者缴纳社会保险费的;d.用人单位的规章制度违反法律、法规的规定,损害劳动者权益的;e.劳动合同无效;f.法律、行政法规规定劳动者可以解除劳动合同的其他情形。

【思考2-28】黄某原在一家国有企业工作并与企业签订了为期5年的劳动合同。在合同期内,黄某以收入偏低为由,口头提出解除劳动合同,企业未予答复。过了10天,黄某就被一家合资企业招用,又与该企业签订了劳动合同。试分析:
(1) 黄某与原企业的劳动合同是否已经解除?
(2) 合资企业在本案中是否应承担责任?

【解析】

(1) 劳动合同未解除。解除劳动合同应以书面形式进行,而且不具备随时通知解除和不需事先告知解除条件,黄某应当提前30日通知解除。

(2) 合资企业应承担连带赔偿责任。《劳动合同法》规定:"用人单位招用与其他用人单位尚未解除或者终止劳动合同的劳动者,给其他用人单位造成损失的,应当承担连带赔偿责任。"

③ 不需要告知即可解除情形。用人单位有下列情形之一的,劳动者不需要事先告知即可解除劳动合同,并要求用人单位支付经济补偿:用人单位以暴力、威胁或者非法限制人身自由的手段强迫劳动者劳动的;用人单位违章指挥、强令冒险作业危及劳动者人身安全的。

【思考2-29】下列情形中,劳动者需要告知方可解除劳动合同的有(　　)。
A. 用人单位未按照劳动合同约定提供劳动保护或者劳动条件
B. 用人单位违章指挥、强令冒险作业危及劳动者人身安全
C. 用人单位未及时足额支付劳动报酬
D. 用人单位未依法给劳动者缴纳社会保险费
【解析】正确答案是ACD。选项B属于不需要通知即可解除劳动合同的情形。

(2) 用人单位可以单方解除劳动合同的情形。

① 提前通知解除情形。劳动者有下列情形之一的,用人单位提前30日以书面形式通知劳动者本人或者额外支付劳动者1个月工资后,可以解除劳动合同:a.劳动者患病或者非因工负伤,在规定的医疗期满后不能从事原工作,也不能从事由用人单位另行安排的工作的;b.劳动者不能胜任工作,经过培训或者调整工作岗位,仍不能胜任工作的;c.劳动合同订立时所依据的客观情况发生重大变化,致使劳动合同无法履行,经用人单位与劳动者协商,未能就变更劳动合同内容达成协议的。

② 随时通知解除情形。劳动者有以下情形之一的,用人单位可以随时通知解除劳动合同:a.在试用期间被证明不符合录用条件的;b.严重违反用人单位的规章制度的;c.严重失职,营私舞弊,给用人单位造成重大损害的;d.劳动者同时与其他用人单位建立劳动关系,对完成本单位的工作任务造成严重影响,或者经用人单位提出,拒不改正的;e.劳动者以欺诈、胁迫的手段或者乘人之危,使用人单位在违背真实意思的情况下订立或者变更劳动合同的;f.劳动者被依法追究刑事责任的。

依据上述情形解除劳动合同的,用人单位无须向劳动者支付经济补偿。

3. 不得解除情形

劳动者有下列情形之一的,用人单位不得解除劳动合同。

(1) 从事接触职业病危害作业的劳动者未进行离岗前职业健康检查,或者疑似职业病病人在诊断或者医学观察期间的。

(2) 在本单位患职业病或者因工负伤并被确认丧失或者部分丧失劳动能力的。

(3) 患病或者非因工负伤,在规定的医疗期内的。

(4) 女职工在孕期、产期、哺乳期的。

(5) 在本单位连续工作满15年,且距法定退休年龄不足5年的。

(6) 法律、行政法规规定的其他情形。

4. 违法解除劳动合同的责任

用人单位违法解除劳动合同，劳动者可以要求其继续履行劳动合同，享受在劳动关系存续期间的待遇；如果劳动者不愿意继续履行劳动合同或者劳动合同的履行已经成为不可能的，则劳动者可以要求用人单位支付双倍经济补偿金作为赔偿。

> 【思考2-30】下列情形中，用人单位不可以解除劳动合同的有（　　）。
> A. 劳动者患病或者非因工负伤，在规定的医疗期内
> B. 女职工在孕期、产期、哺乳期
> C. 在本单位连续工作满15年，且距法定退休年龄不足5年
> D. 劳动者不能胜任工作
> 【解析】正确答案是ABCD。劳动者不能胜任工作，必须要给予培训或调岗，即"给一次机会"，不能直接解除。

（二）劳动合同的终止

劳动合同的终止是指劳动合同订立后，因出现某种法定的事由，导致用人单位与劳动者之间形成的劳动关系自动归于消灭，或者导致双方劳动关系的继续履行成为不可能而不得不消灭的情形。

劳动合同的终止主要是基于某种法定事实的出现，其一般不涉及用人单位与劳动者的意思表示，只要法定事实出现，一般情况下，就会导致双方劳动关系的消灭，即所谓的"客观原因"造成的劳动合同关系消灭。

1. 劳动合同终止的情形

有下列情形之一的，劳动合同终止。
(1) 劳动合同期满的。
(2) 劳动者开始依法享受基本养老保险待遇的。
(3) 劳动者达到法定退休年龄的。
(4) 劳动者死亡，或者被人民法院宣告死亡或者宣告失踪的。
(5) 用人单位被依法宣告破产的。
(6) 用人单位被吊销营业执照、责令关闭、撤销或者用人单位决定提前解散的。
(7) 法律、行政法规规定的其他情形。
用人单位与劳动者不得约定上述情形之外的其他劳动合同终止条件，即使约定也无效。

2. 劳动合同终止的限制性规定

一般劳动合同期满，劳动合同就终止。但是，如果出现用人单位"不得解除劳动合同"情形之一的，如女职工在孕期、产期、哺乳期等，劳动合同不得终止，则劳动合同应当延续至相应的情形消失时终止。

> 【思考2-31】女职工郑某生育后不久，于2017年2月与A公司签订了为期3年的劳动合同，从事销售工作。2017年7月末，郑某住院30余天，出院后仍不能正常从事销售工作。

A公司以此为由，提前30天书面通知郑某解除劳动合同，并要求她必须于9月30日前办理各种手续。郑某以自己还在哺乳期为由，向当地劳动争议仲裁委员会申请劳动争议仲裁。试分析：A公司能否单方解除与郑某的劳动合同？为什么？

【解析】不能单方解除劳动合同。A公司违反了相关法律法规对哺乳期妇女的保护规定。

(三) 经济补偿

经济补偿是指在劳动者无过错的情况下，用人单位与劳动者解除或者终止劳动合同而依法应给予劳动者的经济上的补助，也称经济补偿金。

1. 支付经济补偿的情形

有下列情形之一的，用人单位应当向劳动者支付经济补偿金。

(1) 由用人单位提出解除劳动合同并与劳动者协商一致解除劳动合同的。

(2) 劳动者符合随时通知解除和不需要事先告知即可解除劳动合同规定情形而解除劳动合同的。

(3) 用人单位符合提前30日以书面形式通知劳动者本人或者额外支付劳动者1个月工资后，可以解除劳动合同规定情形而解除劳动合同的。

(4) 用人单位符合可裁减人员规定而解除劳动合同的。

(5) 除用人单位维持或者提高劳动合同约定条件续订劳动合同，劳动者不同意续订的情形外，劳动合同期满终止固定期限劳动合同的。

(6) 以完成一定工作任务为期限的劳动合同因任务完成而终止的。

(7) 用人单位被依法宣告破产终止劳动合同的。

(8) 用人单位被吊销营业执照、责令关闭、撤销或者用人单位决定提前解散而终止劳动合同的。

(9) 法律、行政法规规定的其他情形。

2. 经济补偿的支付标准

经济补偿按劳动者在本单位工作的年限，每满一年支付一个月工资的标准向劳动者支付。6个月(含)以上不满1年的，按1年计算；不满6个月的，向劳动者支付半个月工资的经济补偿。"月工资"是指劳动者在劳动合同解除或者终止前12个月的平均工资，如果平均工资低于当地最低工资标准的，按照当地最低工资标准计算。

劳动者月工资高于用人单位所在直辖市、设区的市级人民政府公布的本地区上年度职工月平均工资3倍的，向其支付经济补偿的标准按职工月平均工资3倍的数额支付，向其支付经济补偿的年限最高不超过12年。

3. 补偿年限的计算

(1) 2008年1月1日前已存续的劳动合同，在《劳动合同法》实施后解除或终止，经济补偿的年限分两段计算：2008年1月1日前的补偿年限，按当时有关规定计算；2008年1月1日以后的补偿年限按新法规定执行，两段补偿合并计算。

(2) 《劳动合同法》新增两项解除或者终止合同需支付经济补偿的情形，即用人单位未依法为劳动者缴纳社会保险、劳动合同期满用人单位不同意与劳动者续订劳动合同，对于这两种情形下解除或终止劳动合同,其经济补偿年限自 2008 年 1 月 1 日起算,之前的工作年限,不属于经济补偿的计算范畴。

【思考 2-32】小李自 2004 年 7 月 1 日起,在 A 公司任职,劳动合同每两年签订一次。2008 年 6 月 30 日,劳动合同期满,公司决定不再续签合同。试分析:
(1) 公司应如何支付经济补偿?
(2) 小李 2004 年 7 月 1 日与公司签订的是 5 年期劳动合同,2008 年 6 月 1 日,因公司裁减人员,辞退小李,应如何补偿?
【解析】
(1) 劳动合同期满公司决定不再续签合同而终止劳动关系的,补偿年限自 2008 年 1 月 1 日起算,故公司应支付小李 1 个月工资标准的经济补偿(6 个月以上不满 1 年按 1 年计算)。
(2) 经济补偿年限分两段计算:即 2008 年以前为 4 年,按原规定,不满 1 年均按 1 年计算,故应支付 4 个月工资标准;2008 年以后,为 5 个月,不满 6 个月,按半个月计算,即应支付半个月工资标准的经济补偿。合计支付 4 个半月工资标准的经济补偿。

五、劳动争议的解决

(一) 劳动争议的解决途径

经济补偿是指在劳动者无过错的情况下,用人单位与劳动者解除或者终止劳动合同而依法应给劳动者的补偿。劳动争议是指劳动关系双方当事人因实现劳动权利和履行劳动义务而发生的纠纷。

劳动争议发生后,当事人应当协商解决;也可以请工会或者第三方共同与用人单位协商,达成和解协议;当事人不愿协商、协商不成或者达成和解协议后不履行的,可以向调解组织申请调解;不愿意调解、调解不成或者达成调解协议后不履行的,可以向劳动争议仲裁委员会申请仲裁;对仲裁不服的,可以依法向人民法院提起诉讼或者申请撤销仲裁裁决。

值得注意的是,劳动仲裁是劳动争议当事人向人民法院提起诉讼的必经程序。劳动仲裁不收费,劳动争议仲裁委员会的经费由财政予以保障。

(二) 劳动仲裁

劳动仲裁是指由劳动争议仲裁委员会对当事人申请仲裁的劳动争议居中公断与裁决。

申请劳动仲裁的时效期间为 1 年。仲裁时效期间从当事人知道或者应当知道其权利被侵害之日起计算。劳动关系存续期间因拖欠劳动报酬发生争议的,劳动者申请仲裁不受 1 年仲裁时效期间的限制;但是,劳动关系终止的,应当自劳动关系终止之日起 1 年内提出。

仲裁庭裁决劳动争议案件,应当自劳动争议仲裁委员会受理仲裁申请之日起 45 日内结束。当事人不服从仲裁裁决的,可以自收到仲裁裁决书之日起 15 日内向人民法院提起诉讼。

【思考 2-33】小赵是两年前毕业的高职生,2016 年 7 月应聘于一家种子公司工作。2017 年 6 月公司效益不好,一直未发放工资。2017 年 9 月小赵辞去公司工作另谋出路,双方解除了劳动合同,直到 2018 年 7 月小赵才向公司追要拖欠的 3 个月工资,该公司拒绝支付，小赵申请劳动争议仲裁。试分析：
(1) 劳动争议仲裁机构是否会支持小赵的请求？为什么？
(2) 小赵可否直接向人民法院起诉？为什么？

【解析】
(1) 劳动争议仲裁机构会支持小赵的请求。劳动关系存续期间因拖欠劳动报酬发生争议的，劳动者申请仲裁不受 1 年仲裁时效期间的限制；但是，劳动关系终止的，应当自劳动关系终止之日起 1 年内提出。从 2017 年 9 月小赵辞职日起算，到 2018 年 7 月未超过 1 年，所以劳动仲裁机构应当受理。小赵不仅可以要求支付拖欠 3 个月的工资，而且还可以要求公司支付经济补偿。
(2) 小赵不可以直接向人民法院起诉。我国采用"先裁后审"的劳动争议处理程序，即仲裁是提起诉讼的必经程序，当事人不服劳动裁决的，可以自收到仲裁裁决书之日起 15 天内向人民法院起诉。

【案例 2-2】李某 2016 年 2 月被某工厂录用为营销员，合同期自 2016 年 2 月 25 日至 2019 年 2 月 25 日，双方约定试用期 1 年。自 2017 年 3 月以来，工厂发现小李没有试用期那么敬业，能力也一般。2017 年 7 月 15 日，该厂单方书面通知小李解除劳动合同。小李不服，于 2018 年 7 月 28 日向当地劳动争议仲裁委员会申请仲裁。试分析：
(1) 劳动合同中关于试用期的规定是否合法？为什么？
(2) 该厂单方解除劳动合同是否有法律依据？
(3) 劳动仲裁委员会是否会支持小李的请求？为什么？

【分析】
(1) 试用期为 1 年的规定不合法，劳动合同期限在 3 年以上的，最长不得超过 6 个月。
(2) 没有法律依据。《劳动合同法》规定，劳动者不能胜任工作，经过培训或者调整工作岗位仍不能胜任工作的，用人单位提前 30 日以书面形式通知劳动者本人或者额外支付劳动者 1 个月工资后，方可解除劳动合同。本案中，该厂一是没有对小李进行培训或调岗，二是没有提前 30 日通知或者额外支付劳动者 1 个月的工资，所以单方通知解除劳动合同不合法。
(3) 劳动仲裁委员会不会支持小李的请求，因为超过了申请劳动仲裁的时效期间。

复习思考题

1. 法人与非法人有什么区别？
2. 公民的民事行为能力有几种？各有什么区别？
3. 我国诉讼时效的期间有几种？各有什么区别？
4. 代理人应如何行使代理权？什么是表见代理？
5. 签订劳动合同时应注意哪些事项？
6. 劳动者和用人单位在什么情况下可以单方解除劳动合同？
7. 发生劳动争议时如何解决？

强 化 训 练

一、单项选择题

1. 无民事行为能力人是指(　　)。
   A. 不满 8 周岁的未成年人　　　　B. 不满 16 周岁的未成年人
   C. 不满 18 周岁的未成年人　　　　D. 不能完全辨认自己行为的精神病人
2. 债务人明确表示履行拖欠的债务,这在法律上将引起(　　)。
   A. 诉讼时效的中止　　　　　　　B. 诉讼时效的中断
   C. 诉讼时效的延长　　　　　　　D. 诉讼时效的消灭
3. 下列关于公司的民事行为能力,表述正确的是(　　)。
   A. 与其权利能力范围相一致　　　B. 一律平等
   C. 始于出生终于死亡　　　　　　D. 分为完全、限制与无行为能力三种
4. 下列具有法人资格的是(　　)。
   A. 合伙企业　　　　　　　　　　B. 某股份公司的销售部
   C. 个体工商户　　　　　　　　　D. 有限责任公司
5. 下列关于法人民事行为能力的描述不正确的是(　　)。
   A. 法人的民事行为能力与民事权利能力同时发生
   B. 法人的民事行为能力与民事权利能力在范围上不一致
   C. 法人的民事行为能力只能由其机关来实现
   D. 法人的民事行为能力与民事权利能力同时消灭
6. 代理人超越代理权所为的民事行为,其法律后果是(　　)。
   A. 一经告知被代理人后,即对其有约束力
   B. 经被代理人追认后,被代理人才承担责任
   C. 代理人与被代理人负连带责任
   D. 被代理人承担责任
7. 本人知道他人以本人的名义实施民事行为而不作否认表示的,视为(　　)。
   A. 不同意代理　　B. 同意代理　　C. 放弃追认权　　D. 以上说法都不对
8. 甲委托乙代买 10 吨水泥,乙见当地水泥价格特别低且质量好,于是代买了 15 吨,此行为属于(　　)。
   A. 无效行为　　B. 有效行为　　C. 滥用代理权　　D. 越权代理
9. 普通诉讼时效开始计算的时间是(　　)。
   A. 权利被侵害之时　　　　　　　B. 知道或应当知道权利被侵害以及义务人之时
   C. 告诉之时　　　　　　　　　　D. 达成协议之时
10. 下列关于诉讼时效期间届满的法律后果的表述中,符合法律规定的是(　　)。
    A. 当事人在诉讼时效期间届满后起诉的,人民法院不予受理
    B. 诉讼时效期间届满,义务人自愿履行了义务后,可以以诉讼时效期间届满为由主张恢复原状

C. 诉讼时效期间届满后,当事人自愿履行义务的,不受诉讼时效限制

D. 诉讼时效期间届满后,权利人的实体权利消灭

11. 诉讼时效期间从当事人知道或者应当知道权利被侵害以及义务人之日起计算。但是,从权利被侵害之日起超过(　　)的,人民法院不予保护。

A. 2年　　　　B. 5年　　　　C. 10年　　　　D. 20年

12. 在诉讼时效期间的最后 6 个月内,因一定事由的发生可导致诉讼时效中止。根据民事法律制度的规定,下列事由中,能够导致诉讼时效中止的是(　　)。

A. 权利人提出诉讼

B. 发生不可抗力导致权利人无法行使请求权

C. 权利人向义务人提出履行义务的要求

D. 义务人同意履行义务

13. 用人单位可以提前 30 天以书面形式通知劳动者本人解除劳动合同的是(　　)。

A. 在试用期间被证明不符合录用条件的

B. 患病或者负伤,在规定的医疗期内的

C. 严重违反用人单位规章制度的

D. 不能胜任工作,经过培训或调整工作岗位仍不能胜任工作的

14. 法定最低就业年龄是(　　)周岁。

A. 18　　　　B. 17　　　　C. 16　　　　D. 15

15. 用人单位安排劳动者每月的加班时间不得超过(　　)小时。

A. 10　　　　B. 24　　　　C. 36　　　　D. 48

16. 用人单位与劳动者建立劳动关系的起算日期是(　　)。

A. 用工之日起　　　　B. 劳动合同订立之日起

C. 试用期满之日起　　　　D. 自用工之日起 1 个月后

17. 用人单位和劳动者在签订劳动合同时,必须约定的条款是(　　)。

A. 试用期　　B. 服务期　　C. 劳动合同期限　　D. 竞业限制条款

18. 甲公司与李某签订了 3 年期劳动合同,约定月工资为 2 600 元,当地最低工资标准为 2 000 元,张某在试用期的月工资不得低于(　　)元。

A. 2 000　　　　B. 1 600　　　　C. 2 600　　　　D. 2 080

19. 甲公司安排职工李某在国庆节期间上班。根据《劳动法》的规定,李某应该获得的工资为不低于其标准工资报酬的(　　)。

A. 150%　　　　B. 200%　　　　C. 250%　　　　D. 300%

20. 周某于 2016 年 4 月 11 日进入甲公司就职,经周某要求,公司于 2017 年 4 月 11 日才与其签订劳动合同。已知周某每月工资 3 000 元,已按时足额领取。甲公司应向周某支付工资补偿的金额是(　　)元。

A. 0　　　　B. 3 000　　　　C. 3 300　　　　D. 3 600

二、多项选择题

1. 法人应当具备的条件有(　　)。

A. 依法成立　　　　B. 有必要的从业人员

C. 有自己的名称、组织机构和场所　　D. 能够独立承担民事责任

2. 下列行为中，属于滥用代理权的有(　　)。
   A. 代理他人与自己进行民事活动　　B. 代理双方当事人进行同一民事行为
   C. 越权代理　　　　　　　　　　　D. 无权代理

3. 下列代理行为中，属于表见代理的有(　　)。
   A. 被代理人对第三人表示已将代理权授予他人，而实际并未授权
   B. 他人以被代理人盖有公章的空白合同文本与第三人发生法律行为
   C. 代理授权不明
   D. 代理关系终止后未采取必要的措施而使第三人相信行为人有代理权

4. 下列关于竞业限制的表述中，正确的有(　　)。
   A. 用人单位应按照双方约定，在竞业限制期限内按月给予劳动者经济补偿
   B. 劳动者违反竞业限制约定的，应按照约定向用人单位支付违约金
   C. 用人单位和劳动者约定的竞业限制期限不得超过2年
   D. 竞业限制约定适用于用人单位与其高级管理人员、高级技术人员和其他负有保密义务的人员之间

5. 引起诉讼时效中断的原因有(　　)。
   A. 债权人提起诉讼　　　　　　　　B. 债务人主动履行
   C. 债务人同意履行　　　　　　　　D. 债务人失踪

6. 引起诉讼时效中止的原因有(　　)。
   A. 继承开始后未确定继承人或者遗产管理人
   B. 无民事行为能力人没有法定代理人
   C. 权利人提起诉讼
   D. 权利人向义务人提出履行请求

7. 用人单位可以随时通知解除劳动合同的有(　　)。
   A. 在试用期间被证明不符合录用条件的
   B. 严重违反劳动纪律或者用人单位规章制度的
   C. 严重失职，营私舞弊，对用人单位利益造成重大损害的
   D. 被依法追究刑事责任的

8. 下列关于诉讼时效期间的表述中，正确的有(　　)。
   A. 诉讼时效期间从权利人知道或者应当知道权利受到损害以及义务人之日起计算
   B. 诉讼时效期间可发生中止或者中断
   C. 诉讼时效期间届满，权利人丧失胜诉权
   D. 身体受到伤害要求赔偿的，诉讼时效期间为1年

9. 下列情形中，劳动者需要向用人单位支付违约金的有(　　)。
   A. 劳动者违反商业秘密和竞业限制约定的
   B. 劳动者违反试用期约定的
   C. 劳动者违反休息休假约定的
   D. 劳动者违反服务期约定的

10. 下列各项中，用人单位不得解除劳动合同，也不得终止劳动合同的有(　　)。

A. 患病或者非因工负伤，在规定的医疗期内
B. 女职工在孕期、产期、哺乳期
C. 在本单位连续工作15年，且距法定退休年龄不足5年
D. 劳动者开始依法享受基本养老保险待遇

11. 下列各项中，用人单位应当向劳动者支付经济补偿的有(　　)。
    A. 由用人单位提出解除劳动合同并与劳动者协商一致而解除劳动合同的
    B. 以完成一定工作任务为期限的劳动合同因任务完成而终止的
    C. 用人单位被依法宣告破产终止劳动合同的
    D. 固定期限劳动合同期满，用人单位维持或者提高劳动合同约定条件续订劳动合同，劳动者不同意续订的

12. 下列关于试用期的表述中，正确的有(　　)。
    A. 劳动合同期限不满3个月的，不得约定试用期
    B. 劳动合同期限3个月以上不满1年的，试用期不得超过2个月
    C. 劳动合同仅约定试用期的，试用期不成立，该期限为劳动合同期限
    D. 用人单位与同一劳动者只能约定一次试用期

13. 劳动者可以随时通知用人单位解除劳动合同的有(　　)。
    A. 在试用期内
    B. 用人单位未按照劳动合同约定支付劳动报酬
    C. 用人单位以暴力、威胁或者非法限制人身自由的手段强迫劳动者劳动的
    D. 用人单位未依法为劳动者缴纳社会保险费

14. 某公司拟与张某签订为期3年的劳动合同，关于该合同试用期约定的下列方案中，符合法律制度的有(　　)。
    A. 不得约定试用期　　　　　B. 试用期1个月
    C. 试用期3个月　　　　　　D. 试用期6个月

15. 劳动者因用人单位拖欠劳动报酬发生劳动争议申请仲裁的，应当在仲裁时效期间内提出。关于该仲裁时效期间的下列表述中，正确的有(　　)。
    A. 从用人单位拖欠劳动报酬之日起1年
    B. 从用人单位拖欠劳动报酬之日起2年
    C. 劳动关系存续期间无仲裁时效期间的限制
    D. 劳动关系终止的自劳动关系终止日起1年

三、判断题

1. 无民事行为能力人、限制民事行为能力人接受奖励、赠与，他人不得以行为人无民事行为能力、限制民事行为能力为由，主张上述行为无效。（　　）
2. 诉讼时效届满，当事人将丧失实体权利。（　　）
3. 因委托人授权不明确，则受托人的行为后果只能由委托人承担。（　　）
4. 代理人在代理权限内，以被代理人的名义实施的民事行为受法律保护。（　　）
5. 诉讼时效期间届满后，义务人不知时效届满而履行的，可以要求返还。（　　）
6. 用人单位自用工之日起满1年不与劳动者订立书面劳动合同的，视为用人单位自

用工之日起满 1 年的当日已经与劳动者订立无固定期限劳动合同。　　　　　　(　)

7. 用人单位与劳动者在订立劳动合同时，必须约定试用期。　　　　　　　　(　)

8. 安排劳动者延长劳动时间的，用人单位应支付不低于劳动者正常工作时间工资的 200% 的工资报酬。　　　　　　　　　　　　　　　　　　　　　　　　　　　　　(　)

9. 医疗期内遇劳动合同期满的，则劳动合同必须延至医疗期满，职工在此期间仍然享受医疗期待遇。　　　　　　　　　　　　　　　　　　　　　　　　　　　　(　)

10. 劳动者严重违反用人单位规章制度的，用人单位可以随时通知劳动者解除合同，但应当向劳动者支付经济补偿。　　　　　　　　　　　　　　　　　　　　　(　)

四、案例分析题

1. 小张年满 17 周岁，初中毕业后在 A 厂务工，月收入 1 600 元。为增加收入，业余时间小张开始学做生意，并向其同事借现金 5 000 元。事后，生意做砸了，无法还款，其同事便找小张父母追要。试分析：小张父母是否应替小张还款，为什么？

2. 甲服装店将盖有公章的空白合同和介绍信交给李某，介绍信上写明委托李某为甲服装店购买服装。李某以甲服装店的名义向乙服装厂订购了总价款 10 万元的工作服。但工作服销售很不理想。甲服装店认为自己委托李某购买的是时装而不是工作服，而且自己店面很小，一次不可能进 10 万元的货，便以李某的行为属于越权代理为由，拒绝交付货款。试分析：

(1) 甲服装店的主张是否有法律依据？为什么？

(2) 此案应如何处理？

3. ABC 公司委托采购员赵某到甲市采购电视机 100 台，每台单价在 2 500 元以内。赵某到甲市后，订购了 100 台电视机，同时发现当地的电冰箱十分便宜，于是又签订了 50 台电冰箱的合同。赵某回来后，即向公司领导汇报了情况，领导认为电冰箱不好销售，严厉批评了赵某，并要求赵某立即通知对方解除电冰箱的买卖合同。10 天后，对方按合同约定将电视机与电冰箱如数运到，公司只接受 100 台电视机，而拒收电冰箱。试分析：

(1) 赵某采购电冰箱的行为属于什么性质的行为？

(2) ABC 公司能否拒收电冰箱？为什么？

4. 某村的丁某 2013 年春节借给邻居唐某现金 5 000 元，唐某写有借条，并约定年底还钱。当年 3 月唐某到县上做生意，半年后将全家搬到市里，年底唐某未还钱，丁某也未催要。2015 年 10 月 1 日丁某的儿子结婚，唐某主动还了 1 000 元，2017 年 8 月丁某的女儿考上大学，为筹集学费丁某向唐某要剩余的 4 000 元，唐某以时效已过为由，拒不还债。试分析：诉讼时效过否？为什么？

5. 2014 年 1 月 A 保险公司与 B 养殖公司签订了汽车保险合同，当年 5 月 13 日，B 公司的车因被撞坏大修，A 保险公司预付了 4 万元的修理费用，当年 11 月 23 日，大修完毕，修理费共计 9.8 万元，A 保险公司依法理赔，并开出面额为 9.8 万元的转账支票。A 保险公司直到 2016 年 12 月 20 日领导离任审计时，才发现多付了 4 万元，于 2017 年 1 月向 B 养殖公司追要未果，遂起诉到法院。试分析：人民法院是否支持 A 保险公司的诉讼请求？为什么？

6. 胡某与某私营皮革制造厂签订了 5 年期劳动合同。其中约定：劳动过程中出现伤残，责任自负。2017年8月，胡某在操作机器时，因皮带断裂而砸伤左手，住院治疗20多天，需交住院费、手术费、药费等共计人民币5万余元。出院时，该厂只支付治疗期间工资，医疗费用全部由职工自理。为此，胡某向当地劳动争议仲裁委员会提出申请，要求该厂支付其全部医疗费用。试分析：

(1) 劳动合同中规定"伤残责任自负"条款是否有效？为什么？

(2) 劳动争议仲裁委员会应如何作出裁决？

7. 某制药厂与王某于2015年10月15日签订了为期10年的劳动合同。同时，该厂选派王某去国外学习一项制药工艺技术，共花费人民币10余万元。劳动合同约定，在合同期内，王某不得调离本企业，如违约给企业造成经济损失时，应负全部赔偿责任。2017年11月10日某合资企业以高薪聘用王某，签订了2年的劳动合同。王某擅自离开该制药厂后，由于其他技术人员尚未掌握这种制药技术，使产品质量下降，直接经济损失达300多万元。为此，该制药厂向当地劳动争议仲裁委员会提出申请，要求王某及合资企业赔偿其全部经济损失，并要求王某回厂履行劳动合同。试分析：

(1) 该制药厂的要求是否合理？为什么？

(2) 本案应如何处理？

8. ABC食品厂招收30名工人后，厂方与工人签订了为期3年的劳动合同，合同期为2016年1月至2019年1月。合同内容合法有效。在履行合同中，厂方为完成订单任务，在2017年9月至10月，正常工作日每日加班2小时，休息日需到厂工作3小时，法定休假日需到厂工作3小时。厂方以标准工资的100%支付工人超时工资。该厂工人因超时工资与厂方发生争议，推选代表在法定时效内向劳动争议仲裁委员会申请仲裁。试分析：

(1) 厂方安排的延长工时有无违法之处？

(2) 厂方应如何依法支付工人超时工资？

(3) 此案能否直接向人民法院起诉？为什么？

9. 孙某曾应聘在甲公司工作，试用期满后从事技术工作，2年后跳槽至乙企业成为该企业的业务骨干。甲公司为实施新的公司战略，拟聘请孙某担任公司高管。经协商，双方签订了劳动合同，约定：①劳动合同期限为2年，试用期为3个月；②合同期满或因其他原因离职后，孙某在3年内不得从事与甲公司同类的业务工作，公司在孙某离职时一次性支付其补偿金10万元。

在劳动合同期满前1个月时，孙某因病住院。3个月后，孙某痊愈，到公司上班时，公司通知孙某劳动合同已按期终止，病休期间不支付工资，也不再向其支付10万元补偿金。孙某同意公司不支付10万元补偿金，但要求公司延续劳动合同期至病愈，并支付病休期间的病假工资和离职的经济补偿。甲公司拒绝了孙某的要求，孙某随即进入同一行业的丙公司从事与甲公司业务相竞争的工作。甲公司认为孙某违反了双方在劳动合同中的竞业限制约定，应承担违约责任。

已知：孙某实际工作年限12年。要求：根据上述资料，分析回答下列第(1)~(4)小题。

(1) 对甲公司与孙某约定的劳动合同条款所做的下列判断中，正确的是(   )。

　　A. 甲公司与孙某不应约定试用期

　　B. 甲公司与孙某约定的试用期超过法定最长期限

　　C. 甲公司与孙某可以约定离职后不得从事同类行业

D. 甲公司与孙某约定离职后不得从事同类行业的时间超过法定最长期限

(2) 孙某可以享受的法定医疗期是( )。

  A. 1 个月   B. 3 个月   C. 6 个月   D. 12 个月

(3) 对劳动合同终止及孙某病休期间工资待遇的下列判断中，正确的是( )。

  A. 孙某与甲公司约定的劳动合同期满时，劳动合同自然终止

  B. 孙某与甲公司的劳动合同期限应延续至孙某病愈出院

  C. 甲公司只需支付孙某劳动合同期满前 1 个月的病假工资

  D. 甲公司应支付孙某 3 个月病休期间的病假工资

(4) 对甲公司与孙某各自责任的下列判断中，符合法律规定的是( )。

  A. 孙某应遵守竞业限制约定，承担违约责任

  B. 竞业限制约定已失效，孙某不需要承担违约责任

  C. 甲公司应支付孙某离职的经济补偿

  D. 甲公司不需支付孙某离职的经济补偿

10. 甲公司职工张某在工作中因先天性心脏病突然发作住院治疗 3 个月，住院期间甲公司按月向其支付病假工资。出院后，张某回公司上班，因该疾病导致活动受限，张某已不能从事原工作。公司又为其另行安排了其他岗位，但张某仍不能从事该工作。甲公司拟单方解除与张某之间尚未到期的劳动合同。已知：张某月工资 3 000 元，实际工作年限 8 年，在甲公司工作 3 年，甲公司所在地月最低工资标准为 2 000 元。

要求：根据上述资料，不考虑其他因素，分析回答下列小题。

(1) 关于张某在工作中突发先天性心脏病法律后果的下列表述中，正确的是( )。

  A. 张某在工作中突发先天性心脏病应认定为工伤

  B. 张某可享受的医疗期应按 6 个月内累计病休时间计算

  C. 张某可享受 3 个月的医疗期待遇

  D. 张某可享受 12 个月的停工留薪期待遇

(2) 张某住院期间，甲公司每月向其支付的病假工资不低于( )元。

  A. 3 000   B. 2 000   C. 1 600   D. 2 400

(3) 甲公司单方解除与张某的劳动合同可采用的下列方式中，符合法律规定的是( )。

  A. 甲公司无须通知张某即可解除劳动合同

  B. 甲公司可随时通知张某解除劳动合同且不向其额外支付工资

  C. 甲公司可提前 30 日书面通知张某解除劳动合同

  D. 甲公司可额外支付张某 1 个月工资后解除劳动合同

(4) 关于甲公司单方解除与张某劳动合同法律后果的下列表述中，正确的是( )。

  A. 应向张某支付违约金

  B. 应向张某支付一次性伤残就业补助金

  C. 应向张某支付合同解除赔偿金

  D. 应向张某支付经济补偿

第二单元　市场主体法

第三章　个人独资企业法与合伙企业法

【能力目标】

- 识别个人独资企业的投资人。
- 分析个人独资企业事务管理是否规范。
- 识别合伙企业财产转让效力、事务执行权限、对外代表权以及入伙、退伙责任归属。

【知识目标】

- 了解个人独资企业、合伙企业的概念、特征以及设立程序。
- 掌握个人独资企业的投资人及事务管理规定。
- 掌握普通合伙企业的财产构成、事务执行、与第三人关系以及入伙、退伙规定。
- 掌握有限合伙企业的特殊规定。
- 了解个人独资企业、合伙企业的解散与清算。

【职业素质目标】

应用所学，规范设立个人独资企业与合伙企业、明确权利与义务、依法开展经营活动。

【章前测试】

1. 下列哪些人员可以投资设立个人独资企业？（　　）
   A. 外籍人员　　B. 公安干警　　C. 财政局预算科科长　　D. 企业职工
2. 合伙协议未约定合伙利润分配比例的，合伙人之间应如何分配利润？（　　）
   A. 按各合伙人的出资比例分配　　B. 按全体合伙人贡献大小分配
   C. 在全体合伙人之间平均分配　　D. 由各合伙人协商决定如何分配
3. 个人独资企业财产不足以清偿债务的部分，由投资人以家庭共有财产清偿。这一说法正确吗？
4. 新入伙的合伙人，只对入伙后的企业债务承担连带责任，入伙前的企业债务与其无关。这一说法正确吗？

【参考答案】

1. D　　2. D　　3. 不正确　　4. 不正确

第一节 个人独资企业法

> 【案情导入】
> 李某 1 月份独资开办了一家食品加工厂,注册资金为 4 万元,由于原材料保存不当,发生了腐烂,造成消费者食物中毒,索赔 16 余万元。食品加工厂被迫破产,其破产后财产只有 7 万元。于是消费者向法院要求强制执行李某的个人财产及其家庭共有财产。
> 【思考】
> (1) 李某是否应当承担偿还责任?为什么?
> (2) 能否用家庭共有财产偿还?为什么?
> (3) 什么是个人独资企业?设立时应具备哪些条件?
> (4) 个人独资企业的投资人应承担哪些法律责任?

一、个人独资企业法概述

(一) 个人独资企业的概念和特征

个人独资企业是指依照《中华人民共和国个人独资企业法》(以下简称《个人独资企业法》)在中国境内设立,由一个自然人投资,财产为投资人个人所有,投资人以其个人财产对企业债务承担无限责任的经营实体。

个人独资企业具有以下特征。

(1) 企业的投资人是一个自然人。国家机关授权投资的机构或者国家授权的部门、企业、事业单位都不得作为个人独资企业的投资人。此外,外商独资企业也不能作为个人独资企业的投资人。

(2) 投资人对企业的债务承担无限责任。当企业的财产不足以清偿到期债务时,投资人应以自己的个人全部财产用于清偿。

(3) 企业的内部机构设置简单,经营管理方式灵活。

(4) 非法人企业。个人独资企业不具备法人资格,投资人对企业的债务承担无限责任,但却是独立的民事主体,可以以自己的名义从事民事活动。

> 【思考 3-1】个人独资企业和个体工商户有什么区别?
> 【解析】雇员 7 人以下为个体户,8 人以上为个人独资企业,并分别依据不同的法律办理工商登记手续。

(二) 个人独资企业法的概念

为规范个人独资企业的行为,保护个人独资企业投资人和债权人的合法权益,维护社会经济秩序,促进社会主义市场经济发展,全国九届人大常委会于 1999 年 8 月 30 日通过了《中华人民共和国个人独资企业法》。该法自 2000 年 1 月 1 日起施行。

二、个人独资企业的设立

(一) 个人独资企业的设立条件

依据《个人独资企业法》的规定，设立个人独资企业应当具备以下条件。

1. 投资人为一个具有中国国籍的自然人

国家机关、企事业单位等组织，以及法律、行政法规禁止从事营利性活动的人(国家公务员、警官、法官、检察官、商业银行工作人员等)，不得作为个人独资企业的投资人。

2. 有合法的企业名称

个人独资企业的名称应当与其责任形式及从事的营业相符合，名称中不得使用"有限""有限责任""公司"等字样，可以使用"店""中心""工作室"等字样。

3. 有投资人申报的出资

投资人可以以个人财产出资，也可以以家庭共有财产出资。以家庭共有财产出资的，投资人应在设立(变更)申请书中予以说明。投资人可以用货币、实物、土地使用权、知识产权或者其他财产权利出资。

【思考3-2】下列各项中，可以作为个人独资企业投资人出资的有( )。
A. 投资人的专利技术 B. 投资人的劳务
C. 投资人的家庭共有房屋 D. 投资人的土地使用权
【解析】正确答案是ACD。投资人不得用劳务出资。

4. 有固定的生产经营场所和必要的生产经营条件

生产经营场所包括企业的住所和与生产经营相适应的处所。住所是企业的主要办事机构所在地，是企业的法定地址。

5. 有必要的从业人员

有必要的从业人员即要有与个人独资企业的生产经营范围、规模相适应的从业人员。

【思考3-3】赵某准备自己开办一个饲料加工厂，应具备下列哪些必备条件？( )
A. 投资人只能是一个自然人 B. 有必要的从业人员
C. 有健全的组织机构 D. 有符合规定的法定最低注册资本
【解析】正确答案是AB。《个人独资企业法》对最低注册资本未做明确规定。

(二) 个人独资企业设立的程序

1. 提出申请

申请设立个人独资企业，应当由投资人或者其委托的代理人向个人独资企业所在地的工商登记机关申请设立登记。投资人申请设立登记，应当向登记机关提交下列文件。

(1) 设立申请书。设立申请书应当包括：企业的名称和住所、投资人的姓名和住所、投资人的出资额和出资方式、经营范围。

(2) 投资人身份证明。

(3) 生产经营场所使用证明等文件。

由委托代理人申请设立登记的，应当出具投资人的委托书和代理人的合法证明。

2. 核准登记

登记机关应当在收到申请文件之日起15日内，对符合规定条件的，予以登记，发给营业执照；对不符合规定条件的，不予登记，并发给企业登记驳回通知书。

个人独资企业执照的签发日期，为个人独资企业成立日期。在领取个人独资企业营业执照前，投资人不得以个人独资企业的名义从事经营活动。

个人独资企业设立分支机构，应当由投资人或者其委托代理人向分支机构所在地的工商登记机关申请设立登记，领取营业执照。分支机构的民事责任由设立该分支机构的个人独资企业承担。

个人独资企业存续期间登记事项发生变更的，应当自作出变更决定之日起15日内依法向工商登记机关申请办理变更登记。

三、个人独资企业投资人及事务管理

(一) 投资人的权利和责任

个人独资企业投资人对本企业的财产依法享有所有权，其有关权利可以依法进行转让或继承。个人独资企业财产不足以清偿债务的，投资人应当以其个人的其他财产予以清偿。如果个人独资企业投资人在申请企业设立时，明确以其家庭共有财产作为个人出资的，应当依法以家庭共有财产对企业债务承担无限责任。

(二) 个人独资企业的事务管理

1. 事务管理方式

个人独资企业投资人可以自行管理企业事务，也可以委托或者聘用其他具有民事行为能力的人负责企业的事务管理。投资人委托或者聘用他人管理个人独资企业事务的，应当与委托人或者被聘用的人员签订书面合同，明确委托的具体内容和授予的权利范围。但是，投资人对受托人或者被聘用人员的职权的限制，不得对抗善意第三人，即受托人或者被聘用人员超出投资人的限制与善意第三人的有关业务往来应当有效。

【思考3-4】张某个人出资开办了一家服装厂，聘李某为厂长，并规定凡对外签订500元以上的合同，须经张某同意。1个月后，李某未经张某同意，便以工厂的名义从善意第三人手中购进价值1万元的布匹。试分析李某超越权限签订的合同是否有效？为什么？

【解析】有效。投资人对被聘用人员职权的限制，不得对抗善意第三人。尽管张某超越了权限，但第三人是善意的。因此，该合同有效。

2. 受托管理人员的义务

受托人或者被聘用人员应当履行诚信、勤勉义务，按照与投资人签订的书面合同负责个人独资企业的事务管理。

投资人委托或者聘用的管理个人独资企业事务的人员不得有下列行为：①利用职务上的便利，索取或者收受贿赂；②利用职务或者工作上的便利侵占企业财产；③挪用企业资金归个人使用或者借贷给他人；④擅自将企业资金以个人名义或者他人名义开立账户存储；⑤擅自以企业财产提供担保；⑥未经投资人同意，从事与本企业相竞争的业务；⑦未经投资人同意，同本企业订立合同或者进行交易；⑧未经投资人同意，擅自将企业商标或者其他知识产权转让给他人使用；⑨泄露本企业的商业秘密；⑩发生法律、行政法规禁止的其他行为。

【思考3-5】甲设立了个人独资企业A，聘请乙管理企业事务。后来企业急需资金，乙擅自将企业的专有技术转让给了丙企业。甲得知后坚决反对。试分析乙与丙之间的转让合同是否有效？为什么？
【解析】无效。受聘人员不得擅自将企业知识产权转让给他人使用。

四、个人独资企业的权利与义务

(一) 个人独资企业的权利

按照《个人独资企业法》的明确规定，个人独资企业存续期间享有下列权利。

1. 财产所有权

个人独资企业的投资人对本企业的财产依法享有所有权，其有关权利可以依法进行转让或继承。

2. 依法申请贷款

个人独资企业可以依法申请贷款，用于企业的生产经营。

3. 依法取得土地使用权

个人独资企业拥有根据《中华人民共和国土地管理法》等法律、法规的规定取得土地使用权的权利。

4. 拒绝摊派权

任何单位和个人不得违反法律、法规的规定，以任何方式强制个人独资企业提供财力、物力、人力；对于违反规定强制要求企业提供财力、物力、人力的行为，个人独资企业有权拒绝。

5. 法律、行政法规规定的其他权利

个人独资企业除享有上述权利外，还依法享有十分广泛的权利，如专利权、商标权、依法取得外贸经营权等。

(二) 个人独资企业的义务

(1) 个人独资企业从事经营活动必须遵守法律、行政法规，遵守诚信原则，不得损害社会公共利益。
(2) 依法履行纳税义务。
(3) 依法设置会计账簿，进行会计核算。
(4) 依法保障职工合法权益。

个人独资企业招用职工，应当与职工签订劳动合同，保障职工的劳动安全，按时、足额发放职工工资。同时，应当按照国家有关规定参加社会保险，为职工缴纳社会保险费。我国目前设有五种强制性的社会保险，即养老保险、工伤保险、医疗保险、失业保险和企业职工生育保险。

五、个人独资企业的解散和清算

(一) 个人独资企业的解散

根据《个人独资企业法》规定，个人独资企业有下列情形之一时，应当解散。
(1) 投资人决定解散。
(2) 投资人死亡或被宣告死亡，无继承人或者继承人决定放弃继承。
(3) 被依法吊销营业执照。
(4) 法律、行政法规规定的其他情形。

(二) 个人独资企业的清算

依照《个人独资企业法》规定，个人独资企业解散时，必须进行清算，收回债权，清偿债务。

1. 通知和公告债权人

个人独资企业解散，由投资人自行清算或者由债权人申请人民法院指定清算人进行清算。投资人自行清算的，应当在清算前15日内书面通知债权人，无法通知的，应当予以公告。债权人应当在接到通知起30日内，未接到通知的应当在公告之日起60日内，向投资人申报其债权。

2. 财产清偿顺序

个人独资企业解散的，财产应当按照下列顺序清偿：①所欠职工工资和社会保险费用；②所欠税款；③其他债务。个人独资企业财产不足以清偿债务的，投资人应当以其个人的其他财产予以清偿。

3. 投资人的持续偿债责任

个人独资企业解散后，原投资人对个人独资企业存续期间的债务仍应承担偿还责任，但债权人在5年内未向债务人提出偿债请求的，该责任消灭。

4. 注销登记

个人独资企业清偿结束后，投资人或者人民法院指定的清算人应当编制清算报告，并于15日内到登记机关办理注销登记。经登记机关注销登记，个人独资企业终止，并应当缴回营业执照。

【案例 3-1】2017 年 3 月 1 日,中国工商银行职员甲出资 5 万元,拟设立个人独资企业,取名为宏远实业公司。假设该个人独资企业成立,聘请朋友乙管理企业事务,同时规定,凡乙对外签订标的额超过 1 000 元以上的合同,须经甲同意。同年 4 月 1 日,乙未经甲同意,以个人独资企业的名义与善意第三人丙签订了购入 5 000 元原材料的合同。2018 年 2 月,因企业亏损严重,甲决定解散企业。2018 年 6 月 20 日,债权人丁要求甲偿还企业所欠货款 20 000 元。甲以企业已解散为由,拒绝偿还债务。试分析:
(1) 该个人独资企业的设立过程中有无不合法之处?
(2) 乙与丙签订的购入 5 000 元原材料的合同是否有效?为什么?
(3) 甲以个人独资企业已解散为由拒不还款,是否有法律依据?为什么?
【分析】
(1) 两处不合法。一是投资人不合法,商业银行工作人员不得投资设立个人独资企业;二是企业名称不合法,不得使用"有限责任"或"公司"等字样。
(2) 合同有效。投资人对被聘用的人员职权的限制,不得对抗善意第三人。
(3) 没有法律依据。个人独资企业解散后,原投资人对个人独资企业存续期间的债务仍应承担清偿责任。

第二节　合伙企业法

【案情导入】
甲、乙、丙三人各出资 5 万元组成普通合伙企业松美汽车配件厂。合伙协议中规定了利润分配和亏损分担办法:甲分配或分担 3/5,丙、乙各自分配或分担 1/5。委托甲执行合伙企业的事务并对外代表合伙企业,经营期限为 2 年。
【思考】
(1) 乙、丙能否再执行合伙企业的事务?
(2) 甲在担当合伙企业负责人期间,能否再与李某合作开一个经营汽车配件的门市部,并将门市部的货卖给松美汽车配件厂?为什么?
(3) 什么是合伙企业?合伙企业有哪几种?合伙人的法律责任有哪些?

一、合伙企业法概述

(一) 合伙企业的概念

合伙企业是指自然人、法人和其他组织依照《中华人民共和国合伙企业法》(以下简称《合伙企业法》),在中国境内设立的普通合伙企业和有限合伙企业。

合伙企业分为普通合伙企业和有限合伙企业两种。普通合伙企业由普通合伙人组成,合伙人对合伙企业债务承担无限连带责任,法律另有规定的除外。有限合伙企业由普通合伙人和有限合伙人组成,普通合伙人对合伙企业债务承担无限连带责任,有限合伙人以其认缴的出资额为限对合伙企业债务承担责任。

(二) 合伙企业法的概念

为规范合伙企业的行为，保护合伙企业及其合伙人的合法权益，维护社会经济秩序，全国人大常委会于 1997 年 2 月 23 日通过了《中华人民共和国合伙企业法》，并于 2006 年进行了修订，新修订的《合伙企业法》自 2007 年 6 月 1 日起施行。

二、普通合伙企业

(一) 普通合伙企业的特征

1. 由普通合伙人组成

普通合伙人是指在合伙企业中对合伙企业的债务依法承担无限连带责任的自然人、法人和其他组织。

2. 合伙人承担无限连带责任

除法律另有规定的外，当合伙企业的财产不足以清偿其债务时，合伙人应当以自己的个人财产承担连带清偿责任。

(二) 合伙企业的设立条件

设立合伙企业，应当具备下列条件。

1. 有两个以上合伙人

合伙人可以是自然人，也可以是法人或者其他组织，但国有独资公司、国有企业、上市公司以及公益性的事业单位、社会团体不得成为普通合伙人。

合伙人是自然人的，应当具有完全民事行为能力。无民事行为能力人和限制民事行为能力人不得成为合伙企业的合伙人。

2. 有书面合伙协议

合伙协议是合伙人明确各自权利义务的协议，是合伙企业进行经营管理、损益分担的重要基础。合伙协议应当依法由全体合伙人协商一致，以书面形式订立。

合伙协议应当载明下列事项：合伙企业的名称和主要经营场所的地点；合伙目的和合伙企业的经营范围；合伙人的姓名或者名称、住所；合伙人出资的方式、数额和缴付期限；利润分配、亏损分担方式；合伙事务的执行；入伙与退伙；争议解决办法；合伙企业的解散与清算；违约责任等。

合伙协议经全体合伙人签名、盖章后生效。合伙人依照合伙协议享有权利、履行义务。合伙协议生效后，全体合伙人可以在协商一致的基础上，对合伙协议加以修改或者补充。

3. 有合伙人认缴或者实际缴付的出资

合伙人可以用货币、实物、知识产权、土地使用权或者其他财产权利出资，也可以用劳务出资。合伙人以实物、知识产权、土地使用权或者其他财产权利出资，需要评估作价的，可以由全体合伙人协商确定，也可以由全体合伙人委托法定评估机构评估。合伙人以劳务出资的，其评估办法由全体合伙人协商确定，并在合伙协议中载明。以非货币财产出资的，依照法律、行政法规的规定，需要办理财产权转移手续的，应当依法办理。

4. 有合伙企业名称

普通合伙企业应当在其名称中标明"普通合伙"字样，其中特殊的普通合伙企业，应当在其名称中标明"特殊普通合伙"字样。

5. 有经营场所和从事合伙经营的必要条件

经营场所是指合伙企业从事生产经营活动的所在地，合伙企业一般只有一个经营场所，即在企业登记机关登记的营业地点。从事经营活动的必要条件是指根据合伙企业的业务性质、规模所确定的，应当具备的其他必要条件，如设备、厂房、交通工具等。

> 【思考3-6】甲、乙、丙三人拟设立一普通合伙企业，其合伙协议部分内容如下。
> (1) 甲的出资为现金1万元和劳务作价2万元。
> (2) 乙的出资为注册商标使用权，作价2万元，于合伙企业成立后半年内缴付。
> (3) 丙的出资为作价5万元的房屋一栋，不办理财产转移手续。
> (4) 合伙企业的经营期限，于合伙企业成立满2年时再协商确定。
> 试分析该合伙协议上述内容是否符合法律规定？为什么？
> 【解析】
> (1) 甲的出资合法。合伙人可以用货币、实物等出资，也可以用劳务出资。
> (2) 乙的出资合法。合伙人可以先认缴出资额，等合伙企业成立后再缴付出资。
> (3) 丙的出资不符合法律规定。非货币财产出资的，应当依法办理财产转移手续。
> (4) 未约定合伙企业经营期限符合法定形式。合伙经营期限不属于合伙协议中应当记载事项。

(三) 合伙企业的设立程序

1. 提出申请

申请合伙企业设立登记，应当向企业登记机关提交下列文件：①全体合伙人签署的设立登记申请书；②全体合伙人的身份证明；③全体合伙人指定的代表或者共同委托的代理人的委托书；④合伙协议；⑤出资权属证明；⑥经营场所证明；⑦国务院工商行政管理部门规定提交的其他文件。法律、行政法规规定设立合伙企业须报经审批的，还应当提交有关批准文件。

2. 核发营业执照

申请人提交的登记申请材料齐全、符合法定形式，企业登记机关能够当场登记的，应予当场登记，发给营业执照。若申请人提交的资料不全也不符合法定形式，需要补充有关材料，或企业登记机关需要对有关材料进一步核实，当场难以发给营业执照的，企业登记机关可以不予当场登记，但应当自受理申请之日起20日内，作出是否登记的决定。予以登记的，发给营业执照；不予登记的，应当给予书面答复，并说明理由。

合伙企业营业执照的签发日期，为合伙企业成立日期。合伙企业领取营业执照前，不得以合伙企业的名义从事合伙业务。合伙企业设立分支机构，应当向分支机构所在地的企业登记机关申请登记，领取营业执照。合伙企业登记事项发生变更的，执行合伙事务的合伙人应当自作出变更决定或者发生变更事由之日起 15 日内，向企业登记机关申请办理变更登记。

(四) 合伙企业财产

1. 合伙企业财产的构成

合伙企业存续期间，合伙人的出资、以合伙企业名义取得的收益和依法取得的其他财产，均为合伙企业的财产。

合伙企业存续期间，合伙企业的财产独立于合伙人个人财产，合伙企业清算前，合伙人不得请求分割合伙企业的财产，但法律另有规定的除外。合伙人在合伙企业清算前私自转移或者处分合伙企业财产的，合伙企业不得以此对抗善意第三人，由此造成的损失只能向该合伙人进行追索。

2. 合伙人财产份额的转让

合伙企业存续期间，合伙人向合伙人以外的人转让其在合伙企业中的全部或者部分财产份额时，须经其他合伙人一致同意。合伙人之间转让在合伙企业中的全部或者部分财产份额时，应当通知其他合伙人。合伙人依法转让其财产份额的，在同等条件下，其他合伙人有优先受让的权利。

合伙人以外的人依法受让合伙人在合伙企业中的财产份额的，经修改合伙协议即成为合伙企业的合伙人。

合伙人以其在合伙企业中的财产份额出质的，须经其他合伙人一致同意。未经其他合伙人一致同意，合伙人以其在合伙企业中的财产份额出质的，其行为无效，由此给善意第三人造成损失的，由行为人依法承担赔偿责任。

【思考 3-7】李某、赵某、王某三人为甲普通合伙企业的合伙人。李某因购车急需一笔现金，在未征得赵某、王某同意的情况下，私自将其在合伙企业中的财产份额转让给张某。试分析：

(1) 李某的转让行为是否有效？为什么？

(2) 若李某未经赵某同意，将其在合伙企业中的财产份额转让给了王某，是否有效？为什么？

【解析】

(1) 李某的转让行为无效。张某属于合伙人以外的人，李某的转让行为必须经其他合伙人一致同意方能生效。

(2) 李某的转让行为有效。王某是合伙人，合伙人之间转让其财产份额时，无须征求其他合伙人的同意，只需通知其他合伙人即可。

(五) 合伙事务的执行

1. 合伙事务的执行方式

合伙企业事务可以由全体合伙人共同执行，也可以委托一名或数名合伙人执行。执行合伙企业事务的合伙人，对外代表合伙企业。

委托一名或者数名合伙人执行合伙企业事务的，其他合伙人不再执行合伙事务。但执行合伙事务的人应当依照约定向其他不参加执行事务的合伙人报告事务执行情况以及合伙企业的经营状况和财务状况，其执行合伙企业事务所产生的收益归全体合伙人所有，所产生的亏损或者民事责任，由全体合伙人承担。

经全体合伙人同意，合伙企业可以聘用外部人员，从事合伙企业的日常事务的管理工作。被聘用的合伙企业的经营管理人员应当在合伙企业授权范围内履行职务，因超越合伙企业授权范围从事经营活动，或因故意或者重大过失，给合伙企业造成损失的，依法承担赔偿责任。

并非所有的合伙事务都可以委托部分合伙人决定，合伙企业的下列事项应当经全体合伙人一致同意。

(1) 改变合伙企业的名称。
(2) 改变合伙企业的经营范围、主要经营场所的地点。
(3) 处分合伙企业的不动产。
(4) 转让或者处分合伙企业的知识产权和其他财产权利。
(5) 以合伙企业名义为他人提供担保。
(6) 聘任合伙人以外的人担任合伙企业的经营管理人员。

【思考3-8】甲、乙、丙三人设立一合伙企业，推举甲为负责人并管理合伙企业的日常事务。后来甲在执行企业事务时，未经其他合伙人同意，擅自决定以3万元的价格将企业的专有技术转让给丁公司。试分析甲的行为是否合法？为什么？

【解析】不合法。《合伙企业法》规定，转让或者处分合伙企业的知识产权和其他财产权利必须经全体合伙人一致同意。

2. 合伙人的权利和义务

(1) 合伙人的权利主要有：对执行合伙事务享有同等的权利；执行合伙事务的合伙人对外代表合伙企业；不执行合伙事务的合伙人有监督检查权；合伙人具有查阅企业会计账簿等财务资料的权利；合伙人有提出异议的权利和撤销委托的权利。

(2) 合伙人的义务主要有：合伙事务执行人按照约定向不参加执行事务的合伙人报告事务执行情况及企业经营状况和财务状况；合伙人不得自营或者同他人合作经营与本合伙企业相竞争的业务；除合伙协议另有约定或者经全体合伙人同意外，合伙人不得同本合伙企业进行交易；合伙人不得从事损害本合伙企业利益的活动。

3. 合伙事务执行的决议办法

合伙人对合伙企业有关事项作出决议，按照合伙协议约定的表决办法办理。合伙协议未约定或者约定不明确的，实行合伙人一人一票并经全体合伙人过半数通过的表决办法。

4. 合伙企业的损益分配

合伙企业的损益分配包括合伙企业的利润分配和亏损分担两个方面。

合伙企业的利润分配和亏损分担，按照合伙协议的约定办理；合伙协议未约定或者约定不明确的,由合伙人协商决定;协商不成的,由合伙人按照实缴出资比例分配、分担;无法确定出资比例的,由合伙人平均分配、分担。

合伙协议不得约定将全部利润分配给部分合伙人或者由部分合伙人承担全部亏损。

【思考 3-9】 甲、乙、丙共同投资设立一普通合伙企业,实缴出资比例为 1:1:3,但未约定损益分配比例,年终盈利 2 万元,应如何进行分配?

【解析】 由三个合伙人协商决定。协商不成的,按合伙人实缴出资比例分配。无法确定出资比例的,由合伙人平均分配。

【思考 3-10】 甲、乙、丙成立一普通合伙企业,其合伙协议中约定:"合伙企业的事务由甲全权负责,乙、丙不得过问,也不承担企业亏损。"试分析该约定是否合法?

【解析】 约定由甲全权负责合法,但不能约定"乙、丙不得过问"。不执行合伙事务的合伙人有监督权。约定乙、丙不承担企业亏损的责任不合法。《合伙企业法》规定,合伙协议不得约定将全部利润分配给部分合伙人或者由部分合伙人承担全部亏损。

(六) 合伙企业与第三人的关系

1. 合伙企业对外代表权的效力

根据《合伙企业法》的规定,执行合伙企业事务的合伙人,对外代表合伙企业,执行合伙事务所产生的收益归全体合伙人,所产生的费用和亏损,由全体合伙人承担。

可以取得合伙企业对外代表权的合伙人,主要有三种情况:一是由全体合伙人共同执行合伙企业事务的,全体合伙人都有权对外代表合伙企业;二是由部分合伙人执行合伙企业事务的,只有受委托执行合伙企业事务的那一部分合伙人有权对外代表合伙企业;三是由于特别授权在单项合伙事务上有执行权的合伙人,依照授权范围可对外代表合伙企业。

合伙企业对合伙人执行合伙企业事务以及对外代表合伙企业权利的限制,不得对抗不知情的善意第三人。

2. 合伙企业的债务清偿

(1) 合伙企业对其债务,应先以其全部财产进行清偿。

(2) 合伙企业财产不足清偿的部分,由各合伙人承担无限连带责任。即合伙企业的债权人可以根据自己的清偿利益,请求全体合伙人中的一人或数人承担全部清偿责任,也可以按照自己确定的比例向各合伙人分别追偿。被请求的合伙人不得以其出资的份额大小、合伙协议有特别约定等理由拒绝。

(3) 合伙人之间按合伙企业亏损分担的比例分担合伙企业的债务。但合伙人之间的分担比例对债权人没有约束力,即合伙企业的债权人可以向任何一个或数个合伙人要求其承担全部清偿责任。如果合伙人实际支付的债务数额超过其依照既定比例所应承担的数额,该合伙人有权就超过部分向其他未支付或者未足额支付应承担数额的合伙人追偿。

【思考 3-11】 A、B、C 共同投资设立合伙企业,合伙协议约定的损益分配比例为 2:2:1,由于企业经营不善,严重亏损,企业可执行的财产为 3 万元,无力偿还银行贷款 5 万元,银行请求 A 清偿,A 以协议中规定自己只承担 40% 的损益为由,拒付剩余部分的债务。试分析 A 的说法正确吗?为什么?

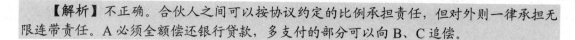

【解析】不正确。合伙人之间可以按协议约定的比例承担责任，但对外则一律承担无限连带责任。A 必须全额偿还银行贷款，多支付的部分可以向 B、C 追偿。

3. 合伙人的债务清偿

(1) 合伙企业中某一合伙人的债权人，不得以该债权抵销其对合伙企业的债务。合伙企业具有独立的民事主体资格，与合伙人个人是两个不同的民事主体，债权债务不能混淆。

(2) 合伙人个人负有债务，其债权人不得代位行使该合伙人在合伙企业中的权利。

(3) 合伙人个人财产不足以清偿其个人所负债务时，该合伙人只能以其从合伙企业中分取的收益清偿；债权人也可以依法请求人民法院强制执行该合伙人在合伙企业中的财产份额用于清偿。

需要强调的是：一是这种清偿必须通过《民事诉讼法》规定的强制执行程序进行，债权人不得自行接管债务人在合伙企业中的财产份额。二是人民法院强制执行合伙人的财产份额时，应当通知全体合伙人，其他合伙人有优先购买权；其他合伙人未购买，又不同意将该财产份额转让给他人的，依法为该合伙人办理退伙结算，或者办理削减该合伙人相应财产份额的结算。在强制执行个别合伙人在合伙企业中的财产份额出让时，其他合伙人有优先受让的权利。

【思考 3-12】李平、李亮和李光为明星合伙企业的合伙人。李平欠张石人民币 10 万元，无力用个人财产清偿。张石在不满足于用李平从明星合伙企业分得的收益偿还其债务的情况下，可以(   )。

A. 代位行使李平在明星合伙企业的权利
B. 依法请求人民法院强制执行李平在明星合伙企业的财产份额用于清偿
C. 自行接管李平在明星合伙企业的财产份额
D. 直接变卖李平在明星合伙企业的财产份额用于清偿

【解析】正确答案是 B。

(七) 入伙与退伙

1. 入伙

入伙是指在合伙企业存续期间，合伙人以外的第三人加入合伙企业，取得合伙人资格。

新合伙人入伙，除合伙协议另有约定外，应当经全体合伙人一致同意，并依法订立书面入伙协议。订立入伙协议时，原合伙人应当向新合伙人如实告知合伙企业的经营状况和财务状况。一般来讲，入伙的新合伙人与原合伙人享有同等的权利，承担同等责任，入伙的新合伙人对入伙前合伙企业的债务承担连带责任。但是，如果原合伙人愿意以更优越的条件吸引新合伙人入伙，或者新合伙人愿意以较为不利的条件入伙，也可以在入伙协议中另行约定。

【思考 3-13】甲、乙、丙三人各出资 2 万元成立一普通合伙的饮食店。在经营中因资金短缺，三人决定向外借钱。乙向其朋友丁借钱，丁声明借钱可以，但要以普通合伙人身份加入该饮食店。乙、丙同意丁的要求，甲因出差在外，未得到通知。甲回来后坚决反对丁入伙。丁的入伙是否有效？

【解析】丁的入伙无效。因为入伙必须经全体合伙人同意，并依法订立书面入伙协议。

2. 退伙

退伙是指合伙人退出合伙企业，从而丧失合伙人的资格。

合伙人退伙一般有两种原因：一是自愿退伙；二是法定退伙。

(1) 自愿退伙。自愿退伙是指合伙人基于自愿的意思表示而退伙，分为协议退伙和通知退伙两种情况。

关于协议退伙。合伙协议中约定合伙企业的经营期限的，有下列情形之一，合伙人可以退伙：①合伙协议约定的退伙事由出现；②经全体合伙人同意退伙；③发生合伙人难于继续参加合伙企业的事由；④其他合伙人严重违反合伙协议约定的义务。

关于通知退伙。合伙协议未约定合伙企业的经营期限的，合伙人在不给合伙企业事务执行造成不利影响的情况下，可以退伙，但应当提前30日通知其他合伙人。

合伙人违反上述规定擅自退伙的，应当赔偿由此给其他合伙人造成的损失。

【思考 3-14】合伙人在不给合伙企业事务执行造成不利影响的情况下，可以退伙，但应当提前30日通知其他合伙人。这一说法正确吗？

【解析】不正确。缺少通知退伙的前提条件——合伙协议没有约定合伙企业经营期限。

(2) 法定退伙。法定退伙是指合伙人因出现法律规定的事由而退伙。法定退伙分为当然退伙和除名两类。

合伙人有下列情形之一的，属于当然退伙：①作为合伙人的自然人死亡或者被依法宣告死亡；②作为合伙人的法人或者其他组织依法被吊销营业执照、责令关闭、撤销，或者被宣告破产；③个人丧失偿债能力；④法律规定或者合伙协议约定合伙人必须具有相关资格却丧失该资格；⑤合伙人在合伙企业中的全部财产份额被人民法院强制执行。合伙人被依法认定为无民事行为能力人或者限制民事行为能力人的，经其他合伙人一致同意，可以依法转为有限合伙人，普通合伙企业依法转为有限合伙企业。其他合伙人未能一致同意的，该无民事行为能力或者限制民事行为能力的合伙人退伙。当然退伙以退伙事由实际发生之日为退伙生效日。

关于除名。合伙人有下列情形之一的，经其他合伙人一致同意，可以决议将其除名：①未履行出资义务；②因故意或者重大过失给合伙企业造成损失；③执行合伙企业事务时有不正当行为；④发生合伙协议约定的其他事由。对合伙人的除名决议应当书面通知被除名人。被除名人自接到除名通知之日起，除名生效，被除名人退伙。被除名人对除名决议有异议的，可以在接到除名通知之日起30日内，向人民法院起诉。

【思考 3-15】赵某是一普通合伙企业的合伙人，因车祸成为植物人，被人民法院依法宣告为无民事行为能力人，其他合伙人不同意将其转为有限合伙人。赵某属于哪种退伙？退伙日期是哪天？

【解析】属于当然退伙，人民法院依法宣告其为无民事行为能力人之日为退伙日期。

【思考 3-16】下列情形中，普通合伙企业的合伙人属于当然退伙的有(　　)。
A. 个人丧失清偿能力

B. 因故意或者重大过失给合伙企业造成损失
C. 被人民法院强制执行在合伙企业中的全部财产份额
D. 未履行出资义务
【解析】正确答案是 AC。B、D 属于除名情形。

(3) 退伙后的相关事务处理。合伙人退伙后的相关事务包括两个方面：一是财产继承问题；二是退伙结算问题。

关于财产继承。合伙人死亡或者被依法宣告死亡的，对该合伙人在合伙企业中的财产份额享有合法继承权的继承人，依照合伙协议的约定或者经全体合伙人一致同意，从继承开始之日起，即取得该合伙企业的合伙人资格。合法继承人不愿意成为该合伙企业的合伙人的，合伙企业应退还其依法继承的财产份额。合法继承人为无民事行为能力人或者限制民事行为能力人的，经全体合伙人一致同意，可以依法成为有限合伙人，普通合伙企业依法转为有限合伙企业。全体合伙人未能一致同意的，合伙企业应当将被继承合伙人的财产份额退还该继承人。

关于退伙结算。合伙人退伙的，其他合伙人应当与该退伙人按照退伙时的合伙企业的财产状况进行结算，退还退伙人的财产份额。退伙人在合伙企业中财产份额的退还办法，由合伙协议约定或者由全体合伙人协商决定，可以退还货币，也可以退还实物。合伙人退伙时，合伙企业财产少于合伙企业债务的，退伙人应当依法分担亏损。

合伙人退伙以后，并不能解除对于合伙企业既往债务的连带责任。退伙人对其退伙前已经发生的合伙企业债务，承担无限连带责任。

【思考 3-17】普通合伙企业与个人独资企业有何异同？
【解析】二者均为非法人企业，投资人均须对企业的债务承担无限责任。区别主要有：一是投资者人数不同；二是损益分配不同；三是控制与管理方式不同(前者共同管理，后者一人管理)。

(八) 特殊普通合伙企业

特殊普通合伙企业是指以专业知识和专门技能为客户提供有偿服务的专业服务机构。如合伙开办的会计师事务所、律师事务所等。特殊的普通合伙企业名称中应当标明"特殊普通合伙"字样。

特殊普通合伙企业的责任形式分为下列两种。

1. 有限责任与无限连带责任相结合

一个合伙人或者数个合伙人在执业活动中因故意或者重大过失造成合伙企业债务的，应当承担无限责任或者无限连带责任，其他合伙人以其在合伙企业中的财产份额为限承担责任。

合伙人在执业活动中因故意或者重大过失造成的合伙企业债务，以合伙企业财产对外承担责任后，该合伙人应当按照合伙协议的约定对给合伙企业造成的损失承担赔偿责任。

2. 无限连带责任

合伙人在执业活动中非因故意或者重大过失造成的合伙企业债务以及合伙企业的其他

债务,由全体合伙人承担无限连带责任。

【思考3-18】A、B、C三名注册会计师各出资50万元,设立了甲特殊普通合伙会计师事务所,明确合伙损益由三人平分。2017年甲事务所净资产达300万元,12月份,A在一项受托审计业务中发生重大过失,致使合伙企业承担500万元的债务。试分析:
(1) 此债务应如何承担?
(2) 若合伙企业500万元的债务并非A故意或重大过失造成,此债务又该如何承担?

【解析】
(1) 先以合伙企业净资产300万元偿还,不足的200万元由A以个人的其他财产偿还。B、C无须偿还。同时,A还应当按照合伙协议的约定赔偿由此给合伙企业造成的损失。
(2) 若此债务并非因A故意或重大过失造成,则先以企业净资产300万元偿还,不足的200万元由A、B、C三人承担无限连带责任,即以三人的个人其他财产偿还。

三、有限合伙企业

(一) 有限合伙企业的特征

1. 合伙人类型

有限合伙企业必须包括有限合伙人与普通合伙人两部分。

2. 合伙事务执行人

有限合伙人不执行合伙事务,由普通合伙人从事具体的经营管理。

3. 风险承担

有限合伙人以其各自的出资额为限承担有限责任,普通合伙人之间承担无限连带责任。

(二) 有限合伙企业设立的特殊规定

凡《合伙企业法》对有限合伙企业有特殊规定的,应当适用其特殊规定;无特殊规定的,适用有关普通合伙企业及其合伙人的一般规定。

1. 有限合伙企业人数

有限合伙企业由2个以上50个以下的合伙人设立,但法律另有规定的除外。有限合伙企业至少应当有1个普通合伙人。有限合伙企业仅剩有限合伙人的,应当解散;仅剩普通合伙人的,应当转为普通合伙企业。

2. 有限合伙企业的名称

有限合伙企业的名称中应当标明"有限合伙"字样。

3. 有限合伙企业协议

除符合普通合伙企业合伙协议的规定外,有限合伙企业协议还应当载明下列事项:普通合伙人和有限合伙人的姓名或者名称、住所;执行事务合伙人应当具备的条件和选择程序;执行事务合伙人权限与违约处理办法;执行事务合伙人的除名条件和更换程序;有限合伙人入伙、退伙的条件、程序以及相关责任；有限合伙人和普通合伙人相互转变程序。

4. 有限合伙人出资形式

有限合伙人可以用货币、实物、知识产权、土地使用权或者其他财产权利作价出资。但是，有限合伙人不得以劳务出资。

有限合伙人应当按照合伙协议的约定按期足额缴纳出资；未按期足额缴纳的，应当承担补缴义务，并对其他合伙人承担违约责任。

有限合伙企业登记事项中应当载明有限合伙人的姓名或者名称及认缴的出资数额。

【思考3-19】下列关于有限合伙企业的表述中，正确的是( )。
A. 有限合伙企业名称中应当标明"有限"字样
B. 有限合伙企业至少应当有1个普通合伙人
C. 有限合伙人可以用劳务出资
D. 有限合伙企业由50个以下的合伙人设立
【解析】正确答案是B。

(三) 有限合伙企业事务执行的特殊规定

1. 由普通合伙人执行合伙事务

有限合伙企业由普通合伙人执行合伙事务。执行事务合伙人可以要求在合伙协议中确定执行事务的报酬及报酬提取方式。

2. 禁止有限合伙人执行合伙事务

有限合伙人不执行合伙事务，不得对外代表有限合伙企业。但是，有限合伙人的下列行为，不视为执行合伙事务。

(1) 参与决定普通合伙人入伙、退伙。
(2) 对企业的经营管理提出建议。
(3) 参与选择承办有限合伙企业审计业务的会计师事务所。
(4) 获取经审计的有限合伙企业财务会计报告。
(5) 对涉及自身利益的情况，查阅有限合伙企业财务会计账簿等财务资料。
(6) 在有限合伙企业中的利益受到侵害时，向有责任的合伙人主张权利或者提起诉讼。
(7) 执行事务合伙人怠于行使权利时，督促其行使权利或者为了本企业的利益以自己的名义提起诉讼。
(8) 依法为本企业提供担保。

另外，第三人有理由相信有限合伙人为普通合伙人并与其交易的，该有限合伙人对该笔交易承担与普通合伙人同样的责任。有限合伙人未经授权以有限合伙企业名义与他人进行交易，给有限合伙企业或者其他合伙人造成损失的，该有限合伙人应当承担赔偿责任。

有限合伙企业不得将全部利润分配给部分合伙人，但合伙协议另有约定的除外。

3. 有限合伙人权利的特殊规定

(1) 有限合伙人可以同本有限合伙企业进行交易，但合伙协议另有约定的除外。

(2) 有限合伙人可以自营或者同他人合作经营与本有限合伙企业相竞争的业务,但合伙协议另有约定的除外。

(四) 有限合伙企业财产转让的特殊规定

有限合伙人可以按照合伙协议的约定向合伙人以外的人转让其在有限合伙企业中的财产份额,但应当提前30日通知其他合伙人。其他合伙人有优先购买权。

有限合伙人可以将其在有限合伙企业中的财产份额出质,但合伙协议另有约定的除外。

(五) 有限合伙企业入伙与退伙的特殊规定

1. 入伙

新入伙的有限合伙人对入伙前有限合伙企业的债务,以其认缴的出资额为限承担责任。

2. 退伙

有限合伙人退伙后,对基于退伙前的原因发生的有限合伙企业债务,以其退伙时从有限合伙企业中取回的财产承担责任。

作为有限合伙人的自然人在有限合伙企业存续期间丧失民事行为能力的,其他合伙人不得因此要求其退伙。因为有限合伙人对合伙企业而言,只是投资人,不执行合伙企业事务,其丧失民事行为能力,不影响有限合伙企业正常的生产经营。

作为有限合伙人的自然人死亡、被依法宣告死亡或者作为有限合伙人的法人及其他组织终止时,其继承人或者权利承受人可以依法取得该有限合伙人在有限合伙企业中的资格。

(六) 合伙人性质转变的特殊规定

除合伙协议另有约定外,普通合伙人转变为有限合伙人或者有限合伙人转变为普通合伙人,应当经全体合伙人一致同意。有限合伙人转变为普通合伙人的,对其作为有限合伙人期间的有限合伙企业发生的债务承担无限连带责任。普通合伙人转变为有限合伙人的,对其作为普通合伙人期间合伙企业发生的债务承担无限连带责任。

【思考3-20】新入伙的有限合伙人对入伙前有限合伙企业的债务承担的责任方式是( )。
A. 承担无限连带责任
B. 以其认缴的出资额为限承担责任
C. 不承担任何责任
D. 只承担过错责任
【解析】正确答案是B。

四、合伙企业的解散与清算

(一) 合伙企业的解散

合伙企业有下列情形之一时,应当解散。
(1) 合伙期限届满,合伙人决定不再经营。

(2) 合伙协议约定的解散事由出现。
(3) 全体合伙人决定解散。
(4) 合伙人已不具备法定人数满 30 天。
(5) 合伙协议约定的合伙目的已经实现或者无法实现。
(6) 依法被吊销营业执照、责令关闭或者被撤销。
(7) 法律、行政法规规定的其他原因。

(二) 合伙企业的清算

合伙企业解散后应当进行清算，并通知和公告债权人。合伙企业解散，清算人由全体合伙人担任；经全体合伙人过半数同意，可以自合伙企业解散事由出现后 15 日内指定一个或者数个合伙人，或者委托第三人，担任清算人。15 日内未确定清算人的，合伙人或者其他利害关系人可以申请人民法院指定清算人。清算人自被确定之日起 10 日内通知债权人，并于 60 日内在报纸上公告。债权人应当自接到通知书之日起 30 日内，未接到通知书的自公告之日起 45 日内，向清算人申报债权。

清算人在清算期间执行下列事务：清理合伙企业财产，分别编制资产负债表和财产清单；处理与清算有关的合伙企业未了结的事务；清缴所欠税款；清理债权、债务；处理合伙企业清偿债务后的剩余财产；代表合伙企业参与民事诉讼活动。

合伙企业财产在支付清算费用后，按下列顺序清偿：合伙企业所欠职工工资、社会保险费用、法定补偿金；合伙企业所欠税款；合伙企业的债务；剩余财产分配。

清算结束，应当编制清算报告，经全体合伙人签名、盖章后，在 15 日内向企业登记机关报送清算报告，办理合伙企业注销登记。

合伙企业注销后，原普通合伙人对合伙企业存续期间的债务仍应承担无限连带责任。

【案例3-2】2017 年 1 月，甲、乙、丙、丁四人决定投资设立一普通合伙企业，并签订了书面合伙协议。合伙协议的部分内容如下。

(1) 甲以货币出资 10 万元，乙以实物折价出资 8 万元，经其他合伙人同意，丙以劳务出资折价 6 万元，丁以货币出资 4 万元。

(2) 甲、乙、丙、丁按 2∶2∶1∶1 的比例分配利润和承担风险。

(3) 由甲执行合伙企业事务，对外代表合伙企业，其他三人均不再执行合伙企业事务，但签订合同须经其他合伙人同意。合伙协议中未约定合伙企业的经营期限。

合伙企业在存续期间，发生下列事实。

(1) 2017 年 5 月，甲擅自以合伙企业的名义与善意第三人 A 公司签订了代销合同。乙合伙人获知后，认为该合同不符合合伙企业利益，经与丙、丁商议后，向 A 公司提出拒绝接受该合同，理由是甲合伙人无权单独与第三人签订代销合同。

(2) 2018 年 1 月，合伙人丁提出退伙，其退伙不会给合伙企业造成任何不利影响。2018 年 3 月，合伙人丁撤资退伙。于是，合伙企业又接纳戊入伙，戊出资 4 万元。2018 年 5 月，合伙企业的债权人 A 公司就合伙人丁退伙前发生的债务 24 万元要求合伙企业的现合伙人甲、乙、丙、戊及退伙人丁共同承担连带责任。丁以自己退伙为由拒不承担。戊以该债务是在自己入伙前发生的为由拒不承担。乙、丙表示只按合伙协议约定的比例承担债务。

(3) 执行合伙事务的合伙人甲为改善经营，于 2018 年 4 月独自决定聘任合伙人以外的李某担任公司经营管理人员。

(4) 2018年4月，合伙人乙在与D公司的买卖合同中，无法清偿D公司的到期债务8万元。D公司向合伙企业提出自行接管乙在企业中的财产份额。

根据以上事实回答以下问题。

(1) 甲以合伙企业名义与A公司所签的代销合同是否有效？并说明理由。
(2) 丁的主张是否成立？并说明理由。
(3) 戊的主张是否成立？并说明理由。
(4) 乙、丙的主张是否成立？并说明理由。
(5) 甲聘任外人李某为合伙企业经营管理人员的行为是否合法？并说明理由。
(6) D公司的主张是否成立？并说明理由。
(7) 合伙人丁的退伙属于何种退伙情况？其退伙应符合哪些条件？

【分析】

(1) 甲以合伙企业名义与A公司所签的代销合同有效。合伙企业对执行合伙事务的合伙人对外代表权限的限制，不得对抗善意第三人。

(2) 丁的主张不成立。退伙人应对退伙前的债务承担连带责任。

(3) 戊的主张不成立。新入伙的普通合伙人应对入伙前合伙企业的债务承担连带责任。

(4) 乙、丙的主张不成立。普通合伙人对外要承担无限连带责任，即债权人向任何一个合伙人主张债权，该合伙人必须清偿全部债务。

(5) 甲聘任外人李某为合伙企业经营管理人员的行为不合法，聘请合伙人以外的人承担经营管理工作，必须经全体合伙人一致同意。

(6) D公司的主张不成立。合伙人个人的债权人不得以该债权抵销对合伙企业的债务，也不得代位，不得自行接管该合伙人在合伙企业中的财产份额。

(7) 丁的退伙属于通知退伙情况。合伙协议中未约定合伙企业的经营期限的，在不给合伙企业事务的执行造成不利影响的情况下，提前30日通知其他合伙人，可以退伙。

复习思考题

1. 个人独资企业的设立条件有哪些？
2. 个人独资企业的投资人有什么特别规定？
3. 个人独资企业的事务管理有哪些规定？
4. 我国目前的合伙企业有哪几种？各有什么不同？
5. 普通合伙企业的设立、事务执行、财产转让、入伙与退伙有什么规定？
6. 有限合伙企业的设立、事务执行、财产转让、入伙与退伙有什么特殊规定？

强 化 训 练

一、单项选择题

1. 下列关于个人独资企业的表述中，正确的是( )。
   A. 个人独资企业的投资人可以是自然人、法人或者其他组织
   B. 个人独资企业的投资人对企业债务承担无限责任
   C. 个人独资企业不能以自己的名义从事民事活动
   D. 个人独资企业具有法人资格

2. 下列各项中，属于合伙人当然退伙的情形的是( )。
   A. 合伙人在执行合伙企业事务中有侵占合伙企业财产的行为
   B. 合伙人未履行出资义务
   C. 合伙人被法院强制执行其在合伙企业中的全部财产份额
   D. 合伙人因重大过失给合伙企业造成损失

3. 合伙协议未约定损益分配比例的，其利润分配和亏损分担的原则是( )。
   A. 按各合伙人实际出资比例分配和分担
   B. 按全体合伙人贡献大小分配和分担
   C. 在全体合伙人之间平均分配和分担
   D. 由各合伙人协商决定

4. 某个人投资企业的投资人以家庭共有财产作为出资，下列关于投资人应对个人独资企业债务承担责任的表述中，正确的是( )。
   A. 投资人以其个人财产承担无限责任
   B. 投资人以其出资额为限承担无限责任
   C. 投资人以家庭共有财产承担无限责任
   D. 投资人以企业财产为限承担责任

5. 普通合伙人承担合伙企业债务的方式是( )。
   A. 对内对外均承担按份责任
   B. 对内对外均承担连带责任
   C. 对内承担连带责任，对外承担按份责任
   D. 对外承担连带责任，对内承担按份责任

6. 下列有关个人独资企业投资人及其企业事务管理的表达中，符合个人独资企业法律制度规定的是( )。
   A. 任何具有中国国籍的自然人都可以成为个人独资企业的投资人
   B. 个人独资企业投资人应当自行管理事务
   C. 个人独资企业无权取得土地使用权
   D. 投资人与被聘用人员之间有权利限制的规定，对善意第三人没有约束力

7. 下列中国公民中，依法可以投资设立个人独资企业的是( )。
   A. 某市中级人民法院法官李某
   B. 某商业银行支行部门经理张某
   C. 某大学在校本科生袁某
   D. 某县政府办公室主任金某

8. 个人独资企业解散后,原合伙人对合伙企业存续期间的债务仍承担连带责任,但是债权人在( )年内未向债务人提出请求的,该权利消失。
   A. 5   B. 4   C. 6   D. 7

9. 根据《合伙企业法》规定,下列事项中,不必经普通合伙企业全体合伙人一致同意的是( )。
   A. 处分合伙企业的不动产
   B. 改变合伙企业的名称
   C. 合伙人之间转让在合伙企业中的财产份额
   D. 合伙人以其在合伙企业中的财产份额出质

10. 甲是普通合伙企业的合伙人,乙为甲个人债务的债权人,当甲的个人财产不足以清偿乙的债务时,根据合伙企业法律制度的规定,乙可以( )。
    A. 代位行使甲在合伙企业中的权利
    B. 依法请求人民法院强制执行甲在合伙企业的财产份额用于清偿
    C. 自行接管甲在合伙企业中的财产份额
    D. 以其对甲的债权抵销其对合伙企业的债务

11. 下列情形中,经普通合伙企业其他合伙人一致同意,可以决议将该合伙人除名的是( )。
    A. 合伙人未履行出资义务
    B. 合伙人死亡
    C. 合伙人个人丧失偿债能力
    D. 合伙人在合伙企业中的全部财产份额被人民法院强制执行

12. 张某等三人共同出资设立一普通合伙企业,实缴出资比例为1:2:3。张某在执行合伙事务时因重大过失造成合伙企业负债。已知合伙协议未约定合伙企业亏损分担比例,合伙人之间也不能通过协商达成一致。关于合伙企业不能清偿的剩余债务的承担方式,下列表述正确的是( )。
    A. 平均分配   B. 由张某自己承担
    C. 按实缴出资比例1:2:3承担   D. 按协议出资比例承担

13. 下列属于普通合伙企业合伙人当然退伙的情形是( )。
    A. 合伙人执行合伙事务时有不当行为
    B. 合伙人个人丧失偿债能力
    C. 合伙人因故意或重大过失给合伙企业造成损失
    D. 合伙人未履行出资义务

14. 下列关于普通合伙企业合伙人转让其在合伙企业中的财产份额的表述中,不符合合伙企业法律制度规定的是( )。
    A. 合伙人向合伙人以外的人转让其在合伙企业中的财产份额,其他合伙人既不同意转让也不行使优先购买权的,视为同意
    B. 合伙人之间转让其在合伙企业中的财产份额的,应当通知其他合伙人
    C. 合伙人向合伙人以外的人转让其在合伙企业中的财产份额的,除非合伙协议另有约定,同等条件下,其他合伙人有优先购买权

D. 合伙人向合伙人以外的人转让其在合伙企业中的财产份额的,除非合伙协议另有约定,否则须经其他合伙人一致同意
15. 下列关于普通合伙企业债务清偿的表述中,正确的是(　　)。
   A. 债权人应当首先向合伙企业求偿
   B. 债权人应当首先向合伙人求偿
   C. 债权人应当同时向合伙企业及其合伙人求偿
   D. 债权人可以选择向合伙企业或其合伙人求偿

二、多项选择题

1. 下列可以作为个人独资企业投资人出资的有(　　)。
   A. 投资人的知识产权　　　　B. 投资人的劳务
   C. 投资人的土地使用权　　　D. 投资人家庭共有的房屋
2. 个人独资企业投资人委托他人管理企业,被委托人不得有下列(　　)行为。
   A. 擅自以企业财产提供担保
   B. 未经投资人同意,同本企业订立合同或者进行交易
   C. 擅自从事与本企业相竞争的业务
   D. 擅自将企业商标或者其他知识产权转让给他人使用
3. 下列关于个人独资企业的表述中,正确的有(　　)。
   A. 个人独资企业不具有法人资格
   B. 设立个人独资企业时,投资人可以用个人财产出资,也可以用家庭共有财产出资
   C. 个人独资企业可以设立分支机构
   D. 个人独资企业不是独立的民事主体,不能独立地承担民事责任
4. 下列各项中,属于设立个人独资企业应当具备的条件的有(　　)。
   A. 投资人须为具有完全民事行为能力的自然人
   B. 有符合规定的法定最低注册资本
   C. 有企业章程
   D. 有合法的企业名称
5. 在有限合伙企业中,下列表述正确的有(　　)。
   A. 除合伙协议另有约定的外,有限合伙人可以经营与本企业相竞争的业务
   B. 有限合伙人转变为普通合伙人的,对其作为有限合伙人期间合伙企业发生的债务应承担有限责任
   C. 普通合伙人转变为有限合伙人的,对其作为普通合伙人期间合伙企业发生的债务应承担无限责任
   D. 除合伙协议另有约定的外,有限合伙人可以同本有限合伙企业进行交易
6. 当有限合伙企业的财产不足以清偿其债务时,下列应承担无限连带责任的人员有(　　)。
   A. 有限合伙企业债务发生后新入伙的有限合伙人
   B. 有限合伙企业债务发生后退伙的有限合伙人
   C. 有限合伙企业债务发生后新入伙的普通合伙人

D. 有限合伙企业债务发生后由有限合伙人转变为普通合伙人的合伙人

7. 下列各项中，不能成为普通合伙人的有( )。
   A. 国有独资公司 B. 国有企业 C. 上市公司 D. 公益性的事业

8. 普通合伙人的出资方式包括( )。
   A. 货币 B. 实物 C. 土地使用权 D. 劳务

9. 甲、乙、丙共同出资设立一普通合伙企业，在合伙企业存续期间，甲拟以其在合伙企业中的财产份额出质借款。下列表述中正确的有( )。
   A. 无须经乙、丙同意，甲可以出质
   B. 经乙、丙同意，甲可以出质
   C. 未经乙与丙同意，甲私自出质的，其行为无效
   D. 未经乙与丙同意，甲私自出质给善意第三人造成损失的，由甲承担赔偿责任

10. 普通合伙企业的下列事务中，必须经全体合伙人一致同意的有( )。
    A. 处分合伙企业不动产
    B. 改变合伙企业名称
    C. 聘任合伙企业以外的人担任合伙企业的经营管理人员
    D. 以合伙企业名义为他人担保

11. 合伙企业出现亏损时，下列说法中正确的有( )。
    A. 合伙协议有约定比例的，按协议约定比例分担
    B. 合伙协议没有约定比例的，由合伙人协商决定
    C. 合伙协议没有约定比例的，按合伙人实际出资比例分担
    D. 合伙协议可以约定由执行合伙事务的合伙人承担全部亏损

12. 有限合伙人的下列行为不视为执行合伙事务的有( )。
    A. 参与决定普通合伙人入伙、退伙
    B. 依法为本企业提供担保
    C. 对企业经营管理提出建议
    D. 获取经审计的有限合伙企业财务会计报告

13. 某社会团体与某私立学校共同出资设立一合伙企业，经营文具用品。两年后，因经营亏损，该合伙企业财产不足以清偿全部债务。下列关于各合伙人承担责任的表述中，符合《合伙企业法》规定的有( )。
    A. 该社会团体以其认缴的出资额为限对合伙企业债务承担责任
    B. 该私立学校以其认缴的出资额为限对合伙企业债务承担责任
    C. 该社会团体对合伙企业债务承担无限责任
    D. 该私立学校对合伙企业债务承担无限责任

14. 甲与乙、丙成立普通合伙企业，甲被推举为合伙事务的执行人，乙、丙授权甲在3万元以内的开支及30万元以内的业务可以自行决定。根据《合伙企业法》的规定，甲在任职期间实施的下列行为中，属于法律禁止或无效的有( )。
    A. 自行决定向善意的A公司支付广告费5万元
    B. 未经乙、丙同意，与善意的B公司签订50万元的合同
    C. 未经乙、丙同意，将自有房屋以1万元租给合伙企业

D. 与其妻子一道经营与合伙企业相同的业务

15. 国有企业甲、上市公司乙、自然人丙协商,拟共同投资设立一合伙企业从事贸易业务。根据合伙企业法律制度的规定,下列选项中,错误的有( )。
    A. 拟设立的合伙企业可以是普通合伙企业,也可以是有限合伙企业
    B. 丙不能以劳务作为出资方式
    C. 国有企业甲有权参与选择承办有限合伙企业审计业务的会计师事务所
    D. 三方可以约定不经全体合伙人一致同意而吸收新的合伙人

16. 下列关于普通合伙企业合伙人权利的表述中,正确的有( )。
    A. 不执行合伙企业事务的合伙人有权自营与本合伙企业相竞争的业务
    B. 合伙人对执行合伙事务享有同等的权利
    C. 合伙人有权查阅合伙企业会计账簿
    D. 不执行合伙事务的合伙人有权监督执行事务合伙人执行合伙事务的情况

17. 甲普通合伙企业的合伙人,因病身亡,其继承人只有乙(具备完全民事行为能力)。关于乙继承甲的合伙财产份额的下列表述中,符合合伙企业法律制度规定的有( )。
    A. 乙可以要求退还甲在合伙企业的财产份额
    B. 乙只能要求退还甲在合伙企业的财产份额
    C. 乙因继承而当然成为合伙企业的合伙人
    D. 经其他合伙人同意,乙因继承而成为合伙企业的合伙人

18. 某普通合伙企业经营期间,吸收甲入伙。甲入伙前合伙企业已负债20万元。甲入伙1年后退伙,在此期间合伙企业新增负债10万元。甲退伙后半年,合伙企业解散,以企业全部财产清偿债务后,尚有80万元债务不能清偿。根据合伙企业法律制度的规定,下列关于甲承担清偿责任的表述中,正确的有( )。
    A. 甲对入伙前合伙企业的20万元债务承担无限连带责任
    B. 甲对入伙后至合伙企业解散时新增的60万元债务承担无限连带责任
    C. 甲对合伙企业解散后尚未清偿的全部80万元债务承担无限连带责任
    D. 甲对担任合伙人期间合伙企业新增的10万元债务承担无限连带责任

19. 下列各项中,属于合伙企业应当解散的情形的有( )。
    A. 合伙人因决策失误给合伙企业造成严重损失
    B. 合伙企业被依法吊销营业执照
    C. 合伙企业的合伙人已有2个月低于法定人数
    D. 合伙协议约定的合伙目的无法实现

20. 特殊的普通合伙企业的合伙人王某在执业中因重大过失给合伙企业造成损失。下列关于合伙人对此损失承担责任的表述中,不符合合伙企业法律制度规定的是( )。
    A. 王某承担无限责任,其他合伙人以其在合伙企业中的财产份额为限承担责任
    B. 王某与其他合伙人共同承担无限连带责任
    C. 王某承担无限责任,其他合伙人不承担责任
    D. 王某承担无限责任,其他合伙人以其实缴的出资额为限承担责任

三、判断题

1. 个人独资企业不具有法人资格,也无独立民事责任的能力,也不是民事主体。
（　　）
2. 个人独资企业自营业执照签发日成立。
（　　）
3. 个人独资企业财产不足以清偿债务的部分,由投资人以家庭共有财产清偿。
（　　）
4. 个人独资企业的投资人是一个自然人,包括中国公民和外籍人员。
（　　）
5. 普通合伙企业的债权人可以根据自己的清偿利益,请求全体合伙人中的一人或数人承担全部的清偿责任,也可以按照自己确定的比例向各合伙人分别追偿。
（　　）
6. 普通合伙人死亡或者被依法宣告死亡的,其合法继承人从继承开始之日起,自然取得该合伙企业的合伙人资格。
（　　）
7. 普通合伙协议没有约定合伙企业的经营期限的,合伙人在不给合伙企业事务执行造成不利影响的情况下,可以退伙,但应当提前30日通知其他合伙人。
（　　）
8. 合伙人对合伙企业有关事项作出决议,按照合伙协议约定的表决办法办理。合伙协议未约定或者约定不明确,实行合伙人一人一票并经全体合伙人过半数通过表决办法。《合伙企业法》对合伙企业的表决办法另有规定的,从其规定。
（　　）
9. 有限合伙人向合伙人以外的人转让其在合伙企业中的部分财产份额时,不需要经其他合伙人同意。合伙协议另有约定的除外。
（　　）
10. 作为有限合伙人的自然人在有限合伙企业存续期间丧失民事行为能力的,其他合伙人不得因此要求其退伙。
（　　）

四、案例分析题

1. 李某2017年3月10日领取营业执照,独资开办了服装加工厂。2018年4月李某出国留学,便委托其好友张某管理企业。由于张某不善于经营,企业亏损严重,现欠外债达4万元。企业很难维持下去。试分析:

(1) 李某可否决定解散该企业?
(2) 解散时应由谁清算?
(3) 企业解散后所欠的4万元债务应由谁承担?为什么?
(4) 企业清算时,财产应按什么顺序清偿?

2. 2016年3月18日,甲出资80 000元设立了A个人独资企业,同时聘请乙管理企业事务。由于经营管理不善,A企业一直亏损。2018年6月12日,因不能清偿到期的丙的债务,甲、丙请示人民法院指定清算人。6月30日,人民法院指定丁作为清算人对A企业进行清算。经查,A企业和甲个人的资产及债权债务如下:①A企业欠缴税款8 000元,欠乙工资5 000元,欠社会保险费用3 000元,欠丙90 000元;②A企业的银行存款20 000元,实物折价60 000元;③甲个人其他可执行的财产价值30 000元。

试分析:甲如何进行财产清偿?

3. 2017年1月,甲出资50 000元设立A个人独资企业(以下简称"A企业")。甲聘请乙管理企业事务,同时规定,凡乙对外签订标的额超过10 000元以上的合同,须经甲同意。2月,乙未经甲同意,以A企业名义向丙购入价值20 000元的货物,丙不知道甲乙之间的约定。2018年6月，A企业发生亏损，不能支付到期的丁的债务，甲决定解散该企业，请求人民法院指定清算人。人民法院指定戊作为清算人对A企业进行清算。经查，A企业和甲的资产及债权债务如下：①A企业欠缴税款2 000元，欠乙工资5 000元，欠社会保险费用5 000元，欠丁100 000元；②A企业的银行存款10 000元，实物折价80 000元；③甲在B合伙企业出资60 000元，占50%的出资额，B合伙企业每年可以向合伙人分配利润；④甲个人其他可执行财产价值20 000元。试分析：

(1) 乙于2月以A企业的名义向丙购买价值20 000元货物的行为是否有效？并说明理由。

(2) 试述A企业的财产清偿顺序。

(3) A企业如何偿还丁的债务？

(4) A企业解散后，投资人甲还应履行什么责任？

4. 甲、乙、丙三人共同出资于2016年3月开办一普通合伙企业，甲出资现金40 000元，乙、丙各出资现金30 000元。2017年4月甲提出退伙，乙、丙同意，甲将其出资以40 000元的价格转让给了丁。2017年12月，乙、丙、丁决定解散企业，偿还企业债务后，将剩余财产按出资比例分配，但却遗忘了一笔银行贷款。2018年2月，企业所借银行的一年期借款4万元到期未还，银行找合伙企业追偿时才发现合伙企业已经解散，于是向甲要求偿还，甲以自己已经退伙为由，拒不偿还；银行向乙、丙主张债权，乙、丙表示只按出资比例承担自己的份额；银行向丁主张债权，丁认为贷款是在自己入伙前借的，不应负责。试分析：四人说法是否合法？为什么？如何处理本案？

5. 甲、乙、丙、丁四人协议设立普通合伙企业，并签订了合伙协议。合伙协议约定：甲、乙、丙每人以现金10万元或相当于10万元价值的实物出资，丁以劳务作价10万元出资；甲、丁执行合伙企业事务，对外代表合伙企业，但甲、丁签订买卖合同时应经其他合伙人同意。

合伙企业成立后，甲擅自以合伙企业的名义与东方公司签订了买卖合同。合伙企业以甲无权单独签订合同为由拒不履行合同。

丙在与李某交往中发生了债务，李某向法院提起诉讼，要求法院强制执行丙在合伙企业中的财产份额。甲、乙、丁三人均表示放弃优先受让权，于是法院便将丙的财产份额执行给了李某，李某成为合伙企业新的合伙人。之后，该合伙企业解散，合伙企业财产只有20万元，而债务达50万元。试分析：

(1) 甲、乙、丙、丁的出资方式是否合法？为什么？

(2) 合伙企业是否可以拒绝向东方公司履行合同？为什么？

(3) 人民法院强制执行丙在合伙企业中的全部财产份额后，丙是否应当退伙？

(4) 合伙企业应如何清偿其债务？

(5) 丙是否还应承担合伙企业以前的债务？为什么？

(6) 李某是否应承担合伙企业以前的债务？

6. 2018年4月10日，A、B、C、D共同设立普通合伙企业甲。协议约定：A以货币4万元出资，B以房屋作价10万元出资，C以劳务作价3万元出资；三人平均分享收益或分摊亏损；企业聘任丙管理合伙企业；甲企业5月10日向乙银行贷款100万元，期限为3个月；6月10日C退伙，D入伙(程序均符合法律规定)；7月10日贷款到期，甲企业现有财产仅为40万元，不足以清偿乙银行贷款。试分析：

(1) 如何清偿债务？
(2) 银行能否向丙主张清偿债权？为什么？
(3) 银行能否向C主张清偿债权？为什么？C清偿后可向谁追偿？
(4) 银行能否向D主张清偿债权？为什么？D清偿后可向谁追偿？

7. 甲、乙、丙出资设立A有限合伙企业，其中甲、乙为普通合伙人，丙为有限合伙人。合伙企业存续期间发生下列事项：7月，企业从B银行贷款20万元；8月乙经全体合伙人同意转变为有限合伙人；9月，丙提出退伙，经结算丙从企业分回5万元；10月丁出资4万元经全体合伙人同意，成为有限合伙人；12月，B银行贷款到期，企业只有12万元财产。试分析：

(1) 对于不足的8万元，B银行能否要求甲全部清偿？为什么？
(2) 对于不足的8万元，B银行能否要求乙全部清偿？为什么？
(3) 对于不足的8万元，B银行能否要求丙全部清偿？为什么？
(4) 对于不足的8万元，B银行能否要求丁全部清偿？为什么？

8. 甲、乙、丙拟设立A有限合伙企业(以下简称"A企业")，合伙协议约定：甲为普通合伙人，以实物作价出资30 000元；乙、丙为有限合伙人，各以50 000元现金出资，丙自企业成立之日起两年内缴纳出资；甲执行A企业事务，并由A企业每月支付报酬3 000元；A企业定期接受审计，由甲和乙共同选定承办审计业务的会计师事务所；A企业的盈利在丙未缴纳50 000元出资前全部分配给甲和乙。试分析：

(1) 合伙协议可否约定每月支付甲3 000元报酬？简要说明理由。
(2) 合伙协议有关乙参与选定承办审计的会计师事务所的约定可否被视为乙在执行合伙企业事务？简要说明理由。
(3) 合伙协议可否约定A企业的利润全部分配给甲和乙？简要说明理由。

9. 2016年5月，张某、王某、李某共同出资设立了甲普通合伙企业(以下简称"甲企业")，合伙协议约定由张某执行合伙企业事务，且约定超过10万元的支出张某无权自行决定。合伙协议就执行合伙事务其他事项未做特别约定。

2017年3月，张某的朋友刘某拟从银行借款8万元，请求张某为其提供担保。张某自行决定以甲企业的名义为刘某提供了担保。

2018年4月，张某以甲企业名义与赵某签订一份买卖合同，价款为15万元，合同签订后，甲企业认为该合同是张某超越权限订立的合同，合同无效，赵某向法院起诉，经查，赵某知悉张某超越合伙协议对其权限的限制签订了该合同。王某、李某认为张某签订买卖合同的行为不妥，决定撤销张某对外签订合同的资格。

要求：根据上述资料和合伙企业法律制度的规定，回答下列问题。

(1) 张某是否有权自行决定以合伙企业的名义为刘某提供担保？简要说明理由。
(2) 甲企业主张买卖合同无效是否成立？简要说明理由。
(3) 王某、李某是否有权撤销张某对外签订合同的资格？简要说明理由。

10. 赵某、孙某、李某共同出资设立甲普通合伙企业(以下简称"甲企业")，合伙协议约定：①赵某、孙某、李某以货币各出资10万元；②合伙人向合伙人以外的人转让其在甲企业中的全部或者部分财产份额时，须经半数以上合伙人同意；③合伙人以其在甲企业中的财产份额出质的，须经 2/3 以上的合伙人同意。

甲企业成立后，接受郑某委托加工承揽一批产品，郑某未向甲企业支付 5 万元加工费。由于钱某在购买出资房屋时曾向郑某借款 3 万元一直未偿还，甲企业向郑某请求支付 5 万元加工费时，郑某认为钱某尚欠其借款 3 万元，故主张抵销 3 万元，只付甲企业 2 万元。

要求：根据上述资料和合伙企业法律制度的规定，分别回答下列问题。

(1) 合伙协议①中的约定是否合法？简要说明理由。

(2) 合伙协议②中的约定是否合法？简要说明理由。

(3) 郑某主张抵销的理由是否成立？简要说明理由。

11. 2016 年 10 月，甲、乙、丙、丁四人出资设立 A 有限合伙企业(简称"A 企业")，合伙协议协定：甲、乙为普通合伙人，丙、丁为有限合伙人；甲以劳务出资；乙出资 5 万元；丙、丁各出资 50 万元。合伙协议对其他事项未作约定。

2018 年 1 月 8 日，A 企业与 B 公司签订买卖合同，双方约定货款 80 万元，收到货物后 7 日内付款。2 月 26 日 A 企业如约收到货物，但因资金周转困难一直未付款。

4 月，乙因发生车祸瘫痪，退出 A 企业，并办理了退伙结算。

7 月，丙未征求其他合伙人的意见，以其在 A 企业中的财产份额出质，向 C 银行借款 15 万元。

8 月，经全体合伙人同意，丁由有限合伙人转为普通合伙人。

9 月，B 公司向 A 企业催要上述到期货款，因 A 企业无力偿还，B 公司遂要求乙承担全部责任，乙以自己已经退伙为由拒绝；B 公司又要求丁承担全部责任，丁以债务发生时自己为有限合伙人为由拒绝。

要求：根据《合伙企业法》的规定，回答下列问题。

(1) 丙未经其他合伙人同意将其在 A 企业中的财产份额出质是否合法？简要说明理由。

(2) 乙拒绝向 B 公司承担责任的理由是否合法？简要说明理由。

(3) 丁拒绝向 B 公司承担责任的理由是否合法？简要说明理由。

第四章 公 司 法

【能力目标】

- 识别公司设立过程中的违法行为。
- 阐述有限责任公司与股份有限公司的区别。
- 识别公司内部管理中的不规范行为。
- 掌握股份转让的注意事项。

【知识目标】

- 掌握有限责任公司的设立、组织机构与股权转让。
- 掌握股份有限公司的设立、组织机构、股份发行与转让。
- 掌握公司债券的发行与转让。
- 熟悉公司财务、会计主要规定。
- 了解公司董事、监事、高级管理人员的资格和义务。
- 了解公司合并、分立以及解散和清算。

【职业素质目标】

应用所学，明确公司的法律规定，能够应用所学规范进行公司的组建、内部机构设置，正确识别公司日常经营活动中的不合法之处。

【章前测试】

1. 设立股份有限公司发起人的法定人数要求是多少？（   ）
   A. 2人以上200人以下   B. 5人以上200人以下
   C. 5人以上500人以下   D. 10人以上500人以下
2. 设立有限责任公司，对其注册资本有无最低限额规定？
3. 下列机构中，属于公司最高权力机构的是(   )。
   A. 董事会   B. 股东会   C. 监事会   D. 职工代表大会
4. 具有完全行为能力的自然人能否独资开办有限责任公司？
5. 股份有限公司的资产不足以偿还其债务时，不足部分由股东按持股比例以个人的其他财产偿还。这一说法正确吗？

【参考答案】

1. A   2. 新修订的公司法，取消了公司注册资本最低限额制度
3. B   4. 可以开办   5. 不正确

【案情导入】

2017年1月，赵某与吴某共同出资20万元，组建了利民科技有限责任公司，其中赵某出资18万元，占公司90%的股份，并担任该公司执行董事。2018年3月，该公司欠下个体工商户张某13万元债务，张某多次催要未果，于是向法院请求强制执行利民公司的财产。在强制执行中发现，利民公司已资不抵债，公司被宣告破产。在公司清算中，张某只分得3万元。由于赵某的出资占90%，张某认为公司就是赵某个人的企业。因此，向法院请求强制执行赵某的其他个人财产。

【思考】
(1) 张某的请求是否会得到法院的认可？为什么？
(2) 公司与个人独资企业、合伙企业的区别是什么？
(3) 什么是公司？公司的设立条件、组织机构有哪些主要规定？

第一节 公司法概述

一、公司的概念与种类

(一) 公司的概念

公司是指依法设立的，以营利为目的的，由股东投资形成的企业法人。我国的公司包括有限责任公司和股份有限公司。公司具有以下特征。

1. 依法设立

公司必须依法定条件、法定程序设立。即一方面要求公司的设立条件、组织机构、活动原则等合法；另一方面要求公司设立要经过法定程序，进行工商登记。

2. 以营利为目的

任何投资者投资设立公司的目的都是为了获取利润。营利目的不仅要求公司本身为取得盈利而活动，而且要求公司有盈利时应当分配给股东。

3. 具有法人资格

法人是指依法成立的，具有民事权利能力和民事行为能力，能够依法独立承担民事责任的组织。公司是企业法人，能够独立地承担法律责任，即股东以其出资额或所持股份为限对公司债务承担有限责任，公司以其全部财产为限对其债务承担责任。

(二) 公司的种类

从不同的角度，对公司可以有不同的分类方法。例如，以公司的信用基础划分，可将公司分为人合公司、资合公司、资合兼人合公司；以公司组织关系划分，可将公司分为母公司和子公司、总公司和分公司；以股东对公司债务承担责任的方式划分，可将公司分为无限公司、两合公司、有限责任公司和股份有限公司。我国现行《公司法》所称的公司是指在中国境内设立的有限责任公司和股份有限公司。

1. 有限责任公司

有限责任公司是指由 50 个以下股东出资设立的，股东以其认缴的出资额为限对公司承担责任，公司以其全部财产对公司的债务承担责任的公司。

2. 股份有限公司

股份有限公司是指公司全部资本划分为等额股份，股东以其认购的股份为限对公司承担责任，公司以其全部财产对公司债务承担责任的公司。

【思考 4-1】按照我国《公司法》的规定，下列组织中哪些属于公司？（　　）
A. 所有的营利性组织　　　　　　B. 股份有限公司
C. 合伙企业　　　　　　　　　　D. 有限责任公司
【解析】正确答案是 BD。

二、公司法的概念

公司法是规定公司法律地位，调整公司组织关系，规范公司在设立、变更与终止过程中组织行为的法律规范的总称。公司法有狭义与广义之分。狭义的公司法仅指专门调整公司问题的法律，如《中华人民共和国公司法》；广义的公司法是指国家关于公司的设立、组织与活动的各种法律、法规和规章的总称。本章重点介绍狭义的公司法。

1993 年 12 月 29 日全国人大常委会通过《中华人民共和国公司法》(以下简称《公司法》)，并分别于 1999 年、2004 年、2005 年、2013 年进行了修订。新修订的公司法自 2014 年 3 月 1 日起施行。

三、公司的法人财产权与公司的股东权利

(一) 公司的法人财产权

公司作为企业法人享有法人财产权，即公司拥有依法对股东投资形成的财产行使占有、使用、受益、处分的权利。公司的财产虽然源于股东，但股东一旦将财产投入公司，便丧失对该财产的直接支配的权利，只享有公司的股权，由公司享有对该财产的支配权。

为保护公司财产及股东的权益，《公司法》对公司法人财产权的行使做了以下限制性规定。

1. 对外担保

公司向他人提供担保，按照公司章程的规定由董事会或者股东会、股东大会决议；公司章程对投资或者担保的总额及单项投资或者担保的数额有限额规定的，不得超过规定的限额。

公司为公司股东或者实际控制人提供担保的，必须经股东会或者股东大会决议。接受担保的股东或者受实际控制人支配的股东，不得参加上述规定事项的表决。该项表决由出席会议的其他股东所持表决权过半数通过。

【思考 4-2】有限责任公司为公司的股东提供担保,应由下列哪些机构作出决议?( )
A. 董事会　　　　　　　　　　B. 股东会
C. 监事会　　　　　　　　　　D. 董事长
【解析】正确答案是 B。

【思考 4-3】A 公司是由甲出资 20 万元、乙出资 50 万元、丙出资 30 万元、丁出资 80 万元共同设立的有限责任公司,丁申请 A 公司为其银行贷款作担保,为此,A 公司召开股东会,甲、乙、丙、丁均出席会议,乙明确表示不同意。根据《公司法》的规定,下列关于会议的表述中,正确的是( )。
A. 该决议必须经甲、乙、丙、丁四个股东全部通过,因乙不同意而不能通过
B. 该决议必须经甲、乙、丙三个股东全部通过,因乙不同意而不能通过
C. 该决议必须经全体股东所持表决权的过半数通过,因甲、丙、丁所持表决权占 72%,因此通过
D. 该决议必须经甲、乙、丙三个股东所持表决权的过半数通过,因甲、丙所持表决权未超过半数,因此不能通过
【解析】正确答案是 D。根据《公司法》的规定,公司为公司股东提供担保,必须经股东会或者股东大会决议,接受担保的股东不得参加该事项的表决,该项表决由出席会议的其他股东所持表决权的过半数通过,因乙不同意,而甲、丙所持表决权仅占 50%,未达到过半数表决权,因此决议不通过。

2. 对外投资

公司可以向其他企业投资,除法律另有规定外,公司不得成为对所投资企业的债务承担连带责任的出资人。公司向其他企业投资,按照公司章程的规定由董事会或者股东会、股东大会决议。

【思考 4-4】除法律另有规定外,公司不得对下列哪些企业进行投资?( )
A. 有限责任公司　　　　　　　B. 普通合伙企业
C. 中外合资经营企业　　　　　D. 国有企业
【解析】正确答案是 B。普通合伙企业的投资人须承担无限连带责任。

(二) 公司的股东权利

公司股东依法享有资产受益、参与重大决策和选择管理者等权利。

为保护股东权益,《公司法》规定,公司股东会或者股东大会、董事会的决议内容违反法律、行政法规的无效。股东会或者股东大会、董事会的会议召集程序、表决方式违反法律、行政法规或者公司章程,或者决议内容违反公司章程的,股东可以自决议作出之日起 60 日内,请求人民法院撤销。

公司股东滥用公司法人独立地位和股东有限责任,逃避债务,严重损害公司债权人利益的,应当对公司债务承担连带责任。

【思考4-5】公司股东会、董事会的决议内容违反公司章程的,该决议无效。这一说法正确吗?

【解析】不正确。决议内容违反法律、行政法规的无效。决议内容违反公司章程,或者股东会、董事会召集程序、表决方式违反法律法规的,其决议可以请求人民法院撤销。

四、公司的登记管理

公司登记是国家赋予公司法人资格与企业经营资格,并对公司的设立、变更、终止加以规范、公示的一种行政行为。设立公司,应当依法向登记机关申请设立登记。法律、行政法规规定必须报经审核批准的,应当在公司登记前依法办理批准手续。公司经公司登记机关依法登记,领取企业法人营业执照,方可取得企业法人资格。未经公司登记机关登记的,不得以公司名义从事经营活动。公司登记分为设立登记、变更登记、注销登记。

(一) 设立登记

设立登记应当申请名称预先核准,预先核准的公司名称保留期为6个月。预先核准公司名称在保留期内,不得用于从事经营活动,不得转让。设立公司应当向公司登记机关申请设立登记,并提交相关文件。公司登记机关依法核准登记后,发给《企业法人营业执照》。公司营业执照签发日期为公司成立日期。公司营业执照应当载明公司的名称、住所、注册资本、经营范围、法定代表人姓名等事项。

【思考4-6】根据新修订的《公司法》规定,下列属于公司营业执照中应当载明的事项有( )。
A. 公司的名称、住所   B. 实收资本
C. 经营范围   D. 法定代表人姓名

【解析】正确答案是 ACD。新修订的《公司法》规定,公司营业执照应当载明的事项"不再包括实收资本"。

(二) 变更登记

公司变更登记事项,应当向原公司登记机关申请变更登记。未经变更登记的,公司不得擅自改变登记事项。

(三) 注销登记

公司解散有两种情况:一是不需要清算的,如合并、分立而解散的公司,其债权、债务由继续存续的公司承继;二是应当清算的,如依法宣告破产、股东会议决定解散等。公司解散应当申请注销登记,经公司登记机关注销登记,公司终止。

(四) 分公司登记

分公司是指公司在其住所以外设立的从事经营活动的机构。分公司不具有企业法人资格,其民事责任由公司承担。设立分公司的,应当向分公司所在地的公司登记机关申请登记。

第二节 有限责任公司

一、有限责任公司的设立

(一) 有限责任公司的设立条件

设立有限责任公司,应当具备下列条件。

1. 股东符合法定人数

有限责任公司由 50 个以下股东出资设立。股东可以是自然人,也可以是法人或者其他经济组织。有限责任公司股东人数没有下限规定,允许设立一人有限责任公司和国有独资公司。

2. 有符合公司章程规定的全体股东认缴的出资额

(1) 注册资本。有限责任公司的注册资本为在公司登记机关登记的全体股东"认缴"的出资额。法律、行政法规以及国务院决定对有限责任公司注册资本实缴、注册资本最低限额另有规定的,从其规定。

(2) 出资形式。股东可以用货币出资,也可以用实物、知识产权、土地使用权等可以用货币估价并可以依法转让的非货币财产作价出资。但是,法律、行政法规规定不得作为出资的财产除外。根据《公司登记管理条例》的规定,股东不得以劳务、信用、自然人姓名、商誉、特许经营权或者设定担保的财产等作价出资。

对作为出资的非货币财产应当评估作价,核实财产,不得高估或者低估作价。法律、行政法规对评估作价有规定的,从其规定。

(3) 出资义务。股东不按照规定缴纳出资的,除应当向公司足额缴纳外,还应当向已按期足额缴纳出资的股东承担违约责任。有限责任公司成立后,发现作为设立公司出资的非货币财产的实际价额显著低于公司章程所规定价额的,应当由交付该出资的股东补足其差额,公司"设立时"的其他股东承担"连带责任"。但是,出资人以符合法定条件的非货币财产出资后,因市场变化或者其他客观因素导致出资财产贬值,公司、其他股东或公司债权人请求该出资人承担补足出资责任的,人民法院不予支持。

【思考 4-7】甲、乙、丙共同出资设立一有限责任公司。其中,公司章程规定丙以房产出资 30 万元。公司成立后又吸收丁入股。后查明,丙出资的房产仅值 10 万元,丙现有可执行的个人财产 8 万元。试分析如何处理?

【解析】以丙现有可执行的个人财产 8 万元补交差额,不足部分由甲、乙补足,丁是设立后加入的,不承担责任。

3. 股东共同制定公司章程

有限责任公司的章程由股东共同制定,股东应当在公司章程上签名、盖章。公司章程对公司、股东、董事、监事、高级管理人员具有约束力。高级管理人员是指公司的经理、副经理、财务负责人、上市公司董事会秘书和公司章程规定的其他人员。

有限责任公司章程应当载明下列事项：①公司名称和住所；②公司经营范围；③公司注册资本；④股东的姓名或者名称；⑤股东的出资方式、出资额和出资时间；⑥公司的机构及其产生办法、职权、议事规则；⑦公司法定代表人；⑧股东会会议认为需要规定的其他事项。

4. 有公司名称，建立符合有限责任公司要求的组织机构

公司只能使用一个名称。有限责任公司必须在公司的名称中标明"有限责任公司"或者"有限公司"字样。公司应当设立符合有限责任公司要求的组织机构，即股东会、董事会或执行董事、监事会或监事。

5. 有公司住所

任何公司都必须有其固定的住所，不允许设立无住所的公司，公司以其主要办事机构所在地为住所。公司的住所只能有一个。

【思考4-8】甲、乙、丙拟共同出资设立一生产服装的有限责任公司，并共同制定了公司章程草案。该草案有关要点如下：公司名称为"红星公司"，公司注册资本为100万元；甲出资40万元，其中货币10万元，专利技术30万元，首次出资3万元，其余出资于公司成立后8个月内缴付；乙出资30万元，其中设备作价15万元，土地使用权作价10万元，劳务作价5万元，均为公司成立后1年内缴付；丙出资30万元，其中货币15万元，设备作价10万元，商标作价5万元。试分析该章程草案有无不妥之处。

【解析】公司名称不合法，有限责任公司必须在公司的名称中标明"有限责任公司"或者"有限公司"字样；乙以劳务出资不合法，公司不允许以劳务出资。

(二) 有限责任公司的设立程序

1. 订立公司章程

股东设立有限责任公司，必须先订立公司章程，将要设立的公司的基本情况以及各方面的权利义务加以明确规定。

2. 股东缴纳出资

股东应当按期缴纳公司章程中规定的各自所认缴的出资额。股东以货币出资的，应当将货币出资足额存入有限责任公司在银行开设的账户。以非货币出资的，应当对作为出资的非货币财产评估作价，并且依法办理财产权的转移手续。出资人以房屋、土地使用权或者需要办理权属登记的知识产权等财产出资，已经办理权属变更手续但未交付给公司使用的，公司或者其他股东主张其向公司交付、并在实际交付之前不享有相应股东权利的，人民法院应予支持。

股东不按照规定缴纳出资的，除应当足额缴纳外，还应当向已按期足额缴纳出资的股东承担违约责任。

3. 申请设立登记

股东认足公司章程规定的出资后，由全体股东指定的代表或者共同委托的代理人向公司登记机关报送公司登记申请书、公司章程等文件，申请设立登记。公司经核准登记后，

领取公司营业执照。

有限责任公司在登记注册后，应向股东签发出资证明书。出资证明书由公司盖章，并且在上面必须载明下列事项：①公司名称；②公司成立日期；③公司注册资本；④股东的姓名或者名称、缴纳的出资额和出资日期；⑤出资证明书的编号和核发日期。

公司成立后，股东不得抽逃出资。

二、有限责任公司的组织机构

(一) 股东会

1. 股东会的性质和职权

有限责任公司的股东会由全体股东组成，股东会是公司的权力机构，但一人有限责任公司和国有独资公司不设股东会。

有限责任公司的股东会行使下列职权：①决定公司的经营方针和投资计划；②选举和更换非由职工代表担任的董事、监事，决定有关董事、监事的报酬事项；③审议批准董事会的报告；④审议批准监事会或者监事的报告；⑤审议批准公司的年度财务预算方案、决算方案；⑥审议批准公司的利润分配方案和弥补亏损方案；⑦对公司增加或者减少注册资本作出决议；⑧对发行公司债券作出决议；⑨对公司合并、分立、解散、清算或者变更公司形式作出决议；⑩修改公司章程；⑪公司章程规定的其他职权。

对上列事项股东以书面形式一致表示同意的，可以不召开股东会会议，而是直接作出决定，并由全体股东在决定文件上签名、盖章。

【思考4-9】下列选项中，不属于有限责任公司股东会职权的有(   )。
A. 决定公司的经营计划和投资方案　　B. 选举和更换由职工代表担任的董事
C. 对发行公司债券作出决议　　　　　D. 决定公司内部管理机构的设置
【解析】正确答案是ABD。A、D是董事会的职权，B是职工代表大会的职权。

2. 股东会的形式

股东会会议分为定期会议和临时会议。定期会议依照公司章程的规定按时召开。临时会议是在公司章程规定的会议时间以外召开的会议。有权提议召开临时会议的人员有：代表1/10以上表决权的股东；1/3以上的董事；监事会或者不设监事会的公司的监事。

【思考4-10】下列选项中有权提议召开有限责任公司临时股东会会议的有(   )。
A. 代表8%以上表决权的股东　　　B. 1/3以上的董事
C. 监事会主席　　　　　　　　　　D. 董事长
【解析】正确答案是B。选项A股东的表决权不够1/10，设监事会的应以监事会的名义提议，监事会主席不能单独提议，C不正确。董事长并不代表1/3以上的董事，D不正确。

3. 股东会的召开

首次股东会会议由出资最多的股东召集和主持，依照法律规定行使职权。以后的股东会会议，公司设立董事会的，由董事会召集，董事长主持；公司不设董事会的，股东会会议由执行董事召集和主持。董事长不能或者不履行职务的，由副董事长主持；副董事长不能或者不履行职务的，由半数以上董事共同推举一名董事主持。董事会或执行董事不能履行或者不履行召集职责的，由监事会或不设监事会的公司的监事负责召集和主持；监事会或者监事不履行召集和主持的，代表1/10以上表决权的股东可以自行召集和主持。

召开股东会会议，应当于会议召开15日前通知全体股东；但公司章程另有规定或者全体股东另有约定的除外。股东会应当对所议事项的决定做会议记录，并且出席会议的股东应当在会议记录上签名。

4. 股东会的决议

股东会会议由股东按照出资比例行使表决权，但公司章程另有规定的除外。股东会的议事方式和表决权，除《公司法》有规定的以外，由公司章程来规定。对股东会行使职权的事项，股东以书面形式一致表示同意的，可以不召开股东会会议，直接作出决定，并由全体股东在决定文件上签名、盖章。

股东会会议作出修改公司章程、增加或者减少注册资本的决议，以及公司合并、分立、解散或者变更公司形式的决议，必须经代表2/3以上表决权的股东通过。

【思考4-11】有限责任公司股东会作出的下列决议中，必须经代表2/3以上表决权的股东通过的有（　　）。

A. 对股东转让出资作出决议　　B. 对利润分配方案作出决议
C. 对变更公司形式作出决议　　D. 对修改公司章程作出决议

【解析】正确答案是CD。

(二) 董事会(执行董事)和经理

1. 董事会的组成

董事会是公司股东会的执行机构，对股东会负责。有限责任公司设董事会，其成员为3~13人，两个以上的国有企业或者两个以上的其他国有投资主体投资设立的有限责任公司，其董事会成员中应当有公司职工代表；其他有限责任公司董事会成员中可以有公司职工代表。董事会中的职工代表由公司职工通过职工代表大会、职工大会或者其他形式民主选举产生。董事会设董事长1人，可以设副董事长。董事长、副董事长的产生办法由公司章程规定。股东人数较少或者规模较小的有限责任公司，可以不设董事会，而设一名执行董事。

董事任期由公司章程规定，但董事每届任期不得超过3年。董事任期届满，连选可以连任。董事任期届满未及时改选，或者董事在任期内辞职导致董事会成员低于法定人数的情况下，在改选出的董事就任前，原董事仍应依照法律、行政法规和公司章程的规定，履行董事职务。

2. 董事会的职权

董事会行使下列职权：①召集股东会会议，并向股东会报告工作；②执行股东会的决议；③决定公司的经营计划和投资方案；④制订公司的年度财务预算方案、决算方案；⑤制订公司的利润分配方案和弥补亏损方案；⑥制订公司增加或者减少注册资本以及发行公司债券的方案；⑦制订公司合并、分立、解散或者变更公司形式的方案；⑧决定公司内部管理机构的设置；⑨决定聘任或者解聘公司经理及其报酬事项，并根据经理的提名决定聘任或者解聘公司副经理、财务负责人及其报酬事项；⑩制定公司的基本管理制度；⑪公司章程规定的其他职权。

【思考4-12】甲、乙、丙三人共同出资80万元设立纬东有限责任公司，其中甲出资40万元，乙出资25万元，丙出资15万元。2018年4月公司成立后，召开了第一次股东会会议。有关这次会议的下列情况中，符合《公司法》规定的有(   )。
A. 会议由甲召集和主持
B. 会议决定不设董事会，由甲担任执行董事，甲为公司的法定代表人
C. 会议决定设1名监事，由乙担任，任期3年
D. 会议决定了公司的经营方针和投资计划
【解析】正确答案为 ABCD。①有限责任公司首次股东会由出资最多的股东召集和主持；②股东人数较少或者规模较小的有限责任公司，可以不设董事会，只设1名执行董事；③股东人数较少或者规模较小的有限责任公司，可以不设监事会，只设1~2名监事。

3. 董事会的决议

董事会会议由董事长召集和主持；董事长不能履行职务或者不履行职务的，由副董事长召集和主持；副董事长不能履行职务或者不履行职务的，由半数以上董事共同推举一名董事召集和主持。董事会的议事方式和表决程序，除《公司法》有规定的外，由公司章程规定。董事会决议的表决，实行一人一票。董事会应对所议事项的决定作出会议记录，出席会议的董事应当在会议记录上签名。

4. 经理

有限责任公司可以设经理，由董事会决定聘任或解聘。

经理对董事会负责，行使下列职权：①主持公司的生产经营管理工作，组织实施董事会决议；②组织实施公司的年度经营计划和投资方案；③拟定公司内部管理机构设置方案；④拟定公司的基本管理制度；⑤制定公司的具体规章；⑥提请聘任或者解聘公司的副经理、财务负责人；⑦决定聘任或者解聘除应由董事会决定聘任或者解聘以外的负责管理人员；⑧董事会授予的其他职权。公司章程对经理职权另有规定的，按照其规定。

(三) 监事会

1. 监事会的组成

有限责任公司设监事会，其成员不得少于3人。股东人数较少或者规模较小的有限责任公司，可以设1~2名监事，不设监事会。监事会应当包括股东代表和适当比例的公司职工代表，其中职工代表的比例不得低于1/3，具体比例由公司章程规定。监事会中的职工代表由公司通过职工代表大会、职工大会或者其他形式的民主选举产生。董事、高级管理人员不得兼任监事。

监事会设主席1人，由全体监事过半数选举产生。监事会主席召集和主持监事会会议；

监事会主席不能履行职务或者不履行职务的,由半数以上监事共同推举一名监事召集和主持监事会会议。

监事的任期每届为 3 年。监事任期届满,连选可以连任。监事任期届满未及时改选,或者监事在任期内辞职导致监事会成员低于法定人数的情形下,在改选出的监事就任前,原监事仍应当依照法律、行政法规和公司章程的规定,履行监事职务。

2. 监事会的职权

监事会、不设监事会的公司的监事行使下列职权:①检查公司财务;②对董事、高级管理人员执行公司职务的行为进行监督,对违反法律、行政法规、公司章程或者股东会决议的董事、高级管理人员提出罢免的建议;③当董事、高级管理人员的行为损害公司的利益时,要求董事、高级管理人员予以纠正;④提议召开临时股东会会议,在董事会不履行本法规定的召集和主持股东会会议职责时召集和主持股东会会议;⑤向股东会会议提出提案;⑥依照《公司法》的规定,对董事、高级管理人员提起诉讼;⑦公司章程规定的其他职权。

3. 监事会的决议

监事会每年度至少召开 1 次会议,监事可以提议召开临时监事会会议。监事会的议事方式和表决程序,除《公司法》有规定的外,由公司章程规定。监事会决议应当经半数以上监事通过。监事会应当对所议事项的决定做会议记录,出席会议的监事应当在会议记录上签名。

【思考4-13】下列各项中,不属于有限责任公司监事会职权的是(   )。
A. 检查公司财务　　　　　　B. 解聘公司财务经理
C. 提议召开临时股东会会议　　D. 建议罢免违反公司章程的经理
【解析】正确答案是B。"董事会"有权决定聘任或者解聘公司经理及其报酬事项,根据经理的提名,决定聘任或者解聘公司副经理、财务负责人及其报酬事项。

【思考4-14】甲有限责任公司注册资本为 100 万元,共 15 家股东,其中 A 出资 20 万元,B 出资 35 万元且是出资最多的股东。公司成立后,由 A 召集和主持了首次股东会会议;经过几年运作,董事会提议将公司现有注册资本 100 万元增加到 150 万元。增资方案提交股东会讨论表决时,有 11 家股东赞成增资,其出资额合计为 62 万元;有 4 家股东反对,其出资额合计为 38 万元,股东会通过了增资决议,并授权董事执行。试分析甲公司上述行为中有无不合法之处?并说明理由。

【解析】
(1) 首次股东会会议由 A 召集和主持不合法。股东会的首次会议由出资最多的股东召集和主持,应由 B 召集和主持。
(2) 股东会通过增资决议不合法。增加注册资本的,必须经代表 2/3 以上表决权的股东通过。本案中虽然有 11 家股东赞成增资,但所代表的表决权只有 62%,不够 2/3。

三、一人有限责任公司的特别规定

一人有限责任公司是指只有一个自然人股东或者一个法人股东的有限责任公司。它是有限责任公司的一种特殊表现形式。

一个自然人只能投资设立一个一人有限责任公司。该一人有限责任公司不能投资设立新的一人有限责任公司。

一人有限责任公司应当在公司登记中注明自然人独资或者法人独资,并在公司营业执照中载明。一人有限责任公司章程由股东制定。一人有限责任公司不设股东会。股东作出决定公司的经营方针和投资计划时,应当采取书面形式,并由股东签名后置备于公司。

一人有限责任公司的股东不能证明公司财产独立于股东自己的财产的,应当对公司债务承担连带责任。

【思考 4-15】下列关于一人有限责任公司的说法中,哪些是正确的?(   )
A. 一个自然人只能投资设立一个有限责任公司
B. 一人有限责任公司的注册资本最低为 30 万元
C. 一人有限责任公司的股东不能分期缴付出资,应当一次足额缴付出资
D. 一人有限责任公司不设股东会
【解析】正确答案是 AD。新修订的《公司法》取消了一人有限责任公司最低注册资本及一次足额缴付出资的规定。

四、国有独资公司的特别规定

国有独资公司是指单独出资、由国务院或者地方人民政府授权本级人民政府国有资产监督管理机构履行出资人职责的有限责任公司。国有独资公司章程由国有资产监督管理机构制定,或者由董事会制定报国有资产监督管理机构批准。

国有独资公司不设股东会,由国有资产管理机构行使股东会职权。国有资产监督管理机构可以授权公司董事会行使股东会的部分职权,决定公司的重大事项,但公司的合并、分立、解散、增加或者减少注册资本和发行公司债券,都必须由国有资产监督管理机构决定;其中,重要的国有独资公司合并、分立、解散、申请破产的,应当由国有资产监督管理机构审核后报本级人民政府批准。

国有独资公司设董事会,董事每届任期不得超过 3 年。董事会成员中应当有公司职工代表。董事会成员由国有资产监督管理机构委派;但是,董事会成员中的职工代表由公司职工代表大会选举产生。董事会设董事长 1 人,可以设副董事长。董事长、副董事长由国有资产监督管理机构从董事会成员中指定。

国有独资公司设经理,由董事会聘任或者解聘。经国有资产监督管理机构同意,董事会成员可以兼任经理。

国有独资公司的董事长、副董事长、董事、高级管理人员,未经国有资产监督管理机构同意,不得在其他有限责任公司、股份有限公司或者其他经济组织兼职。

国有独资公司监事会成员不得少于 5 人,其中职工代表的比例不得低于 1/3,具体比例

由公司章程规定。监事会成员由国有资产监督管理机构委派；但是，监事会成员中的职工代表由公司职工代表大会选举产生。监事会主席由国有资产监督管理机构从监事会成员中指定。

【思考4-16】下列有关国有独资公司的说法中，哪些是正确的？（　　）
A. 董事长、副董事长由国有资产监督管理机构从董事会成员中指定
B. 国有独资公司不设股东会
C. 董事会成员中应当有公司职工代表
D. 监事会成员不得少于3人
【解析】正确答案是ABC。

五、有限责任公司的股权转让

(一) 股权的一般转让

有限责任公司的股东之间可以相互转让其全部或者部分股权。

股东向股东以外的人转让股权时，应当经其他股东过半数同意。股东应就其股权转让事项书面通知其他股东征求其同意，其他股东自接到书面通知之日起满30日未答复的，视为同意转让。其他股东半数以上不同意转让的，不同意的股东应当购买该转让的股权；不购买的，视为同意转让。经股东同意转让的股权，在同等条件下，其他股东有优先购买权。

【思考4-17】甲、乙、丙共同出资设立了一有限责任公司，一年后，甲拟将其在公司的全部出资转让给丁，乙、丙不同意。下列解决方案中，符合《公司法》的有（　　）。
A. 由乙或丙购买甲拟转让给丁的出资
B. 由乙和丙共同购买甲拟转让给丁的出资
C. 如果乙和丙均不愿意购买，则甲无权将出资转让给丁
D. 如果乙和丙均不愿意购买，则甲有权将出资转让给丁
【解析】正确答案是ABD。

(二) 股权的强制转让

股权的强制转让，是指人民法院依照民事诉讼法等法律规定的执行程序，强制执行生效的法律文书时，以拍卖、变卖或者其他方式转让有限责任公司股东的股权。

人民法院依照法律规定的强制执行程序转让股东的股权时，应当通知公司及全体股东，其他股东在同等条件下有优先购买权。其他股东自人民法院通知之日起满20日不行使优先购买权的，视为放弃优先购买权。

(三) 出资证明书的更替

有限责任公司股东转让股权后，公司应当注销原股东的出资证明书，向新股东签发出资证明书，并相应修改公司章程和股东名册中有关股东及其出资额的记载。对公司章程的该项修改不需再由股东会表决。

(四) 请求公司回购股权

有下列情形之一的，对股东会股权收购决议投反对票的股东可以请求公司按照合理的价格收购其股权。

(1) 公司连续 5 年不向股东分配利润，而公司该 5 年连续盈利，并且符合《公司法》规定的分配利润条件的。

(2) 公司合并、分立、转让主要财产的。

(3) 公司章程规定的营业期限届满或者章程规定的其他解散事由出现，股东会会议通过决议修改章程使公司存续的。

自股东会会议决议通过之日起 60 日内，股东与公司不能达成股权收购协议的，股东可以自股东会会议决议通过之日起 90 日内向人民法院提起诉讼。

【案例 4-1】2015 年 3 月 1 日，甲、乙、丙三个自然人准备投资设立一有限责任公司，并共同起草了公司章程。章程要点如下。

(1) 公司名称为：创意服装公司。

(2) 公司注册资本为 30 万元人民币；首次出资 5 万元，其余资金分别于 2017 年 10 月 1 日与 2018 年 5 月 1 日缴付。

(3) 甲方以专利权作价出资 6 万元；乙方以现金 8 万元出资；丙方以土地使用权、房屋、机器设备作价 12 万元，信用作价 4 万元出资。

(4) 公司设立董事会，由 2 人组成。

(5) 公司设 1 名监事，由董事会成员兼任。

(6) 公司存续期间，出资各方均可自由抽回投资。

试分析该章程的条款是否符合《公司法》的规定？为什么？

【分析】

(1) 公司名称不规范，应标明"有限责任公司"或"有限公司"字样。

(2) 甲、乙的出资方式合法，但丙以信用作价出资不合法。

(3) 董事会人事不合法，应为 3~13 人。

(4) 设 1 名监事合法，可以不设监事会，但由董事会成员兼任监事不合法，董事、高级管理人员不得兼任监事。

(5) 关于自由抽回投资的规定不合法。有限责任公司成立后，股东不得抽回投资。

第三节　股份有限公司

一、股份有限公司的设立

(一) 股份有限公司的设立方式

股份有限公司的设立有两种方式，既可以采取发起设立的方式，也可以采取募集设立的方式。

发起设立是指由发起人认购公司应发行的全部股份而设立股份有限公司。

募集设立是指由发起人认购公司应发行股份的一部分，其余股份向社会公开募集或者向特定对象募集而设立股份有限公司。

(二) 股份有限公司的设立条件

设立股份有限公司应当具备下列条件。

1. 发起人符合法定人数

设立股份有限公司,应当有 2 人以上 200 人以下的发起人,其中须有半数以上的发起人在中国境内有住所。股份有限公司的发起人承担公司筹办事务。发起人应当签订发起人协议,明确各自在公司设立过程中的权利和义务。

股份有限公司的股东与发起人是两个不同的概念。发起人是指依法筹办公司设立事务的人。在公司设立阶段,由于公司尚未成立,股份尚未发行,无所谓股份有限公司的股东。在股份有限公司设立登记后,公司发起人因缴纳股款并经公司登记则自然成为股份有限公司的股东。股东与发起人是股份有限公司设立两个阶段上的不同概念,二者的责任也不同。股东负责有限责任,而发起人在公司设立失败时,则承担连带责任。

股份有限公司的发起人应当承担下列责任:公司不能成立时,对设立行为所产生的债务和费用负连带责任;公司不能成立时,对认股人已缴纳的股款,负返还股款并加算银行同期存款利息的连带责任;在公司设立过程中,由于发起人的过失致使公司利益受到损害的,应当对公司承担赔偿责任。

2. 有符合公司章程规定的全体发起人认购的股本总额或者募集的实收股本总额

股份有限公司采取发起设立方式设立的,注册资本为在公司登记机关登记的全体发起人认购的股本总额。在发起人认购的股份缴足前,不得向他人募集股份。法律、行政法规以及国务院决定对股份有限公司注册资本实缴、注册资本最低限额另有规定的,从其规定。

股份有限公司采取募集方式设立的,注册资本为在公司登记机关登记的实收股本总额。以募集设立方式设立股份有限公司的,发起人认购的股份不得少于公司股份总数的 35%;但是,法律、行政法规另有规定的,从其规定。

【思考4-18】下列关于股份有限公司设立的表述中,不符合《公司法》规定的是( )。
A. 股份有限公司采取募集设立方式的,注册资本为在公司登记机关登记的实收股本总额
B. 股份有限公司可以采取发起设立或者募集设立的方式设立
C. 股份有限公司采取发起式方式设立的,发起人应当书面认足公司章程规定其认购的股份
D. 股份有限公司发起人中须有半数以上为中国公民

【解析】正确答案是 D。设立股份有限公司,应当有 2 人以上 200 人以下的发起人,其中,须有半数以上的发起人在中国境内"有住所"。

3. 股份发行、筹办事项符合法律规定

发起人为设立股份有限公司而发行股份时,以及在进行其他的筹办事项时,必须符合法律规定的条件和程序。例如,向社会公开募集股份,应当报国务院证券监督管理机构核准,并公告招股说明书、认股书等。

4. 发起人制定公司章程，采用募集设立方式设立的应经创立大会通过

对于以发起设立方式设立的股份有限公司，由全体发起人制定公司章程；对于以募集设立方式设立的股份有限公司，由发起人制定章程，还应当经创立大会通过。股份有限公司章程应当载明下列事项：①公司名称和住所；②公司经营范围；③公司设立方式；④公司股份总数、每股金额和注册资本；⑤发起人的姓名或者名称、认购的股份数、出资方式和出资时间；⑥董事会的组成、职权和议事规则；⑦公司法定代表人；⑧监事会的组成、职权和议事规则；⑨公司利润分配办法；⑩公司的解散事由与清算办法；⑪公司的通知和公告办法；⑫股东大会会议认为需要规定的其他事项。

5. 有公司名称，建立符合股份有限公司要求的组织机构

股份有限公司设立自己的名称时，必须符合法律、法规的规定。公司应当设立符合股份有限公司要求的组织机构，即股东大会、董事会、监事会等。

6. 有公司住所

股份有限公司以其主要办事机构所在地为住所。

【思考4-19】下列关于股份有限公司设立条件的表述中，正确的有(　　)。
A. 发起人应有5人以上，且半数以上的发起人是中国人
B. 法定资本最低限额为500万元
C. 发起设立方式的，发起人认购的股份不得少于公司股份总数的35%
D. 股份发行、筹办事项符合法律规定
【解析】正确答案是D。半数以上的发起人在中国境内"有住所"。没有法定资本最低限额的规定，采取发起设立方式的，发起人应认购全部股份。因此，A、B、C不对。

(三) 股份有限公司的设立程序

1. 发起设立方式的程序

(1) 发起人书面认购公司章程规定的股份。

(2) 缴纳出资。章程规定一次缴纳的，应缴纳全部出资；章程规定分期缴纳的，应按照公司章程规定缴纳出资。若以非货币财产出资的，应当依法办理其财产权的转移手续。

(3) 选举董事会和监事会。

(4) 申请设立登记。由董事会向公司登记机关申请设立登记。

2. 募集设立方式的程序

(1) 发起人认购股份。发起人认购的股份不得少于公司股份总数的35%，但法律另有规定的除外。

(2) 向社会公开募集股份。公告招股说明书、制作认股书，应当由依法设立的证券公司承销。

(3) 召开创立大会。发起人应当自股款缴足后30日内主持召开公司创立大会。创立大会由发起人、认股人组成。发起人应当在创立大会召开前15日将会议日期通知各认股人或者予以公告。创立大会应有代表股份总数过半数的发起人、认股人出席，方可举行。

发行的股份超过招股说明书规定的截止期限尚未募足的，或者发行股份的股款缴足后，发起人在 30 日内未召开创立大会的，认股人可以按照所缴纳股款并加算银行同期利息，要求发起人返还。

【思考 4-20】甲股份有限公司的发起人在招股说明书中承诺从 2017 年 2 月 15 日至 6 月 15 日，4 个月内向社会募集首批资金 6 000 万元。公司如期募足了 6 000 万元资金，但直至 2017 年 9 月 1 日，仍未发出召开创立大会的通知。很多股东要求甲公司的发起人返还所认购的股款并加计同期银行存款利息。但甲公司的发起人认为股东出资后不得撤资，拒绝了股东的要求。试分析发起人与股东之间谁对谁错。

【解析】股东的要求是合理的，发起人的观点不符合《公司法》的规定。发行股份的股款缴足后，发起人在 30 日内未召开创立大会的，认股人可以按照所缴纳股款并加算银行同期利息，要求发起人返还。

创立大会行使下列职权：审议发起人关于公司筹办情况的报告；通过公司章程；选举董事会成员；选举监事会成员；对公司的设立费用进行审核；对发起人用于抵作股款的财产的作价进行审核；发生不可抗力或者经营条件发生重大变化直接影响公司设立的，可以作出不设立公司的决议，作出此项决议时，必须经出席会议的认股人所持表决权过半数通过。

【思考 4-21】下列选项中，哪些属于股份有限公司创立大会的职权？（　　）
A. 选举董事会成员　　　　　　B. 选举监事会成员
C. 决定公司内部管理机构的设置　D. 对公司的设立费用进行审核
【解析】正确答案是 ABD。选项 C 属于董事会的职权。

(4) 申请设立登记。董事会应于创立大会结束后 30 日内，向公司登记机关申请设立。

股份有限公司成立后，发起人未按照公司章程的规定缴足出资的，应当补缴；其他发起人承担连带责任。股份有限公司成立后，发现作为设立公司出资的非货币财产的实际价额显著低于公司章程所规定价额的，应当由交付该出资的发起人补足其差额；其他发起人承担连带责任。

发起人、认股人缴纳股款或者交付抵作股款的出资后，除未按期募足股份、发起人未按期召开创立大会或者创立大会决议不设立公司的情形外，不得抽回其股本。

有限责任公司变更为股份有限公司时，折合的实收股本总额不得高于公司净资产额。有限责任公司变更为股份有限公司，为增加资本公开发行股份时，应当依法办理。

二、股份有限公司的组织机构

股份有限公司的组织机构由三部分组成：股东大会、董事会及经理、监事会。上市公司还可增设独立董事和董事会秘书。

（一）股东大会

股份有限公司股东大会由全体股东组成。股东大会是公司的权力机构。

1. 股东大会的职权

股份有限公司股东大会的职权，适用有限责任公司股东会的职权规定，此处不再赘述。

2. 股东大会的形式

股份有限公司的股东大会分为股东年会和临时股东大会两种。股东大会应当每年召开一次年会。发生下列情形之一的，应当在两个月内召开临时股东大会：董事会人数不足《公司法》规定人数或者公司章程所定人数的 2/3 时；公司未弥补的亏损达实收股本总额的 1/3 时；单独或者合计持有公司 10%以上股份的股东请求时；董事会认为必要时；监事会提议召开时；公司章程规定的其他情形。

> 【思考 4-22】某股份有限公司，股本总额为 5 000 万元，董事会有 5 名成员，下列哪些情形下该公司应在两个月内召开临时股东大会？（　　）
> A. 董事会人数减至 4 人时　　　　B. 未弥补亏损达 1 500 万元时
> C. 监事会提议召开时　　　　　　D. 持有该公司 8%股份的股东请求时
> 【解析】正确答案是 AC。董事会人数为 4 人，不够《公司法》的最低要求，所以 A 正确；公司未弥补亏损 1 500 万元不够股本总额的 1/3，B 不符；C 符合法定条件；D 不够 10%以上股份。

3. 股东大会的召开

股东大会会议由董事会召集，董事长主持；董事长不能履行职务或者不履行职务的，由副董事长主持；副董事长不能履行职务或者不履行职务的，由半数以上董事共同推举一人主持。董事会不能履行或者不履行召集股东大会会议职责的，监事会应当及时召集和主持；监事会不召集和主持的，连续 90 日以上单独或者合计持有公司 10%以上股份的股东可以自行召集和主持。

召开股东大会会议，应当将会议召开的时间、地点和审议的事项于会议召开 20 日前通知各股东；临时股东大会应当于会议召开 15 日前通知各股东；发行无记名股票的，应当于会议召开 30 日前公告会议召开的时间、地点和审议的事项。

单独或者合计持有公司 3%以上股份的股东，可以在股东大会召开 10 日前提出临时提案并书面提交董事会；董事会应当在收到提案后两日内通知其他股东，并将该临时提案提交股东大会审议。临时提案的内容应当属于股东大会职权范围，并有明确议题和具体决议事项。

股东大会不得对通知中未列明的事项作出决议。无记名股票持有人出席股东大会会议的，应当于会议召开 5 日前至股东大会闭会时将股票交存于公司。

> 【思考 4-23】甲股份有限公司董事会于 5 月 10 日发出通知，定于 6 月 1 日召开临时股东大会，审议发行公司债券及中期利润分配事宜。在如期举行的股东大会上，通过了上述两项决议，会上还根据大股东 A 的提议，表决通过了增加一名董事的决议。试分析该临时股东会的三项决议是否合法？为什么？
> 【解析】关于通过发行公司债券与中期利润分配方案的决议合法。但通过增加一名董事的决议不合法，临时股东会不得对通知中未列明的事项作出决议。

4. 股东大会的决议

股东出席股东大会会议，所持每一股份有一表决权。但是，公司持有的本公司股份没有表决权。股东大会作出决议，必须经出席会议的股东所持表决权过半数通过。但是，股东大会作出修改公司章程、增加或者减少注册资本的决议，以及公司合并、分立、解散或者变更公司形式的决议，必须经出席会议的股东所持表决权的 2/3 以上通过。

股东大会选举董事、监事，可以依照公司章程的规定或者股东大会的决议，实行累积投票制。累积投票制是指股东大会选举董事或者监事时，每一股份拥有与应选董事或者监事人数相同的表决权，股东拥有的表决权可以集中使用。例如，股东 A 持有 1 000 股，每股一票，公司选举 7 位董事，则 A 有 7 000 票，他可以将 7 000 票投给某个候选人，也可以分别投给 7 个候选人，每人投 1 000 票；或者根据自己的意愿分投给自己选中的候选人。

股东可以委托代理人出席股东大会会议，代理人应当向公司提交股东授权委托书，并在授权范围内行使表决权。股东大会应当对所议事项的决定做会议记录，主持人、出席会议的董事应当在会议记录上签名。会议记录应当与出席股东的签名册及代理出席的委托书一并保存。

【思考 4-24】下列有关股份有限公司股东大会通过增加或者减少注册资本决议的表述中，正确的是( )。
A. 必须经 2/3 以上有表决权的股东通过
B. 必须经出席会议的股东所持表决权的 2/3 以上通过
C. 必须经出席会议的股东所持表决权过半数通过
D. 必须经过半数表决权的股东通过
【解析】正确答案是 B。即出席会议的股东所持表决权的 2/3 以上通过，而不是全体表决权的 2/3。

(二) 董事会及经理

1. 董事会

(1) 董事会的组成。

董事会是股东大会的执行机构，对股东大会负责。董事会由 5～19 人组成，其成员中可以有公司职工代表。董事会中的职工代表由公司职工通过职工代表大会、职工大会或者其他形式民主选举产生。董事任期由公司章程规定，但每届任期不得超过 3 年。董事任期届满，连选可以连任。董事任期届满未及时改选，或者董事在任期内辞职导致董事会成员低于法定人数的，在改选出的董事就任前，原董事仍应当依照法律、行政法规和公司章程的规定，履行董事职务。

股份有限公司董事会的职权，适用有限责任公司董事会职权的规定。

股份有限公司董事会设董事长 1 人，可以设副董事长。董事长和副董事长由董事会以全体董事的过半数选举产生。董事长召集和主持董事会会议，检查董事会决议的实施情况。副董事长协助董事长工作，董事长不能履行职务或者不履行职务的，由副董事长履行职务；副董事长不能履行职务或者不履行职务的，由半数以上董事共同推举一名董事履行职务。

(2) 董事会的召开。

董事会每年度至少召开两次会议，每次会议应当于会议召开前 10 日通知全体董事和监事。代表 1/10 以上表决权的股东、1/3 以上董事或者监事，可以提议召开董事会临时会议。董事长应当自接到提议后 10 日内，召集和主持董事会会议。董事会召开临时会议，可以另定召集董事会的通知方式和通知时限。

(3) 董事会的决议。

董事会会议应当由董事本人出席；董事本人因故不能出席，可以书面委托其他董事代为出席，委托书中应载明授权范围。董事会应当对会议所议事项的决定做会议记录，出席会议的董事应当在会议记录上签名。董事应当对董事会的决议承担责任。董事会的决议违反法律、行政法规或者公司章程、股东大会决议，致使公司遭受严重损失的，参与决议的董事对公司负责任。但经证明在表决时曾表明异议并记载于会议记录的，该董事可以免除责任。

【思考 4-25】A、B、C、D、E、F、G 为某上市公司的董事。董事 A、B、C、D、E、F 出席了 2018 年度第一次董事会会议，G 因故未能出席，也未书面委托其他董事代为出席。该次会议通过的一项决议违反法律规定，给公司造成了严重损失。董事 A 在董事会会议上就该项决议表决时表明了异议，但未将异议记录在董事会会议记录中。根据《公司法》的规定，应当对公司负赔偿责任的是(　　)。

　　A. 董事 ABCDEFG　　B. 董事 ABCDEF　　C. 董事 BCDEFG　　D. 董事 BCDEF

【解析】正确答案是 B。①董事 G "未参与" 董事会决议，因此董事 G 不应承担赔偿责任；②董事 A 虽表示异议但未将异议记录在董事会会议记录中，因此董事 A 不能免除赔偿责任。

董事会会议应有半数的董事出席方可举行。董事会作出决议，必须经全体董事的过半数通过。董事会决议的表决，实行一人一票。

【思考 4-26】某股份有限公司董事会有 11 名董事，下列情形中，哪些决议可以通过？(　　)

　　A. 5 名董事出席会议，一致同意　　B. 7 名董事出席会议，4 名同意
　　C. 10 名董事出席会议，7 名同意　　D. 6 名董事出席会议，一致同意

【解析】正确答案是 CD。董事会会议决议，必须经全体董事的过半数通过而非出席董事的过半数通过。

2. 经理

股份有限公司设经理，由董事会决定聘任或者解聘。公司董事会可以决定由董事会成员兼任经理。股份有限公司的经理职权适用有限责任公司经理职权的规定。

公司不得直接或者通过子公司向董事、监事、高级管理人员提供借款。公司应当定期向股东披露董事、监事、高级管理人员从公司获得报酬的情况。

【案例 4-2】ABC 股份有限公司是一家于 2005 年 9 月上市的上市公司。该公司董事会于 2018 年 4 月 2 日召开会议，有关会议情况如下。

(1) 该公司董事会成员共 7 位，出席本次会议的有甲、乙、丙、丁 4 人，董事李某因出

国不能参加会议,电话委托甲代为出席并表决,董事王某因病不能出席,书面委托其朋友(非ABC公司董事)代为出席。

(2) 出席本次董事会的董事一致通过三项决议:一是增设公司人力资源部;二是改选了一名董事;三是因公司经理为他人经营与本公司同类的业务,决定罢免现任经理。

(3) 为完善公司经营管理制度,董事会通过了修改公司章程的决议,并决定从通过之日起执行。

试分析上述各项是否符合法律规定?

【分析】

(1) 董事李某和王某的委托不具有法律效力。董事因故不能出席时,可以书面委托其他董事代为出席,即一是采用书面委托形式;二是受委托人应当是董事会成员。由于出席本次会议的董事是4人,超过半数,该公司本次董事会会议的举行符合法律规定。

(2) 董事会通过增设人力资源部与罢免现任经理的决议符合法律规定。一是因为董事会有权决定内部机构设置和任免经理;二是表决超过了全体董事的半数。但改选一名董事不符合法律规定,董事的改选属于股东大会的职权。

(3) 通过修改公司章程的决议不符合法律规定。章程的修改属于股东大会的职权。

(三) 监事会

股份有限公司设监事会,其成员不得少于3人。董事、高级管理人员不得兼任监事。

监事会应当包括股东代表和适当比例的公司职工代表,其中职工代表的比例不得低于1/3,具体比例由公司章程规定。监事会设主席1人,可以设副主席。监事会主席和副主席由全体监事过半数选举产生。监事会主席召集和主持监事会会议;监事会主席不能履行职务或者不履行职务的,由监事会副主席召集和主持监事会会议;监事会副主席不能履行职务或者不履行职务的,由半数以上监事共同推举一名监事召集和主持监事会会议。

监事的任期每届为3年。监事任期届满,连选可以连任。股份有限公司监事会的职权适用有限责任公司监事会职权的规定。

监事会每6个月至少召开一次会议。监事可以提议召开临时监事会会议。

监事会的议事方式和表决程序,除《公司法》有规定的外,由公司章程规定。监事会决议应当经半数以上监事通过。监事会应当对所议事项的决定做会议记录,出席会议的监事应当在会议记录上签名。

(四) 上市公司组织机构的特别规定

上市公司是指其股票在证券交易所上市交易的股份有限公司。

上市公司设立独立董事,具体办法由国务院规定。独立董事是指不在公司担任除董事外的其他职务,并与其受聘的上市公司及其主要股东不存在可能妨碍其进行独立客观判断的关系的董事。其主要职责是对上市公司董事、高级管理人员及其与公司进行的关联交易等进行监督。

上市公司设董事会秘书,负责公司股东大会和董事会会议的筹备、文件保管以及公司股东资料的管理,办理信息披露事务等事宜。

上市公司在1年内购买、出售重大资产或者担保金额超过公司资产总额30%的,应当由股东大会作出决议,并经出席会议的股东所持表决权的 2/3 以上通过。

上市公司董事与董事会会议决议事项所涉及的企业有关联关系的,不得对该项决议行使表决权,也不得代理其他董事行使表决权。该董事会会议由过半数的无关联关系的董事出席即可举行,董事会会议所做决议须经无关联关系的董事过半数通过。出席董事会的无关联关系的董事人数不足 3 人的,应将该事项提交上市公司股东大会审议。

【思考 4-27】股份有限公司和有限责任公司主要有什么区别?

【解析】一是设立方式不同,股份有限公司可以采取发起式和募集式两种方式,有限责任公司只能采用发起式设立;二是股东人数上下限规定不同;三是出资证明形式不同,股份有限公司为股票,有限责任公司为出资证明书;四是股权转让方式不同;五是组织机构不同,股份有限公司必须设置董事会、监事会。

三、股份发行和转让

股份是指按相等金额或相同比例,平均划分公司资本的基本计量单位,是公司资本的最小划分单位。股份的表现形式是股票。股票是公司签发的证明股东所持股份的凭证。

(一) 股份发行

1. 股份发行的原则

我国股份有限公司股份的发行实行公开、公平、公正的原则;同股同权,同股同利。即同次发行同种股票,每股的发行条件和价格应当相同;任何单位或者个人所认购的股份,每股应当支付相同价款。

2. 股票发行价格

股票发行价格可以按票面金额,也可以超过票面金额,但不得低于票面金额。即股票可以平价和溢价发行,但不能折价发行。

公司发行的股票,可以为记名股票,也可以为无记名股票。公司向发起人、法人发行的股票,应当为记名股票,并应当记载该发起人、法人的名称或者姓名,不得另立户名或者以代表人姓名记名。

在股份有限公司成立后,即向股东正式交付股票。公司成立之前不能向任何股东交付股票。

(二) 股份转让

股份转让是指股份有限公司股份所有人依法将其持有的股份让与他人的行为。

一般而言,股份有限公司的股份可以自由转让,但是股份的自由转让不是绝对的。股份转让的限制主要有以下几个方面。

(1) 股东持有的股份可以依法转让。即应当在依法设立的证券交易场所进行或者按照国务院规定的其他方式进行。

(2) 发起人持有的本公司股份,自公司成立之日起 1 年内不得转让。公司公开发行股份前已发行的股份,自公司股票在证券交易所上市交易之日起 1 年内不得转让。

(3) 公司董事、监事、高级管理人员应当向公司申报所持有的本公司的股份及其变动情况，在任职期间每年转让的股份不得超过其所持有本公司股份总数的 25%；所持本公司股份自公司股票上市交易之日起 1 年内不得转让。上述人员离职后半年内，不得转让其所持有的本公司股份。上市公司董事、监事和高级管理人员所持股份不超过 1 000 股的，可一次全部转让，不受前款转让比例的限制。

(4) 记名股票的转让以背书转让方式或者法律、行政法规规定的其他方式转让；转让后由公司将受让人的姓名或者名称及住所记载于股东名册。但是，股东大会召开前 20 日内或者公司决定分配股利的基准日前 5 日内，不得进行股东名册的变更登记。

无记名股票的转让实行交付生效的方式，由股东将该股票交付给受让人后即发生转让的效力。

(5) 公司不得收购本公司股份。但是，有下列情形之一的除外：①减少公司注册资本；②与持有本公司股份的其他公司合并；③将股份奖励给本公司职工；④股东因对股东大会作出的公司合并、分立决议持异议，要求公司收购其股份的。

公司由于上述第①项至第③项的原因收购本公司股份的，应当经股东大会决议。公司依照上述规定收购本公司股份后，属于第①项情形的，应当自收购之日起 10 日内注销；属于第②项、第④项情形的，应当在 6 个月内转让或者注销。

公司依照前述第③项规定收购的本公司股份，不得超过本公司已发行股份总额的 5%；用于收购的资金应当从公司的税后利润中支出；所收购的股份应当在 1 年内转让给职工。

另外，公司不得接受本公司的股票作为质押权的标的。

【思考 4-28】下列关于股份有限公司股份转让的说法中，正确的有(　　)。
A. 发起人持有的本公司股份，自公司成立之日起 1 年内不得转让
B. 董事、监事、高级管理人员在任职期间不得转让其所持的本公司的股份
C. 记名股票的转让交付给受让人后即发生转让的效力
D. 公司为减少注册资本可以收购本公司股份
【解析】正确答案是 AD。B 不正确，因为公司董事、监事、高级管理人员在任职期间每年转让的股份不得超过其所持有本公司股份总数的 25%。C 不正确，因为记名股票的转让以背书转让方式或者法律、行政法规规定的其他方式转让。

四、公司董事、监事、高级管理人员的资格和义务

(一) 公司董事、监事、高级管理人员的资格

公司董事、监事、高级管理人员处于公司的重要地位并且具有法定职权，为保障其正确履行职责，《公司法》对其任职资格做了必要的限制。有下列情形之一的，不得担任公司的董事、监事、高级管理人员。

(1) 无民事行为能力或者限制民事行为能力。

(2) 因贪污、贿赂、侵占财产、挪用财产或者破坏社会主义市场经济秩序，被判处刑罚，执行期满未逾 5 年，或者因犯罪被剥夺政治权利，执行期满未逾 5 年。

(3) 担任破产清算的公司、企业的董事或者厂长、经理，对该公司、企业的破产负有个

人责任的，自该公司、企业破产清算完结之日起未逾 3 年。

(4) 担任因违法被吊销营业执照、责令关闭的公司、企业的法定代表人，并负有个人责任的，自该公司、企业被吊销营业执照之日起未逾 3 年。

(5) 个人所负数额较大的债务到期未清偿。

如公司违反前款规定选举、委派董事、监事或者聘任高级管理人员的，该选举、委派或者聘任无效。董事、监事、高级管理人员在任职期间出现上述情形的，公司应当解除其职务。

(二) 公司董事、监事、高级管理人员的义务

公司董事、监事、高级管理人员应当遵守法律、行政法规和公司章程，对公司负有忠实义务和勤勉义务。不得利用职权收受贿赂或者其他非法收入，不得侵占公司的财产。公司董事、监事、高级管理人员执行公司职务时违反法律、行政法规或者公司章程的规定，给公司造成损失的，应当承担赔偿责任。

《公司法》规定，公司董事、高级管理人员不得有下列行为。

(1) 挪用公司资金。

(2) 将公司资金以其个人名义或者以其他个人名义开立账户存储。

(3) 违反公司章程的规定，未经股东会、股东大会或者董事会同意，将公司资金借贷给他人或者以公司财产为他人提供担保。

(4) 违反公司章程的规定或者未经股东会、股东大会同意，与本公司订立合同或者进行交易。

(5) 未经股东会或者股东大会同意，利用职务便利为自己或者他人谋取属于公司的商业机会，自营或者为他人经营与所任职公司同类的业务。

(6) 他人与公司交易的佣金据为己有。

(7) 擅自披露公司秘密。

(8) 违反对公司忠实义务的其他行为。

公司董事、高级管理人员违反上述规定所得的收入应当归公司所有。

【思考 4-29】赵某是甲食品有限责任公司的董事，2018 年又与朋友一起设立了乙食品加工厂，与甲公司生产同类产品，挤占了甲公司 20%的市场销售份额。甲公司召开董事会，作出两项决议：一是免去赵某董事职务，增补股东代表李某为董事；二是要求赵某将其从乙厂取得的收入上交本公司。试分析：

(1) 赵某能否出资设立乙食品加工厂？为什么？

(2) 甲公司董事会作出的两项决议是否合法？为什么？

【解析】

(1) 赵某不能出资设立乙食品加工厂。因赵某是甲有限责任公司的董事，未经股东会同意，不得自营或者为他人经营与甲公司同类的业务。

(2) 董事会作出的第一项决议不合法，选举、更换董事属于股东会的职权；第二项决议合法。

第四节　公司债券与公司财务、会计

一、公司债券

(一) 公司债券的概念

公司债券是指公司依照法定程序发行、约定在一定期限还本付息的有价证券。

公司债券按照是否记名，可以分为记名公司债券和无记名公司债券。记名公司债券是指在公司债券上记载债权人姓名或名称的债券；无记名公司债券是指在公司债券上不记载债权人姓名或名称的债券。记名公司债券转让时，转让人须在债券上背书；无记名公司债券转让时，交付债券即发生转让的法律效力。

公司债券按是否可转换为股票，可以分为可转换公司债券与不可转换公司债券。可转换公司债券是指可以转换成公司股票的公司债券。可转换公司债券在发行时规定了转换为公司股票的条件与办法，当条件具备时，债券持有人拥有将公司债券转换为公司股票的选择权。不可转换公司债券是指不能转换为公司股票的公司债券。凡在发行时未做转换约定的，均为不可转换公司债券。

(二) 债券与股票的区别

债券和股票都是有价证券，但二者具有不同的法律特征，其主要区别如下。

(1) 权利性质不同。公司债券持有人是公司的债权人，依法享有债权人的权利；而股票的持有人则是公司的股东，享有股东的权利。

(2) 收益不同。公司债券持有人，无论公司是否盈利，均可要求公司依照事先约定的利率计取固定的利息；而股票持有人，则必须在公司有盈利时，才能依法获得股利。

(3) 风险不同。公司债券的利率一般是固定的，企业清算时，公司债券持有人可以优先于股票持有人获得清偿，风险较小；而股票股利分配与公司经营好坏密切相关，风险较大。

(4) 偿还性不同。公司债券到了约定期限，公司必须偿还债券本金；而股票持有人只有在公司解散时才可以请求公司分配剩余财产。

(三) 公司债券的发行

1. 公司债券发行的条件

公开发行公司债券，应当符合下列条件。

(1) 股份有限公司的净资产不低于人民币 3 000 万元，有限责任公司的净资产不低于人民币 6 000 万元。

(2) 累计债券余额不超过公司净资产的 40%。

(3) 最近 3 年平均可分配利润足以支付公司债券 1 年的利息。

(4) 筹集的资金投向符合国家产业政策。

(5) 债券的利率不超过国务院限定的利率水平。

(6) 国务院规定的其他条件。

公开发行公司债券筹集的资金，必须用于核准的用途，不得用于弥补亏损和非生产性支出。上市公司发行可转换为股票的公司债券，除应当符合上述条件外，还应当符合关于公开发行股票的条件，并报国务院证券监督管理机构核准。

有下列情形之一的，不得再次公开发行公司债券：前一次公开发行的债券尚未募足；对已发行的公司债券或者其他债务有违约或者延迟支付本息的事实，仍处于继续状态；违反规定，改变公开发行公司债券所募资金的用途。

有限责任公司、股份有限公司发行公司债券，应由股东会、股东大会作出决议，并报国务院授权的部门或者国务院证券监督管理机构核准。审批机关自受理公司债券发行申请文件之日起 3 个月内，依法作出核准或者预先核准的决定。经核准后，公司应当公告公司债券募集办法。

【思考4-30】ABC 股份有限公司 2015 年 5 月获准发行 3 年期公司债券 6 000 万元，1 年期公司债券 3 000 万元。2017 年 8 月，该公司鉴于到期债券已偿还且具备再次发行公司债券的条件，拟再次发行公司债券。经审计该公司净资产额为 2 亿元。试分析该公司此次发行公司债券额最多是多少万元？

【解析】最多为 2 000 万元。公司累计债券余额不超过公司净资产的 40%，即 2 亿元的 40%，为 8 000 万元，该公司尚有未到期债券 6 000 万元，因此最多可发行 2 000 万元。

2. 公司债券的转让

公司债券可以转让，转让价格由转让人与受让人约定。公司债券在证券交易所上市交易的，按照证券交易所的交易规则转让。

公司债券种类不同，转让方式不同。记名公司债券的转让，由债券持有人以背书方式或者法律、行政法规规定的其他方式转让，转让后由公司将受让人的姓名或者名称及住所记载于公司债券存根簿；无记名公司债券的转让，由债券持有人将该债券交付给受让人后即发生转让的效力。

二、公司财务、会计

(一) 公司财务、会计的基本要求

公司应依照法律、行政法规和国务院财政部门的规定，建立本公司的财务、会计制度。

公司应在每一会计年度终了时编制公司财务会计报告，并依法经会计师事务所审计。

股份有限公司的财务会计报告应在召开股东大会的 20 日前置备于本公司，供股东查阅。有限责任公司应按公司章程规定的期限，将公司财务会计报告及时送交公司的各个股东。

公司聘用、解聘承办公司审计业务的会计师事务所，依照公司章程的规定，由股东会、股东大会或者董事会决定。

公司除法定的会计账簿外，不得另立会计账簿，对公司资产不得以任何个人名义开立账户存储。

(二) 公司利润的分配

1. 公司利润

利润是指公司在一定会计期间从事生产经营活动的财务成果。公司应按照下列顺序进

行利润分配：①弥补以前年度的亏损，但不得超过《税法》规定的弥补期(5年)；②按《税法》规定缴纳企业所得税；③法定公积金不足以弥补以前年度亏损的，弥补亏损；④提取法定公积金；⑤提取任意公积金；⑥向股东分配利润。

公司弥补亏损和提取公积金后所余税后利润，有限责任公司按照股东实缴的出资比例分取红利，但全体股东约定不按照出资比例分取红利的情况除外。股份有限公司按照股东持有的股份比例分配，但股份有限公司章程规定不按持股比例分配的除外。

股东会、股东大会或者董事会违反上述规定，在公司弥补亏损和提取法定公积金之前向股东分配利润的，股东必须将违反规定分配的利润退还公司。公司持有的本公司股份不得分配利润。

2. 公积金的提取与使用

公积金分为盈余公积金和资本公积金两类。

盈余公积金是从公司税后利润中提取的，又可分为法定盈余公积金和任意盈余公积金。法定盈余公积金按照税后利润的10%提取，当公司法定盈余公积金累计额已达注册资本的50%以上时，可以不再提取。任意盈余公积金根据公司章程规定或者股东会的决议提取。

股份有限公司以超过股票票面金额的发行价格发行股份所得的溢价款以及国务院财政部门规定列入资本公积金的其他收入，应当列为公司的资本公积金。

公司的公积金用于弥补公司的亏损、扩大公司生产经营或者转为增加公司资本。但是，法定盈余公积金转为资本时，所留存的该项公积金不得少于转增前公司注册资本的25%。

第五节　公司的合并、分立、解散和清算

一、公司的合并与分立

(一) 公司的合并

公司的合并是指两个或者两个以上的公司依照法定程序变为一个公司的行为。

1. 公司合并的形式

公司合并的形式有吸收合并和新设合并两种。吸收合并是指一个公司吸收其他公司加入本公司，被吸收的公司解散；新设合并是指两个以上公司合并设立一个新的公司，合并各方解散。

2. 公司合并的程序

(1) 签订合并协议。公司合并，应当由合并各方签订合并协议。合并协议应当包括以下主要内容：合并各方的名称、住所；合并后存续公司的名称、住所；合并各方的债权债务的处理办法；合并各方的资产状况及处理办法；合并后公司因合并而增资所发行的股份总额、种类和数量；合并各方认为需要载明的其他内容。

(2) 编制资产负债表。

(3) 作出合并决议。由公司的最高权力机关依法作出合并决议。例如，有限责任公司股东会在对公司合并作出决议时，必须由代表2/3以上表决权的股东通过；股份有限公司的股

东大会在对公司合并作出决议时，必须由出席会议的持 2/3 以上表决权的股东通过。

(4) 通知债权人。公司应当自作出合并决议之日起 10 日内通知债权人，并于 30 日内在报纸上公告。债权人自接到通知书之日起 30 日内，未接到通知书的自公告之日起 45 日内，可以要求公司清偿债务或者提供相应的担保。

(5) 依法进行工商变更登记。

3. 债权、债务的处理

公司合并时，合并各方的债权、债务，应当由合并后存续的公司或者新设的公司承继。

(二) 公司的分立

公司分立是指一个公司依照法定程序分立为两个以上的公司。

公司分立的形式有两种：一是公司以其部分财产和业务另设立一个新的公司，原公司存续；二是公司以全部财产分别归入两个以上的新设立的公司，原公司解散。公司分立程序同公司合并程序。

公司分立前的债务由分立后的公司承担连带责任。但是，公司在分立前与债权人就债务清偿达成的书面协议另有约定的除外。

二、公司注册资本的减少和增加

公司增加或者减少注册资本，应当依法向公司登记机关办理变更登记。

(一) 注册资本的减少

公司需要减少注册资本时，必须编制资产负债表及财产清单。公司应当自作出减少注册资本决议之日起 10 日内通知债权人，并于 30 日内在报纸上公告。债权人自接到通知书之日起 30 日内，未接到通知书的自公告之日起 45 日内，有权要求公司清偿债务或者提供相应的担保。

(二) 注册资本的增加

有限责任公司增加注册资本时，股东认缴新增资本的出资，依照《公司法》设立有限责任公司缴纳出资的有关规定执行。股份有限公司为增加注册资本发行新股时，股东认购新股，依照《公司法》设立股份有限公司缴纳股款的有关规定执行。

三、公司的解散和清算

(一) 公司的解散

《公司法》规定，公司有下列情形之一的应当解散。

(1) 公司章程规定的营业期限届满或者公司章程规定的其他解散事由出现时。
(2) 股东会或者股东大会决议解散时。
(3) 因公司合并或分立需要解散的。
(4) 依法被吊销营业执照、责令关闭或者被撤销的。
(5) 人民法院依法予以解散。

(二) 公司的清算

1. 成立清算组

公司应当在解散事由出现之日起 15 日内成立清算组(合并或分立解散除外)，进行清算。有限责任公司的清算组由股东组成，股份有限公司的清算组由董事或者股东大会确定的人员组成。逾期不成立清算组，债权人可以申请人民法院指定有关人员组成清算组进行清算。

2. 清算组的职权

清算组在清算期间行使下列职权：①清理公司财产，分别编制资产负债表和财产清单；②通知、公告债权人；③处理与清算有关的公司未了结的业务；④清缴所欠税款以及清算过程中产生的税款；⑤清理债权、债务；⑥处理公司清偿债务后的剩余财产；⑦代表公司参与民事诉讼活动。

清算组成员应当忠于职守，依法履行清算义务。清算组成员不得利用职权收受贿赂或者其他非法收入，不得侵占公司财产。因故意或者重大过失给公司或者债权人造成损失的，清算组成员应当承担赔偿责任。

3. 清算程序

(1) 登记债权。清算组应自成立之日起 10 日内通知债权人，并于 60 日内在报纸上公告。债权人应当自接到通知书之日起 30 日内，未接到通知书的自公告之日起 45 日内，向清算组申报其债权。在申报债权期间，清算组不得对债权人进行清偿。

(2) 清理公司财产，制订清算方案。清算组应对公司财产进行清理，编制资产负债表和财产清单，制订清算方案，并报股东会、股东大会或者人民法院确认。若清算中发现公司财产不足清偿债务，应当依法向人民法院申请宣告破产。公司经人民法院裁定宣告破产后，清算组应当将清算事务移交给人民法院。

(3) 清偿债务。公司财产在拨付清算费用后，按下列顺序清偿：职工的工资、劳动保险费用和法定补偿金；缴纳所欠税款；清偿公司债务。清偿债务后公司的剩余财产，有限责任公司按股东的出资比例进行分配，股份有限公司按股东所持股份比例进行分配。

(4) 公告公司终止。公司清算结束后，清算组应制作清算报告，报股东会、股东大会或者人民法院确认，并报送公司登记机关，申请注销公司登记，公告公司终止。

【案例4-3】甲有限责任公司 2016 年 8 月从乙厂购入一批原材料，货款 50 万元，一直未付，乙厂 2017 年 12 月催要时，才发现该公司已分立为 A、B 两个公司，甲公司已经解散。当乙找 A 公司追要时，A 公司以原公司分立时 B 公司分得80%的资产，应由 B 公司承担为由拒绝支付。当乙找 B 公司追要全部货款时，B 公司以按原公司财产分配比例承担责任为由，只偿付80%的债务。试分析 A、B 两公司的做法有无法律依据。

【分析】没有法律依据。《公司法》规定，公司分立前的债务由分立后的公司承担连带责任。即债权人可以向分立后的任何一个或数个公司提出清偿要求，被追偿的公司应当清偿全部债务。

复习思考题

1. 有限责任公司的设立条件有哪些？
2. 简述有限责任公司的组织机构。
3. 公司股东可采取什么方式出资，有什么要求？
4. 股份有限公司的设立条件有哪些？
5. 简述股份有限公司的组织机构。
6. 哪些人不得担任公司董事、监事、经理？
7. 简述股票转让的限制性规定。
8. 股份有限公司股份发行的原则是什么？
9. 公司发行债券的条件有哪些？
10. 公司债券与股票有什么区别？

强 化 训 练

一、单项选择题

1. 有限责任公司股东会的首次会议的召集人是(　　)。
   A. 发起人　　　　B. 董事长　　　　C. 执行董事　　　D. 出资最多的人
2. 规模较小的有限责任公司，可以不设董事会，其法定代表人是(　　)。
   A. 董事长　　　　B. 执行董事　　　C. 监事　　　　　D. 财务负责人
3. 有限责任公司的注册资本为在公司登记机关登记的全体股东(　　)的出资额。
   A. 实际缴纳　　　B. 验资确认　　　C. 口头承诺　　　D. 认缴
4. 下列有关公司组织机构的表述中，正确的是(　　)。
   A. 股东人数较少的有限责任公司可以不设监事会，但必须设置董事会
   B. 一人有限责任公司不设股东会
   C. 股份有限公司董事长由股东大会选举产生
   D. 有限责任公司的经理由股东会聘任
5. 下列有关股份有限公司监事会组成的表述中，符合公司法律制度规定的是(　　)。
   A. 监事会成员必须全部由股东大会选举产生
   B. 监事会成员必须有职工代表
   C. 未担任公司行政管理职务的董事可以兼任监事
   D. 监事会成员任期为3年，不得连选连任
6. 甲公司是国有独资公司，其董事会作出的下列决议中，符合《公司法》的是(　　)。
   A. 聘任张某为公司经理
   B. 增选王某为公司董事
   C. 批准董事林某兼任乙有限责任公司经理
   D. 决定发行公司债券500万元

7. 下列人员中，可以担任有限责任公司监事的是( )。
   A. 公司股东　　B. 公司董事　　C. 公司财务负责人　　D. 董事会秘书
8. 董事、监事、高级管理人员在任职期间每年转让的股份不得超过其所持有本公司股份总数的( )。
   A. 10%　　　　B. 20%　　　　C. 25%　　　　D. 30%
9. 某有限责任公司作出公司合并决议后，即依法向债权人发出通知书，并予以公告。根据公司法律制度的规定，该公司债权人在法定期间内有权要求公司清偿债务或者提供相应的担保。该法定期间为( )。
   A. 自接到通知书之日起 15 日内，未接到通知书的自公告之日起 30 日内
   B. 自接到通知书之日起 30 日内，未接到通知书的自公告之日起 45 日内
   C. 自接到通知书之日起 30 日内，未接到通知书的自公告之日起 60 日内
   D. 自接到通知书之日起 60 日内，未接到通知书的自公告之日起 90 日内
10. 股份有限责任公司发行公司债券的，其净资产额最低为( )。
    A. 1 000 万元　　B. 2 000 万元　　C. 3 000 万元　　D. 6 000 万元
11. 某有限责任公司的下列财务会计事项中，符合公司法律制度规定的是( )。
    A. 依照公司章程的规定，由董事会决定聘用承办公司审计业务的会计师事务所
    B. 将公司部分货币资产以个人名义开立账户存储
    C. 公司财务会计报告只提供给持有表决权 10% 以上的股东查阅
    D. 在法定会计账簿外另立会计账簿
12. 某公司注册资本为 6 000 万元。2017 年，该公司提取的法定公积金累计金额为 4 000 万元，该公司拟用法定公积金转增公司资本。根据《公司法》规定，该公司法定公积金转增资本的最高额为( )万元。
    A. 1 000　　　　B. 2 500　　　　C. 3 000　　　　D. 4 000
13. 甲有限责任公司的董事张某拟自营与所任职公司同类的业务。根据《公司法》规定，张某自营该类业务须满足的条件是( )。
    A. 经股东会同意　　　　　　B. 经董事会同意
    C. 经监事会同意　　　　　　D. 经总经理同意
14. 根据《公司法》规定，下列人员中，符合公司董事、监事、高级管理人员任职资格的是( )。
    A. 张某，曾为甲大学教授，现已退休
    B. 王某，曾为乙企业董事长，因其决策失误导致乙企业破产清算，自乙企业破产清算完结之日起未逾 3 年
    C. 李某，曾为丙公司董事，因贷款炒股，个人负有到期债务 1 000 万元尚未偿还
    D. 赵某，曾担任丁国有企业总会计师，因贪污罪被判处有期徒刑，执行期满未逾 5 年
15. 某有限责任公司的股东会议拟对公司为股东甲提供担保事项进行表决。下列有关该事项表决通过的表述中，符合《公司法》规定的是( )。
    A. 该项表决由公司全体股东所持表决权的过半数通过
    B. 该项表决由出席会议的股东所持表决权的过半数通过

C. 该项表决由除甲以外的股东所持表决权的过半数通过

D. 该项表决由出席会议的除甲以外的股东所持表决权的过半数通过

二、多项选择题

1. 甲有限责任公司注册资本为30万元，共有12个股东、5个董事和2名监事，下列人员可以提议召开股东临时会议的有(　　)。
   A. 2名股东提议，其出资合计2万元　　B. 1名监事提议
   C. 2名董事提议　　　　　　　　　　D. 1名股东提议，其出资额为5万元

2. 下列情形中，股份有限公司应当在2个月内召开临时股东大会的有(　　)。
   A. 持有公司10%以上股份的股东请求时
   B. 1/3监事提议时
   C. 董事会提议时
   D. 董事人数不足公司章程所规定人数的3/4时

3. 下列各项中，股份有限公司的发起人应当承担的责任有(　　)。
   A. 公司不能成立时，对设立行为所产生的债务和费用负连带责任
   B. 公司不能成立时，对设立行为所产生的债务和费用负有限责任
   C. 公司不能成立时，对认股人已缴纳的股款，负返还股款并加算银行同期存款利息的连带责任
   D. 在公司设立过程中，由于发起人的过失致使公司利益受到损害的，应当对公司承担赔偿责任

4. 公司的董事和高级管理人员不得有下列选项中的(　　)行为。
   A. 挪用公司资金
   B. 将公司资金以其个人名义或者以其他个人名义开立账户存储
   C. 违反公司章程的规定或者未经股东会、股东大会同意，与本公司订立合同或者进行交易
   D. 擅自披露公司秘密

5. 依照《公司法》规定，公司章程对(　　)有约束力。
   A. 公司　　　　B. 股东　　　　C. 高级管理人员　　　　D. 监事

6. 下列情形中，公司可以收购本公司股份的有(　　)。
   A. 减少公司注册资本
   B. 与持有本公司股份的其他公司合并
   C. 将股份奖励给本公司职工
   D. 股东因对股东大会作出的公司合并、分立决议持异议，要求公司收购其股份

7. 下列各项中，属于有限责任公司股东会职权的有(　　)。
   A. 聘任或解聘公司经理
   B. 审议批准公司的利润分配方案和弥补亏损方案
   C. 决定公司的经营计划和投资方案
   D. 修改公司章程

8. 下列事项中，须经有限责任公司代表2/3以上表决权的股东通过的有(　　)。

A. 修改公司章程 B. 增减注册资本
C. 发行公司债券 D. 变更公司形式

9. 根据公司法律制度的规定，股份有限公司的下列事项中，必须由股东大会作出决议的是( )。
A. 增加或者减少注册资本 B. 转让、受让重大资产
C. 对外提供担保 D. 变更公司形式

10. 下列有关股份有限公司监事会的表述中，不符合公司法律制度规定的是( )。
A. 监事会成员必须全部由股东大会选举产生
B. 监事会中必须有职工代表
C. 监事会主席和副主席由出席会议的监事过半数选举产生
D. 监事会每年度至少召开一次会议

11. 下列关于分公司的表述中，正确的有( )。
A. 分公司没有独立的财产 B. 分公司有独立的公司名称
C. 分公司不独立承担责任 D. 分公司可领取营业执照

12. 下列各项中，属于清算组在清算期间可以行使的职权有( )。
A. 清理公司财产
B. 处理与清算有关的公司未了结的业务
C. 清缴所欠税款以及清算过程中产生的税款
D. 代表公司参与民事诉讼活动

13. 下列关于有限责任公司章程的表述中，符合《公司法》规定的有( )。
A. 公司章程对股东没有约束力
B. 制定公司章程是设立有限责任公司的必经程序
C. 公司经营范围属于公司章程的必备事项
D. 公司章程必须由全体股东共同制定并签名、盖章

14. 张某、王某、李某、赵某出资设立甲有限责任公司(简称"甲公司")，出资比例分别为5%、15%、36%和44%，公司章程对股东会召开及表决的事项无特别规定。下列关于甲公司股东会召开和表决的表述中，不符合《公司法》规定的是( )。
A. 张某、王某和李某行使表决权赞成即可通过修改公司章程的决议
B. 张某有权提议召开股东会临时会议
C. 王某和李某行使表决权赞成即可通过解散公司的决议
D. 首次股东会会议的召开由赵某召集和主持

15. 某股份有限公司于2016年8月在上海证券交易所上市，公司章程对股份转让的限制未作特别规定。该公司有关人员的下列股份转让行为中，不符合《公司法》规定的是( )。
A. 发起人王某于2017年4月转让了其所持本公司公开发行股份前已发行的股份总数的25%
B. 董事郑某于2017年9月将其所持本公司全部股份800股一次性转让
C. 董事张某共持有本公司股份10 000股，2017年9月通过协议转让了其中的2 600股

D. 总经理李某于 2018 年 1 月离职，2018 年 3 月转让了其所持本公司股份总数的 25%

三、判断题

1. 公司设立登记应当申请名称预先核准，预先核准的公司名称保留期为 6 个月。
（　　）
2. 股份有限公司的董事、监事、高级管理人员在离职后半年内，不得转让其所持有的本公司股份。（　　）
3. 有限责任公司中全体股东的货币出资不得低于公司注册资本的 30%。（　　）
4. 有限责任公司成立后，发现作为出资的实物、知识产权、土地使用权的实际价额显著低于公司章程所定价额时，应由交付出资的股东补交差额，公司设立时的其他股东按出资比例对其承担责任。（　　）
5. 有限责任公司股东会的首次会议由出资最多的股东召集和主持。（　　）
6. 一人有限责任公司的注册资本最低限额为人民币 10 万元，股东应当一次足额缴纳公司章程规定的出资额。（　　）
7. 一人有限责任公司的股东不能证明公司财产独立于股东自己的财产的，应当对公司债务承担连带责任。（　　）
8. 发起式设立股份有限公司的，发起人认购的股份不得少于公司股份总数的 35%。（　　）
9. 我国《公司法》规定，股票发行价格不得低于票面金额发行。（　　）
10. 公司向其他企业投资或者为他人提供担保，依照公司章程的规定，由董事会或者股东会、股东大会决议。（　　）

四、案例分析题

1. 兴隆公司由 3 位股东 2010 年出资筹办，主营塑料原材料销售。由于股东人数较少，因此其中 2 名股东都担任了执行董事，又推选了李某在执行董事之外担任了监事。但由于公司董事兼任监事，故设立登记申请未被核准。3 名股东为了贪图方便，重新选举了股东张某作为公司监事。最后公司设立申请得到了核准。公司在以后的经营过程中，作为公司执行董事的李某利用掌握公司的公章等便利条件，在 3 年中擅自以公司名义签订了一系列合同，将公司所购入的塑料原材料以很低的价格卖给了其亲友所开设的公司，从中获利。同时利用多报销等手段为自己提供了许多隐性收入；张某一开始对公司的经营放手不管，到了经营的第四年，由于塑料原材料产能的大幅度提高，造成市场塑料原材料价格下降，公司开始发生亏损。这时，张某才意识到问题的严重性，由于账目复杂，故聘请了宏大会计师事务所来协助调查。共花费 4 000 元，张某主张这个费用由公司承担，公司拒绝，张某遂向法院起诉。试分析：

(1) 推举张某担任监事是否正确？
(2) 张某是否构成失职？是否需要承担责任？
(3) 公司是否应承担相应的费用？

2. 甲、乙、丙、丁均为非国有企业。2016 年 2 月，共同出资依法设立华昌有限责任公司，注册资本为 6 000 万元。2018 年 2 月 6 日，华昌公司召开股东会会议，作出如下三项决议。

(1) 更换公司2名监事。一是由乙企业代表陈某代替丁企业代表王某，二是由公司职工代表李某代替公司职工代表徐某。

(2) 通过了增设人力资源部的决议。

(3) 根据董事会的提议，通过了聘用王某为总经理的决议。

试分析：上述决议是否符合《公司法》规定？为什么？

3. A股份有限公司2017年度有关事项如下。

(1) 公司召开董事会，通过以下决议：一是根据经理丙的提名解聘财务负责人甲；二是决定发行公司债券，责成董事乙准备有关发行文件报送有关部门审批。

(2) 公司经理丙将其持有的A公司股份全部转让给丁。

(3) 一名董事辞去职务，3个月后将其所持公司的股份全部转让给他人。

试分析：A公司上述事项是否合法？为什么？

4. 2017年8月，证监会例行检查时，发现甲上市公司存在以下事项。

(1) 2017年2月10日，经甲公司股东大会决议，甲公司为减少注册资本而收购本公司股东股份2 000万股，甲公司于3月10日将其注销。

(2) 2017年4月1日，经甲公司股东大会决议，甲公司为奖励职工而收购本公司8%的股份，截至检查时，收购的股份尚未转让给职工。

(3) 2017年6月，经甲公司董事会同意，董事王某同甲公司进行了一项交易，王某从中获利20万元。

试分析：甲公司上述做法是否符合《公司法》规定？为什么？

5. 甲、乙国有企业与另外9家国有企业拟联合组建设立光华有限责任公司，章程的部分内容如下。

(1) 公司可以召开临时会议，临时会议须经代表1/2以上表决权的股东，1/2以上的董事或1/2以上的监事提议召开。

(2) 2017年3月登记成立，注册资本为1亿元，其中甲以工业产权出资，协议作价金额为1 200万元；乙出资1 400万元，是出资最多的股东。公司成立后，由甲召集和主持了首次股东会议。

(3) 2017年5月，董事会发现甲作为出资的工业产权的实际价额显著低于公司章程所规定的价额，为此，董事会提出由甲补足差额；如果甲不能补足，则由其他股东按出资比例分担该差额。

(4) 2017年5月，董事会制订了一个增加注册资本的方案，提出将公司注册资本增加到1.5亿元。增资方案提交股东会讨论表决时，有7家股东赞成，占出资总额的58.3%，有4家反对，占出资总额的41.7%，股东会通过了增资决议，并授权董事会执行。

(5) 2017年3月，光华有限责任公司因业务发展成立了山东分公司。分公司在生产经营过程中拖欠了巨额债务，债权人以光华有限责任公司是山东分公司的总公司为由，要求光华有限责任公司承担巨额债务。试分析：

(1) 光华有限责任公司章程中有无不合法之处？为什么？

(2) 首次股东会议由甲召集是否合法？为什么？

(3) 董事会作出关于甲的出资不足的解决方案的内容是否合法？为什么？

(4) 股东会关于增资决议是否合法？为什么？

(5) 光华有限责任公司是否应替山东分公司承担巨额债务？说明理由。

6. 长城有限公司位于甲县，其净资产有 5 000 万元人民币。为了转产筹集资金，长城有限公司经理向县政府申请向社会公开发行公司债券，经县政府批准，长城有限公司向社会公开发行了价值 2 000 万元人民币的公司债券。试分析：长城有限公司债券的发行有哪些问题？

7. 大地股份有限公司因经营管理不善，公司未弥补的亏损达实收股本的 1/4，公司董事长李某决定在 2017 年 8 月 8 日召开临时股东大会，讨论如何解决公司面临的困境。2017 年 8 月 1 日发出召开临时股东大会会议的通知，其内容如下：为讨论解决本公司面临的亏损问题，凡持有 10 万股以上的股东可以参加股东大会会议，小股东不必参加。在如期召开的股东大会上，除讨论解决公司经营所遇困难的措施，还根据控股股东的提议，改选了公司 2 名董事。同时，经大家讨论，认为目前公司效益太差，经表决，占出席大会股东表决权 3/5 的股东同意解散公司，董事会决议解散公司。会后某小股东认为公司的上述行为侵犯了其合法权益，向人民法院提起诉讼。试分析：

(1) 本案中公司召开临时股东大会合法吗？程序有什么问题？

(2) 临时股东大会的通知存在什么问题？

(3) 临时股东大会的议程合法吗？作出解散公司的决议有效吗？

(4) 侵犯了小股东的什么权益？

8. 2015 年 6 月，甲公司、乙公司、丙公司和陈某共同投资设立丁有限责任公司(简称"丁公司")。丁公司章程规定：①公司注册资本 500 万元。②甲公司以房屋作价 120 万元出资，乙公司以机器设备作价 100 万元出资；陈某以货币 100 万元出资；丙公司出资 180 万元，首期以原材料作价 100 万元出资，余额以知识产权出资。2015 年 12 月前缴足。③公司设股东会，1 名执行董事和 1 名监事。④股东按照 1∶1∶1∶1 行使表决权。公司章程对出资及表决权事项未作其他特殊规定。公司设立后，甲公司、乙公司和陈某按照公司章程的规定实际缴纳了出资，并办理了相关手续，丙公司按公司章程规定缴纳首期出资后，于 2015 年 11 月以特许经营权作价 80 万元缴足出资。

2017 年 6 月，因股东之间经营理念存在诸多冲突且无法达成一致，陈某提议解散丁公司。丁公司召开股东会就该事项进行表决。甲公司、乙公司和陈某赞成，丙公司反对。于是股东会作出了解散丁公司的决议。丁公司进入清算程序。

清算期间，清算组发现如下情况。

(1) 由于市场行情变化，甲公司出资的房屋贬值 10 万元。

(2) 乙公司出资时机器设备的实际价额为 70 万元，明显低于公司章程所定价额 100 万元。清算组要求甲公司补足房屋贬值 10 万元，甲公司拒绝；要求乙公司和其他股东对乙公司实际出资价额的不足承担相应的民事责任。

要求：根据上述资料和公司法律制度的规定，回答下列问题。

(1) 指出丁公司股东出资方式中的不合法之处。

(2) 丁公司设 1 名执行董事和 1 名监事是否合法？

(3) 丁公司股东会作出解散公司的决议是否合法？说明理由。

(4) 甲公司拒绝补足房屋贬值 10 万元是否合法？说明理由。

(5) 对乙公司的实际出资价额的不足，乙公司和其他股东应分别承担什么民事责任？

9. 2017年4月，张某、王某、李某三人投资设立了甲有限责任公司(简称"甲公司")，张某担任公司董事长，王某担任公司董事。2017年5月，乙投资公司拟收购甲公司，经查，甲公司存在下列情况。

(1) 张某将其已转入甲公司账户的200万元出资转出100万元。

(2) 王某曾于2010年因行贿罪被判有期徒刑3年，2016年刑满释放。

(3) 李某出资的办公用房，虽已办理权属变更手续，但经其他股东催促，至今仍未交付甲公司使用。为此，其他股东主张李某不得享有相应的股东权利。

要求：根据上述资料和公司法律制度的规定，回答下列问题。

(1) 张某转出100万元出资是什么行为？张某应向甲公司承担什么民事责任？

(2) 王某担任甲公司董事是否合法？简要说明理由。

(3) 其他股东主张李某不享有相应的股东权利是否合法？简要说明理由。

10. 甲、乙、丙、丁、戊于2010年共同出资设立了A有限责任公司(简称"A公司")，出资比例分别为22%、30%、20%、20%、8%。2018年A公司发生有关事项如下。

(1) 3月，甲向银行申请贷款时请求A公司为其提供担保。为此甲提议召开临时股东会，董事会如期召开了股东会，会议就A公司为甲提供担保事项进行表决时，甲、乙、戊赞成，丙、丁反对，股东会作出了为甲提供担保的决议。

(2) 6月，因A公司实力明显增强，乙提议将公司变更为股份有限公司。为此董事会按期召开了股东会，会议就变更公司形式事项进行表决时，乙、丙、丁赞成，甲、戊反对，股东会作出了变更公司形式的决议。

要求：根据公司法律制度的规定，回答下列问题。

(1) 甲是否有权提议召开临时股东会？简要说明理由。

(2) 股东会作出的为甲提供担保的决议是否合法？简要说明理由。

(3) 股东会作出的变更公司形式的决议是否合法？简要说明理由。

第五章　企业破产法

【能力目标】

- 识别破产界限。
- 正确界定债权人会议的职权及议事规则。
- 确认破产财产和破产债权的范围。

【知识目标】

- 了解破产的概念及特征。
- 理解破产界限。
- 熟悉企业破产的程序及破产管理人的主要规定。
- 掌握破产清算的主要规定。

【职业素质目标】

应用所学，能够正确识别破产债权、破产财产，依法保护自身合法权益。

【章前测试】

1. 下列哪些法院对企业破产案件有管辖权？（　　）
   A. 债务人住所地人民法院　　　B. 债权人所在地人民法院
   C. 破产财产所在地人民法院　　D. 债务合同履行地人民法院
2. 破产财产在优先清偿破产费用和共益债务后，应先偿还下列哪些债务？（　　）
   A. 所欠职工的工资　　　　　　B. 所欠国家税款
   C. 所欠银行贷款　　　　　　　D. 所欠应当上缴国家机关的罚款
3. 人民法院受理破产申请后，债务人对个别债权人的债务清偿无效。这一说法正确吗？
4. 根据《企业破产法》规定，企业破产程序终结后，债权人通过破产分配未得到清偿的债权不再予以清偿，破产企业未清偿的债务依法免除。这一说法正确吗？

【参考答案】

1. A　　2. A　　3. 正确　　4. 正确

【案情导入】

甲企业是2005年由县政府投资设立的国有企业，至2018年累计负债达5 000余万元，自有资产只有2 000多万元，无法偿还巨额债务。于是，经县政府同意，甲企业向人民法院申请破产。

> 【思考】
> (1) 甲企业作为债务人能否申请破产？
> (2) 什么是破产？企业破产的界限是什么？
> (3)《企业破产法》的主要规定有哪些？如何进行破产财产的分配？

第一节　企业破产法概述

一、破产的概念

破产是在债务人丧失债务清偿能力时，由法院主持强制执行其全部财产公平清偿全体债权人的法律制度。破产是一种法律规定的清偿债务的特殊手段，其目的在于通过破产的程序使全体债权人获得公平受偿。破产具有以下特点。

1. 破产是一种特殊的偿债手段

破产程序中的债务人不具备清偿能力，需要以破产方式强制执行其全部财产，以保证对债权人的公平清偿。破产程序终结后，债务人丧失主体资格，对未清偿的债务不再承担清偿责任。

2. 破产是使债权人公平受偿的程序

一般民事诉讼是为个别债权人利益进行的，强调债务人的自动履行，并在必要时强制其履行。而破产程序则是为全体债权人利益进行的，禁止债务人对个别债权人的主动清偿。

3. 破产是依照司法程序进行的偿债程序

由于破产涉及债务人财产的强制执行并导致其主体资格的消灭，因此，破产程序必须在人民法院的主持下进行，不允许当事人自行实施。

二、破产法的概念与特征

破产法是规定在企业法人不能清偿到期债务，并且资产不足以清偿全部债务或者明显缺乏清偿能力时，人民法院强制对其全部财产清算分配、公平清偿债权人，或通过和解、重整延缓清偿债务，避免企业法人破产的法律规范的总称。企业破产法有广义与狭义之分。狭义的企业破产法仅指对企业法人破产清算的法律。广义的企业破产法还包括以避免企业法人破产为主要目的的各种和解与重整方面的法律规范。现代意义上的破产法通常是指广义的破产法。

2006年8月27日，第十届全国人大常委会第二十三次会议通过了《中华人民共和国企业破产法》(以下简称《企业破产法》)，该法自2007年6月1日起施行。

三、企业破产的界限

企业破产的界限，也称企业破产的原因，是指法院据以宣告债务人破产的法律标准。

《企业破产法》规定："企业法人不能清偿到期债务，并且资产不足以清偿全部债务或者明显缺乏清偿能力的，依照本法规定清偿债务。"

由此可见，企业破产的实质标准是不能清偿到期债务，通常简称为不能清偿，有三层含义：一是不能清偿的是"到期债务"；二是债务人明显缺乏清偿债务的能力，即不能以财产、信用或能力等任何方式清偿债务；三是债务人对全部或者主要债务长期连续不能偿还。

为了解决债权人提出破产申请时的举证责任问题，最高人民法院在其司法解释中规定："债务人停止清偿到期债务并呈连续状态，如无相反证据，可推定为不能清偿到期债务。"

宣告债务人破产必须符合法律规定的破产界限，但并非所有达到破产界限的企业均要被宣告破产。企业法人达到破产界限的，或者有明显丧失清偿能力的，可以依法进行重整。

【思考5-1】企业破产界限的实质标准是债务人不能清偿到期债务。下列哪些情形，可以界定为债务人不能清偿到期债务？（　　）
A. 债务人不能以财产、信用或者能力等任何方式清偿债务
B. 债务人停止支付到期债务并呈连续状态
C. 债务人货币资金不足以支付到期债务
D. 债务人对全部或主要债务在可预见的相当长时间内持续不能偿还

【解析】正确答案是ABD。"不能清偿"并非仅指以货币资金形式清偿，而是指以财产、信用或者能力等任何方式都不能清偿债务。

第二节　企业破产的程序

一、企业破产申请和受理

（一）破产申请

当债务人不能清偿到期债务时，债权人和债务人均有权提出破产申请。企业法人已解散但未清算或者未清算完毕，而且资产不足以清偿债务的，依法负有清算责任的人应当向人民法院申请破产清算。

破产申请应当采用书面形式向有管辖权的人民法院提出。企业破产案件由债务人住所地的人民法院管辖。债务人住所地是指债务人的主要办事机构所在地。债务人主要办事机构不明确的，由其注册地的人民法院管辖。

提出破产申请时，应当向人民法院提交破产申请书及有关证据。破产申请书应当载明下列事项：①申请人、被申请人的基本情况；②申请目的，即和解、重整或者破产清算；③申请的事实和理由，包括债权债务的由来、债权的性质和数额、债权到期债务人不能清偿的事实理由等；④人民法院认为应当载明的其他事项。债务人提出申请的，还应当向人民法院提交财产状况说明、债务清册、债权清册、有关财务会计报告、职工安置预案及职工工资的支付和社会保险费的缴纳情况等。

【思考5-2】债权人提出破产申请时，应当向人民法院提供的证据材料有（　　）。
A. 债权性质及数额　　　　　　　B. 有关债权财产担保的证据
C. 债务人不能清偿到期债务的证据　D. 债权清册和债务清册

【解析】正确答案是 ABC。选项 D 是债务人提供的证据材料。

(二) 破产申请受理

1. 破产申请受理的期限

债权人提出破产申请的，人民法院应当自收到申请之日起 5 日内通知债务人。债务人对申请有异议的，应当自收到人民法院通知之日起 7 日内向人民法院提出。人民法院应当自异议期满之日起 10 日内裁定是否受理。除上述规定的情形外，人民法院应当自收到破产申请之日起 15 日内裁定是否受理。

人民法院应当自裁定受理破产申请之日起 25 日内通知已知债权人，并予以公告。

2. 破产申请受理的效力

(1) 自人民法院受理破产申请的裁定送达债务人之日起至破产程序终结之日，债务人的有关人员应当承担下列义务：妥善保管其占有和管理的财产、印章和账簿、文书等资料；根据人民法院、管理人要求进行工作，并如实回答询问；列席债权会议，并如实回答债权人询问；未经人民法院许可，不得离开住所地；不得新任其他企业的董事、监事、高级管理人员。

"债务人的有关人员"，是指企业的法定代表人。经人民法院决定，可以包括企业的财务管理人员和其他经营管理人员。

(2) 人民法院受理破产申请后，债务人不得对个别债权人的债务进行清偿。

(3) 人民法院受理破产申请后，债务人的债务人或者财产持有人应当向管理人清偿债务或者交付财产。债务人的债务人或者财产持有人如果故意违反规定不向管理人而向债务人清偿债务或者交付财产，导致债权受到损失的，不免除清偿债务或交付财产的义务。

(4) 人民法院受理破产申请后，管理人对破产申请受理前成立而债务人和对方当事人均未履行完毕的合同，有权决定解除或继续履行，并通知对方当事人。管理人自破产申请受理之日起 2 个月内未通知对方当事人，或者自收到对方当事人催告之日起 30 日内未答复的，视为解除合同。管理人决定继续履行合同的，对方当事人应当履行；但是，对方当事人有权要求管理人提供担保。管理人提供担保的，视为解除合同。

(5) 人民法院受理破产申请后，有关债务人财产的保全措施应当解除，强制执行程序应当中止。

保全措施包括对财产的查封、扣押、冻结等，强制执行措施包括划拨银行存款、拍卖财产等。保全措施解除后，财产计入破产财产；强制执行程序中止后，债权人凭生效的法律文书向受理破产案件的人民法院申报债权。

(6) 人民法院受理破产申请后，已经开始而尚未终结的有关债务人的民事诉讼或者仲裁应当中止；在管理人接管债务人的财产后，该诉讼或者仲裁继续进行。

(7) 人民法院受理破产申请后，有关债务人的民事诉讼，只能向受理破产申请的人民法院提起。

【思考 5-3】乙市的 A 企业欠 B 企业 100 万元的货款，迟迟不还。B 企业向合同履行地甲市人民法院提起诉讼，法院判决 A 向 B 支付 100 万元货款和 5 万元违约金。判决书生效后,甲市人民法院应B企业的请求,将A的存货查封。与此同时,乙市人民法院受理了A的破产申请。试分析此时甲市人民法院应当怎样做?B企业应当怎样做?

【解析】甲市人民法院应当解除保全措施,中止强制执行程序,A企业的存货应列入破产财产,公平清偿全体债权人。B企业应向乙市人民法院申报债权。

(三) 管理人

人民法院裁定受理破产申请的,应当同时指定管理人。

管理人,也称为破产管理人,是人民法院指定的全面接管破产企业、总管破产事务的人。

1. 管理人的产生

管理人由人民法院指定。管理人没有正当理由不得辞去职务,管理人辞去职务应当经人民法院许可。管理人是独立于债权人会议、法院、债务人之外的组织,管理人的破产管理是有偿的服务,其报酬由人民法院确定。

2. 管理人的组成

管理人可以由有关部门、机构的人员组成的清算组或者依法设立的律师事务所、会计师事务所、破产清算事务所等社会中介机构担任。

管理人除了可以由有关组织担任外,也可由自然人担任。《企业破产法》规定,人民法院根据债务人的实际情况,可在征询有关社会中介机构的意见后,指定该机构具备相关专业知识并取得执业资格的人员担任管理人。个人担任管理人的,应当参加执业责任保险。

有下列情形之一的,不得担任管理人:①因故意犯罪受过刑事处罚;②曾被吊销相关专业执业证书;③与本案有利害关系;④人民法院认为不宜担任管理人的其他情形。

3. 管理人的职责

管理人向人民法院报告工作,并接受债权人会议和债权人委员会的监督。管理人负责破产财产的保管、清理、估价、处理和分配,履行下列职责。

(1) 接管债务人的财产、印章和账簿、文书资料。

(2) 调查债务人的财产状况,制作财产状况报告。

(3) 决定债务人的内部管理事务。

(4) 决定债务人的日常开支和其他必要开支。

(5) 在第一次债权人会议召开之前,决定继续或者停止债务人的营业。

(6) 管理和处分债务人的财产。

(7) 代表债务人参加诉讼、仲裁或者其他法律程序。

(8) 提议召开债权人会议。

(9) 人民法院认为管理人应当履行的其他职责。

4. 管理人职责的限制

在第一次债权人会议召开之前,管理人实施下列行为时,应当经人民法院许可:决定继续或者停止债务人的营业;涉及土地、房屋等不动产权益的转让;探矿权、采矿权、知识产权等财产权的转让；全部库存或者营业的转让；借款；设定财产担保；债权和有价证券的转让；履行债务人和对方当事人均未履行完毕的合同；放弃权利；担保物的取回(以债务清偿为条件)；对债权人的利益有重大影响的其他财产处分行为。

【思考5-4】下列哪些是管理人的职责？（　　）
A. 决定债务人的内部管理事务　　　B. 提议召开债权人会议
C. 代表债务人参加诉讼、仲裁　　　D. 宣告企业破产
【解析】正确答案是ABC。选项D是人民法院的职责。

二、债权申报

债权申报是指债务人的债权人在接到人民法院的破产申请受理裁定通知或者公告后，在法定期限内向人民法院申请登记债权，以取得破产债权人地位的行为。若未在法定期限内申报债权，则视为放弃债权。

(一) 申报期限

债权申报期限自人民法院发布受理破产申请公告之日起计算，最短不得少于30日，最长不得超过3个月。

(二) 延展申报期限

延展申报期限也称为补充申报期限，是指在人民法院确定的债权申报期限内，债权人未申报债权的，可以在破产财产最后分配前补充申报。但是，此前已进行的分配，不再对其补充分配。为审查和确认补充申报债权的费用，由补充申报人承担。

【思考5-5】1月10日人民法院作出受理甲公司破产申请的裁定，并于当月20日依法通知债权人并发出公告，确定债权申报期限为60日。债权人A享有债权20万元，直到5月15日才在破产财产进行最后分配前提出了债权申报。试分析A的申报是否有效？
【解析】有效。但A只能参与未分配的剩余破产财产的分配。

(三) 债权申报的要求

债权人申报债权时，应当按照下列要求进行。

(1) 未到期的债权，在破产申请受理时视为到期。附利息的债权自破产申请受理时起停止计息。

(2) 附条件、附期限的债权和诉讼、仲裁未决的债权，债权人可以申报。

(3) 债务人所欠职工的工资和医疗、伤残补助、抚恤费用及社会保险基金、法定劳动补偿金等，不必申报，由管理人调查后列出清单并予以公示。职工对清单有异议的，可以要求管理人更正；管理人不予更正的，职工可以向人民法院提起诉讼。

(4) 债权人申报债权时，应当书面说明债权的数额和有无财产担保，并提交有关证据。

(5) 申报的债权是连带债权的，应当说明。连带债权人可以由其中一人代表全体连带债权人申报债权，也可以共同申报债权。

(6) 债务人的保证人或者其他连带债务人已经代替债务人清偿债务的,以其对债务人的求偿权申报债权。尚未代替债务人清偿债务的,以其对债务人的将来求偿权申报债权。但债权人已经向管理人申报全部债权的除外。

(7) 连带债务人有数人被裁定进入破产程序的,其债权人有权就全部债权分别在各破产案件中申报债权。

(8) 管理人或者债务人依照《企业破产法》规定解除合同的,对方当事人以由此产生的损害赔偿请求权申报债权。

(9) 债务人是委托合同的委托人,被裁定适用企业破产程序,受托人不知道该事实,继续处理委托事务的,受托人以由此产生的请求权申报债权。

(10) 债务人是票据的出票人,被裁定适用企业破产法程序,该票据的付款人继续付款或者承兑的,付款人以由此产生的请求权申报债权。

三、债权人会议

(一) 债权人会议的性质与组成

债权人会议是由申报债权的全体债权人组成的自治性组织,是表达债权人意志的机构。债权人会议是债权人行使破产参与权的场所,它本身不是执行机关,也不是民事权利主体,不能以其名义对外进行民事活动。但它可以协调、平衡债权人之间的利益关系,可以通过参与和监督破产程序,维护全体债权人的利益。

依法申报债权的债权人是债权人会议的成员,有权参加债权人会议,享有表决权。但是债权尚未确定的债权人,除人民法院能够为其行使表决权而临时确定债权额外,不得行使表决权;对债务人特定财产享有担保权的债权人,未放弃优先受偿权利的,其对通过和解协议和破产财产的分配方案的事项不享有表决权。

债权人会议应当有债务人的职工和工会的代表参加,对有关事项发表意见。

债权人会议设会议主席1人,由人民法院从有表决权的债权人中指定。

【思考 5-6】对债务人的特定财产享有担保权的债权人,未放弃优先受偿权利的,对下列哪些事项不享有表决权?(   )
A. 通过和解协议　　　　　　　　B. 通过重整计划
C. 通过破产财产的分配方案　　　D. 选举和更换债权人委员会成员
【解析】正确答案是 AC。和解协议和破产财产分配方案对享有担保权的债权人不产生直接的利害关系,因此,不享有表决权。

(二) 债权人会议的召集

第一次债权人会议由人民法院召集并主持,自债权申报期限届满之日起 15 日内召开。以后的债权人会议,在人民法院认为必要时,或者管理人、债权人委员会、占债权总额 1/4 以上的债权人向债权人会议主席提议时召开。

召开债权人会议,管理人应当提前 15 日将会议的时间、地点、内容、目的等事项通知债权人。

【思考5-7】下列各项中，应当召开债权人会议的情形有（　　）。
A. 人民法院认为必要时　　　　B. 债权人会议主席认为必要时
C. 占债权总额1/4以上的债权人要求时　D. 管理人提议时
【解析】正确答案是ACD。

(三) 债权人会议的职权

债权人会议依法行使下列职权：①核查债权；②申请人民法院更换管理人，审查管理人的费用和报酬；③监督管理人；④选任和更换债权人委员会成员；⑤决定继续或者停止债务人的营业；⑥通过重整计划；⑦通过和解协议；⑧通过债务人财产的管理方案；⑨通过破产财产的变价方案；⑩通过破产财产的分配方案；⑪人民法院认为应当由债权人会议行使的其他职权。

(四) 债权人会议的决议

根据债权人会议决议事项的不同，债权人会议的决议分为普通决议与特殊决议两类。

普通决议由出席会议的有表决权的债权人过半数通过，并且其所代表的债权额占无财产担保债权总额的半数以上。

特殊决议包括：①通过和解协议草案的决议，由出席会议的有表决权的债权人过半数通过，并且其所代表的债权额占无财产担保债权总额的 2/3 以上；②通过重整计划草案的决议，按债权类型分组进行表决，由出席会议同一表决组的债权人过半数同意，并且其所代表的债权额占该组债权总额的 2/3 以上，为该组通过。各表决组均通过时，重整计划即为通过。

债权人会议通过债务人财产的管理方案以及破产财产的变价方案等事项时，经债权人会议表决未通过的，由人民法院裁定。债权人对人民法院依法作出的裁定不服的，可以自裁定宣布之日或者收到通知之日起 15 日内向人民法院申请复议。复议期间不停止裁定的执行。

债权人会议通过破产财产分配方案事项时，经二次表决仍未通过的，由人民法院裁定。债权额占无财产担保债权总额 1/2 以上的债权人对人民法院作出的裁定不服的，可以自裁定宣布之日或者收到通知之日起 15 日内向该人民法院申请复议。

【思考5-8】乙公司被人民法院裁定进入破产程序，按债权人的债权类型将债权人分成 3 个组，对重整计划进行表决。表决结果如下：第 1 组出席会议的债权人 2/3 同意，其代表的债权额占该组债权总额的 1/2；第 2 组出席会议的债权人 1/2 同意，其代表的债权额占该组债权总额的 2/3；第 3 组出席会议的债权人 2/3 同意，其代表的债权额占该组债权总额的 3/4。试分析债权人会议是否应该通过该重整计划？
【解析】不应该通过该重整计划。各表决组均通过时，重整计划才能通过。本例中第 1 组所代表的债权额未达该组总额的 2/3 以上，第 2 组同意的人数未超过半数。

(五) 债权人委员会

债权人会议可以决定设立债权人委员会，在债权人会议闭会期间行使日常监督权。债权人委员会由债权人会议选举的债权人代表和一名职工代表或者工会代表组成。债权人委员会成员不得超过 9 人。选任的债权人委员会成员应当经人民法院书面认可才有效。

债权人委员会主要行使以下职权：监督债务人财产的管理和处分；监督破产财产分配；提议召开债权人会议；债权人会议规定的其他职权。

四、重整与和解

重整与和解并非法院作出破产宣告的必经程序，是否重整与和解，完全取决于债务人、债权人双方当事人的意思。

（一）重整

重整是指当企业法人不能清偿到期债务时，应当事人的申请，在人民法院的主持下，由债务人与债权人达成协议，制订债务人重整计划，债务人继续营业，并在一定期限内清偿债务的制度。重整是防止企业破产的重要制度，是企业破产制度的重要组成部分。

1. 重整申请与重整期间

1) 重整申请

债务人尚未进入破产程序时，债务人或者债权人可以直接向人民法院申请对债务人进行重整。债权人申请对债务人进行破产清算的，在人民法院受理破产申请后，宣告债务人破产前，债务人或者出资额占债务人注册资本 1/10 以上的出资人，可以向人民法院申请重整。

【思考 5-9】债权人申请对债务人破产清算的，在人民法院受理破产申请后，宣告债务人破产前，下列可以依法申请对债务人进行重整的人有(　　)。
A. 债务人　　　　　　B. 债权人
C. 管理人　　　　　　D. 出资额占债务人注册资本 1/10 以上的出资人
【解析】正确答案是 AD。

2) 重整期间

在重整期间，经债务人申请，人民法院批准，债务人可以在管理人的监督下自行管理财产和营业事务。在重整期间，对债务人的特定财产享有的担保权暂停行使；债务人的出资人不得请求投资收益分配；债务人的董事、监事、高级管理人员不得向第三人转让其持有的债务的股权，但经人民法院同意的除外。

在重整期间，有下列情形之一的，经管理人或者利害关系人请求，人民法院应当裁定终止重整程序，并宣告债务人破产：①债务人的经营状况或者财产状况继续恶化，缺乏挽救的可能性；②债务人有欺诈、恶意减少债务人财产或者其他显著不利于债权人的行为；③由于债务人的行为致使管理人无法执行职务。

2. 重整计划的制订和批准

1) 重整计划的制订

债务人或管理人应当自人民法院裁定债务人重整之日 6 个月内，同时向人民法院和债权人会议提交重整计划草案。上述规定的期限届满后，经债务人或管理人请求，有正当理由的，人民法院可以裁定延期 3 个月。未按期提出重整计划的，人民法院应当裁定终止重整程序，并宣告债务人破产。

2) 重整计划的批准

人民法院应当自收到重整计划草案之日起 30 日内召开债权人会议，对重整计划草案进行表决。出席会议的同一表决组的债权人过半数同意重整计划草案，并且其所代表债权额占该组债权总额的 2/3 以上的，即为该组通过重整计划草案。债务人或者管理人应当向债权人会议就重整计划草案作出说明，并回答询问。

各表决组均通过重整计划草案时，重整计划即为通过。自重整计划通过之日起 10 日内，债务人或者管理人应当向人民法院提出批准重整计划的申请。人民法院经审查认为符合规定的，应当自收到申请之日起 30 日内裁定批准，终止重整程序，并予以公告。

债权人参加讨论重整计划草案时，依照下列债权性质，分组进行表决：①对债务人的特定财产享有担保权的债权；②债务人所欠职工的工资和医疗、伤残补助、抚恤费用，所欠应当划入职工个人账户的基本养老保险、基本医疗保险费用，以及法律、行政法规规定应当支付给职工的补偿金；③债务人所欠税款；④普通债权。重整计划不得规定减免债务人欠缴的上述第②项规定以外的社会保险费用，该项费用的债权人不参加重整计划草案的表决。

部分表决组未通过重整计划草案的，债务人或者管理人可以同其协商，该表决组可以在协商后再表决一次。若该组拒绝再次表决或者再次表决仍未通过的，但是重整计划草案符合法律规定条件的，债务人或者管理人可以申请人民法院批准重整计划草案。人民法院经审查认为符合规定的，应当自收到申请之日起 30 日内裁定批准，并予以公告。人民法院裁定批准的重整计划对债务人和全体债权人均有约束力。债权人对债务人的保证人和其他连带债务人所享有的权利，不受重整计划的影响。

重整计划草案未获得通过且未依照法律的规定获得批准，或者已通过的重整计划未获得批准的，人民法院应当裁定终止重整程序，并宣告债务人破产。

3. 重整计划的执行

重整计划由债务人负责执行，由管理人监督。在监督期内，债务人应当向管理人报告重整计划执行情况和债务人财务状况。监督期届满时，管理人应当向人民法院提交监督报告。自监督报告提交之日起，管理人的监督职责终止。按照重整计划减免的债务，自重整计划执行完毕时起，债务人不再承担清偿责任。

债务人不能执行重整计划的，经管理人或者利害关系人申请，人民法院应当裁定终止重整计划的执行，并宣告债务人破产，债权人在重整计划中作出债权调整的承诺失去效力。但债权人因执行重整计划所受的清偿仍然有效，债权未受清偿的部分作为破产债权。

(二) 和解

和解是指达到破产界限的债务人，为了避免破产清算，而与债权人会议达成协商解决债务的协议。是否和解完全依照债务双方当事人的意思而定。

1. 和解的提出

债务人可以依法直接向人民法院申请和解，也可以在人民法院受理破产申请后、宣告债务人破产前，向人民法院申请和解。债务人申请和解，应当提出和解协议草案。其主要内容是债务清偿方案，其中包括延长清偿的期限、分期清偿的数额、申请减免额度及比例等。

2. 和解协议的通过及裁定

和解协议草案必须经债权人会议讨论通过，同时还必须经人民法院审查认可。

对债务人提出的和解申请，人民法院经审查认为符合规定的，应当裁定和解，予以公告，并召集债权人会议讨论和解协议草案。对债务人的特定财产享有担保权的债权人，自人民法院裁定和解之日起可行使权利。

债权人会议通过和解协议的决议，由出席会议的有表决权的债权人过半数同意，并且其所代表的债权额占无财产担保债权总额的 2/3 以上。

债权会议通过和解协议的，由人民法院裁定认可，终止和解程序，并予以公告。经人民法院裁定认可和解协议，对债务人和全体和解债权人均有约束力。但和解债权人对债务人的保证人和其他连带债务人所享有的权利，不受和解协议的影响。和解协议无强制执行力，如果债务人不履行协议，债权人不能请求人民法院强制执行，只能请求人民法院终止和解协议执行，宣告其破产。

和解协议草案经债权人会议表决未获得通过，或者已经债权人会议通过的和解协议未获得人民法院认可，人民法院应当裁定终止和解程序，并宣告债务人破产。

【思考 5-10】A 企业被申请破产，A 企业共有 10 位债权人，债权总额为 1 200 万元。其中债权人甲、乙的债权额总计为 300 万元，以 A 企业的房产足额抵押。该企业申请和解，出席会议的债权人共 8 位(包括甲、乙)，试分析至少应有多少债权人、代表多少债权额通过，方可通过和解协议？

【解析】至少有 5 位债权人通过，并且其所代表的债权额必须达到 600[(1 200-300)×2/3=600]万元。甲、乙有财产担保不享有表决权。

3. 和解协议的终止

债务人有下列情形之一的，人民法院经和解债权人请求，应当裁定终止和解协议的执行，并宣告债务人破产：①拒不执行或者延迟执行和解协议；②财务状况继续恶化，足以影响执行和解协议；③给个别债权人除和解协议以外的特殊利益；④转移财产、隐匿或私分财产；⑤非正常压价出售财产、放弃自己的债权；⑥对原来没有财产担保的债务提供财产担保、对未到期的债务提前清偿等行为。

按和解协议减免的债务，自和解协议执行完毕时起，债务人不再承担清偿责任。

【思考 5-11】重整与和解有什么区别？

【解析】其共同点是为了避免企业破产清算。但二者在内容和操作程序上有差别：和解协议一旦达成，就由债务人自己去操作，恢复经营，想方设法按照和解协议偿还各种债务，重点在于重新安排债权债务关系，使债权人得到清偿；重整，在于设计出各种各样的拯救企业的方法、措施和对策，力求恢复企业自行管理财产和营业事务的能力，重点避免企业破产清算。

第三节 破产宣告

一、破产宣告概述

破产宣告是人民法院依据当事人的申请或法定职权裁定宣布债务人破产以清偿债务的活动。

有下列情形之一的，人民法院应当以书面形式裁定宣告债务人企业破产。

(1) 企业不能清偿到期债务，又不具备法律规定不予宣告破产条件的。

(2) 企业被人民法院依法裁定终止重整程序的。

(3) 人民法院依法裁定终止和解协议执行的。

人民法院依法宣告债务人破产的，应当自裁定作出之日起 5 日内送达债务人和管理人，自裁定作出之日起 10 日内通知已知债权人，并予以公告。债务人被宣告破产后，债务人称为破产人，债务人财产称为破产财产，人民法院受理破产申请时对债务人享有的债权称为破产债权。

破产宣告前，有下列情形之一的，人民法院应当裁定终结破产程序，并予以公告：①第三人为债务人提供足额担保或者为债务人清偿全部到期债务的；②债务人已清偿全部到期债务的。

二、破产财产与变价

(一) 破产财产

破产财产是指破产申请受理时属于债务人的全部财产，以及破产申请受理后至破产程序终结前债务人取得的财产。

(二) 撤销权和抵销权

1. 撤销权

撤销权是指因债务人实施的减少债务财产的行为危及债权人的债权时，管理人可以请求人民法院撤销该行为的权利。

人民法院受理破产申请前 1 年内，涉及债务人财产的下列行为，管理人有权请求人民法院予以撤销：①无偿转让财产的；②以明显不合理的价格进行交易的；③对没有财产担保的债务提供财产担保的；④对未到期的债务提前清偿的；⑤放弃债权的。

撤销权必须由管理人行使。可撤销行为被人民法院撤销后，管理人有权追回据此取得的财产。已领受债务人财产的第三人，应负有返还财产的义务，原物不存在时，应折价赔偿。

人民法院受理破产申请前 6 个月内，债务人有不能清偿到期债务，并且资产不足以清偿全部债务或者明显缺乏清偿能力，仍对个别债权人进行清偿的，管理人有权请求人民法院予以撤销。但是，个别清偿使债务财产受益的除外。

债务人为逃避债务而隐匿、转移财产，或者虚构债务或者承认不真实的债务的，管理人有权追回。

【思考 5-12】人民法院于 2018 年 8 月 20 日受理甲企业的破产申请，甲企业的下列行为中，管理人有权请求人民法院撤销的有(　　)。

A. 2017 年 5 月 10 日，甲企业将价值 20 万元的车赠送给乙企业
B. 2017 年 11 月 20 日，甲企业放弃对丙企业的债权 10 万元
C. 2018 年 3 月 2 日，甲企业清偿了欠丁企业的债务 50 万元(应于当年 12 月 1 日到期)
D. 因拖欠 A 公司货款一年未还，经 A 公司多次催要，双方于 2018 年 6 月 10 日达成协议，以甲企业的厂房做抵押，偿还期延迟到当年的 12 月 10 日

【解析】正确答案是 BCD。可撤销行为必须发生在人民法院受理破产申请前 1 年内，超过 1 年的，不属于可撤销行为，因此选项 A 不正确。

2. 抵销权

抵销权是指债权人在破产申请受理前对债务人负有债务的，有权向管理人主张抵销。抵销权的行使应当符合下列要求：①债权人对债务人所负债务产生于破产申请受理之前，无论是否已到清偿期限，无论债务标的、给付种类是否相同均可主张抵销；②抵销权只能由债权人行使，且债权人必须向管理人提出。

有下列情形之一的，不得抵销：①债务人的债务人在破产申请受理后取得他人对债务人的债权的。②债权人已知债务人有不能清偿到期债务或者破产申请的事实，对债务人负担债务的；但是，债权人由于法律规定或者有破产申请 1 年前所发生的原因而负担债务的除外。③债务人的债务人已知债务人有不能清偿到期债务或者破产申请的事实，对债务人取得债权的。但是，债务人的债务人由于法律规定或者有破产申请 1 年前所发生的原因而取得债权的，可以主张抵销。

【思考 5-13】人民法院于 2018 年 7 月 10 日受理甲企业的破产申请，甲企业的债权人对下列哪些行为可以行使抵销权？(　　)

A. 2017 年 4 月 2 日，债权人丁在已知甲企业不能清偿到期债务的情况下，购入甲企业原材料，所欠货款 50 万元一直未付
B. 2018 年 3 月 1 日，债权人乙从甲企业购货 20 万元，货款一直未付
C. 2018 年 8 月 15 日，债务人 A 公司以半价收购了 B 公司对甲企业的债权 20 万元，而成为甲企业的债权人
D. 2018 年 9 月 20 日，管理人拍卖甲企业财产，债权人丙购得部分设备，欠甲 30 万元

【解析】正确答案是 AB。主张抵销的债务必须是产生于破产申请受理之前，因此，选项 C、D 不正确。

(三) 破产财产的其他规定

破产财产的其他规定如下。

(1) 人民法院受理破产申请后，债务人的出资人尚未完全履行出资义务的，管理人应当要求该出资人缴纳所认缴的出资，而不受出资期限的限制。

(2) 债务人的董事、监事和高级管理人员利用职权从企业获得的非正常收入和侵占的企

业财产，管理人应当追回。

(3) 人民法院受理破产申请后，管理人可以通过清偿债务或者提供为债权人接受的担保，取回质物、留置物。

(4) 人民法院受理破产申请后，债务人占有的不属于债务人的财产，该财产的权利人可以通过管理人取回。但是，《企业破产法》另有规定的除外。

(5) 人民法院受理破产申请时，出卖人已将买卖标的物向作为买受人的债务人发运，债务人尚未收到且未付清全部价款的，出卖人可以取回在运途中的标的物。但是，管理人可以支付全部价款，请求出卖人交付标的物。

(四) 破产财产变价

管理人拟订破产财产的变价方案，并提交债权人会议讨论通过。管理人应当按照债权人会议通过的或者人民法院依法裁定的破产财产变价方案，适时变价出售破产财产。变价出售破产财产应当通过拍卖方式进行。破产企业变价出售时应尽可能整体变价出售。破产企业中如果有依法不得自由流通或交易的财产，如黄金、白银等，按照国家规定，由有关部门收购或依有关法律规定处理。

三、破产费用和共益债务

(一) 破产费用

破产费用是指人民法院受理破产申请后，在破产程序进行中为全体债权人共同利益而必须支付的各项费用。人民法院受理破产申请后发生的下列费用属于破产费用。

(1) 破产案件的诉讼费用。
(2) 管理、变价和分配债务人财产的费用。
(3) 管理人执行职务的费用、报酬和聘用工作人员的费用。

(二) 共益债务

共益债务是指人民法院受理破产申请后，管理人为全体债权人的共同利益管理财产时所负担或产生的债务。

人民法院受理破产申请后发生的下列债务属于共益债务。

(1) 因管理人或者债务人请求对方当事人履行双方均未履行完毕的合同所产生的债务。
(2) 债务人财产受无因管理所产生的债务。
(3) 因债务人不当得利所产生的债务。
(4) 为债务人继续营业而应支付的劳动报酬和社会保险费用以及由此产生的其他债务。
(5) 管理人或者相关人员执行职务致人损害所产生的债务。
(6) 债务人财产致人损害所产生的债务。

【思考5-14】下列哪些属于共益债务？（   ）
A. 破产案件的诉讼费　　B. 为债务人继续营业而支付的劳动报酬和社会保险费用
C. 管理人的报酬　　　　D. 管理人或其相关人员执行职务致人损害所产生的债务
【解析】正确答案是BD。选项A、C属于破产费用。破产费用是常规性和程序性的支出，而共益债务不是常规性的支出，是为全体债权人的共同利益管理财产时所负担或产生的债务，即"运营"债务人资产所产生的债务。

(三) 破产费用和共益债务的清偿

破产费用和共益债务的清偿，应遵循下列原则。

(1) 随时清偿。即随时发生，随时清偿，并非与破产债权同时清偿。

(2) 破产费用优先。当债务人财产不足以清偿所有破产费用和共益债务的，先行清偿破产费用。

(3) 足额清偿。即破产费用和共益债务发生多少，就足额清偿多少，如果不能足额清偿的，管理人应当提请人民法院终结破产程序。人民法院应当自收到请求之日起 15 日内裁定终结破产程序，并予以公告。若债务人财产不足以清偿所有的破产费用和共益债务的，按照比例清偿。

四、破产财产的分配

(一) 分配顺序

破产财产按照下列顺序进行分配。

(1) 优先清偿破产费用和共益债务。

(2) 在清偿破产费用和共益债务后，按照下列顺序清偿：①所欠职工的工资和医疗、伤残补助、抚恤费用，所欠的应当划入职工个人账户的基本养老保险、基本医疗保险费用，以及法律、行政法规规定的应当支付给职工的补偿金；②破产人欠除前项规定以外的社会保险费用、税款，如欠交的失业保险等；③普通破产债权。

(二) 破产财产分配中的注意事项

在破产财产分配过程中，应注意以下事项。

(1) 在前一顺序的债权得到全额偿还之前，后一顺序的债权不予分配。破产财产不足以清偿同一顺序的清偿要求的，按照比例分配。

(2) 在清偿职工工资时，破产企业的董事、监事和高级管理人员的工资不能完全按破产人破产前其实际的工资清偿，而是按照该企业职工的平均工资计算。

(3) 下列不属于破产债权的，不予清偿：①行政、司法机关对破产企业的罚款、罚金以及其他有关费用；②人民法院受理破产申请后债务人未支付应付款项的滞纳金、债务利息；③债权人个人参加破产程序所支出的费用；④超过诉讼时效和强制执行期的债权。

(三) 破产财产分配方案的实施

管理人拟订破产财产分配方案，经债权人会议通过后，由管理人将该方案提交人民法院裁定认可。分配方案经人民法院认可后，由管理人执行。

债权人未受领的破产财产分配额，管理人应当提存。债权人自最后分配公告之日起满 2 个月仍不领取的，视为放弃受领分配的权利，管理人或者人民法院应当将提存的分配额分配给其他债权人。

破产财产分配时,对于诉讼或者仲裁未决的债权,管理人应当将其分配额提存。自破产程序终结之日起满 2 年仍不能受领分配的,人民法院应当将提存的分配额分别给其他债权人。

五、破产程序的终结

(一) 破产程序终结的事由

《企业破产法》规定,有下列情形之一的应当终结破产程序。

(1) 债务人财产不足以清偿破产费用的,管理人应当提请人民法院终结破产程序。

(2) 人民法院受理破产申请后,债务人与全体债权人就债权债务的处理自行达成协议的,可请求人民法院裁定认可,并终结破产程序。

(3) 破产人无财产可供分配的,管理人应当请求人民法院裁定终结破产程序。

(4) 破产财产分配完毕。

人民法院自收到管理人终结破产程序的请求之日起15日内作出是否终结破产程序的裁定。管理人应当自破产程序终结之日起10日内,持人民法院终结破产程序的裁定,向登记机关办理注销登记。管理人于办理注销登记完毕的次日终止执行职务,但是存在诉讼或者仲裁未决情况的除外。

(二) 破产财产追加分配

破产程序终结后,债权人通过破产分配未能得到清偿的债权不再予以清偿,破产企业未清偿余债的责任依法免除。但是,自破产程序依法终结之日起 2 年内,有下列情形之一的,债权人可请求人民法院按照破产财产分配方案进行追加分配。

(1) 发现有依照规定应当追加财产的。包括:①人民法院受理破产申请前 1 年内,债务人的财产处理行为依法被撤销涉及的财产;②人民法院受理破产申请前 6 个月内,债务人处于破产状态时对个别债权人清偿的数额;③债务人为逃避债务而隐匿、转移的财产,虚构的债务或者承认不真实的债务;④债务人的董事、监事和高级管理人员利用职权从企业获取的非正常收入和侵占的企业财产。

(2) 发现破产人有可供分配的其他财产的。

有上述规定情形,但财产数量不足以支付分配费用的,不再进行追加分配,由人民法院将其上交国库。

破产人的保证人和其他连带债务人,破产程序终结后,对债权人依照破产清算程序未受清偿的债权,依法继续承担清偿责任。

【案例 5-1】 甲国有企业被人民法院宣告破产,有关清算情况如下:企业资产总额为400万元,其中已作为债务担保的厂房可变现价值为 80 万元,该厂房所担保的债务金额为50 万元;企业负债总额为 800 万元,其中应交税金15 万元,应付职工工资15 万元、社会保险费 5 万元,应缴工商机关罚款 5 万元。破产费用共计20 万元。试分析:

(1) 该企业的破产财产是多少?

(2) 破产债权是多少?

(3) 应如何对破产财产进行分配?

【分析】
(1) 破产财产为 400 万元。
(2) 破产债权为 795(800-5)万元。
(3) 首先，该企业已作为债务担保的厂房变现价值，先清偿担保债务 50 万元，剩余的再清偿其他债权；其次，优先拨付破产费用 20 万元；再次，支付所欠职工工资 15 万元、社会保险费 5 万元，支付所欠税款 15 万元；最后，再按照同一比例支付普通破产债权。

【案例 5-2】A 公司于 2018 年 8 月 10 日向当地法院提交书面破产申请，法院于 8 月 21 日裁定受理，并于 8 月 25 日将裁定书面通知该公司，9 月 10 日通知已知的债权人并发布公告，同时指定某会计师事务所作为管理人接管该企业。该公司财产与债务情况如下：

(1) 全部财产的变现价值为 2 800 万元。其中包括：①已作为银行贷款等值担保物的财产价值为 300 万元；②管理人发现 A 公司于上一年度 11 月 3 日无偿转让作价为 150 万元的资产，遂向法院要求撤销，目前已收回该财产；③厂房价值 800 万元已用于欠 B 公司贷款 600 万元的抵押担保，款项尚未支付。

(2) A 公司全部债务为 7 350 万元，其中包括：欠发职工工资、社会保险费用 260 万元，欠缴税款 80 万元；管理人于 9 月 1 日解除 A 与甲企业所签订的一份合同，给甲造成 150 万元的经济损失；诉讼费 20 万元，管理人报酬 30 万元，律师费、评估费、拍卖费等 50 万元，为继续营业而支付的职工工资等 20 万元。试分析：

(1) 此案中的破产申请人、法院受理及公告程序是否合法？为什么？
(2) 破产费用是多少？共益债务是多少？
(3) 如何进行清偿？甲企业可获得清偿的数额是多少？

【分析】
(1) 破产申请人合法。债务人达到破产界限时，债务人、债权人均可申请破产。法院于 8 月 21 日裁定受理，在法定的 15 日内，合法。8 月 25 日将裁定书面通知该公司，在法定的 5 日内，合法；9 月 10 日通知已知的债权人并发布公告，在法定的 25 日内，合法。

(2) 破产费用为 100 万元，即诉讼费 20 万元、管理人报酬 30 万元、律师费等 50 万元；共益债务为 20 万元，即为继续营业而支付的职工工资。

(3) 首先，以担保财产清偿所担保的债务，即银行 300 万元，B 公司贷款 600 万元；其次，优先支付破产费用 100 万元和共益债务 20 万元；再次，支付职工工资、社会保险费 260 万元，支付欠缴的税款 80 万元，剩余的用于清偿其他债权。甲可获得清偿的数额为 36.06 万元。[剩余破产财产=2 800-300-600-100-20-260-80=1 440(万元)，剩余其他债权计算如下：其他债权=7 350-300-600-100-20-260-80=5 990(万元)，甲可得数额=150×1 440/5 990=36.06(万元)]。

复习思考题

1. 如何理解企业破产的界限？
2. 什么是破产管理人？其职权有哪些？

3. 债权人会议如何表决通过重整计划与和解协议？
4. 什么是破产费用？什么是共益债务？二者有什么区别？
5. 如何界定企业破产财产和破产债权？
6. 破产财产如何分配？

强 化 训 练

一、单项选择题

1. 债权人会议通过和解协议的法定条件是(　　)。
   A. 出席会议的有表决权的债权人过半数通过，并且其所代表债权额占无财产担保债权总额的 2/3 以上
   B. 出席会议的有表决权的债权人过半数通过，并且其所代表的债权额占全部债权总额的 2/3 以上
   C. 全体有表决权的债权人过半数通过，并且其所代表的债权额占无财产担保债权总额的 2/3 以上
   D. 全体有表决权的债权人过半数通过，并且其所代表的债权额占全部债权总额的 2/3 以上

2. 根据企业破产法律制度的规定，人民法院受理破产申请前一定期限内，对于债务人无偿转让财产的行为，管理人有权请求人民法院予以撤销。该期限是(　　)。
   A. 3 个月　　　　B. 6 个月　　　　C. 1 年　　　　D. 2 年

3. 人民法院受理破产申请后，债务人租入的其他人的设备，该设备所有人可以通过(　　)取回。
   A. 人民法院　　　　　　　　B. 管理人
   C. 债权人委员会　　　　　　D. 职工代表大会

4. 破产财产应当优先支付的是(　　)。
   A. 破产企业所欠税款　　　　B. 破产企业所欠职工的工资
   C. 破产费用和共益债务　　　D. 破产企业所欠银行贷款

5. 人民法院应当自裁定受理破产申请之日起一定期限内通知已知债权人，并予以公告。该期限是(　　)。
   A. 10 天　　　　B. 15 天　　　　C. 25 天　　　　D. 30 天

6. 根据《企业破产法》的有关规定，人民法院受理破产案件后，对债务人财产的其他民事执行程序所带来的法律后果是(　　)。
   A. 中止执行　　B. 继续执行　　C. 终止执行　　D. 与破产程序合并执行

7. 根据《企业破产法》的规定，下列有关管理人产生方式和组成的说法中，正确的是(　　)。
   A. 管理人由债权人会议依法指定
   B. 管理人可以由依法设立的律师事务所担任
   C. 因故意犯罪受过刑事处罚但已经刑满释放的人可以担任管理人
   D. 破产企业的法定代表人可以担任管理人

8. 根据《企业破产法》的有关规定，下列各项中，不属于管理人职责的有( )。
   A. 接管债务人的财产、印章和账簿、文书等资料
   B. 管理和处分债务人的财产
   C. 决定继续或者停止债务人的营业
   D. 对破产企业未履行的合同决定解除或者继续履行
9. 关于债权人会议主席的产生，下列表述符合《企业破产法》规定的是( )。
   A. 由人民法院从有表决权的债权人中指定产生
   B. 由债权人会议成员从有表决权的债权人中选举产生
   C. 由管理人从有表决权的债权人中指定产生
   D. 由债权人会议成员选举产生
10. 破产界限的实质是( )。
    A. 经营管理不善　　　　　　　B. 造成严重亏损
    C. 不能清偿到期债务　　　　　D. 资不抵债

二、多项选择题

1. 下列各项中，应当召开债权人会议的情形有( )。
   A. 人民法院认为必要时
   B. 债权人会议主席提议时
   C. 占无财产担保债权总额 1/4 以上的债权人要求时
   D. 占债权总额 1/4 以上的债权人要求时
2. 管理人的职责包括( )。
   A. 接管债务人的财产、印章和账簿、文书资料
   B. 决定债务人的内部管理事务
   C. 决定债务人的日常开支和其他必要开支
   D. 代表债务人参加诉讼、仲裁或者其他法律程序
3. 下列各项中，属于破产费用的有( )。
   A. 破产案件的诉讼费用
   B. 管理、变价和分配债务人财产的费用
   C. 管理人执行职务的费用、报酬
   D. 因债务人不当得利所产生的债务
4. 人民法院受理债务人的破产申请后，下列各项中，债权人可以申报债权的有( )。
   A. 附条件、附期限的债权　　　　B. 诉讼、仲裁未决的债权
   C. 债务人所欠职工的工资、社会保险费等　　D. 未到期的债权
5. 下列属于共益债务的有( )。
   A. 破产人财产管理费用
   B. 因债务人不当得利所产生的债务
   C. 债务人财产受无因管理所产生的债务
   D. 因管理人请求对方当事人履行双方均未履行完毕的合同所产生的债务
6. 下列各项中，属于债权人会议职权的是( )。
   A. 决定是否通过和解协议　　　　B. 核查债权

C. 讨论通过破产财产的变价和分配方案　　D. 指定破产管理人

7. 根据《企业破产法》的规定，向债务人所在地人民法院提出破产清算申请的当事人有(　　)。
   A. 债务人　　　　　　　　　　　　　B. 债权人
   C. 债务人的保证人或其他连带债务人　D. 对债务人负有清算责任的人

8. 根据《企业破产法》的规定，对债务人的特定财产享有担保权的债权人，未放弃优先受偿权利的，对于(　　)没有表决权。
   A. 选任和更换债权人委员会成员　　　B. 决定继续或者停止债务人的营业
   C. 通过和解协议　　　　　　　　　　D. 通过破产财产的分配方案

9. 根据《企业破产法》的规定，下列各项中，可以作为破产费用从破产财产中优先拨付的有(　　)。
   A. 破产案件的诉讼费用　　　　　　　B. 管理人聘请工作人员的费用
   C. 管理人执行职务的费用　　　　　　D. 破产财产的拍卖费用

10. 下列关于破产费用与共益债务清偿的表述中，符合《企业破产法》规定的有(　　)。
    A. 破产费用和共益债务由债务人财产随时清偿
    B. 债务人财产不足以清偿所有破产费用和共益债务的，先行清偿共益债务
    C. 债务人财产不足以清偿所有共益债务的，按照比例清偿
    D. 债务人财产不足以清偿所有破产费用的，在按照比例清偿后，管理人应当提请人民法院终结破产程序

三、判断题

1. 债务人停止支付到期债务并呈连续状况，如无相反证据，可推定为不能清偿到期债务。（　　）
2. 破产人的保证人和其他连带债务人，在破产终结后，对债权人依照破产清算程序未受清偿的债权，依法继续承担清偿责任。（　　）
3. 人民法院受理破产申请后，债务人对个别债权人的债务清偿无效。（　　）
4. 债务人财产不足以清偿所有破产费用和共益债务的，先行清偿共益债务。（　　）
5. 破产程序终结后，债权人通过破产分配未得到清偿的债权不再予以清偿，破产企业未清偿余债的责任依法免除。（　　）
6. 当债务人不能清偿到期债务时，债权人和债务人均可以提出破产申请。（　　）
7. 债权申报期限自人民法院发布受理破产申请公告之日起计算，最短不得少于30日，最长不得超过6个月。（　　）
8. 债权人会议通过破产财产分配方案事项时，经两次表决仍未通过的，由人民法院裁定。（　　）
9. 债权人申请对债务人进行破产清算的，在人民法院受理破产申请后，宣告债务人破产前，债务人或者出资额占债务人注册资本1/10以上的出资人，可以向人民法院申请重整。（　　）
10. 人民法院受理破产申请后，债务人的出资人尚未完全履行出资义务的，管理人应当要求该出资人缴纳所认缴的出资，而不受出资期限的限制。（　　）

四、案例分析题

1. 某国有企业被人民法院依法宣告破产。4月5日，管理人查明：该企业在宣告破产时经营管理的全部财产价值为250万元，其中已作为银行贷款等值担保物的财产价值为60万元。债权人甲的破产债权为56万元，由于管理人决定解除该企业与乙所签的一份合同，给乙造成了84万元的经济损失，该企业欠发职工工资及社会保险费用55万元，欠缴税金35万元，欠其他债权人的债务合计为110万元。4月10日，管理人又查明，在人民法院受理该企业破产案件前9个月内，该企业无偿转让价值为80万元的财产，遂向人民法院申请予以撤销，4月25日，转让财产已全部追回。该企业破产费用为20万元，共益债务为10万元。要求如下：

(1) 计算该企业的破产财产的数额。
(2) 如何进行清偿？
(3) 甲可获得的清偿数额是多少？

2. 甲、乙企业于2018年6月1日签订了100万元的设备买卖合同，根据合同约定，甲企业于2018年7月10日代办托运向乙企业发运设备，乙企业收到设备后当天付款。2018年7月10日甲如约代办了托运，7月11日(货在途中)，人民法院裁定受理了乙企业的破产申请。试分析该设备是否属于乙企业的破产财产？并说明理由。

3. 甲企业于2018年7月2日被债权人申请破产，7月7日人民法院裁定受理破产申请，并指定了管理人接管企业。管理人查明，甲企业有关情况如下：①企业财产评估变现价值为：1号房屋价值300万元，全部用于对A银行的债务抵押；2号房屋价值160万元，属于租用B公司的房屋；专利权评估作价70万元；2017年10月1日甲企业主动放弃对乙公司的到期债权100万元；应收B公司的账款为180万元；其他财产共计450万元。②负债如下：欠A银行贷款本息共计260万元；欠B公司货款170万元；C公司因为甲企业担保，替甲偿还债务本息共350万元；因管理人解除与D公司的合同，给D公司造成损失180万元；欠税款150万元；欠工商机关罚款20万元；发生破产费用40万元，共益债务10万元；其他债务共计250万元。试分析：

(1) 破产财产有多少？
(2) 如何清偿债务？D公司可获得的清偿数额是多少？

4. 2018年7月10日，甲公司就自己不能支付到期债务向人民法院提出破产申请，人民法院于7月20日裁定受理该公司的破产申请，并指定了破产管理人。管理人查明该公司的有关情况如下：①甲公司资产总额为5 600万元(变现价值)。其中，全部厂房变现价值为3 200万元；办公楼变现价值为650万元；全部机器设备变现价值为820万元。②负债总额为11 000万元。其中，应付职工工资180万元，应交税金为220万元；以甲公司全部厂房作抵押，从工商银行贷款500万元；以机器设备作抵押，从中国建设银行贷款420万元。拖欠乙公司到期货款380万元，人民法院终审判决甲公司支付乙公司货款及违约金共计405万元，经乙公司申请，人民法院对甲公司办公楼予以查封，但尚未强制执行；应付丙公司到期货款180万元，以甲公司机器设备作抵押；应付丁公司尚未到期货款200万元。

另外，管理人查明，甲公司的分公司，至人民法院受理破产申请之日止，账外资金累计余额为 90 万元,在上一年度末被分公司领导私分;甲公司的股东认缴的出资为 600 万元,实际出资为 520 万元。甲公司破产费用为 40 万元。试分析:

(1) 人民法院查封甲公司的办公楼可否用于偿还所欠乙公司的货款?为什么?
(2) 丙公司的货款是否属于破产债权?为什么?
(3) 对甲公司分公司领导私分的财产如何处置?并说明理由。
(4) 甲公司的股东出资不足应如何处理?
(5) 甲公司的破产财产额是多少?应如何分配?
(6) 丁公司尚未到期货款是否属于破产债权?为什么?
(7) 乙公司可获得的清偿额为多少?

第三单元 市场运行法

第六章 合同法

【能力目标】

- 识别合同是否成立,分析合同的效力。
- 区分不同的担保方式及效力。
- 识别违反合同的行为及其法律后果。

【知识目标】

- 了解合同的概念、特征、分类及《合同法》的适用范围。
- 理解《合同法》的基本原则。
- 掌握合同的订立、效力、履行、担保、变更、转让、终止及违约责任的主要规定。
- 熟悉买卖合同、借款合同、租赁合同。

【职业素质目标】

应用《合同法》基本原理,起草简单合同文书,审查合同效力。

【章前测试】

1. 某甲的儿子患重病住院,急需用钱又借贷无门,某乙趁机表示愿意借给8 000元,但半年后须加倍偿还,否则以甲的房子代偿,甲表示同意。该合同效力如何?(　　)
   A. 无效合同　　　B. 有效合同　　　C. 可撤销合同　　　D. 效力待定合同
2. 除法律另有规定或当事人另有约定外,买卖合同标的物的所有权在什么时间转移?(　　)
   A. 合同成立时　　　　　　　B. 合同生效时
   C. 标的物交付时　　　　　　D. 买方付清标的物价款时
3. 下列具有保证人资格的有哪些?(　　)
   A. 学校　　　B. 医院　　　C. 企业　　　D. 残疾人联合会
4. 下列合同中,哪些是无效合同?(　　)
   A. 订立时显失公平的合同　　　B. 损害社会公共利益的合同
   C. 恶意串通损害第三人利益的合同　　D. 以欺诈手段签订的合同(未损害国家利益)
5. 王某向朋友赵某借了现金1万元,并写有借条,但未约定利息。王某还款时,赵某向其索要利息，王某以没有约定为由拒绝。王某的拒绝有无法律依据？

6. 刘某在某电动车经销部购买 X 型号的电动车，预交了车款，并与店主约定第二天中午准时来提车。但第二天刘某因出差而未能提车。刘某出差回来后听说该电动车经销部近日因仓库起火而停业，遂立即找到该电动车经销部店主，要求提车，店主称电动车已烧毁，刘某要求返还车款，被店主拒绝。问店主是否应该返还刘某的车款？

【参考答案】

1. C   2. C   3. C   4. BC   5. 有法律依据   6. 不应该返还刘某车款

【案情导入】

李某与张某达成口头协议，李某将其房屋出租给张某，期限为 1 年。3 个月后，李某的儿子结婚，急需住房，于是向张某提出解除房屋租赁合同，张某不同意，李某便以口头协议无效为由，向人民法院起诉，要求强制张某退回房屋。

【思考】

(1) 口头协议是否无效？为什么？
(2) 什么是合同？签订合同时应注意的事项有哪些？
(3) 如何履行合同？违反合同的法律责任有哪些？

第一节 合同法概述

一、合同的概念与分类

(一) 合同的概念

合同又称为契约，是指平等主体的自然人、法人、其他组织之间设立、变更、终止民事权利义务关系的协议。

合同具有以下法律特征：合同的主体具有平等的法律地位；合同的主体是自然人、法人、其他组织；合同是以设立、变更、终止民事权利义务关系为目的的民事法律行为；合同是当事人意思表示一致而达成的一种协议。

(二) 合同的分类

依据不同的标准可以对合同进行不同的分类。

1. 有偿合同与无偿合同

根据当事人之间的权利义务是否互为对价为标准，将合同分为有偿合同和无偿合同。有偿合同是指一方依照合同规定享有权利时，需向对方支付相应的代价的合同，如买卖合同等。不支付代价即可享有合同权利的合同为无偿合同，如赠与合同、免费运输合同等。

【案例 6-1】张某放暑假回家，将价值 1 万余元的计算机交给同宿舍的李某保管，并允许李某使用。李某一日用毕，将计算机放在床上就出去到歌舞厅玩。本拟夜间 12 点回来，但遇见好友，凌晨 3 点钟才回来。门锁于凌晨两点被撬开，计算机被盗。试问李某应否承担责任？

> 【分析】李某无重大过失,更无故意,因此李某不承担责任。无偿合同轻过失免责的规定,是法律与道德的连接点,是为了鼓励助人行为,法律要保护助人为乐的道德观念。无偿合同条款发生争议时做有利于债务人的解释,也是出于同一理由。

2. 双务合同与单务合同

根据当事人双方是否互付义务为标准,将合同分为双务合同与单务合同。双务合同是指当事人双方互负给付义务,一方的权利和义务即对应为另一方的义务和权利,如买卖合同、租赁合同等。单务合同则表现为权利和义务的分离,一方主要享受权利而另一方承担主要义务或权利与义务之间不存在对应和依赖关系,如赠与合同。

3. 诺成性合同与实践性合同

根据是否以交付标的物为成立条件,将合同分为诺成性合同与实践性合同。诺成性合同是指当事人意思表示一致即告成立的合同,如买卖合同、运输合同等。实践性合同是指除了当事人意思表达一致外,还须交付标的物合同才能成立的合同,如定金合同、没有特殊约定的保管合同等。在实践中,绝大多数的合同都是诺成性合同。

4. 要式合同与非要式合同

根据法律或者当事人对合同的形式是否有专门要求为标准,将合同分为要式合同与非要式合同。要式合同是指合同的订立必须具备一定的形式,否则合同不能成立或不产生法律效力。如房产交易合同,需要办理过户方可生效等。非要式合同是指对于合同形式没有特别要求的合同。

5. 有名合同与无名合同

根据法律是否规定了一定的合同名称,将合同分为有名合同与无名合同。有名合同是指法律对合同的名称和内容有明确的规定,如《合同法》分则中列举了买卖合同、赠与合同、借款合同等15种有名合同。法律未对其名称作出明确规定的称为无名合同,对于无名合同,适用《合同法》总则的规定并参照《合同法》分则或其他法律最相类似的规定。如旅游合同就是一种无名合同。

6. 标准合同与非标准合同

标准合同又称为格式合同,是指当事人为了重复使用而预先拟订,并在订立合同时未与对方协商的合同,如保险合同、邮政合同等。由于标准合同是由一方提出,另一方并未参与谈判和协商制定的,因此,各国法律对标准合同中其免责条款的有效性和解释都作出严格规定。与之相对的非标准合同是指无固定形式,且其内容都是双方自愿协商谈判的结果。

此外,依据合同间的主从关系,将合同分为主合同与从合同;根据合同当事人订立合同的目的是否为自己的利益,将合同分为为自己订立的合同与为第三人利益订立的合同;依据合同的法律效果在订立合同时是否确定,将合同分为确定合同与射幸合同,后者如保险合同、抽奖式有奖销售合同等。

二、合同法

合同法是指调整因合同产生的以权利义务为内容的社会关系的法律规范的总称。1999年3月15日第九届全国人民代表大会第二次会议审议通过,1999年10月1日起施行的《中华人民共和国合同法》(以下简称《合同法》)是我国合同法律制度方面的基本法律。

(一) 《合同法》的调整范围

《合同法》调整的是平等主体之间的民事关系。政府的经济管理活动,属于行政管理关系,不是民事关系,不适用《合同法》。但是,政府机关作为平等的主体与对方签订合同时,适用《合同法》的规定。有关婚姻、收养、监护等有关身份关系的协议,不属于《合同法》调整范围。用人单位与劳动者签订的劳动合同,适用《劳动合同法》。

【思考6-1】下列合同中,适用于《合同法》调整的有( )。
A. 商品买卖合同　　B. 收养合同　　C. 借款合同　　D. 运输合同
【解析】正确答案是ACD。

(二) 《合同法》的基本原则

《合同法》的基本原则是指合同立法的指导思想以及调整民事主体间合同关系必须遵循的基本方针和准则。这些原则包括的内容如下。

1. 平等原则

合同当事人的法律地位平等,一方不得将自己的意志强加给另一方。平等原则是《合同法》最基本的原则,如果当事人的法律地位不平等,就谈不上自愿、公平、诚实信用等问题。

2. 自愿原则

当事人依法享有自愿订立合同的权利,任何单位和个人不得非法干预。自愿是贯彻合同活动全过程的基本原则,但自愿的前提是不违反法律、法规的强制性规定和社会公序良俗。

3. 公平原则

当事人应当遵循公平原则确定各方的权利和义务。根据这一原则,《合同法》要求当事人在订立合同时应当按照公平原则,合理地设定各方的权利和义务;当事人在履行合同的过程中应当正当地履行自己的义务;当事人变更、解除和终止合同关系也不能导致不公平结果的出现。

4. 诚实信用原则

当事人应当诚实守信,不得有欺诈等恶意行为。当事人在合同的订立、履行、变更、终止以及解释的各个环节,都应充分注意和维护双方的利益平衡,以及当事人的利益与社会利益的平衡。

5. 遵守法律、不损害社会公序良俗原则

当事人订立、履行合同,应当遵守法律、行政法规,尊重社会公德,不得扰乱社会经

济秩序,损害社会公共利益。如借腹生子的合同,在法律上是不被承认的。

第二节 合同的订立

一、合同订立的形式与内容

合同的订立,是指两个或两个以上的当事人,依法就合同的主要条款经过协商一致,达成协议的法律行为。

(一) 合同订立的形式

订立合同的形式,是合同当事人之间明确相互权利和义务的方式,是当事人意思表示一致的外在表现方式。当事人订立合同一般有三种形式:书面形式、口头形式和其他形式。

1. 书面形式

书面形式是指合同书、信件和数据电文(包括电报、电传、传真、电子数据交换和电子邮件)等可以有形地表现所载内容的形式。书面形式明确肯定,有据可查,是当事人普遍采用的一种合同形式。

2. 口头形式

口头形式的合同,是指当事人各方就合同内容达成一致的口头协议。口头形式直接、简便、迅速,但发生纠纷时难以取证,不易分清责任。对于不即时清结的和较重要的合同不宜采用口头形式。

3. 其他形式

其他形式的合同,是指采用除了书面形式、口头形式以外的方式订立合同的形式,即根据当事人的行为或者特定情形推定合同的成立,如推定形式和默示形式。

(二) 合同的内容

合同的内容,即合同当事人所确定的各方的权利和义务,主要由合同的条款确定。由于合同的类型和性质不同,合同的主要条款可能有所不同。《合同法》规定,合同的内容由当事人约定,一般应当包括以下条款。

1. 当事人的名称或者姓名和住所

这是每一份合同必须具备的条款。当事人是自然人的,应当明确规定其姓名和地址;当事人是法人或者其他组织的,应当明确规定其名称和住所以及法定代表人或者负责人等。订立合同时,要把各方当事人名称或者姓名和住所记载准确、清楚。

2. 标的

标的是指合同当事人双方权利义务共同指向的对象。标的体现着合同的性质和当事人订立合同的目的,也是产生当事人权利和义务的依据。合同对标的的规定应当清楚明白,准确无误。合同的标的一般包括四类:有形财产、无形财产、劳务、工作成果。

3. 数量

数量是对标的的量的规定,是对标的的计量。数量反映的是合同当事人权利义务的大小和多少。合同的数量要准确,应选择使用当事人共同接受的计量单位、计量方法和计量工具。

4. 质量

质量是指合同标的的内在素质和外部形态的综合特征。一般以品种、规格、等级和工程项目的标准等体现出来。合同中必须对质量明确加以规定,国家有强制性标准规定的,必须按照规定的标准执行。如果有多种质量标准的,应尽可能约定其适用的标准。当事人还可以约定有关质量检验的方法、质量异议的条件等内容。

5. 价款或者报酬

价款或报酬是指当事人取得合同标的所付出的货币代价。价款一般指对提供财产的当事人支付的货币,如买卖合同的货款等。报酬一般指对提供劳务或工作成果的当事人支付的货币,如运输合同中的运输费等。

6. 履行期限、地点和方式

履行期限是指当事人履行合同义务的时间界限,如交付标的物、价款或报酬等的时间界限。它直接关系到合同义务完成的时间,是确定合同能否按时履行的依据。

履行地点是指当事人一方交付标的,另一方当事人接受标的并支付价款的具体地点。履行地点关系到履行合同的费用、风险由谁承担,以及确定所有权是否转移、何时转移、发生纠纷后应由何地法院管辖的依据。

履行方式是指当事人履行合同义务的具体方式和要求。如合同标的的交付是一次履行,还是分期分批履行;支付方式是现金,还是支票、本票、汇票等。

7. 违约责任

违约责任是指合同当事人不履行或者不完全履行合同时,依照法律或者合同的约定所应承担的法律责任。违约责任是合同具有法律约束力的重要体现,也是保证合同履行的主要条款。当事人可以在合同中明确规定违约责任条款,如约定定金或违约金、赔偿金等。

8. 解决争议的方法

解决争议的方法是指合同当事人对合同的履行发生争议时解决的途径和方式。解决合同争议的方法主要有协商和解、第三人调解、仲裁和诉讼。如果当事人意图通过诉讼解决争议,可以不进行约定;若选择仲裁解决方式,则必须约定,还要明确具体的仲裁机构。

除法律另有规定外,涉外合同的当事人可以选择解决他们的争议所适用的法律,可以选择中国法律、其他国家或地区法律。

二、格式条款

(一) 格式条款的概念

格式条款是指当事人为了重复使用而预先拟定,并在订立合同时未与对方协商的条款,如保险合同、电信服务合同等。

(二) 格式条款的限制规定

由于格式条款在订立时未与对方协商,因此容易造成权利义务的不公平,因此,《合同法》对格式条款的使用从以下三个方面予以限制。

1. 提供格式条款的一方的义务

提供格式条款的一方有提示说明义务,应采取合理的方式提请对方注意免除或限制其责任的条款,按照对方的要求对该条款予以说明。

2. 某些格式条款无效

某些格式条款无效包括:①提供格式条款的一方免除其责任,加重对方责任,排除对方主要权利的条款无效;②格式条款具有《合同法》第五十二条规定的无效情形,即一方以欺诈、胁迫手段订立合同,损害国家利益;恶意串通,损害国家、集体或第三人的利益;以合法形式掩盖非法目的;损害社会公共利益;违反法律、行政法规的强制规定等;③格式条款具有《合同法》第五十三条规定的情形时无效,即有造成对方人身伤害的免责条款;有因故意或重大过失造成对方财产损失的免责条款。

3. 对格式条款的解释

对格式条款有两种以上解释的,应当作出不利于提供格式条款一方的解释;格式条款和非格式条款不一致的,应当采用非格式条款。

【思考6-2】赵先生外出,将汽车停放在甲停车场,并交了停车费,停车管理员提醒赵先生关注停车收费单上印有"丢车不管"的字样,赵先生锁好车便离开了。5个小时后,当他返回停车场取车时,车不见了。赵先生便要求甲停车场赔偿,可甲停车场管理人员以当初已声明"丢车不管"为由拒绝承担赔偿责任。试分析甲停车场的说法是否合法?为什么?

【解析】不合法。停车收费单属于格式合同,格式条款中有因故意或重大过失造成对方财产损失的免责条款无效,停车场未尽到看管责任,致使汽车丢失,属于重大过失,应当赔偿赵先生的损失。

三、合同订立的程序

《合同法》规定,当事人订立合同,采取要约、承诺的方式。

(一) 要约

要约是希望和他人订立合同的意思表示。提出要约的一方称为要约人,接受要约的一方称为受要约人。要约在不同情况下还可以称为发盘、出盘、发价、出价或报价。

1. 要约的条件

(1) 内容具体确定。发出要约的目的在于订立合同,要约人必须是确定的;受要约人一般也是特定的,但在一些场合,要约人也可以向不特定人发出要约,如悬赏广告、图书征订单等。由于要约一经受要约人承诺,合同即为成立,因此,要约内容应当具体明确,应包含合同的主要条款，如标的、数量、质量、价款或者报酬、履行期限、地点和方式等。

(2) 表明经受要约人承诺，要约人即受该意思约束。即要约人要明确表明，如果对方接受要约，合同即告成立。

2. 要约邀请

要约邀请又称要约引诱，是希望他人向自己发出要约的意思表示。与要约不同，要约是一种法律行为，一经对方承诺，合同即告成立。而要约邀请处于合同的准备阶段，没有法律约束力。实践中要约与要约邀请很难区别，关键要看其内容是否具体翔实。《合同法》规定，寄送的价目表、拍卖公告、招标公告、招股说明书等都属于要约邀请；商业广告的内容符合要约规定的，视为要约。

【思考6-3】甲企业在电视上做广告，声称：本厂生产的A产品采用国外先进技术生产，性能稳定且收效显著，咨询订购热线×××××××，免费送货。试分析是要约还是要约邀请？

【解析】甲企业在电视上的广告属于要约邀请，内容不具体(欠缺合同主要条款)，目的是希望他人向自己发出订立合同的要约。

3. 要约生效时间

要约到达受要约人时生效。我国采取的是"到达生效主义"。采用数据电文形式发出要约，收件人指定特定系统接收数据电文的，该数据电文进入该特定系统的时间，视为要约到达时间；未指定特定系统的，该数据电文进入收件人的任何系统的首次时间，视为要约到达时间；要约到达受要约人，并不是指要约一定实际送到受要约人或其代理人手中，要约只要送达受要约人通常的地址、住所或能够控制的地方(如信箱等)即为送达。反之，即使在要约送达受要约人之前受要约人已经知道其内容，要约也不生效。

4. 要约的撤回、撤销与失效

要约的撤回是指要约在发出后、生效前，要约人使要约不发生法律效力的意思表示。由于要约在到达受要约人时才生效，因此，撤回要约的通知应当在要约到达受要约人之前或者与要约同时到达受要约人。

要约的撤销是指要约人在要约生效后、受要约人承诺前，使要约丧失法律效力的意思表示。撤销要约的通知应当在受要约人发出承诺通知之前到达受要约人。由于撤销要约可能会给受要约人带来不利的影响，《合同法》规定了两种不得撤销要约的情形：①要约人确定了承诺期限或者以其他形式明示要约不可撤销；②受要约人有理由认为要约是不可撤销的，并已经为履行合同做了准备工作。

要约的失效是指要约丧失法律效力，即要约人和受要约人均不再受要约的约束。《合同法》规定的要约失效情形包括：①拒绝要约的通知到达要约人；②要约人依法撤销要约；③承诺期限届满，受要约人未作出承诺；④受要约人对要约的内容作出实质性变更。

【思考6-4】甲公司4月5日以信件方式向乙公司发出要约，乙公司于4月9日收到，试分析：

(1) 甲公司4月7日以传真方式向乙公司发出声明4月5日信件内容作废的通知，属于要约撤回还是要约撤销？

(2) 若甲公司4月10日反悔了，应该怎么办？

【解析】

(1) 属于要约撤回。因为4月7日的传真当即就能达到乙公司，此时要约尚未生效，所以属于要约撤回。

(2) A公司4月10日反悔，若对方尚未承诺，可以撤销要约，法律规定不得撤销的除外。若对方承诺了，合同即告成立，只能履行合同。

(二) 承诺

承诺是受要约人同意要约的意思表示。承诺生效时合同成立。

1. 承诺的条件

(1) 承诺必须由受要约人作出。如由代理人作出承诺，则代理人须有合法的委托手续。

(2) 承诺必须向要约人作出。

(3) 承诺的内容应当和要约的内容一致。

(4) 承诺必须在规定的期限内作出。

2. 承诺的方式

承诺应当以通知的方式作出，但根据交易习惯或者要约表明可以通过行为作出承诺的除外。沉默或者不作为不视为承诺。

3. 承诺的期限

承诺应当在要约确定的期限内到达要约人。要约以信件或者电报作出的，承诺期限自信件载明的日期或电报交发之日开始计算。信件未载明日期的，自投寄该信件的邮戳日期开始计算。要约以电话、传真等快速通信方式作出的，承诺期限自要约到达受要约人时开始计算。

要约没有确定承诺期限的，承诺应当依照下列规定到达：①要约以对话方式作出的，应当即时作出承诺，但当事人另有约定的除外；②要约以非对话方式作出的，承诺应当在合理期限内到达。

【思考6-5】甲公司3月1日通过邮局向乙公司发出要约，信件中载明的日期为2月28日，要求乙公司在20天内答复，乙公司于3月4日收到该要约。试分析乙公司20天的承诺期从哪天算起？若信件上未载明日期，应从哪天算起？

【解析】从2月28日起算，若未载明日期，则从3月1日算起。

4. 承诺的生效

承诺通知到达要约人时生效。承诺不需要通知的，根据交易习惯或者要约的要求作出承诺的行为时生效。采用数据电文形式作出承诺，承诺到达的时间同上述要约到达时间的规定相同。

受要约人超过承诺期限发出承诺的，除要约人及时通知受要约人该承诺有效的以外，为新要约。受要约人在承诺期限内发出承诺，按照通常情形能够及时到达要约人，但由于其他原因承诺到达要约人时超过承诺期限的，除要约人及时通知受要约人因承诺超过期限不接受该承诺的以外，该承诺有效。

受要约人对要约的内容作出实质性变更的，为新要约。有关合同主要条款的变更，为实质性变更。承诺对要约的内容作出非实质性变更的，除要约人及时表示反对或要约表明承诺不得对要约的内容作出任何变更的以外，该承诺有效，合同的内容以承诺的内容为准。

【思考6-6】下列哪些事项的改变，属于对要约内容的实质性变更？（　）
A. 合同标的、数量、质量　　　　　B. 合同价款
C. 合同履行期限、地点　　　　　　D. 违约责任和解决争议的方法
【解析】正确答案是ABCD。有关合同主要条款的变更为实质性变更。

5. 承诺的撤回

承诺可以撤回。撤回承诺的通知应当在承诺通知到达要约人之前或者与承诺通知同时到达要约人。承诺生效时，合同成立。对已成立的合同，当事人一方无权撤销，只能依法变更、解除。

【思考6-7】甲公司5月1日向乙商场发出要约，出售单价为300元的电风扇500台，5月10日乙回复只要200台，5月15日甲回函同意。试分析乙的回复是否为承诺？为什么？
【解析】不是承诺，因乙对数量条款进行了变更，属于实质性变更，属于新要约。甲公司5月15日的回函是承诺。

四、合同成立的时间、地点

(一) 合同成立的时间

一般来说，合同谈判成立的过程，就是要约、新要约、再新要约直到承诺的过程。承诺生效时合同即告成立，当事人于此时开始享有合同权利、承担合同义务。合同成立的具体时间依不同情况而定，具体有：①当事人采用合同书形式订立合同的，自双方当事人签字或盖章时合同成立；②当事人采用信件、数据电文等形式订立合同的，可以在合同成立之前要求签订确认书，签订确认书时合同成立；③法律、行政法规规定或者当事人约定采用书面形式订立合同，当事人未采用书面形式，但一方已经履行主要义务并且对方接受的，该合同成立；采用合同书形式订立合同，在签字或盖章之前，当事人一方已经履行主要义务并且对方接受的，合同成立，即"事实合同"；④当事人签订要式合同的，以法律、法规规定的特殊形式要求完成的时间为合同成立的时间。

【思考6-8】A公司与B公司达成一份买卖协议，由A分两批给B供货，约定采用合同书形式，但双方均未在合同书上签字盖章。8月10日A按约定将第一批货40台计算机送到B公司，B也按约定的时间支付了货款。由于B公司计算机销售不畅，于是拒绝接受A公司按约送来的第二批货10台计算机，理由是双方均未在合同书上签字盖章，双方合同关系不成立。试分析B公司拒绝的理由有无法律依据？为什么？

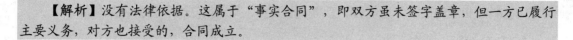

【解析】没有法律依据。这属于"事实合同",即双方虽未签字盖章,但一方已履行主要义务,对方也接受的,合同成立。

(二) 合同成立的地点

承诺生效的地点为合同成立的地点,具体包括:①采用数据电文形式订立合同的,收件人的主营业地为合同成立的地点,没有主营业地的,其经常居住地为合同成立的地点。②当事人采用合同书、确认书形式订立合同的,双方当事人签字或盖章的地点为合同成立的地点;双方当事人签字或者盖章不在同一地点的,人民法院应当认定最后签字或者盖章的地点为合同成立地点。③合同需要完成特殊的约定或法律形式才能成立的,以完成合同的约定形式或法定形式的地点为合同成立的地点。④当事人对合同的成立地点另有约定的,按照其约定。

五、缔约过失责任

缔约过失责任是指当事人在订立合同的过程中,因违背诚实信用原则给对方造成损失时所应承担的法律责任。合同谈不成并非均要承担缔约过失责任,只有因违背诚实信用原则致使合同未达成时,才追究过错方的法律责任。

当事人在订立合同过程中有下列情形之一,给对方造成损失的,应当承担损害赔偿责任。

(1) 假借订立合同,恶意进行磋商。如以损害对方利益为目的,故意与其谈判而使其丧失与他人交易的机会。

(2) 故意隐瞒与订立合同有关的重要事实或者提供虚假情况。

(3) 当事人在订立合同过程中知悉的商业秘密,无论合同是否成立,泄露或不正当地使用的。

(4) 其他违背诚实信用的行为,如违背诚实信用原则终止谈判的行为。

第三节 合同的效力

合同的效力是指依法成立的合同对当事人具有的法律约束力。有效合同对当事人具有法律约束力,违反合同规定就应当承担法律责任。无效合同不具有法律约束力。《合同法》对合同的效力规定了四种情形:有效合同、无效合同、可撤销合同和效力待定合同。

一、合同的生效

合同的生效是指合同具备一定的要件后,便产生法律上的效力,当事人均要按合同约定履行义务和行使权利。《合同法》规定,依法成立的合同,自成立时生效。法律、行政法规规定应当办理批准、登记等手续生效的,依照其规定。

(一) 合同的生效要件

合同的生效要件是判断合同是否具有法律约束力的标准。合同生效必须具备三个条件,即行为人具备相应的民事行为能力、意思表示真实、不违反法律和社会公共利益。

1. 主体合格

合同的当事人应当具有相应的民事行为能力。民事行为能力包括合同行为能力和相应的缔约行为能力。对自然人而言，原则上须有完全行为能力，限制民事行为能力人和无民事行为能力人不得亲自签订合同，而应由其法定代理人代为签订。但是，限制民事行为能力人可以独立签订与其年龄、智力相适应的合同；对于非自然人而言，必须是依法定程序成立后才具有合同行为能力，同时，还要具有相应的缔约能力，即必须在法律、行政法规及有关部门授予的权限范围内签订合同。

2. 意思表示真实

所谓意思表示，是指向外部表明愿意发生一定法律效果的意思的行为。即当事人的行为应当真实地反映其内心的想法，合同是当事人双方意思表示一致的法律行为。意思表示真实是构成有效合同的先决条件之一，一方在被欺诈、胁迫或者重大错误下订立的合同往往非其真实意思表示，属于无效或可撤销的合同。

3. 不违反法律和社会公共利益

当事人签订的合同从目的到内容都不能违反法律的强制性规定，不能违背社会公德、扰乱社会公共秩序、损害社会公共利益。简言之，符合公序良俗的要求。因此，合同不违反法律或社会公共利益是合同有效的当然条件之一。

(二) 合同生效的方式

一般而言，依法成立的合同，自成立时生效。具体又分为以下三种情况。

1. 批准、登记生效

根据《合同法》第四十四条第二款的规定，法律、行政法规规定应当办理批准、登记等手续的合同，必须依照规定办理批准登记等手续才能生效；否则，即使具备了上述一般合同的生效要件，合同也不生效。该款规定主要体现了国家对合同自由的适度干预或者对善意第三人的保护，如房地产买卖合同、抵押合同、专利权质押合同等。

2. 附条件生效(或失效)

当事人可以约定对合同的效力附加一定的条件，包括附生效条件和附解除条件两种情况。附生效条件的合同，自条件成就时生效；附解除条件的合同，自条件成就时失效。当事人为自己的利益不正当地阻止条件成就的，视为条件已成就；不正当地促成条件成就的，视为条件不成就。

3. 附期限生效(或失效)

附期限的合同是指附有将来确定到来的期限作为合同的条款，并在该期限到来时合同的效力发生或终止，包括附生效期限和附终止期限两种情况。附生效期限的合同，自期限届至时生效。附终止期限的合同，自该期限届满时合同失效。

二、无效合同

无效合同是指不具有法律约束力和不发生履行效力的合同。无效合同自始至终没有法律约束力，国家不予承认和保护。

(一) 无效合同的情形

根据《合同法》的规定，有下列情形之一的，合同无效。
(1) 一方以欺诈、胁迫的手段订立合同，损害国家利益。
(2) 恶意串通，损害国家、集体或者第三人利益。
(3) 以合法形式掩盖非法目的。
(4) 损害社会公共利益。
(5) 违反法律、行政法规的强制性规定。

【思考6-9】公民甲与房地产开发商乙签订了一份商品房买卖合同，乙提出，为少交契税建议将部分购房款算作装修费用，甲未表示反对。试分析该装修费用条款的效力？
【解析】该装修费用条款无效。属于以合法形式掩盖非法目的，违反法律、行政法规的强制性规定的行为，因而该装修条款无效。

(二) 无效合同的法律后果

无效合同始终没有法律约束力。合同部分无效，不影响其他部分效力的，其他部分仍然有效。合同被确认无效后，因该合同取得的财产，应当予以返还；不能返还的或没有必要返还的，应当折价补偿。有过错的一方应当赔偿对方因此所受到的损失，双方都有过错的，应当各自承担相应的责任。当事人恶意串通，损害国家、集体或第三人利益的，因此取得的归国家所有或返还集体、第三人。

三、可撤销合同

可撤销合同是指因合同当事人订立合同时意思表示不真实，经有撤销权的当事人行使撤销权，使已经生效的合同归于无效的合同。

(一) 可撤销合同的情形

1. 重大误解合同

因重大误解而订立的合同是指当事人在作出意思表示时，行为人因对行为的性质，对方当事人，标的物的品种、质量、规格和数量的错误认识，使行为的后果与自己的意思相悖，并造成较大损失的，可以认定为重大误解。如误将租赁合同当成买卖合同，将甲产品误认为是乙产品等。

2. 显失公平合同

显失公平合同是指当事人一方在紧迫或缺乏经验的情况下而订立的明显对自己有重大不利而对对方有利的合同。

3. 欺诈、胁迫、乘人之危签订的合同

一方以欺诈、胁迫的手段或者乘人之危,使对方在违背真实意思的情况下订立的合同,受损害方有权请求人民法院或者仲裁机构变更或者撤销合同。但一方以欺诈、胁迫的手段而订立的合同,如果损害国家利益,则不属于可变更或可撤销的合同,而是无效合同。

> 【思考6-10】某手表厂为纪念千禧年特制纪念手表2 000只,每只售价20 000元。其广告主要内容为:①纪念表为金表;②纪念表镶有进口钻石。后经证实,该纪念表为镀金表;进口钻石为进口人造钻石,每粒价格为1元。手表成本约1 000元。为此,购买者与该手表厂发生纠纷,诉至人民法院,请求撤销合同。试分析该纠纷应如何处理?
>
> 【解析】手表厂故意混淆了金表与镀金表,使购买者陷于认识错误,进而购买这种手表,手表厂的行为是欺诈行为,依照《合同法》的规定,购买者可以依法行使撤销权,请求人民法院撤销或变更该合同。

(二) 撤销权的行使

对于前两种情形的可撤销合同,当事人任何一方均有权请求变更或撤销合同;对于第三种情形的合同,只有受损害方当事人才可以行使请求权。当事人请求变更合同的,人民法院或仲裁机构不得撤销。

有下列情形之一的,撤销权消灭:①具有撤销权的当事人自知道或者应当知道撤销事由之日起1年内没有行使撤销权;②具有撤销权的当事人知道撤销事由后明确表示或者以自己的行为放弃撤销权。

被撤销的合同与无效合同一样,自始没有法律约束力。对因该合同取得的财产,当事人应承担下列民事责任:一是返还财产;二是折价补偿;三是赔偿损失。

> 【思考6-11】张某的母亲因急病住院,急需3 000元押金,张某便向邻居赵某借钱,赵某乘机提出要买张家的奶牛,张某无奈只好将价值8 000元的奶牛以4 000元的价格卖给了赵某。事后,张某十分后悔。试分析此时张某应该如何保护自身的合法权益?
>
> 【解析】请求人民法院撤销或变更该合同。乘人之危所签订的合同属于可撤销合同,受害人可在1年内向人民法院请示撤销或变更合同。

四、效力待定合同

效力待定合同是指合同虽然已经成立,但其效力能否发生尚未确定,法律允许根据情况予以补救的合同,并不属于上述无效合同或可撤销合同。

有下列情况之一的,属于效力待定合同。

(1) 限制民事行为能力人订立的合同,经法定代理人追认后,该合同有效。但纯获利益的合同或者与其年龄、智力、精神健康状况相适应而订立的合同,不必经法定代理人追认。

(2) 行为人没有代理权、超越代理权或者代理权终止后以被代理人名义订立合同,未经被代理人追认,对被代理人不发生效力,由行为人承担责任。

但行为人无权代理订立的合同,而相对人有理由相信行为人有代理权的,该代理行为有效。例如,已盖有单位合同专用章的空白合同书管理不善,被他人滥用所签订的合同,

合同有效。

法人或者其他组织的法定代表人、负责人超越权限订立的合同。除相对人知道或者应当知道其超越权限的以外，该代表行为有效。

(3) 无处分权的人处分他人财产，经权利人追认或者无处分权的人订立合同后取得处分权的，该合同有效。

【思考6-12】李某原是甲厂的采购员，因违纪被甲厂开除。某日，李某遇到乙厂厂长，便以甲厂名义与乙厂签订了一份购销合同。乙厂立即电话询问甲厂能否如期交货，甲厂厂长见有利可图，便答应如期交货。结果后来甲厂未能如期交货，乙厂要求甲厂承担违约责任，而甲厂则以李某代理行为无效为由，拒绝承担违约责任。试分析甲厂是否应当承担违约责任？

【解析】应当承担违约责任。李某无代理权而签订的合同属于效力待定合同，但该合同经过甲厂厂长追认后，原来的效力待定合同变为有效合同，甲厂应当履行合同，后来甲厂未能如期交货，应当承担违约责任。

第四节 合同的履行

合同的履行是指合同生效后，当事人按照合同规定的各项条款，完成各自所承担的合同义务和实现各自权利的过程。合同履行应遵循诚实信用的原则，承担通知、协助，以及保密等义务，遵循全面履行、协作履行、经济合理及情势变更等原则。

一、合同履行的规则

(一) 合同内容约定不明确时的履行规则

合同生效后，当事人就质量、价款或报酬、地点等内容没有约定或约定不明确时，可以协议补充；不能达成补充协议时，按照合同有关条款或交易习惯确定；仍不能确定的，适用下列规定。

(1) 质量要求不明确的，按照国家标准、行业标准履行；没有国家标准、行业标准的，按照通常标准或符合合同目的的特定标准履行。

(2) 价款或报酬不明确的，按照订立合同时履行地的市场价格履行，依法应当执行政府定价或者政府指导价的，按照规定履行。

(3) 履行地点不明确的，给付货币的，在接受货币一方所在地履行；交付不动产的，在不动产所在地履行；其他标的，在履行义务一方所在地履行。

(4) 履行期限不明确的，债务人可以随时履行，债权人也可以随时请求履行，但应当给对方必要的准备时间。

(5) 履行方式不明确的，按照有利于实现合同目的的方式履行。

(6) 履行费用的负担不明确的，由履行义务的一方负担。

(二) 执行政府定价或政府指导价的合同的履行规则

按政府定价或政府指导价签订的合同，在合同执行过程中遇到国家调价时，按照交付时的价格计价。逾期交付标的物的，遇价格上涨时，按照原价执行；价格下降时，按照新价格执行。逾期提取标的物或逾期付款的，遇价格上涨时，按照新价格执行；价格下降，按照原价格执行。即"谁违约，执行对谁不利"的价格。

(三) 涉及第三人的合同的履行规则

1. 向第三人履行的合同

合同当事人可以约定由债务人向第三人履行债务。第三人可以向债务人请求履行；债务人未向第三人履行债务或履行债务不符合约定，应当向债权人承担违约责任；债务人对于合同债权人可行使的一切抗辩权，对该第三人均可行使；因向第三人履行债务增加的费用，除双方当事人另有约定外，由债权人承担。

2. 由第三人履行的合同

合同当事人可以约定由第三人代替债务人履行债务。如果第三人不履行债务或履行债务不符合约定的，债务人应当向债权人承担违约责任；债权人请求第三人履行债务时，债务人对于债权人的一切抗辩，第三人均可行使；第三人向债权人履行债务所增加的费用，除合同另有约定外，一般由债务人承担。

【思考 6-13】甲、乙签订了一份合同，约定由丙向甲履行债务，但丙履行债务的行为不符合合同的约定。下列关于甲请求承担违约责任的表述中，哪些是正确的？（　　）
　　A. 请求丙承担　　　　　　　　B. 请求乙承担
　　C. 请求丙和乙共同承担　　　　D. 请求丙或乙承担

【解析】正确答案是 B。涉及第三人履行的合同，因第三人不是合同的当事人，出现违约，责任仍由原合同的当事人承担。

二、抗辩权的行使

抗辩权是指在双务合同中，一方当事人在对方不履行或履行不符合约定时，依法对抗对方要求或否认对方权利主张的权利。《合同法》规定了同时履行抗辩权、后履行抗辩权和不安(先履行)抗辩权。

(一) 同时履行抗辩权

当事人互负债务，没有先后履行的顺序时，应当同时履行。一方在对方履行之前有权拒绝其履行要求；另一方在对方履行债务不符合约定时，有权拒绝其相应的履行要求。

(二) 后履行抗辩权

后履行抗辩权是指合同当事人互负债务，有先后履行顺序，先履行一方未履行的，或者履行债务不符合约定的，后履行一方有权拒绝对方的履行要求。

【思考 6-14】 甲与乙订立了一份买卖茶叶的合同，合同约定，甲于 2013 年 10 月 7 日发货，乙收到货物后 10 日内付款。乙收到货物后，经检验，发现货物质量有问题，于是拒付货款。试分析乙的做法是否违约？

【解析】 乙的做法不违约。乙行使的是后履行抗辩权。

(三) 不安抗辩权

不安抗辩权又称为先履行抗辩权，是指当事人互负债务，有先后履行的顺序，先履行的一方有确切证据证明后履行一方丧失履行债务能力时，在对方没有履行或没有提供担保之前，有权中止合同履行的权利。

《合同法》规定，应当先履行的当事人，有确凿证据证明对方有下列情形之一的，可以中止履行：①对方经营状况严重恶化；②对方有转移财产、抽逃资金，以逃避债务的情形；③对方丧失商业信誉；④对方有丧失或可能丧失履行债务能力的其他情形。

不安抗辩权行使不当，造成对方损失的，先履行一方应承担违约责任。当事人中止履行的，应当及时通知对方。对方提供适当担保时，应当恢复履行。中止履行后，对方在合理期限内未恢复履行能力并且未提供担保的，中止履行的一方可以解除合同。

【思考 6-15】 甲、乙签订了一份买卖合同，双方约定甲应在 3 月 10 日前先向乙支付 10 万元的预付货款，乙于 6 月 10 日交货，验收合格后 5 天内付余款。3 月 9 日，甲从报纸上得知，乙因意外火灾，厂房设备均被烧毁。于是甲通知乙，在乙提供担保前中止履行支付预付货款。试分析甲能否暂停支付预付货款？为什么？

【解析】 在乙提供担保之前，甲可以拒付预付货款，甲具备行使不安抗辩权的条件。

三、合同保全

合同保全是指法律为防止因债务人财产的不当减少而给债权人的债权带来损害，采取的一种保障制度。合同保全的措施主要包括代位权和撤销权两种。

(一) 代位权

代位权是指因债务人怠于行使其到期债权，对债权人造成损害的，债权人可以向人民法院请求以自己的名义代位行使债务人的债权的权利，但该债权专属于债务人自身的除外。

债权人行使代位权应具备以下条件。

(1) 债务人对第三人享有合法债权。

(2) 债务人怠于行使其到期债权，对债权人造成损害。即债务人不履行其对债权人的到期债务，又不以诉讼方式或者仲裁方式向其债务人主张其享有的具有金钱给付内容的到期债权，致使债权人的到期债权未能实现。

(3) 债务人的债权已到期，已陷于迟延履行。

(4) 债务人的债权不是专属于债务人自身的债权。所谓专属于债务人自身的债权，是指基于扶养关系、抚养关系、赡养关系、继承关系产生的给付请求权和劳动报酬、退休金、抚恤金、安置费、人寿保险、人身伤害赔偿请求权等权利。

债权人代位权的行使必须通过法院进行，其行使范围以债权人的债权为限。债权人行使代位权的费用,由债务人负担。

> **【思考 6-16】**乙公司欠甲公司 8 万元货款,丙公司欠乙公司 4 万元货款,两笔欠款均已到期,乙公司无力偿还甲公司货款,又不向丙公司主张债权。试分析甲公司应该怎样行使自己的权利?
>
> **【解析】**甲公司可以向法院请求行使代位权。

(二) 撤销权

撤销权是指债权人对债务人滥用其处分权而损害债权人债权的行为,可以请求人民法院予以撤销的权利。《合同法》规定,因债务人放弃其到期债权或者无偿转让财产,对债权人造成损害的,债权人可以请求人民法院撤销债务人的行为。

引起撤销权发生的要件是债务人有损害债权人债权的行为发生,主要指债务人以赠与、免除等无偿行为处分债权,包括放弃到期债权、无偿转让财产或以明显不合理的低价转让财产。无偿行为不论第三人善意、恶意取得,均可撤销;有偿转让行为,只有在第三人恶意取得的情况下方可撤销。

撤销权自债权人知道或应知道撤销事由之日起 1 年内行使。自债务人的行为发生之日起 5 年内没有行使撤销权的,该撤销权消灭。

撤销权的行使范围以债权人的债权为限,债权人行使撤销权的必要费用,由债务人负担。

> **【思考 6-17】**甲公司欠乙公司 30 万元,一直无力偿付。丙公司欠甲公司 20 万元,已经到期,但是,甲公司明确表示放弃对丙的债权。若你是乙公司,如何保护自身的合法权益?
>
> **【解析】**乙公司可以请求人民法院撤销甲公司放弃对丙公司债权的行为。《合同法》规定,债务人在对外负有债务的情况下,以赠与、免除等无偿行为处分债权,对债权人造成损害的,债权人可以请求人民法院撤销债务人的行为。

第五节 合同的担保

合同的担保是指依照法律规定或者当事人约定,为确保合同债权实现而采取的法律措施。合同的担保既可以在主合同中订立担保条款,也可以单独订立书面的担保合同。担保合同是主合同的从合同,主合同无效,担保合同无效。

根据《中华人民共和国担保法》的规定(以下简称《担保法》),法定的担保形式有保证、抵押、质押、留置和定金五种。

一、保证

保证是指第三人为债务人的债务履行作担保,由保证人和债权人约定,当债务人不履行债务时,保证人按照约定履行债务或承担责任的行为。

(一) 保证人

《担保法》规定，具有代为清偿债务能力的法人、其他组织或公民，可以作保证人。国家机关，学校、幼儿园、医院等以公益为目的的事业单位、社会团体，企业法人的分支机构、职能部门，不得作保证人。但是，在经国务院批准为使用外国政府或国际经济组织贷款进行转贷的情况下，国家机关可以作保证人；企业法人的分支机构有法人书面授权的，可以在授权范围内提供保证。

(二) 保证内容和保证方式

1. 保证内容

保证内容应当由保证人与债权人在以书面形式订立的保证合同中加以确定，保证人与债权人可以就单个主合同分别订立保证合同，也可以协议在最高债权额限度内就一定期间连续发生借款合同或者某项商品交易合同订立一个保证合同。

保证合同的内容应当包括：被保证的主债权种类、数额；债务人履行债务的期限；保证的方式；保证担保的范围；保证的期间；以及双方认为需要约定的其他事项。

2. 保证方式

保证方式分为一般保证和连带保证两种。

一般保证是指当事人在合同中约定，债务人不能履行债务时，由保证人承担保证责任。一般保证也称为"补差保证"，保证人享有先诉抗辩权，即债权人在主合同纠纷未经审判或仲裁，并就债务人财产依法强制执行仍不能履行债务前，对债权人可以拒绝承担保证责任。

连带保证的债务人在主合同规定的债务履行期届满没有履行债务的，债权人既可以要求债务人履行债务，也可以要求保证人在其保证担保的范围内承担保证责任。

当事人对保证方式没有约定或约定不明确的，按照连带责任承担保证责任。

【思考6-18】A企业与B企业签订了一份购销合同，由A企业向B企业供货10万元，B企业收货后1个月内付款，并约定由甲公司为B企业作一般保证。A企业依约履行后，B企业在1个月内未支付货款。A企业便向甲公司主张债权，被甲公司拒绝。试分析甲公司拒绝承担保证责任是否合法？

【解析】合法。甲公司承担的是一般保证，具有先诉抗辩权，A企业应先向B企业追偿货款。

3. 保证责任

保证人在约定的保证担保范围内承担保证责任。保证担保范围包括主债权及利息、违约金、损害赔偿金和实现债权的费用。当事人对保证担保的范围没有约定或约定不明确的，保证人应对全部债务承担责任。

同一债权既有保证又有物的担保的，属于共同担保。根据《物权法》的规定，被担保的债权既有物的担保又有人的担保，债务人不履行到期债务，债权人应当按照约定实现债权；没有约定或者约定不明确，债务人自己提供物的担保的，债权人应当先就该物的担保实现债权，债权人放弃物的担保，保证人在债权人放弃权利的范围内免除保证责任；第三人提供物的担保的，债权人可以就物的担保实现债权，也可以要求保证人承担保证责任。提供担保的第三人承担担保责任后，有权向债务人追偿。例如，甲向银行贷款 100 万元，以设备抵押 20 万元，丙作为保证人担保 80 万元，若在债务清偿中，银行放弃了设备抵押 20 万元，由于该设备是甲自己提供的，所以，丙企业的保证责任也将减轻 20 万元，只承担 60 万元的保证责任。假如该设备不是甲提供的，而是第三人的，银行放弃设备抵押 20 万元，不会影响保证人丙的责任，丙仍应承担 80 万元的担保责任。

在保证期间，债权人依法将主债权转让给第三人的，保证债权同时转让，保证人在原保证担保的范围内对受让人承担保证责任。债权人许可债务人转让部分债务未经保证人书面同意的，保证人对未经其同意转让的部分债务不再承担保证责任。但是，对未转让部分的债务仍应承担保证责任。债权人与债务人协议变动主合同内容未经保证人书面同意的，保证人不再承担保证责任。

(四) 保证期间

保证人在与债权人约定的保证期间或法律规定的保证期间内承担保证责任。保证人与债权人未约定保证期限的，保证期间为主债务履行期届满之日起 6 个月。在 6 个月内债权人不行使权利，保证责任解除。保证人就连续发生的债权作保证，未约定保证期间的，保证人可以随时书面通知债权人终止保证合同，但保证人对于通知到达债权人前所发生的债权承担保证责任。

二、抵押

抵押是指以债务人或第三人的特定财产在不转移占有的前提下，将该财产作为债权的担保，当债务人不履行债务时，债权人有权依照法律规定以该财产折价或拍卖、变卖该财产的价款优先受偿。该债务人或第三人为抵押人，债权人为抵押权人，提供担保的财产为抵押物。

(一) 抵押财产

抵押人只能以法律规定可以抵押的财产进行抵押。法律规定不可以抵押的财产，抵押人不得用于担保。

1. 可以设立抵押权的财产

根据《物权法》的规定，债务人或者第三人有权处分的下列财产可以抵押：①建筑物和其他土地附着物；②建设用地使用权；③以招标、拍卖、公开协商等方式取得的荒地等土地承包经营权；④生产设备、原材料、半成品、产品；⑤正在建造的建筑物、船舶、航空器；⑥交通运输工具；⑦法律、行政法规未禁止抵押的其他财产。

抵押人可以将上述所列财产一并抵押。

2. 不得设立抵押权的财产

根据《物权法》的规定，下列财产不得抵押。

(1) 土地所有权。

(2) 耕地、宅基地、自留地、自留山等集体所有的土地使用权，但法律另有规定的除外。

国务院《关于开展农村承包土地的经营权和农民住房财产权抵押贷款试点的指导意见》(国发〔2015〕45号)规定,在符合条件的地区,开展农村承包土地的经营权和农民住房财产权(简称"两权")抵押贷款试点,赋予"两权"抵押融资功能,维护农民土地权益。农民住房财产权设立抵押的,需将宅基地使用权与住房所有权一并抵押。

(3) 学校、幼儿园、医院等以公益为目的的事业单位、社会团体的教育设施、医疗卫生设施和其他社会公益设施。

(4) 所有权、使用权不明或有争议的财产。

(5) 依法被查封、扣押、监管的财产。

(6) 依法不得抵押的其他财产。如违法、违章的建筑物抵押的,抵押无效。

抵押人所担保的债权不得超出其抵押物的价值。财产抵押后,该财产的价值所担保债权的余额部分,可以再次抵押,但不得超出其余额部分。

3. 关于抵押财产的其他规定

建设用地使用权抵押后,该土地上新增的建筑物不属于抵押财产。该建设用地使用权实现抵押权时,应当将该土地上新增的建筑物与建设用地使用权一并处分,但新增建筑物所得的价款,抵押权人无权优先受偿。

以土地承包经营权抵押的,或者以乡镇、村企业的厂房等建筑物占用范围内的建设用地使用权一并抵押的,实现抵押权后,未经法定程序,不得改变土地所有权的性质和土地用途。

(二) 抵押合同和抵押物登记

抵押人和抵押权人应当以书面形式订立抵押合同。当事人以法律规定的需要办理抵押物登记的财产作抵押的,应当向有关部门办理抵押物登记,抵押合同自登记日起生效。根据《物权法》的规定,以建筑物和其他土地附着物,建设用地使用权,以招标、拍卖、公开协商等方式取得的荒地等土地承包经营权,正在建造的建筑物这四种财产设定抵押的,应当办理抵押登记,抵押权自登记之日起设立。

抵押登记记载的内容与抵押合同约定的内容不一致的,以登记记载的内容为准。以尚未办理权属证书的财产抵押的,只要当事人在一审法庭辩论终结前能够提供权利证书或者补办登记手续的,法院可以认定抵押有效。

当事人以《物权法》规定的生产设备、原材料、半成品、产品、交通运输工具和正在建造的船舶、航空器抵押或者其他动产设定抵押,抵押权自抵押合同生效时设立;未经登记,不得对抗善意第三人。

(三) 抵押的效力

抵押担保的范围包括主债权及利息、违约金、损害赔偿金和实现抵押权的费用。

抵押期间,抵押人经抵押权人同意转让抵押财产的,应当将转让所得的价款向抵押权人提前清偿债务或者提存。抵押期间,抵押人未经抵押权人同意,不得转让抵押财产,但受让人代为清偿债务消灭抵押权的除外。抵押物依法被继承或者赠与的,抵押权不受影响。抵押人将已出租的财产抵押的,应当书面告知承租人,原租赁合同继续有效。

【思考6-19】债务人甲将其所有的一套红木家具抵押给债权人乙,并进行抵押物登记。后来,甲无力清偿到期债务,乙要求实现抵押权。在此之前,甲已将红木家具转让给了丙,但未告知丙该红木家具已经抵押的情况,也没有征求乙的同意。试分析乙能否行使抵押权?为什么?

【解析】乙可以依法行使抵押权。根据《物权法》规定,抵押期间,抵押人未经抵押权人同意,不得转让抵押财产,但受让人代为清偿债务消灭抵押权的除外。本案中,甲未经抵押权人乙的同意便将红木家具转让给丙,因此,转让行为无效,乙可以行使抵押权。

(四) 抵押权的实现

债务履行期届满,债务人未履行债务,即抵押权人未受清偿的,抵押权人可以与抵押人协议以抵押物折价或拍卖、变卖后所得的价款受偿;协议不成的,可以向人民法院提起诉讼。抵押物折价或者拍卖、变卖后,其价款超过债权数额的部分归抵押人所有,不足部分由债务人清偿。

同一财产向两个以上债权人抵押的,拍卖、变卖抵押物所得的价款按照以下规定清偿:①抵押合同已登记生效的,按照抵押物登记的先后顺序清偿;顺序相同的,按照债权比例清偿。②抵押合同自签订之日起生效的,抵押物办理登记的,已登记的先于未登记的受偿;都登记的,按照登记的先后顺序清偿;未登记的,按照合同生效时间的先后顺序清偿;顺序相同的,按照债权比例清偿。

抵押权因抵押物灭失而灭失,灭失所得的赔偿金,应作为抵押财产。

三、质押

质押是指债务人或第三人将其动产或者权利移交债权人占有,该动产或者权利作为债权的担保,当债务人不履行债务时,债权人有权以该财产或者权利价值享有优先受偿的权利。质押包括动产质押和权利质押。

动产质押应签订书面质押合同,质押合同自质物移交质权人占有时生效。

权利质押是指以汇票、支票、本票、债券、存款单、仓单、提单,依法可以转让的股份、股票,依法可以转让的商标专用权、专利权、著作权中的财产权,应收账款,依法可以质押的其他权利等作为质权标的担保。一般自交付日生效,但以股票、商标专用权、专利权、著作权中的财产权出质的,应向有关部门办理出质登记,质押合同自登记之日起生效。

【思考6-20】下列哪些可以作为权利质押?(   )
A. 王某的汽车   B. 张某持有的国库券若干
C. 李某的存款单   D. 赵某的记名支票
【解析】正确答案是BCD。

四、留置

留置是指依照《担保法》和其他法律的规定,债权人按照合同约定占有债务人的动产,债务人不按照合同约定的期限履行债务的,债权人有权依法留置该财产,以该财产折价或以拍卖、变卖该财产的价款优先受偿。

留置的设立根据是法律的直接规定，所以又称法定担保物权。留置一般适用于劳务服务性合同，如保管合同、运输合同、承揽合同以及法律规定可以留置的其他合同发生的债权。

留置债权人负有妥善保管留置物的义务。因保管不善致使留置物毁损的，留置债权人应当承担民事责任。留置担保的范围包括：主债权及利息、违约金、损害赔偿金、留置物保管费用和实现留置权的费用。

债权人与债务人应在合同中约定，债权人留置财产后，债务人应在不少于两个月的期限内履行债务。未约定的，应确定两个月以上的期限，债权人通知债务人在该期限内履行债务。同一动产上已经设立抵押权或者质权，该动产又被留置的，留置权人优先受偿。

留置权因债权消灭或者债务人另行提供担保并被债权人接受而消灭。

【思考6-21】下列哪种合同中，债权人无权行使留置权？（ ）
A. 保管合同　　　　　　　　B. 运输合同
C. 加工承揽　　　　　　　　D. 购销合同
【解析】正确答案是D。

五、定金

定金是指合同当事人约定一方向对方给付一定数额的货币作为债权的担保。债务人履行债务后，定金抵作价款或收回。给付定金的一方不履行合同，无权要求返还定金；收受定金的一方不履行合同，应当双倍返还定金。

定金应以书面形式约定。定金合同自实际交付定金之日起生效。定金的数额由当事人约定，但不得超过主合同标的额的 20%。因不可抗力、意外事件致使主合同不能履行的，不适用于定金罚则。

【思考6-22】甲与乙订立了100台电视机的买卖合同，总价款为20万元，双方在合同中约定买方甲须向乙交付定金3万元，后甲并未支付。乙的下列哪些请求会得到法院支持？（ ）
A. 请求强制甲支付定金3万元　　B. 请求强制甲支付定金3万元并支付逾期利息
C. 请求甲继续履行合同　　　　　D. 请求甲承担违约责任
【解析】正确答案是CD。定金合同自实际交付定金之日起生效，甲未支付定金，因此，定金合同尚未生效，故不能强制执行；甲不支付定金，违反合同的约定，乙可以请求甲继续履行合同并承担违约责任。

第六节　合同的变更、转让和终止

一、合同的变更

合同变更仅指合同内容的变更，是指合同成立后未履行或未履行完毕之前，由于主、客观情况的变化而使合同的内容发生变化。合同变更的方式主要有三种。

(一) 当事人协议变更

合同是由当事人协商一致而订立的，经当事人协商一致，可以变更合同。但法律、行政法规规定变更合同应当办理批准、登记等手续的，应依照其规定办理批准、登记等手续方可变更。当事人对合同变更的内容应做明确约定，变更内容约定不明确的，推定为合同未变更。

(二) 法院或仲裁机构裁决变更

因重大误解或显失公平而订立的合同，当事人一方可以向人民法院或仲裁机构申请裁决变更或撤销合同。

(三) 基于法律的直接规定变更

如遭遇不可抗力导致债务人不能按期履行债务时，债务人可以减少债务数额或延期履行债务。

合同变更后，当事人应当按照变更后的合同履行。合同变更的效力原则上仅对未履行的部分有效，对已履行的部分无溯及力，但法律另有规定或当事人另有约定的除外。因合同的变更而使一方当事人受到经济损失的，受损一方可向另一方当事人要求损失赔偿。

二、合同的转让

合同的转让即合同主体的变更，是指当事人将依据合同享有的权利或者承担的义务，全部或部分转让给第三人的行为。合同转让包括合同权利的转让、合同义务的转移和合同权利义务的一并转让三种类型。

(一) 合同权利的转让

合同权利的转让是指不改变合同权利的内容，由债权人将合同权利全部或者部分转让给第三人的行为。一般情况下，当事人有权自主地将合同的权利全部或者部分转让给第三人，但有下列情形之一的除外。

(1) 根据合同性质不得转让。如当事人基于信任关系订立的委托合同、雇佣合同、赠与合同等。

(2) 按照当事人约定不得转让。

(3) 依照法律规定不得转让，如烟草专卖权、个人收藏的文物转让等。

此外，《合同法》规定，债权人转让权利的，应当通知债务人。未经通知，该转让对债务人不发生效力。债权人转让权利的通知不得撤销，但经受让人同意的除外。债权人转让权利的，受让人取得与债权有关的从权利，但该从权利专属于债权人自身的除外。

债务人接到债权转让通知后，债务人对让与人的抗辩，可以向受让人主张。债务人接到债权转让通知时，债务人对让与人享有债权，并且债务人的债权先于转让的债权到期或者同时到期的，债务人可以向受让人主张抵销。

【思考 6-23】甲公司卖给乙公司 1 万双棉鞋，价款为 100 万元。甲公司与丙公司协商，将该 100 万元债权转让给丙公司，甲公司将转让的事实通知乙公司。后丙公司向乙公司主张 100 万元的债权，乙公司对丙公司发出书面抵销通知，书面通知指出：甲公司尚欠乙公司 60 万元的煤炭货款，在甲公司转让债权之前就已经到期，因此只能给丙公司 40 万元。丙公司表示反对，指出甲、乙之间是另一纠纷，另一法律关系，与己无关，不得抵销。

【解析】丙公司的观点是错误的。依据《合同法》第八十三条的规定，乙公司主张抵销的通知是发生效力的。

(二) 合同义务的转移

合同义务的转移是指在不改变合同义务的前提下，经债权人同意，债务人将合同的义务全部或者部分转移给第三人。债务人将合同的义务全部或者部分转移给第三人，应当经债权人同意；否则，债务人转移合同义务的行为对债权人不发生效力。

债务人转移义务的，新债务人可以主张原债务人对债权人的抗辩。新债务人应当承担与主债务有关的从债务，但该从债务专属于原债务人自身的除外。

(三) 合同权利义务的一并转让

合同权利义务的一并转让是指经对方同意，当事人将自己依据合同所享有的权利和义务一并转让给第三人。合同关系的一方当事人将权利和义务一并转让时，除了应当征得另一方当事人的同意外，还应当遵守《合同法》有关转让权利和义务转移的其他规定。

当事人订立合同后合并的，由合并后的法人或者其他组织行使合同权利、承担合同义务。当事人订立合同后分立的，除债权人和债务人另有约定的以外，由分立的法人或者其他组织对合同的权利和义务享有连带债权，承担连带债务。

三、合同的终止

合同的终止，是指因某种法律事实的发生，使合同当事人权利义务关系归于消灭，即合同关系消灭。根据《合同法》的规定，合同在下列情形下得以终止。

(一) 债务已经按照约定履行

债务已经按照约定履行，使得订立合同的目的已经实现，合同确定的权利义务关系自然消灭，合同因此而终止。这是当事人期望的终止方式。

(二) 合同解除

合同解除是指在合同尚未履行完毕之前，双方当事人经协商一致同意提前终止合同关系或者当事人一方基于法定事由行使解除权提前终止合同关系。合同解除有约定解除和法定解除两种情况。

1. 约定解除

约定解除是指当事人通过行使约定解除权或者当事人协商一致而解除合同。在订立合同时，可以约定当事人一方或双方拥有合同解除权，当解除合同的条件成就时，解除权人可以解除合同。

合同生效后，未履行或未完全履行前，当事人也可以协议解除合同。

2. 法定解除

法定解除是指合同成立生效后，当事人根据法律规定解除合同。

《合同法》规定：有下列情形之一的，当事人可以解除合同：①因不可抗力致使不能实现合同目的；②在履行期限届满之前，当事人一方明确表示或者以自己的行为表明不履行主要债务；③当事人一方迟延履行主要债务，经催告后在合理期限内仍未履行；④当事人一方迟延履行债务或者有其他违约行为致使不能实现合同目的；⑤法律规定的其他情形。

当事人一方主张解除合同的，应当通知对方。合同自通知到达对方时解除。对方有异议的，可以请求人民法院或者仲裁机构确认解除合同的效力。当事人解除合同，法律、行政法规规定应当办理批准、登记等手续的，应依照其规定办理。合同解除后，尚未履行的，终止履行；已经履行的，根据履行情况和合同性质，当事人可以要求恢复原状、采取其他补救措施，并有权要求赔偿损失。

(三) 抵销

抵销是指当事人互负到期债务，又互享债权，以自己的债权充抵对方的债权，使自己的债务与对方的债务在等额内消灭。当事人互负到期债务，该债务的标的物种类、品质相同的，任何一方可以将自己的债务与对方的债务抵销，但依照法律规定或者按照合同性质不得抵销的除外。当事人主张抵销的，应当通知对方。通知自到达对方时生效。抵销不得附条件或者附期限。当事人互负债务，标的物种类、品质不相同的，经双方协商一致，也可以抵销。

(四) 提存

提存是指由于债权人的原因，债务人无法向其交付合同标的物而将该标的物交给提存机关，从而消灭合同的制度。

《合同法》规定，当有下列情形之一难以履行债务的，债务人可以将标的物提存：①债权人无正当理由拒绝受领；②债权人下落不明；③债权人死亡未确定继承人或者丧失民事行为能力未确定监护人；④法律规定的其他情形。

标的物提存后，除债权人下落不明的以外，债务人应当及时通知债权人或者债权人的继承人、监护人。标的物提存后，毁损、灭失的风险由债权人承担。提存期间标的物的孳息归债权人所有。提存费用由债权人负担。标的物不适于提存或者提存费用过高，债务人依法可以拍卖或者变卖标的物，提存所得的价款。

债权人领取提存物的权利，自提存之日起 5 年内不行使而消灭，提存物扣除提存费用后归国家所有。

【思考 6-24】甲企业与乙商场签订了一份西装购销合同，甲企业按期供货时，发现乙商场装修，相关人员不知去向，于是便将西装交到了公证处提存，公证处依法进行了提存。半个月后，当地发生洪灾，西装被浸泡变形。1 个月后，乙商场恢复营业，拒绝领取西装。甲企业多次向乙商场催要货款，遭拒绝。试分析乙商场的做法是否合法？

【解析】不合法。标的物提存后，毁损、灭失的风险由债权人承担。乙商场应支付货款及相关提存费用。

(五) 免除

免除是指债权人放弃部分或全部债权，免除债务人部分或者全部债务的一种单方法律行为。免除应由债权人向债务人作出明确的意思表示。免除债务后，债权的从权利如从属于债权的担保权利、利息权利、违约金请求权等也随之消灭。

(六) 债权债务同归于一人

债权和债务同归于一人的，合同的权利义务终止，但涉及第三人利益的除外。如当债权为他人质权的标的时，为保护质权人的利益，不得使债权因合并而消灭。

(七) 法律规定或者当事人约定终止的其他情形

除了上述合同的权利义务终止的情形以外，出现了法律规定的终止的其他情形的，合同的权利义务也可以终止。如《民法通则》规定，代理人死亡、丧失民事行为能力，作为被代理人或代理人的法人终止，委托代理终止。

合同无效、被撤销或终止的，不影响合同中独立存在的有关解决争议方法的条款的效力，不影响合同中结算和清理条款的效力。

第七节 违约责任

一、违约责任的主要形式

违约责任，即违反合同的民事责任，是指合同当事人一方不履行合同义务或者履行合同义务不符合约定时，依照法律规定或合同约定所承担的法律责任。

一般来说，违约责任的追究要在合同履行期限届满时才能行使，但在合同生效后履行期限届满前，当事人一方明确表示或以自己的行为表明不履行合同义务的，对方可以在履行期限届满之前要求其承担违约责任。根据《合同法》的规定，违约的当事人承担违约责任的主要形式如下。

(一) 继续履行

继续履行又称实际履行，是指合同一方当事人不履行合同或者履行合同不符合约定的情况下，要求违约方仍然按照合同的约定履行义务的一种承担违约责任的方式。但在下列情况下除外：一是法律上或事实上不能履行，如破产等；二是债务的标的不适于强制履行或者履行费用过高；三是债权人在合理期限内未要求履行。

(二) 采取补救措施

《合同法》规定，质量不符合约定的，应当按照当事人的约定承担违约责任。对违约责任没有约定或者约定不明确的，依照本法第六十一条的规定仍不能确定的，受损害方根据标的的性质以及损失的大小，可以合理选择要求对方承担修理、更换、重做、退货、减少价款或者报酬等违约责任。

(三) 赔偿损失

赔偿损失是指合同当事人一方不履行合同或者不适当履行合同给对方造成损失的，应依法或依照合同约定承担赔偿责任。损失赔偿额应当相当于因违约所造成的损失，包括合同履行后可以获得的利益，但不得超过违反合同一方订立合同时预见到或者应当预见到的因违反合同可能造成的损失。

当事人一方违约后，对方应当采取适当措施防止损失的扩大；没有采取适当措施致使损失扩大的，不得就扩大的损失要求赔偿。当事人因防止损失扩大而支出的合理费用，由违约方承担。

(四) 支付违约金

违约金是指当事人在合同中约定，一方当事人不履行合同义务或履行合同义务不符合约定时应当根据情况向对方支付一定数额的货币。

当事人可以约定一方违约时应当根据违约情况向对方支付一定数额的违约金，也可以约定因违约产生的损失赔偿额的计算方法。约定的违约金低于造成的损失的，当事人可以请求人民法院或者仲裁机构予以增加；约定的违约金过分高于造成的损失的，当事人可以请求人民法院或者仲裁机构予以适当减少。

(五) 定金责任

定金既是一种债的担保形式，又是一种违约责任形式。当事人既约定定金，又约定违约金的，一方违约时，对方可以选择适用违约金或者定金。

【思考6-25】甲、乙两公司签订了价值50万元的买卖合同，甲支付给乙8万元定金，同时又约定任何一方违约须向对方支付10万元违约金。后甲方违约，给乙造成损失9万元。乙要求甲承担违约责任，除定金8万元不退还后，还要求甲支付违约金10万元和赔偿损失9万元。试分析乙的要求是否合法？为什么？

【解析】不合法。违约金与定金不能并用，只能选择其一。若选择违约金方式，则应将定金退回，同时由于违约金足以弥补损失，不能再主张赔偿损失；若选择定金方式，因定金8万元不足以弥补损失9万元，还可以主张赔偿金1万元。

二、违约责任的免除

违约责任的免除是指在合同的履行过程中，由于法律规定的或者当事人约定的免责事由致使当事人不能履行合同义务或者履行合同义务不符合约定的，当事人可以免予承担违约责任。

一般来说，在合同订立之后，如果一方当事人没有履行合同或者合同不符合约定，不论是自己的原因，还是第三人的原因，都应当向对方承担违约责任，即我国使用的是无过错责任原因。只有在法定的免责事由或约定的免责事由导致合同不能履行时，才能免责。

《合同法》规定了三种免责事由：不可抗力、免责条款和法律的特别规定。

(一) 不可抗力

不可抗力是指不能预见、不能避免并不能克服的客观情况。《合同法》规定，因不可抗力不能履行合同的，根据不可抗力的影响，部分或者全部免除责任。但是，当事人迟延履行后发生不可抗力的，不能免除责任。

不可抗力包括某些自然现象和某些社会现象(如战争等)。当事人一方因不可抗力不能履行合同的，应当及时通知对方，以减轻可能给对方造成的损失，并应当在合理期限内提供证明。

(二) 免责条款

当事人可以在合同中约定，当出现一定的事由或条件时，可免除违约方的违约责任。但免责条款不得违反法律、行政法规的强制性规定。

(三) 法律的特别规定

在法律有特别规定的情况下，可以免除当事人的违约责任。如承运人对运输过程中货物的毁损、灭失承担损害赔偿责任，但承运人证明货物的毁损、灭失因不可抗力、货物本身的自然性质或者合理损耗以及托运人、收货人的过错造成的，不承担损害赔偿责任。

【案例6-2】甲、乙两公司采用合同书形式订立了一份买卖合同，双方约定由甲公司向乙公司提供150台精密仪器，甲公司于7月31日以前交货，并负责将货物运至乙公司，乙公司在收到货物后10日内付清货款。合同订立后双方均未签字盖章。6月28日，甲公司与丙运输公司订立了货物运输合同，双方约定由丙公司将150台精密仪器运至乙公司。7月1日，丙公司先运了100台精密仪器至乙公司，乙公司全部收到，并于7月8日将100台精密仪器的货款付清。7月20日，甲公司掌握了乙公司转移财产、逃避债务的确切证据，随即通知丙公司暂停运输其余50台精密仪器并通知乙公司中止交货，要求乙公司提供担保；乙公司及时提供了担保。7月26日，甲公司通知丙公司将其余50台精密仪器运往乙公司，丙公司在运输途中发生了交通事故，50台精密仪器全部毁损，致使甲公司7月31日前不能按时全部交货。10月5日，乙公司要求甲公司承担违约责任。试分析：

(1) 甲、乙公司订立的买卖合同是否成立？
(2) 甲公司7月20日中止履行合同的行为是否合法？
(3) 乙公司10月5日要求甲公司承担违约责任的行为是否合法？
(4) 丙公司对货物毁损应承担什么责任？

【分析】

(1) 甲、乙之间订立的买卖合同成立。双方虽然未签字盖章，但一方履行主要义务，对方也接受的，合同成立。

(2) 甲公司中止履行合同的行为合法。甲行使的是不安抗辩权，当债务人丧失偿债能力时，先履行一方可以暂停履行。

(3) 乙的要求合法。合同法规定的违约责任是无过错责任，只要发生违约行为，即追究违约责任，除非有免责事由，本案中不存在免责事由，所以乙的要求合法。

(4) 丙公司对货物毁损应承担赔偿责任，丙不具备免责事由。

第八节 主要合同

一、买卖合同

(一) 买卖合同的概念

买卖合同是指出卖人转移标的物的所有权于买受人,买受人支付价款的合同。买卖关系的主体是出卖人和买受人,交付财产取得价款的一方称为出卖人,接受财产支付价款的一方称为买受人。

(二) 买卖合同的标的物

出卖的标的物,应当属于出卖人所有或者出卖人有权处分的物,可以是现实存在的物,也可以是将来产生的物。法律禁止流通的物不得作为买卖标的物。

1. 标的物所有权的转移

标的物的所有权自标的物交付时起转移,但法律另有规定或者当事人另有约定的除外。在一般情况下,合同标的物何时交付,标的物所有权就何时转移,即二者同步转移。但在特殊情况下,标的物所有权并非与标的物的交付同时转移,如机动车买卖、房屋买卖等合同,其所有权均在自有关国家部门完成登记之时转移。

2. 标的物的风险承担

标的物的风险,是指在买卖合同成立后至终止前,标的物因不可归责于当事人任何一方的事由而发生的毁损、灭失。

标的物毁损、灭失的风险,在标的物交付之前由出卖人承担,交付之后由买受人承担,但法律另有规定或者当事人另有约定的除外。这表明我国法律对风险承担采取的是"交付转移风险"或"风险随交付"的原则。根据《合同法》的有关规定,买卖合同标的物风险承担的规则主要有下列内容。

(1) 一般情形下,标的物风险在标的物交付之前由出卖人承担,交付之后由买受人承担。

(2) 由于买受人的原因致使标的物不能按照约定的期限交付的,买受人应当自违反约定之日起承担标的物风险。

(3) 出卖人出卖交由承运人运输的在途标的物,除当事人另有约定外,买受人应自合同成立时起承担标的物风险。

(4) 当事人没有约定交付地点或者约定不明确,而由出卖人将标的物交付给第一承运人的,买受人自标的物交付时起承担标的物风险。

(5) 出卖人按照约定或者依照法律有关规定将标的物置于交付地点,买受人违反约定没有收取的,买受人自违反约定之日起承担标的物风险。

(6) 出卖人未按照约定交付有关标的物的单证和资料的,不影响标的物风险的转移,即标的物风险的转移不受上述单证、资料是否交付的影响。

(7) 因标的物质量不符合质量要求,致使不能实现合同目的,买受人拒绝接受或者解除合同的,标的物风险由出卖人承担。

(三) 标的物的检验

出卖人交付标的物后，买受人应对收到的标的物在约定的检验期间内检验。没有约定检验期间的，应当及时检验。当事人约定检验期间的，买受人应当在检验期间将标的物存在的问题及时通知出卖人。买受人怠于通知的，视为标的物符合约定。

> 【思考 6-26】甲在首饰店看到一款式样很新颖的钻戒，要价 4 500 元。她非常想买但又未带够钱，而该钻戒仅剩一枚。于是便与首饰店老板商定，先付 2 000 元，第二天再付足余款并取走钻戒。孰料当晚首饰店发生盗窃案，该钻戒被盗。第二天商场要求甲交清欠款，但却不承担钻戒被盗的责任。甲诉至法院，法院应如何审理此案？
>
> 【解析】应由金店承担风险，退回甲预付款 2 000 元。标的物毁损、灭失的风险，在标的物交付之前由出卖人承担，交付之后由买受人承担，但法律另有规定或者当事人另有约定的除外。本案中首饰店尚未将钻戒交付于甲，当事人又没有另外约定。因此，应由金店承担风险。

二、借款合同

借款合同是指借款人向贷款人借款，到期返还借款并支付利息的合同。订立借款合同，贷款人可以要求借款人依照《担保法》的规定提供担保。

借款合同采用书面形式，但自然人之间借款另有约定的除外。

借款人应当按照约定的期限返还借款。贷款人未按照约定的日期、数额提供借款，造成借款人损失的，应当赔偿损失。借款人未按照约定的借款用途使用借款的，贷款人可以停止发放借款、提前收回借款或者解除合同。

借款的利息不得预先在本金中扣除。利息预先在本金中扣除的，应当按照实际借款数额返还借款并计算利息。借款人应当按照约定的期限支付利息。对支付利息的期限没有约定或约定不明确的，当事人可以协议补充；不能达成补充协议时，借款期间不满 1 年的，应当在返还借款时一并支付；借款期间在 1 年以上的，应当在每届满 1 年时支付，剩余期间不满 1 年的，应当在返还借款时一并支付。

自然人之间的借款合同对支付利息没有约定或约定不明确的，视为不支付利息；除自然人之间借贷的外，借贷双方对借贷利息约定不明，出借人主张利息的，人民法院应当结合民间借贷合同的内容，并根据当地或者当事人的交易方式、交易习惯、市场利率等因素确定利息。

约定支付利息的，借款的利率不得违反国家有关限制借款利率的规定。借贷双方约定的利率未超过年利率 24%，出借人请求借款人按照约定的利率支付利息的，人民法院应当予以支持。借贷双方既未约定借期内的利率，也未约定逾期利率，出借人主张借款人自逾期还款之日起按照年利率 6%支付资金占用期间利息的，人民法院应予支持。约定了借期内的利率但未约定逾期利率，出借人主张借款人自逾期还款之日起按照借期内利率支付资金占用期间利息的，人民法院应当予以支持。

借款人未按照约定的期限返还借款的，应当按照约定或国家有关规定支付逾期利息。借款人提前偿还借款的，除当事人另有约定的以外，应当按照实际借款的期间计算利息。

三、租赁合同

租赁合同是指出租人将租赁物交付给承租人使用、收益，承租人支付租金的合同。其内容包括租赁物的名称、数量、用途、租赁期限、租金以及其支付期限和方式、租赁物维修等条款。租赁期限不得超过20年，超过20年的，超过部分无效。租赁期间届满，当事人可以续订租赁合同，但约定的租赁期限自续订之日起不得超过20年。租赁期限6个月以上的，应当采用书面形式。未采用书面形式的，都视为不定期租赁，当事人可以随时解除合同，但出租人解除合同应当在合理期限之前通知承租人。

出租人应依照合同约定的时间和方式交付租赁物，并在租赁期间履行租赁物的维修义务，保持租赁物符合约定的用途。承租人应当按照约定的方法或按照租赁物的性质使用租赁物，并应当妥善保管租赁物，如因保管不善造成租赁物毁损、灭失的，应当承担损害赔偿责任。

承租人应当按照约定的期限支付租金。承租人无正当理由未支付租金或延期支付租金的，出租人可以要求承租人在合理期限内支付。承租人逾期不支付的，出租人可以解除合同。承租人经出租人同意，可以对租赁物进行改善和增设他物。承租人未经出租人同意对租赁物进行改善和增设他物的，出租人可以请求承租人恢复原状或赔偿损失。

承租人转租租赁物须经出租人同意。转租期间，承租人与出租人的租赁合同继续有效，第三人不履行对租赁物妥善保管义务造成损失的，由承租人向出租人负赔偿责任。承租人未经同意而转租的，出租人可终止合同。

租赁物在租赁期间发生所有权变动的，不影响租赁合同的效力，即"买卖不破租赁"。

租赁期间届满，承租人继续使用租赁物，出租人没有提出异议的，原租赁合同继续有效，但租赁期限为不定期。

【案例6-3】 甲做生意急需资金20万元，遂向乙借款10万元，以其价值15万元左右的祖传紫砂壶作抵押，双方立有抵押字据，但未办理抵押登记。甲向丙借款10万元，又以该祖传紫砂壶做了质押，双方立有质押字据，但因要参加收藏品展览，没有将紫砂壶交付给丙。甲的资金缺口越来越大，就找到了丁，表示愿意以12万元的价格将祖传紫砂壶卖给丁，二人签订了一份买卖协议，丁交付了3万元定金，约定三天后交付余款和紫砂壶。次日，文物爱好者戊得知其要卖的消息后，主动找到某甲，愿意出18万元购买，甲同意，戊当场付款后取走了该壶。三天后丁携款来到甲处，欲交付余款，取走紫砂壶，方知紫砂壶已经卖给了戊。于是丁要求戊返还紫砂壶。借款期限到来，甲无力清偿借款，又与乙、丁发生了纠纷。试分析：

(1) 乙可以行使抵押权吗？为什么？
(2) 丙可以行使质押权吗？为什么？
(3) 丁可以要求戊返还紫砂壶吗？为什么？
(4) 丁应当怎样追究甲的违约责任？为什么？

【分析】

(1) 乙不能行使抵押权。虽然甲、乙签订了抵押合同，紫砂壶作为动产，不属于法定须办理抵押物登记的财产，抵押合同自签订日起已经生效，但是，由于他们未办理抵押登记，乙的抵押权不得对抗第三人。

(2) 丙不能行使质押权。质押合同自交付日起生效，甲未交付质物，质押合同不生效。

(3) 丁不能要求戊返还紫砂壶。标的物的所有权自标的物交付时起转移，但法律另有规定或者当事人另有约定的除外，本案中，甲已将紫砂壶交付给戊，戊即取得紫砂壶的所有权，丁不能要求戊返还紫砂壶。

(4) 丁可以要求甲双倍返还定金4.8万元，如果还有其他损失，还可以要求甲赔偿。定金数额不得超过主合同标的额的20%。本案中，主合同标的额为12万元，定金数额最多为2.4万元，而丁却支付了3万元，因此，只能要求甲应返还定金4.8万元而非6万元。

【案例6-4】甲为加入A合伙企业需要一笔资金，于2012年3月1日向乙借款5万元，双方以书面合同约定：借款期限为两年，年利率为6%，两年应付利息由乙预先在借款本金中一次扣除；借款期满时甲一次性偿还全部贷款。丙为甲的保证人，与乙签订保证合同，约定丙承担一般保证责任，保证期间为自借款期满之日起1年，但未就保证担保的范围作约定。乙依约向甲交付借款。不久，甲加入了A合伙企业。借款期满后，乙因经济业务欠A企业4万元，因此向A合伙企业主张，就甲欠乙的借款与乙欠A合伙企业的债务在对等数额内抵销，但遭A企业拒绝。随后，乙请求甲偿还借款，并要求丙承担保证责任。甲以资金不足为由拒绝还款，丙也拒绝承担保证责任。试分析：

(1) 甲、乙签订的借款合同中有哪些内容不符合法律规定？
(2) 丙承担的保证责任的范围应是什么？
(3) A合伙企业是否有权拒绝乙的债务抵销请求？为什么？
(4) 丙拒绝承担保证责任是否符合法律规定？

【分析】

(1) 借款合同约定利息由乙预先从本金中一次扣除不符合法律规定。借款利息不得预先在本金中扣除。

(2) 丙承担的保证责任范围包括主债权及利息、违约金、损害赔偿金和实现债权的费用。

(3) A合伙企业有权拒绝乙的债务抵销请求。合伙企业中某一合伙人的债权人，不得以其对该合伙人的债权抵销其对合伙企业的债务。

(4) 丙拒绝承担保证责任符合法律规定。一般保证的保证人有先诉抗辩权。

复习思考题

1. 什么是要约？要约的条件有哪些？
2. 什么是承诺？承诺的条件有哪些？
3. 无效合同的情形有哪些？
4. 试述无效合同、可撤销合同、效力待定合同的区别。
5. 一般保证与连带保证有何区别？
6. 抵押登记有什么法律效力？
7. 什么是违约责任？承担违约责任的主要形式有哪些？

强化训练

一、单项选择题

1. 甲发信给一直想买其纪念邮票的乙说:"这套邮票欲以500元卖给你,请于10日内答复。"信件落款日期为3月2日。信件3月4日到达乙处,乙3月11日回信愿意购买,回信于3月13日到达甲处。下列说法正确的是(　　)。
   A. 甲的要约于3月2日生效　　B. 乙的承诺于3月11日生效
   C. 乙的承诺于3月13日生效　　D. 甲、乙之间未达成买卖邮票合同

2. 一方以欺诈或胁迫手段或乘人之危,使对方在违背真实意思的情况下订立合同,可以请求撤销的一方是(　　)。
   A. 受害方　　B. 侵权方　　C. 双方都可以　　D. 法院或仲裁机构

3. 某甲的儿子患重病住院,急需用钱,某乙趁机表示愿意借给10 000元,但半年后须加倍偿还,否则以甲的房子代偿,甲表示同意。下列关于该合同效力的说法正确的是(　　)。
   A. 有效合同　　B. 无效合同　　C. 可撤销合同　　D. 效力待定合同

4. 甲、乙订立一份买卖某名贵花瓶的合同,履行期届满后,甲未交付该花瓶。后发生地震,该花瓶灭失。该风险责任应如何承担?(　　)
   A. 甲　　B. 乙　　C. 甲和乙　　D. 甲或乙

5. 甲企业与乙企业对丙企业的债务同时提供保证担保,没有约定保证份额的,依法应承担(　　)。
   A. 一般保证责任
   B. 连带保证责任
   C. 一般保证责任或连带保证责任
   D. 一般保证责任和连带保证责任

6. 甲公司与乙公司达成笔记本电脑买卖合同,在下列(　　)情况下,甲公司与乙公司之间的合同并不一定无效。
   A. 甲公司胁迫乙公司订立该合同,损害了国家利益
   B. 甲公司与乙公司恶意签订该合同,损害丙公司利益
   C. 甲公司与乙公司的合同在买卖笔记本电脑名义下购销毒品
   D. 合同中约定,因合同造成的乙公司人员的人身伤亡,甲公司概不负责

7. 甲公司向乙公司借款100万元,并以本公司的一辆价值80万元的轿车办理了抵押,并进行了抵押登记。乙公司仍不放心,要求甲公司提供保证人,甲公司遂找丙公司作为保证人,保证担保未约定范围。下面有关保证人的保证责任说法正确的是(　　)。
   A. 丙公司对100万元主债权承担保证责任
   B. 丙公司对80万元主债权承担保证责任
   C. 丙公司对20万元主债权承担保证责任
   D. 丙公司无须承担保证责任

8. 除法律另有规定或当事人另有约定外,买卖合同标的物的所有权转移时间为(　　)。

A. 合同成立时 B. 合同生效时
C. 标的物交付时 D. 买方付清标的物价款时

9. 甲、乙双方订立买卖合同，甲为出卖人，乙为买受人，约定收货后10日内付款。甲在交货前有确切证据证明乙经营状况严重恶化，甲可依法采取的措施是(　　)。

A. 行使同时履行抗辩权 B. 行使后履行抗辩权
C. 行使不安抗辩权 D. 行使撤销权

10. 甲公司以所持股份向银行质押贷款，该质押合同生效的时间是(　　)。

A. 借款合同签订之日
B. 质押合同签订之日
C. 向证券登记机构申请办理出质登记之日
D. 证券登记机构办理出质登记之日

11. 下列各项中，可以为合同债务人的债务履行作保证人的是(　　)。

A. 学校 B. 医院 C. 企业 D. 残疾人联合会

12. 根据我国《合同法》的规定，违约责任的归责原则为(　　)。

A. 过错责任原则 B. 无过错责任原则
C. 过错推定责任原则 D. 公平责任原则

13. 甲、乙双方于1月7日订立买卖1000台彩电的合同，价款200万元，双方约定：甲支付全部价款后，彩电的所有权才转移给甲。乙于2月4日交付了1000台彩电，甲于3月5日支付了100万元，5月6日支付了剩余的100万元。下列关于彩电所有权转移的表述中，符合《合同法》规定的是(　　)。

A. 3月5日1000台彩电所有权转移
B. 3月5日500台彩电所有权转移
C. 2月4日1000台彩电所有权转移
D. 5月6日1000台彩电所有权转移

14. 甲公司因生产需要，准备购入一套大型生产设备。4月1日，甲公司向乙设备厂发出了一份详细的书面要约，并在要约中注明：请贵公司于4月20日前答复，否则该要约将失效。该要约到达乙设备厂后，甲公司拟撤销该要约。根据合同法律制度的规定，下列关于该要约能否撤销的表述中，正确的是(　　)。

A. 该要约可以撤销，只要乙设备厂尚未发出承诺
B. 该要约可以撤销，只要乙设备厂的承诺尚未到达甲公司
C. 该要约可以撤销，只要乙设备厂尚未为履行合同做准备工作
D. 该要约不得撤销，因为要约人在要约中确定了承诺期限

15. 陈某在8月1日向李某发出一份传真，出售房屋一套，面积90平方米，价款260万元，合同订立后7日内一次性付清，如欲购买请在3日内回复。李某当日传真回复表示同意购买，但要求延期付款，陈某未回复。8月3日，李某再次给陈某发传真，表示同意按照陈某传真的条件购买，陈某仍未回复。下列关于陈某、李某之间合同成立与否的表述中，符合合同法律制度规定的是(　　)。

A. 李某的第一次传真回复为承诺，合同成立
B. 李某的第二次传真回复为新要约，陈某未表示反对，合同成立

C. 李某的两次传真回复均为新要约,合同不成立。
D. 李某的第二次传真回复为承诺,合同成立。

16. 地处江南甲地的陈某向地处江北乙地的王某购买五吨苹果,约定江边交货,后双方就交货地点应在甲地的江边还是乙地的江边发生了争议,无法达成一致意见,且按合同有关条款或者交易习惯无法确定。根据合同法律制度的规定,苹果的交付地点应是(　　)。
   A. 乙地的江边　　　　　　　　B. 由陈某选择甲地或者乙地的江边
   C. 由王某选择甲地或者乙地的江边　D. 甲地的江边

17. 根据合同法律制度的规定,当事人在合同中对履行方式没有约定或者约定不明确,不能达成补充协议,且无法按照合同有关条款或者交易习惯确定的,应按照法律规定的方式履行该方式是(　　)。
   A. 有利于实现合同目的的方式　　B. 有利于债权人的方式
   C. 有利于债务人的方式　　　　　D. 有利于总体经济效益的方式

18. 甲公司向乙银行借款20万元,借款期限为2年。借款期满后,甲公司无力偿还借款本息,此时,甲公司对丙公司享有到期债权10万元,却不积极主张,乙银行拟行使代位权。下列关于乙银行行使代位权的表述中,符合合同法律制度规定的是(　　)。
   A. 乙银行可以直接以甲公司的名义行使对丙公司的债权
   B. 乙银行行使代位权应取得甲公司的同意
   C. 乙银行应自行承担行使代位权所支出的必要费用
   D. 乙银行必须通过诉讼方式行使代位权

19. 甲企业向乙银行申请贷款,还款日期为2013年12月30日。丙企业为该债务提供保证担保,但未约定保证方式和保证期间。后甲企业申请展期,与乙银行就还款期限做了变更,还款期限延至2014年12月30日,但未征得丙企业的书面同意。展期到期,甲企业无力还款,乙银行遂要求丙企业承担保证责任。根据担保法律制度的规定,下列关于丙企业是否承担保证责任的表述中,正确的是(　　)。
   A. 不承担,因为保证期间已过
   B. 应承担,因为保证合同有效
   C. 应承担,因为丙企业为连带责任保证人
   D. 不承担,因为丙企业的保证责任因还款期限的变更而消灭

20. 李某向陈某借款10万元,将一辆卡车抵押给陈某。抵押期间,卡车因车祸严重受损。李某将卡车送到某修理厂大修。后李某无力支付2万元修理费,修理厂遂将卡车留置。经催告,李某在约定的合同期间仍未支付修理费。此时,李某亦无法偿还欠陈某的到期借款,陈某要求修理厂将卡车交给自己依法进行拍卖,修理厂拒绝。下列关于该争议如何处理的表述中,符合物权法律制度规定的是(　　)。
   A. 修理厂应将卡车交给陈某依法拍卖,修理费只能向李某主张
   B. 陈某应当向修理厂支付修理费,其后修理厂应向陈某交付卡车
   C. 修理厂应将卡车交给陈某依法拍卖,拍卖所得自己优先偿付借款,剩余部分修理厂有优先受偿权
   D. 修理厂可将卡车依法拍卖,所得资金优先偿付修理费,剩余部分陈某有优先受偿权

二、多项选择题

1. 甲方违约,给对方乙造成损失15万元,合同规定违约金比例为货款总额的10%,货款总额为200万元,下面的说法不正确的有( )。
   A. 甲应赔偿乙15万元
   B. 甲应赔偿乙200万元
   C. 甲应赔偿乙20万元
   D. 甲应赔偿乙15万元损失,同时支付违约金20万元

2. 下列有关合同成立的表述中,正确的有( )。
   A. 承诺生效时合同成立
   B. 承诺人收到要约时合同成立
   C. 要求签订确认书的,签订确认书时合同成立
   D. 采用合同书形式的,自双方当事人签字或者盖章时合同成立

3. 在下列哪些情况下,要约不得撤销?( )
   A. 要约人确定了承诺期限
   B. 受要约人有理由认为要约是不可撤销的,并且已经为履行合同做了准备工作
   C. 要约中明示要约不可撤销
   D. 要约已经到达受要约人

4. 下列情形中,债权人可以请求人民法院予以撤销的有( )。
   A. 债务人怠于行使其到期债权
   B. 债务人放弃其到期债权
   C. 债务人无偿将财产赠与他人
   D. 债务人以明显不合理的低价转让财产,但受让人不知道

5. 下列属于无效合同的有( )。
   A. 显失公平的合同
   B. 以合法形式掩盖非法目的的合同
   C. 一方以欺诈手段订立的损害国家利益的合同
   D. 恶意串通签订的合同

6. 应当先履行债务的当事人,可以中止履行的情形有( )。
   A. 经营状况严重恶化的
   B. 严重丧失商业信誉的
   C. 转移财产、抽逃资金,以逃避债务的
   D. 有丧失或者可能丧失履行能力的其他情形的

7. 下列合同中,属于效力待定合同的有( )。
   A. 甲、乙恶意串通损害第三人利益的合同
   B. 甲企业法定代表人超越权限与善意第三人签订的合同
   C. 代理人超越权限与善意第三人签订的合同
   D. 限制民事行为能力人甲与他人订立的买卖合同

8. 下列不得用于抵押的财产有( )。

A. 依法封存的财产 B. 耕地使用权
C. 抵押人所有的机器设备 D. 医院的医疗卫生设施

9. 下列格式条款属于无效的有(　　)。
   A. 损害社会公共利益的格式条款 B. 违反法律强制性规定的格式条款
   C. 有两种以上解释的格式条款 D. 有造成对方人身伤害的免责条款

10. 甲、乙签订合同，约定甲向乙出售一批冰箱，在履行合同过程中的下列(　　)情况下，甲可以将冰箱提存。
    A. 乙无故拒绝受领甲交付的冰箱
    B. 乙搬离原住处未通知甲，致使债务履行困难
    C. 乙病逝，尚未确定继承人，致使债务履行困难
    D. 乙精神失常，尚未确定监护人，致使债务履行困难

11. 根据《担保法》规定，下列属于无效保证合同的有(　　)。
    A. 甲公立大学与乙银行签订保证合同，为丙企业的贷款提供保证
    B. 陈某与债权人李某签订的未约定保证担保范围的保证合同
    C. 甲行政机关与乙银行签订保证合同，为丙公司的贷款提供保证
    D. 甲公司的部门经理以该部门的名义与债权人签订的保证合同

12. 根据《物权法》规定，债务人或者第三人有权处分的下列权利中，可以出质的有(　　)。
    A. 支票 B. 土地承包经营权
    C. 可以转让的基金份额 D. 应收账款

13. 根据《物权法》规定，以下列权利出质的，质权自交付权利凭证时设立的有(　　)。
    A. 基金份额 B. 注册商标专用权
    C. 仓单 D. 存款单

14. 下列关于租赁合同解除的表述中，正确的有(　　)。
    A. 租赁物在租赁期间发生所有权变动，买受人不愿继续出租的，可以解除租赁合同
    B. 承租人无正当理由未支付租金，经催告在合理期间内仍不支付的，出租人可以解除合同
    C. 租赁物危及承租人的安全或健康的，承租人可以随时解除合同
    D. 承租人未经出租人同意转租的，出租人可以解除合同

15. 李某向王某借款 5 万元，约定借款期限半年，但未提及是否支付利息。半年后，因李某未如期归还，王某多次催要未果，向法院起诉要求李某还本付息。根据合同法律制度的规定，下列关于支付借款利息的主张中，不会得到法院支持的是(　　)。
    A. 王某要求李某依当地习惯按年利率 15% 支付借款使用期间的利息
    B. 王某要求李某依当地习惯按年利率 20% 支付逾期还款期间的利息
    C. 王某要求李某按同期银行贷款利率支付借款使用期间的利息
    D. 王某要求李某按年利率 6% 支付逾期还款期间的利息

三、判断题

1. 对于可撤销的合同，当事人请求变更的，人民法院或者仲裁机构不得撤销。(　　)

2. 受要约人对要约的内容作出实质性变更的,为新要约。   ( )
3. 格式条款有两种以上解释的,应采纳提供格式条款方的解释。   ( )
4. 限制民事行为能力人订立的合同,必须经法定代理人追认后才有效。   ( )
5. 合同履行期限不明确的,债务人可以随时履行,债权人也可以随时要求履行。( )
6. 当事人迟延履行后发生不可抗力的,部分或者全部免除责任。   ( )
7. 保证合同中未约定保证方式的,保证人承担连带保证责任。   ( )
8. 当事人一方由于第三人的原因造成违约的,应当由第三人向对方承担违约责任。
                                                                ( )
9. 债务人转让债务,应通知债权人,未经通知,该转让对债权人不发生效力。( )
10. 抵押合同未办理抵押物登记的,不具有法律效力。   ( )

四、案例分析题

1. 4月1日,某建筑公司为买进一批水泥,分别向甲水泥厂和乙水泥厂发出了信函,内容如下:我公司急需某型号水泥 100 吨,如果你厂有货,请立即发货,价格以收货地当天的市场价为准,货到付款。甲水泥厂和乙水泥厂都积极组织发货。甲水泥厂于 4 月 3 日向某建筑公司交付某型号水泥 100 吨,收货地当天的市场价为每吨 400 元,某建筑公司验货付款。乙水泥厂于 4 月 5 日将 100 吨某型号水泥运至某建筑公司处,收货地当天的市场价为每吨 450 元,某建筑公司拒绝接受该批货物,理由是其发出的信函仅为订货意向,双方并没有订立合同。乙水泥厂遂向人民法院起诉,要求某建筑公司履约。试分析:

(1) 某建筑公司分别向甲水泥厂和乙水泥厂发出的信函是要约还是要约邀请?
(2) 某建筑公司与乙水泥厂之间买卖水泥的合同成立吗?某建筑公司是否应履约?

2. 某县的马某系养牛专业户,为了引进良种乳牛,与该县的畜牧站签订了良种乳牛引进合同。合同约定,良种乳牛款共 10 万元,马某预付定金 2 万元,违约金按照合同总额的 10%计算。合同没有明确约定合同的履行地点。后马某从畜牧站将良种乳牛拉回,为此支付运费 1 000 元。马某拉回乳牛后,在饲养中发生了不可抗力,导致乳牛无法产奶,马某预计的收入落空,无法及时偿还购牛款。试分析:

(1) 马某从畜牧站拉回良种乳牛的运费应由谁支付?
(2) 马某能否以不可抗力拒付货款?
(3) 如果马某的行为构成违约,合同中规定的定金与违约金条款能否同时适用?为什么?

3. 甲公司同时向乙厂、丙厂发出两份电报,电报称:我公司需要河沙 200 吨,贵厂如有货,请于见电报之次日用电报通知我公司,我公司派员验货后购买。收到电报后,乙厂和丙厂分别向甲公司拍发了电报并提供了河沙型号、价格、数量。丙厂发电报同时,用火车将 200 吨河沙发往甲公司所在地的车站。收到乙厂、丙厂的电报后,甲公司决定购买乙厂的河沙,派人验货签订了合同。丙厂的 200 吨河沙到达甲公司的铁路专用线后,丙厂代表找甲公司经理索要货款,甲公司称其已购买了乙厂的河沙,拒收丙厂的河沙。丙厂向法院起诉。试分析:

(1) 甲公司向乙厂、丙厂拍发的电报的法律性质是什么?为什么?
(2) 乙厂、丙厂向甲公司拍发的电报的法律性质是什么?为什么?
(3) 甲公司是否承担违约责任?为什么?

4. 甲公司与乙公司签订了一份买卖合同。合同约定：乙公司供给甲公司限量生产的X型号的手表1 000块，每块单价100元；甲公司应交付定金3万元。合同签订后，甲公司立即将3万元定金交付乙公司，并很快与丙公司就同一批货物签订了一份买卖合同，每块表单价120元。后乙公司没有按期履行合同，由此导致甲公司无法履行与丙公司之间的合同，为此甲公司向丙公司支付违约金2万元。现甲公司要求乙公司双倍返还定金6万元。乙公司则以定金条款无效为由主张合同无效。试分析：

(1) 定金条款是否无效？

(2) 若乙公司本已准备了1 000块手表，但在履行期到来之前三天因突发地震而灭失，乙公司当即向甲公司通报了此情况，问乙公司是否应向甲公司承担违约责任？为什么？

(3) 若乙公司不能交付手表的原因是相邻的丁工厂失火(因消防设施不全所致)，延烧及乙公司的仓库，导致1 000块手表灭失，问乙公司是否要承担违约责任？丁工厂应否承担责任？向谁承担责任？

5. A养牛厂为引进良种牛急需资金20万元，5月1日，养牛厂向甲公司借款20万元，并以自己的机器设备作为抵押，双方于5月2日签订了抵押合同，并于5月8日办理了抵押登记手续。5月10日，养牛场在未通知甲公司的情况下，将该设备以25万元的价格转让给丙公司，在转让过程中，养牛场未告知丙公司设备已经抵押的事实。养牛场取得设备转让款后，与市良种站签订了良种牛引进合同。合同约定良种牛款共计20万元，养牛场预付定金2万元，违约金按合同总额的15%计算，养牛场以销售肉牛的款项偿还良种站的货款。因发生不可抗力事件，养牛场预计的收入不能实现，致使养牛场不能及时偿还借款和支付货款。试分析：

(1) 养牛场与甲公司的抵押合同从何时生效？

(2) 养牛场将设备转让给丙公司的行为是否有效？

(3) 养牛场无力支付良种站的货款，合同中约定的定金条款和违约金条款可否同时并用？

6. 某林业专业户在当地乡政府的保证下，与林场签订了购买10万元树苗的合同，后无法付款，林场找乡政府要款，被拒绝。试问：

(1) 乡政府为什么拒绝付款？

(2) 《合同法》对保证人资格有哪些规定？

(3) 林场应找谁要款？

7. 甲、乙签订了一份奶牛买卖合同，约定甲向乙交付3头牛，总价款为3万元，乙向甲交付定金3 000元，其余款项由乙在半年内付清，在乙向甲付清款项前，甲保留该3头牛的所有权。甲向乙交付了3头牛。试分析：

(1) 在乙未付清款项前，如果有1头牛死亡，应由谁承担损失？

(2) 如果在乙未付清款项前，有1头牛产下2只小牛，小牛的所有权归谁？

(3) 合同中的定金条款效力如何？为什么？

8. 甲企业(以下称"甲")向乙企业(以下称"乙")发出传真订货，该传真列明了货物的种类、数量、质量、供货时间、交货方式等，并要求乙在10日内报价。乙接受甲发出传真列明的条件并按期报价，亦要求甲在10日内回复；甲按期复电同意其价格，并要求签订书面合同。乙在未签订书面合同的情况下按甲提出的条件发货，甲收货后未提出异议，亦未付货款。后因市场发生变化，该货物价格下降。甲遂向乙提出，由于双方未签订书面合同，买卖关系不能成立，故乙应尽快取回货物。乙不同意甲的意见，要求其偿付货款。随后，乙发现甲放弃其对关联企业的到期债权，并向其关联企业无偿转让财产，这可能会使自己的货款无法得到清偿，遂向人民法院提起诉讼。试分析：

(1) 甲传真订货、乙报价、甲回复报价行为的法律性质。

(2) 买卖合同是否成立？并说明理由。

(3) 对甲放弃到期债权、无偿转让财产的行为，乙可向人民法院提出何种权利请求，以保护其利益不受侵害？对乙行使该权利的期限，法律有何规定？

9. 3月1日，甲公司与乙厂签订了买卖白酒合同。合同规定：甲公司在4月3日前支付2万元预付款；乙厂在7月1日交货。4月2日，乙厂突发火灾，设备原料大部分被烧毁，严重影响了履行债务的能力。甲公司闻讯后，认为乙厂极有可能丧失履行合同的能力，于是通知乙厂中止履行合同，后经交涉，丙公司为乙厂作一般保证，甲公司按期向乙厂支付预付款，合同仍继续履行。7月1日，乙厂未交货。甲公司要求乙厂返还预付款，赔偿经济损失，遭到乙厂拒绝。随后，甲公司要求丙公司承担保证责任，又被丙公司拒绝。

8月5日，在多次协商未果的情况下，甲公司向法院起诉，要求乙厂和丙公司承担违约责任，赔偿损失。经法院查明，由于乙厂违约，甲公司除2万元预付款没有收回外，还发生经济损失3万元；甲公司尚欠乙厂设备款5万元。在调解下，双方同意将债务相互抵销。试分析：

(1) 甲公司能否单方通知乙厂中止履行合同？为什么？

(2) 丙公司拒绝甲公司要求其承担保证责任，是否合法？为什么？

(3) 甲公司与乙厂的债务能否抵销？为什么？

10. 2016年1月，甲个人独资企业(简称"甲企业")向陈某借款50万元，双方签订了借款合同。合同约定：借款期限为6个月，年利率24%；利息在返还借款时一并支付。合同未约定逾期利率。王某、李某为该笔借款提供了保证担保。在王某、李某与陈某签订的保证合同中当事人未约定保证方式。

借款期限届满，甲企业无力偿还借款本息，陈某要求保证人承担保证责任。因在保证责任承担上存在分歧，陈某以甲企业、王某、李某为被告，向法院提起了诉讼，要求甲企业偿还借款本息，包括按年利率24%计算的逾期利息；王某、李某为该债务承担连带保证责任。庭审中，保证人王某、李某答辩如下。

(1) 本案中借款年利率高达24%，明显属于不合法的高利贷，贷款利息应按照银行同期贷款年利率6%计算。

(2) 借款合同未约定逾期利率，逾期利息应按照银行同期贷款年利率6%计算。

(3) 本案中，保证人享有先诉抗辩权，陈某应先就甲企业财产请求法院强制执行，不足部分再请求保证人承担保证责任。

要求：根据上述资料和担保、合同法律制度的规定，回答以下问题。

(1) 王某、李某的答辩(1)是否成立？简要说明理由。

(2) 王某、李某的答辩(2)是否成立？简要说明理由。

(3) 王某、李某的答辩(3)是否成立？简要说明理由。

11. 2016年9月1日，周某向梁某借款50万元，双方签订了借款合同，借款期限1年，年利率为24%，甲公司财务部门经理关某以财务部门名义为周某的该借款提供担保，与梁某签订了一份加盖甲公司财务部门章的保证合同，借款期限届满后，周某无力清偿借款本息。

2017年10月10日，梁某请求甲公司承担保证责任，甲公司以保证合同无效为由拒绝。

2017年12月1日，梁某调查发现，周某于2017年1月1日将一辆价值10万元的轿车赠送给亲戚郑某。2018年1月20日，梁某提起诉讼请求撤销赠与行为，郑某抗辩：

(1) 自己不知道周某无力清偿欠款，属于善意第三人，梁某无权请求撤销。

(2) 自2017年1月1日赠与行为发生至梁某起诉，已经超过可以行使撤销权的1年法定期间，梁某无权请求撤销。

要求：根据上述资料和合同法律制度的规定，回答下列问题。

(1) 甲公司拒绝承担保证责任是否合法？简要说明理由。

(2) 郑某抗辩理由(1)是否成立？简要说明理由。

(3) 郑某抗辩理由(2)是否成立？简要说明理由。

12. 2014年7月10日，甲公司与A银行签订借款合同，约定：借款金额550万元，年利率6.5%；借款期限1年。同日，甲公司将其一宗土地的建设用地使用权抵押给A银行，双方签订了书面抵押合同，并于7月11日办理了抵押登记。A银行还要求甲公司提供其他担保，于是甲公司请求其关联企业乙公司为该笔借款提供保证担保。

2014年7月15日，A银行与乙公司签订了保证合同，约定乙公司对甲公司的借款债务承担连带责任。抵押合同和保证合同对于A银行实现担保权的顺序均未作约定。

2014年7月25日，A银行在向甲公司发放贷款时预扣了该笔贷款的利息35.75万元。

2014年8月，甲公司在已设立抵押权的建设用地上，开始建造建筑物M。

2015年7月，因甲公司无法归还到期借款的本息，A银行要求乙公司承担保证责任，但乙公司主张，A银行应先行使抵押权。

经评估，抵押的建设用地使用权连同建筑物M价值为800万元，其中建筑物M的价值为300万元。不考虑评估、拍卖的税费。

要求：根据上述资料和合同、物权以及担保法律制度的规定，分别回答下列问题。

(1) A银行的抵押权何时设立？并说明理由。

(2) 甲公司向A银行实际借款的本金是多少？并说明理由。

(3) 乙公司主张A银行应先行使抵押权是否合法？并说明理由。

(4) 建筑物M是否为抵押物？并说明理由。

(5) 乙公司是否需要承担保证责任？并说明理由。

第七章 知识产权法

【能力目标】
- 区分职务发明创造与非职务发明创造。
- 正确界定专利权属、商标权属及著作权属。
- 解释专利权、商标权授予的条件。

【知识目标】
- 了解知识产权的概念、范围和特征。
- 掌握商标权、专利权、著作权的基本概念、取得条件及保护的主要规定。
- 了解违反《专利法》《商标法》《著作权法》的法律行为及责任。

【职业素质目标】

运用所学,辨析生活中常见的知识产权纠纷,明确权利归属,分析哪些行为是侵权行为;能联系实际正确分析案例,提高依法保护知识产权的意识。

【章前测试】

1. 在我国,知识产权主要包括(   )。
    A. 专利权   B. 著作权   C. 商标专用权   D. 财产所有权
2. 下列有可能获得注册的商标有(   )。
    A. 山花牌(电视机)   B. 长寿牌(香烟)
    C. 巴黎牌(时装)   D. 锋利牌(剪刀)
3. 下列成果中,依法不能授予专利权的是(   )。
    A. 智力活动的规则和方法   B. 疾病的诊断和治疗方法
    C. 动物、植物的品种   D. 食品、饮料、调味品
4. 某学校开运动会,两位同学先后在同一场地、相同时间、相同角度各拍了一张展示运动员风采的照片。对于该张照片,以下说法正确的是(   )。
    A. 两张照片都享有著作权   B. 拍第二张照片的人侵犯了第一张照片的著作权
    C. 谁先发表谁享有著作权   D. 第一张照片享有著作权

【参考答案】

1. ABC   2. A   3. ABC   4. A

第一节 知识产权法概述

> 【案情导入】
> 20世纪80年代，ABC文具制造厂生产的"英雄—100型"钢笔，深受日本用户的喜爱，在日本市场上非常畅销。然而，时隔不久，突然接到日本政府有关部门的通知，告知：ABC厂生产的"英雄—100型"钢笔的商标，侵犯了日本一家公司的商标权，要求我国立即将出口的钢笔撤回。ABC厂领导十分纳闷："英雄—100型"钢笔商标是我们5年前在我国商标局注册的，商标专用权应该属于我们，为什么会变成侵犯他人的商标权？
> 【思考】
> (1) ABC厂是否侵犯了日本厂商的商标权？商标权有什么特点？
> (2) 什么是知识产权？知识产权有什么特点？

一、知识产权的概念与特征

(一) 知识产权的概念

知识产权是指法律赋予人们对其创造性智力成果享有的专有权。

知识产权有广义与狭义之分。广义的知识产权范围，目前已被两个主要的知识产权国际公约所认可。根据1967年签订的《建立世界知识产权组织公约》的有关规定，知识产权的范围包括：著作权或版权、邻接权、专利权、发现权、外观设计权、商业标志权、反不正当竞争权，以及其他一切来自工业、科学及文学艺术领域的智力成果创作活动所产生的权利。1991年世界贸易组织文件中的《与贸易有关的知识产权协定》对知识产权的范围也做了明确的规定，其界定为：著作权及相关权利(即邻接权)、商标权、地理标志权、工业品外观设计权、专利权、集成电路布图设计权、未公开信息的保护权(即商业秘密权)。

由于我国于1980年6月加入了世界知识产权组织，因此，理论上普遍认为，我国认可该组织确定的知识产权范围。同时，我国也于2001年加入了世界贸易组织，这也表明，我国也认可WTO规则对知识产权范围的界定。

狭义的知识产权，主要包括商标权、专利权、著作权三个部分，其中，专利权与商标权又称为工业产权。

(二) 知识产权的特征

1. 无形性

知识产权的客体是智力成果或具有财产价值的标记，是一种没有形体的精神财富。这是知识产权的本质属性，也是知识产权与其他有形财产所有权最根本的区别。

2. 专有性

知识产权的专有性主要表现在两个方面：一是权利人对其知识产权享有独占权，非经权利人许可或非经法律的特别规定，任何人不得使用权利人的智力成果；二是排他性，对同一项智力成果不能同时存在两个或两个以上的所有权人。

【思考7-1】甲和乙先后发明了同一种保暖型外墙用建筑材料，并在同一天分别向专利管理机关申请专利，专利管理机关应分别授予他们专利权。请分析这种观点正确吗？
【解析】不正确。知识产权具有专有性。

3. 地域性

知识产权作为一种专有权在空间上的效力是有限的，它只在授予或者确认其权利的国家和地区发生法律效力，受到法律保护。即依一国法律取得知识产权，仅在该国领域内有效，在其他国家原则上不发生效力。除签订有关知识产权的国际公约或双边互惠协定的国家外，知识产权若想在其他任何国家获得法律保护，则要另行获得该国法律的确认。

【思考7-2】美国甲公司在其本国申请获得A牌小轿车的注册商标专用权(产品未投放中国，也未在中国申请注册)。如果我国的乙厂生产的小轿车也使用A牌商标，并在我国市场上销售，是否合法？为什么？
【解析】合法。知识产权具有地域性的特征，按照一国法律获得承认和保护的知识产权，只能在该国发生法律效力。

4. 时间性

知识产权受到一定的时间限制。只有在法律规定的期限内受到保护，一旦超过法律规定的有效期限，这一权利就自行消灭，任何人均可使用其成果。

二、知识产权法

知识产权法是指调整在创造、利用智力成果和商业标记过程中所产生的各种权利义务关系的法律规范的总称。我国没有专门针对知识产权制定统一的法律，而是在《民法通则》规定的总的指导原则下，根据知识产权的不同类型制定了不同的单项法律、法规以及规章，如《著作权法》《商标法》《专利法》等，这些法律、法规和规章共同构成了我国知识产权的法律体系。

第二节 商 标 法

【案情导入】
甲、乙两厂均为日用化妆品厂，2017年7月12日，就其生产的香皂和洗涤用肥皂，分别申请洁丽和洁力注册商标。甲第一次的使用时间为2015年7月，乙第一次的使用时间为2014年5月。
【思考】
(1) 两厂能否同时获得洁丽、洁力商标？为什么？
(2) 商标注册的条件及原则是什么？如何进行商标注册？
(3) 商标侵权行为有哪些？如何保护注册商标专用权？

一、商标法概述

(一) 商标的概念

商标是商品和服务的标志,是区别不同企业商品或服务项目专用的标记,一般由文字、图形、字母、数字、三维标志和颜色及其组合构成,具有显著特征,便于识别。

(二) 商标的分类

1. 按构成要素分类

按构成要素分类可将商标分为文字商标、图形商标、数字商标、三维商标以及组合商标。

(1) 文字商标是以文字为主组成的商标,如"海尔""长虹"等。既可以是中文,也可以是外文。

(2) 图形商标是指用图形构成的商标,如"娃哈哈"系列儿童产品就是以一个活泼可爱的娃娃图形作为商标。

(3) 数字商标是以阿拉伯数字组成的商标,如"555"牌香烟等。

(4) 三维商标即立体商标,是《商标法》2001年修订后新增的商标类型,如"可口可乐"流线型的瓶身、"麦当劳"拱形门等。

(5) 组合商标是以文字、图形、数字等组合起来的商标,它可以是上述要素的组合,也可以是其中两个或几个要素的组合。由于具有图文并茂的特点,多数经营者采用组合商标,如"金帝"巧克力等。

2. 按用途分类

按用途分类可将商标分为商品商标和服务商标。

(1) 商品商标是用于生产销售的商品上的标记。

(2) 服务商标是用于服务行业,以便与其他服务行业相区别的标记,如中央电视台"CCTV"标志等。

3. 按作用和功能分类

按作用和功能分类可将商标分为证明商标、集体商标、防御商标和联合商标。

(1) 证明商标是指由对某种商品或者服务具有监督能力的组织所控制,而由该组织以外的单位或者个人使用于其商品或者服务,用以证明该商品或者服务的原产地、原料、制造方法、质量或者其他特定品质的标志,如绿色食品标志、纯羊毛标志等。

(2) 集体商标是指以团体、协会或者其他组织名义注册,供该组织成员在商事活动中使用,以表明使用者在该组织中的成员资格的标志。例如,温州鹿城区眼镜协会的"lucoa雷凯""库尔勒"香梨等。

(3) 防御商标是指为防止他人注册,驰名商标的所有权人在不同类别的商品或者服务上注册的商标,即将同一商标注册于不同的商品或服务上,构成一个防御体系,以防止他人在不同商品或服务上使用该商标可能给消费者造成的混淆,其目的在于保护驰名商标的声誉,防止商标被淡化、弱化。例如,海尔集团除注册"海尔"商标外,还在70多个国家和地区注册了"尔海""河尔"等多个防御性商标。

(4) 联合商标是指注册人在同一商品上注册若干个近似商标，包括正商标和其余的联合商标。其主要目的在于保护正商标，防止他人影射和搭便车。例如，杭州娃哈哈公司注册了主商标"娃哈哈"，同时又注册了"哈哈娃""娃娃哈""哈娃哈"等联合商标。

4. 按知名度分类

按知名度分类可将商标分为驰名商标、著名商标和知名商标。

(1) 驰名商标是指由商标局认定的在市场上享有较高声誉并为相关公众所熟知的商标，如"长虹"电器等。

(2) 著名商标是指由省级工商行政管理部门认可的，在该行政区划范围内具有较高声誉和市场知名度的商标，如"新疆屯河"水泥等。

(3) 知名商标是指由市一级工商行政管理部门认可的，在该行政区划范围内具有较高声誉和市场知名度的商标，如"昌吉市华西种业"等。

(三) 商标法

商标法是指调整商标的组成、注册、使用、管理和商标专用权的保护等的法律规范的总称。

第五届全国人大常委会第24次会议于1982年8月23日通过了《中华人民共和国商标法》(以下简称《商标法》)，该法自1983年3月1日正式实施，并于1993年、2001年、2013年进行了修订。

二、商标权

商标权是指商标所有人依法对其商标所享有的专有使用权。商标权的取得实行的是注册原则，即商标所有人只有依法将自己的商标注册后，才能取得商标权。

商标权的主体是指依法享有商标专用权的人。商标权的主体范围包括自然人、法人或者其他组织以及符合《商标法》规定的外国人或者外国企业。两个以上自然人、法人或者其他组织可以共同向商标局申请注册同一商标，共同享有和行使该商标专用权。

商标权的客体是指经国家商标局核准注册的商标，即注册商标。未注册的商标不受《商标法》保护，但未注册的驰名商标受到特殊的保护。

三、商标注册

(一) 商标注册的原则

1. 一种商品一件商标的原则

商标注册申请人应当按规定的商品分类表填报使用商标的商品类别和商品名称，提出注册申请。商标注册申请人可以通过一份申请就多个类别的商品申请注册同一商标。商标注册申请等有关文件，可以以书面方式或者数据电文方式提出。

【思考7-3】甲公司3年前获准在其生产的水泥上使用"屯河牌"注册商标。今年5月10日，同市的乙化肥厂向省商标局申请在其生产的化肥上使用"屯河牌"商标。商标局发出公告后，甲认为该商标与自己的注册商标相同并提出异议，试分析此异议成立否？为什么？

【解析】 不成立。甲公司仅在生产的水泥上注册了"屯河牌"商标，并未在化肥类产品上注册商标，因此化肥产品可以使用该商标。

2. 自愿注册与强制注册相结合的原则

一般情况下，在某种商品或服务上使用的商标是否申请注册完全由商标使用人自行决定。但在我国《商标法》中，对人用药品和烟草制品有例外规定，即实行强制注册原则。

【思考7-4】 根据我国《商标法》，下列商品中必须使用注册商标的有( )。
A. 核磁共振治疗仪　　B. 墙壁涂料　　C. 无糖饮料　　D. 烟丝制品

【解析】 正确答案是D。

3. 申请在先原则

当两个或者两个以上申请人，先后在同一或类似商品或者服务上，以相同或类似的商标申请注册的，商标权授予申请在先的人。申请先后的确定以申请日为准。两个或者两个以上的申请人，在同一或类似商品或者服务上，以相同或类似的商标在同一天申请注册的，商标权授予使用在先的人。同日使用或均未使用的，申请人之间可以协商解决，协商不成的，由各申请人抽签决定。

【思考7-5】 甲电机厂生产的电风扇，使用"信鸽"牌商标，商标没有注册。2017年4月该地另一电机厂(简称"乙电机厂")成立，主要生产电风扇，也拟使用"信鸽"牌商标，并于2018年5月10日向商标局递交了商标注册申请书。甲电机厂得知这一消息后，便匆忙办理商标注册的申请手续，于同年5月25日也向商标局递交了商标注册申请书。
(1) 谁能获准商标注册？
(2) 若甲、乙同日申请，如何处理？

【解析】
(1) 乙可获准注册商标。商标注册采用申请在先原则。
(2) 同时申请的，授予先使用者。若无法确定谁先使用，则由双方协商，协商不成，抽签决定。

4. 优先权原则

商标注册申请人自其商标在外国第一次提出商标注册申请之日起6个月内，又在中国就相同商品以同一商标提出商标注册申请的，则以其在国外第一次申请商标注册的时间作为在中国的申请日，可享有优先权。

商标注册申请人要求优先权，应当在提出商标注册申请的时候提出书面声明，并且在3个月内提交第一次提出的商标注册申请文件的副本。未提出书面声明或者逾期未提交商标注册申请文件副本的，视为未要求优先权。

【思考7-6】 A市甲眼镜厂使用"OIS"牌商标，于2017年5月18日申请注册，B市乙眼镜厂也使用该商标，于2017年4月27日申请商标注册，日本丙工厂已于2016年12

月 23 日在本国申请并获准商标注册，于 2017 年 5 月 20 日向中国申请商标注册，提出书面优先权的声明并提交了相关文件。问该"OIS"商标权归谁？为什么？

【解析】归日本丙工厂。根据优先权原则，日本丙工厂在中国的申请日期视为 2016 年 12 月 23 日，先于甲厂和乙厂。

(二) 商标注册的条件

申请注册的商标应当具备以下条件。

1. 显著性

申请注册的商标，应当具有显著特征，易于识别，并不得与他人先取得的合法权利相冲突。

2. 具备法定的构成要素

即文字、图形、字母、数字、三维标志、颜色组合和声音等，以及其组合，均可以作为商标申请注册，但气味标志不能成为注册商标。此外，下列标志不得作为商标使用。

(1) 同中华人民共和国的国家名称、国旗、国徽、国歌、军旗、军徽、军歌、勋章等相同或者近似的，以及同中央国家机关的名称、标志、所在地特定地点的名称或者标志性建筑物的名称、图形相同的。

(2) 同外国的国家名称、国旗、国徽、军旗等相同或者近似的，但经该国政府同意的除外。

(3) 同政府间国际组织的名称、旗帜、徽记等相同或者近似的，但经该组织同意或者不易误导公众的除外。

(4) 与表明实施控制、予以保证的官方标志、检验印记相同或者近似的，但经授权的除外。

(5) 同"红十字""红新月"的名称、标志相同或者近似的。

(6) 带有民族歧视性的。

(7) 带有欺骗性，容易使公众对商品的质量等特点或者产地产生误认的。

(8) 有害于社会主义道德风尚或者有其他不良影响的。

(9) 县级以上行政区划的地名或者公众知晓的外国地名。但是，地名具有其他含义或者作为集体商标、证明商标组成部分的除外。已经注册的使用地名的商标继续有效。

(10) 仅有本商品的通用名称、图形、型号的；仅仅直接表示商品的质量、主要原料、功能、用途、重量、数量及其他特点的。

【思考 7-7】商标局接受了一批商标注册申请，经审查，可以获准注册的有(　　)。
A. "二房佳酿"酒　　　　　　　B. "绿十字"农药店
C. "红宝"西瓜　　　　　　　　D. "真丝牌"衬衣

【解析】正确答案是 C。A 有害于社会主义道德风尚，B 与"红十字"近似，D 直接表示商品主要原料。

【思考 7-8】河南某市营养剂厂向商标局申请在果脯等商品上注册"同心"商标。商标局经审查，初步审定并公告。宁夏某单位认为商标"同心"是宁夏回族自治区同心县的行政区划名称，不得作为商标注册。试分析"同心"是否可以作为注册商标？

【解析】 可以作为商标注册。"同心"虽为宁夏的一个县名，但厂家所起的"同心"另有含义，即"同心同德"，这一寓意的显著性更为突出，所以，可以注册。类似的还有青岛啤酒等。

此外，《商标法》第十二条规定："以三维标志申请注册商标的，仅由商品自身的性质产生的形状(如书本、灯泡的形状等)、为获得技术效果而须有的商品形状(如切菜刀等)或者使商品具有实质性价值的形状(如轮胎的形状等)，不得作为商标注册。"

(三) 商标注册的程序

1. 申请注册

申请人应当按商品分类提出申请，按照规定的格式填写申请书，报送商标图样，按规定提交其他书件，缴纳申请费、注册费。

2. 审查

(1) 形式审查。商标局收到商标注册申请文件后，应当首先进行形式审查。主要是对申请手续、申请人资格、申请文件、是否缴纳申请注册费等进行审查。

(2) 实质审查。主要是商标局对商标申请是否具有显著性，是否违背《商标法》的禁止规定，以及是否与他人注册商标相混同等事项，进行审查并作出判断。

3. 公告核准

对申请注册的商标，商标局应当自收到商标注册申请文件之日起 9 个月内审查完毕，凡符合《商标法》规定的，予以初步审定公告。凡不符合《商标法》规定的，由商标局驳回申请，不予公告。申请人不服的，可以在收到驳回通知 5 日内，向商标评审委员会申请复审。当事人对商标评审委员会的决定不服的，可以自收到通知之日起 30 日内向人民法院起诉。

4. 异议

对初步审定的商标，自公告之日起 3 个月内，任何人均可以提出异议。商标局对此作出异议裁定。申请人或异议人对裁定不服的，可以自收到裁定通知之日起 15 日内，向商标评审委员会申请复审。当事人对商标评审委员会的决定不服的，可以自收到通知之日起 30 日内向人民法院起诉。

5. 核准注册

公告期满无异议或异议不成立，当事人又不提出复审或复审理由不成立的，商标局予以核准注册，发给商标注册证，并予以公告。

四、注册商标的续展、转让和使用许可

(一) 注册商标的续展

注册商标的有效期为 10 年，自核准注册之日起计算。

注册商标有效期满，需要继续使用的，应当在期满前 12 个月内申请续展注册；在此期间未能提出申请的，可以给予 6 个月的宽展期。宽展期满仍未提出申请的，注销其注册商标。续展注册可以无限制地重复进行，每次续展注册的有效期为 10 年，自该商标上一次有效期满次日起计算。

【思考 7-9】某酒厂生产的一种优质酒驰名中外，该厂于 2017 年 9 月 30 日申请商标注册，同年 12 月 30 日经国家商标局核准取得注册商标，请判断下列各项中符合《商标法》规定的有(　　)。

A. 该注册商标的有效期自 2017 年 12 月 30 日起算
B. 该注册商标的有效期自 2017 年 9 月 30 日起算
C. 注册商标有效期满，如果需要继续使用，该厂应该在 2027 年 1 月 1 日以后至 2027 年 12 月 30 日以前申请续展注册
D. 注册商标有效期满，如果需要继续使用，该厂应该在 2026 年 10 月 1 日以后至 2027 年 9 月 30 日以前申请续展注册

【解析】正确答案是 AC。自核准注册之日起计算保护期。

(二) 注册商标的转让

注册商标可以依法转让。商标权人转让其注册商标的，应当与受让人签订转让协议，并共同向国家商标局提出申请。转让的注册商标经商标局核准后，发给受让人相应的证明，并予以公告，受让人自公告之日起享有商标专用权。同时，受让人应当保证使用该注册商标的商品质量。

转让注册商标的，商标注册人对其在同一种商品上注册的近似的商标，或者在类似商品上注册的相同或者近似的商标，应当一并转让。对容易导致混淆或者有其他不良影响的转让，商标局不予核准，书面通知申请人并说明理由。

【思考 7-10】转让注册商标，应当符合下列条件(　　)。
A. 转让人向商标局提出申请　　B. 受让人向商标局提出申请
C. 双方共同向商标局提出申请　　D. 受让人应当保证使用该注册商标的商品的质量

【解析】正确答案是 CD。

(三) 注册商标的使用许可

商标注册人可以通过签订商标使用许可合同，许可他人使用其注册商标。许可人应当监督被许可人使用其注册商标的商品质量，被许可人应当保证使用该注册商标的商品质量。被许可人必须在使用该注册商标的商品上标明被许可人的名称和商品产地。同时，商标使用许可合同应当报商标局备案。商标使用许可未经备案不得对抗善意第三人。

五、商标权人的权利、义务

商标权人的权利是指注册商标的专用权，主要包括专用使用权、转让权、使用许可权、续展权等。

商标权人的义务主要有：依法行使注册商标专用权，不得自行改变注册人名义、地址

或者其他注册事项,不得自行转让注册商标;应对其使用商标的商品质量负责,不得粗制滥造、以次充好、欺骗消费者;缴纳取得和使用注册商标所规定的各项费用等。

六、商标使用的管理

(一) 对注册商标使用的管理

使用注册商标,有下列行为之一的,由商标局责令限期改正或者撤销其注册商标。

(1) 自行改变注册商标的。
(2) 自行改变注册商标的注册人名义、地址或者其他注册事项的。
(3) 自行转让注册商标的。
(4) 连续3年停止使用的。

注册商标被撤销、被宣告无效或者期满不再续展的,自撤销、宣告无效或者注销之日起一年内,商标局对与该商标相同或者近似的商标注册申请,不予核准。对按照国家规定必须使用注册商标的商品,未申请注册而在市场销售的,由地方工商行政管理部门责令限期申请注册,可以并处罚款。

(二) 对未注册商标使用的管理

未注册的商标不享有商标专用权。使用未注册商标,有下列行为之一的,由地方工商行政管理部门予以制止,限期改正,并可以予以通报或者处以罚款:冒充注册商标的;违反《商标法》中不得作为商标使用的标志的规定的;粗制滥造、以次充好、欺骗消费者的。

七、注册商标专用权的保护

根据《商标法》的规定,注册商标的专用权,以核准注册的商标和核定使用的商品为限。

(一) 侵犯注册商标专用权的行为

有下列行为之一的,均属侵犯注册商标专用权。

(1) 未经商标注册人的许可,在同一种商品上使用与其注册商标相同的商标的。
(2) 未经商标注册人的许可,在同一种商品上使用与其注册商标近似的商标,或者在类似商品上使用与其注册商标相同或者近似的商标,容易导致混淆的。
(3) 销售侵犯注册商标专用权的商品的。
(4) 伪造、擅自制造他人注册商标标识或者销售伪造、擅自制造的注册商标标识的。
(5) 未经商标注册人同意,更换其注册商标并将该更换商标的商品又投入市场的。
(6) 故意为侵犯他人商标专用权行为提供便利条件,帮助他人实施侵犯商标专用权行为的。
(7) 给他人的注册商标专用权造成其他损害的。

商标注册人申请商标注册前,他人已经在同一种商品或者类似商品上先于商标注册人使用与注册商标相同或者近似并有一定影响的商标的,注册商标专用权人无权禁止该使用人在原使用范围内继续使用该商标,但可以要求其附加适当区别标识。

【思考 7-11】下列属于侵犯注册商标专用权的行为有(　　)。
A. 经注册商标所有人许可，在同一种商品上使用其注册商标
B. 擅自制造或者销售他人注册商标标识的
C. 未经注册商标所有人许可，在类似商品上使用与其注册商标近似的商标
D. 故意为侵犯他人商标专用权行为提供便利条件
【解析】正确答案是 BCD。

(二) 商标侵权行为的法律责任

因侵权造成的注册商标纠纷，由当事人协商解决；不愿意协商或协商不成的，可以向人民法院起诉，也可以请求工商行政管理部门处理。商标侵权行为的法律责任包括民事责任、行政责任和刑事责任。

1. 民事责任

民事责任主要包括停止侵权、消除影响、赔偿损失等。

侵犯商标专用权的赔偿数额，按照权利人因被侵权所受到的实际损失确定；实际损失难以确定的，可以按照侵权人因侵权所获得的利益确定；权利人的损失或者侵权人获得的利益难以确定的，参照该商标许可使用费的倍数合理确定。对恶意侵犯商标专用权，情节严重的，可以在按照上述方法确定数额的一倍以上三倍以下确定赔偿数额。赔偿数额应当包括权利人为制止侵权行为所支付的合理开支。权利人因被侵权所受到的实际损失、侵权人因侵权所获得的利益、注册商标许可使用费难以确定的，由人民法院根据侵权行为的情节判决给予三百万元以下的赔偿。

2. 行政责任

行政责任主要包括：责令立即停止侵权行为；没收、销毁侵权商品和专门用于制造侵权商品、伪造注册商标标识的工具；罚款。

工商行政管理部门处理时，认定侵权行为成立的，责令立即停止侵权行为，没收、销毁侵权商品和主要用于制造侵权商品、伪造注册商标标识的工具，违法经营额五万元以上的，可以处违法经营额五倍以下的罚款，没有违法经营额或者违法经营额不足五万元的，可以处二十五万元以下的罚款。对五年内实施两次以上商标侵权行为或者有其他严重情节的，应当从重处罚。销售不知道是侵犯注册商标专用权的商品，能证明该商品是自己合法取得并说明提供者的，由工商行政管理部门责令停止销售，不承担赔偿责任。

3. 刑事责任

侵犯他人注册商标专用权，情节严重的，处 3 年以下有期徒刑或者拘役，并处或者单处罚金；情节特别严重的，处 3 年以上 7 年以下有期徒刑，并处罚金。

【案例 7-1】王某私自找到某印刷厂印制了大量的"孔府家酒"商标标识，然后以 8 000 元的价格卖给了某乡镇酒厂。该酒厂将"孔府家酒"标识贴在本厂生产的酒上销售，获利 4 万元，并将未用完的商标标识转卖给另一家工商联合公司，工商部门发现此事后欲追查时，该酒厂将未售完的酒及商标标识运往工商联合公司，由其帮助隐藏，逃避检查。试分析：
(1) 上述哪些单位和个人违反了《商标法》？

(2) 商标权人可以向哪些机构请求保护自己的权利？

【分析】

(1) 王某、印刷厂伪造、擅自制造他人注册商标标识或者销售伪造、擅自制造的注册商标标识，违反了《商标法》；乡镇酒厂未经商标注册人的许可，在同一种商品或者类似商品上使用与其注册商标相同或者近似的商标，违反了《商标法》；工商联合公司为酒厂侵犯他人注册商标专用权提供隐匿等便利条件，违反了《商标法》。

(2) 商标权人可以向工商行政管理部门要求处理，也可以直接向人民法院起诉。

第三节 专 利 法

【案情导入】

北京甲公司于 2017 年 1 月 10 日就其完成的漏电保护器发明向中国专利局提出了实用新型专利申请；天津乙公司于 2016 年 12 月初研制出同样的漏电保护器，并于当年 12 月底投入生产，年产规模为 10 万只，于 2017 年 1 月 15 日向国家专利局申请专利。

【思考】

(1) 中国专利局将专利权授予哪个公司？为什么？

(2) 若甲公司获得专利权，乙公司继续生产是否侵权？为什么？

(3) 什么是专利？授予专利的条件和原则是什么？如何保护专利权？

一、专利法概述

专利权是指权利人在法定期限内依法对其发明创造成果享有的专有权利。

专利法是指调整因发明创造的申请、取得、利用和保护过程中发生的各种社会关系的法律规范的总称。我国现行专利法是 1984 年 3 月 12 日第六届全国人民代表大会常务委员会第四次会议通过的《中华人民共和国专利法》(以下简称《专利法》)，并于 1992 年、2000 年、2008 年进行了三次修正。专利制度的核心在于授予发明创造人对其发明创造依法享有的垄断权。专利法的制定和实施，有利于保护和鼓励发明创造，推动科技进步和技术创新。

二、专利权的主体

专利权的主体是指有权申请专利和取得专利权并承担相应义务的人。根据《专利法》的规定，可以成为专利权主体的主要有以下几类。

(一) 发明人或者设计人

发明人或者设计人，是指对发明创造的实质性特点做出创造性贡献的人。在完成发明创造过程中，只负责组织工作的人、为物质技术条件的利用提供方便的人或者从事其他辅助工作的人，不是发明人或者设计人。

(二) 职务发明人

职务发明人是指发明人或者设计人执行本单位的任务，或者主要是利用本单位的物质技术条件完成发明创造的人。这种发明创造申请并获得专利的权利为该发明人所在单位所有。非职务发明人,即在本职工作范围之外,没有利用单位的物质条件所完成的发明创造的人。

职务发明创造包括以下四种情形。

(1) 在本职工作中作出的发明创造。

(2) 履行本单位交付的本职工作之外的任务所作出的发明创造。

(3) 退职、退休或者调动工作后 1 年内作出的,与其在原单位承担的本职工作或者原单位分配的任务有关的发明创造。

(4) 主要利用本单位的物质技术条件(包括本单位的资金、设备、零部件、原材料或者不对外公开的技术资料等)完成的发明创造。

【思考 7-12】张某原是省农药厂的药剂师,一直从事棉铃虫杀虫剂的研发工作。2017 年 8 月张某退休。半年后,终于研制出该农药,并以个人名义向专利局提出发明专利申请。省农药厂认为该项发明创造应属于本厂所有。试分析农药厂的说法有无法律依据?为什么?

【解析】有法律依据,张某退休只有半年,且其发明与原工作任务有关,属于职务发明。

(三) 共同发明创造人

两个以上单位或者个人合作完成的发明创造、一个单位或者个人接受其他单位或者个人委托所完成的发明创造,除另有协议的以外,申请专利的权利属于完成或者共同完成的单位或者个人;申请被批准后,申请的单位或者个人为专利权人。

【思考 7-13】甲单位接受乙单位委托的研究任务完成一项发明创造,双方对该成果的归属没有约定,则下列关于专利申请权归属问题的表述,正确的有(　　)。

A. 属于甲单位　　　　　　　　B. 属于乙单位
C. 属于甲、乙两单位共同拥有　　D. 属于先提出专利申请者

【解析】正确答案是 A。没有约定的,归研究发明人。

(四) 合法受让人

各国专利法都规定专利申请权和专利权可以依法转让,其受让人就成为继受专利权人,但转让时当事人必须订立书面合同,并经专利局登记和公告。

(五) 外国人

在中国没有经常居所或者营业场所的外国人、外国企业或者外国其他组织在中国申请专利的,依照所属国同中国签订的协议或者共同参加的国际条约,或者依照互惠原则,根据《专利法》办理。

三、专利权的客体

专利权的客体,也称为《专利法》保护的对象,是指可以获得《专利法》保护的发明创造。专利权的客体有三个,即发明、实用新型和外观设计。

(一) 发明

发明是指对产品、方法或者其改进所提出的新的技术方案。发明一般分为产品发明和方法发明两类。发明是利用自然规律的结果，不同于科学发现。

(二) 实用新型

实用新型是指对产品的形状、构造或者其结合所提出的适于实用的新的技术方案。实用新型必须是具有一定立体形状和结构或者两者相结合的物品。与发明相比，实用新型的创造性较低，也称作小发明。其范围小于发明，不包括方法，也不包括不具有确定形状和立体结构的物品，如粉末、液体类的产品等。同时，不可移动的建筑物也不能申请实用新型专利。

【思考7-14】找一找身边的实用新型专利和发明专利，比较二者之间的区别。
【解析】如折叠式茶杯、七珠小算盘等属于实用新型，数字电视机、VCD等属于发明。

(三) 外观设计

外观设计是指对产品的形状、图案或者其结合以及色彩与形状、图案的结合所作出的富有美感并适于工业应用的新设计。与发明、实用新型不同，外观设计包含的是美术思想，即解决产品的视觉效果问题，而不是技术思想。外观设计必须以产品的外表为依托，构成产品与设计的组合，与产品内部结构无关。但外观设计必须以具有固定形状、可以整体移动的产品为载体，如汽车外观设计，加湿器、包装瓶的设计等。

(四) 不授予专利权的智力成果

《专利法》规定，对下列各项，不授予专利权。
(1) 科学发现。
(2) 智力活动的规则和方法，如体育竞赛规则、游戏规则、计算方法、生产管理方法等。
(3) 疾病的诊断和治疗方法，不包括对血液、毛发、尿样等脱离了人体的物质的化验方法，也不包括用于诊断或者治疗疾病的仪器、设备或者器械等。
(4) 动物和植物品种，不包括动物和植物品种的生产方法。
(5) 用原子核变换方法获得的物质。
(6) 对平面印刷品的图案、色彩或者二者的结合作出的主要起标识作用的设计。

此外，我国《专利法》还规定，对违反国家法律、社会公德或者妨害公共利益的发明创造，不授予专利权，如专用于伪造货币的方法或者工具等。若发明创造本身的目的并不违法，但其实施可能破坏社会公德或者妨害公共利益，如万能钥匙等，这样的发明创造也不能被授予专利权。

对违反法律、行政法规的规定获取或者利用遗传资源，并依赖该遗传资源完成的发明创造，不授予专利权。

【思考7-15】根据《专利法》的规定，下列各项中，可授予专利权的有(   )。
A. 新的昆虫品种   B. 调味品   C. 诊断肝炎的方法   D. 杂交水稻新品种

【解析】正确答案是 BD。A 属于发现，C 属于疾病的诊断方法。

四、授予专利权的条件

（一）发明、实用新型的条件

《专利法》规定，授予发明、实用新型专利，必须同时具备新颖性、创造性和实用性。

1. 新颖性

新颖性是指该发明或者实用新型不属于现有技术；也没有任何单位或者个人就同样的发明或者实用新型在申请日以前向国务院专利行政部门提出过申请，并记载在申请日以后公布的专利申请文件或者公告的专利文件中。即采用了"国内外绝对新颖性标准"。

现有技术，是指申请日以前在国内外为公众所知的技术。

但是，申请专利的发明创造在申请日前 6 个月内，有下列情形之一的，不丧失新颖性：在中国政府主办或者承认的国际展览会上第一次展出的；在规定的学术会议或者技术会议上第一次发表的；他人未经申请人同意而泄露其内容的。

2. 创造性

创造性是指与现有技术相比，该发明具有突出的实质性特点和显著的进步，该实用新型具有实质性特点和进步。

3. 实用性

实用性是指该发明或者实用新型能够制造或者使用，并且能够产生积极效果。

（二）外观设计的条件

授予专利权的外观设计，应当不属于现有设计；也没有任何单位或者个人就同样的外观设计在申请日以前向国务院专利行政部门提出过申请，并记载在申请日以后公告的专利文件中；并不得与他人在先取得的合法权利相冲突。

现有设计，是指申请日以前在国内外为公众所知的设计。

由于外观设计是产品的一种新设计，是产品外在的东西，其本身并不涉及技术上的创造，因此，对于外观设计授予专利权的条件更多地体现在与同类产品的比较上是否具有新颖性。根据我国法律规定，外观设计的新颖性在判断标准上与发明、实用新型的新颖性基本相同。

【思考 7-16】授予专利权的外观设计，应当同申请日以前在____出版物上公开发表过或者在____公开使用过的外观设计不相同或者不相近似。（ ）

A. 国内　国内　　　B. 国内　国外　　C. 国内外　国内外　　D. 国内　国内外

【解析】正确答案是 C。修订后的新法采用了"绝对新颖性标准"，即授予专利权的发明创造在国内外都没有为公众所知。

五、专利权的取得、终止和无效

(一) 专利权的取得程序

1. 书面申请

专利权不能自动取得，申请人必须履行《专利法》规定的专利申请手续，向国务院专利行政部门提交必要的申请文件。申请发明或者实用新型专利的，应当提交请求书、说明书及其摘要和权利要求书等文件。申请外观设计专利的，应当提交请求书、该外观设计的图片或者照片以及对该外观设计的简要说明等文件，申请人提交的有关图片或者照片应当清楚地显示要求专利保护的产品的外观设计。国务院专利行政部门收到专利申请文件之日为申请日。如果申请文件是邮寄的，以寄出的邮戳日为申请日。

任何单位或者个人将在中国完成的发明或者实用新型向外国申请专利的，应当事先报经国务院专利行政部门进行保密审查。保密审查的程序、期限等按照国务院的规定执行。

申请时还应遵循以下几个原则。

(1) 先申请原则。两个以上的申请人分别就同一项发明创造申请专利权的，专利权授予最先申请的人。如果两个以上申请人在同一日分别就同样的发明创造申请专利的，应当在收到专利行政管理部门的通知后自行协商确定申请人。如果协商不成，专利局将驳回所有申请人的申请。

(2) 单一性原则。它是指一份专利申请文件只能就一项发明创造提出专利申请，即"一项发明一件专利"。但是，属于一个总的发明构思的两项以上的发明或者实用新型，可以作为一件申请提出。同一产品两项以上的相似外观设计，或者用于同一类别并且成套出售或者使用的产品的两项以上外观设计，可以作为一件申请提出。

(3) 优先权原则。申请人自发明或者实用新型在外国第一次提出专利权申请之日起12个月内，或者自外观设计在外国第一次提出专利权申请之日起6个月内，又在中国就相同主题提出专利申请的，依照该外国同中国签订的协议或者共同参加的国际条约，或者依照相互承认优先权的原则，可以享有优先权。

【思考7-17】甲厂技术人员发明了A产品制造工艺，并在该产品上使用"金球"商标；乙厂也发明了与甲厂相同的生产工艺，也使用"金球"商标，两厂于同一天分别向商标局、专利局申请商标注册和发明专利。经查：甲厂先于乙厂研制出该生产工艺，乙厂先于甲厂投产使用该工艺。甲厂先于乙厂使用"金球"商标。试分析：
(1) 谁能获得专利权？为什么？
(2) 谁能获得注册商标？为什么？
【解析】
(1) 取决于甲、乙两厂协商的结果。若协商不成，专利局将驳回申请，双方均无该项制造工艺的专利权。
(2) 甲厂能获得"金球"注册商标。甲厂先于乙厂使用该商标。

2. 专利申请的审批

(1) 发明专利申请的审查批准。实行"早期公开，迟延审查"的制度，一般要经过如下程序。

① 初步审查。主要审查专利申请的文件是否齐备；文件是否符合规定的格式；是否为明显违反法律规定的发明创造；是否明显属于不授予专利权的项目等。

② 早期公开。国务院专利行政部门对发明专利申请经初步审查认为符合《专利法》规定要求的，自申请日起满 18 个月，即行公布。国务院专利行政部门还可以根据申请人的请求早日公布其申请。

③ 实质审查。实质审查是国务院专利行政部门根据申请人的请求，对发明的新颖性、创造性、实用性等实质性条件进行的审查。发明专利申请自申请日起 3 年内要提出实质审查，并缴纳实质审查请求费，申请人无正当理由逾期不请求实质审查的，该申请即被视为撤回。

④ 授权。国务院专利行政部门对发明专利申请进行实质审查后，认为不符合《专利法》规定的，应当予以驳回。经实质审查后，认为符合《专利法》规定的，由国务院专利行政部门作出授予发明专利权的决定，发给发明专利证书，同时予以登记和公告。发明专利权自公告之日起生效。

(2) 实用新型和外观设计专利申请的审查批准。国务院专利行政部门受理实用新型和外观设计专利申请后，只进行初步审查，不进行申请公开和实质审查程序。经初步审查后，认为符合《专利法》规定的，由国务院专利行政部门作出授予实用新型专利权或者外观设计专利权的决定，发给相应的专利证书，同时予以登记和公告。实用新型专利权和外观设计专利权自公告之日起生效。

发明专利权的期限为 20 年，实用新型专利权和外观设计专利权的期限为 10 年，均自申请之日起计算。

(3) 专利的复审。专利申请人对国务院专利行政部门驳回申请的决定不服的，可以自收到通知之日起 3 个月内，向专利复审委员会请求复审。专利申请人对专利复审委员会的复审决定不服的，可以自收到通知之日起 3 个月内向人民法院起诉。

【思考7-18】下列关于发明、实用新型和外观设计的有关说法，正确的是(　　)。
A. 发明一般分为产品发明和方法发明两类，而实用新型仅限于产品
B. 发明和实用新型授予专利的条件为新颖性、创造性和实用性，外观设计授予专利权的条件为新颖性
C. 发明和实用新型须进行实质审查，外观设计只进行初步审查
D. 发明专利权的保护期为20年，实用新型和外观设计的保护期为10年
【解析】正确答案是 ABD。发明专利申请须进行实质审查，实用新型和外观设计只进行初步审查。

(二) 专利权的终止

《专利法》规定，有下列情形之一的，专利权终止。
(1) 专利权的期限届满。
(2) 没有按照规定缴纳年费的。
(3) 专利权人以书面声明放弃其专利的。

(4) 专利权人死亡，无继承人或受遗赠人的。

专利权在期限届满前终止的，由国务院专利行政部门登记和公告。专利权终止后，被授予专利权的发明创造成为人类的共同财富，任何单位和个人都可以无偿使用。

(三) 专利权的无效

专利权无效是指已经取得的专利权因不符合《专利法》的规定，根据有关单位或个人的请求，经专利复审委员会审核后被宣告无效。对宣告发明专利无效或者维持发明专利权的决定不服的，可以在收到通知之日起 3 个月内向人民法院起诉，对宣告实用新型和外观设计专利权无效的请求而作出的决定为终局决定。

宣告无效的专利权视为自始即不存在。对已经履行的专利实施许可合同和专利权转让合同，不具有追溯力。即专利权人不向被许可人或受让人返还专利使用费或者专利权转让费。但是，因专利权人的恶意给他人造成的损失，应当给予赔偿。

六、专利权的内容和限制

专利权的内容是指专利权人依法享有的权利和应承担的义务。

(一) 专利权人的权利

1. 独占使用权

这是专利权的核心。专利权人在专利权的有效期内自己制造、使用、销售专利产品和使用专利方法，并禁止他人实施其专利的权利。

2. 转让权

转让专利申请权或者专利权的，当事人应当订立书面合同，并向国务院专利行政部门登记，由国务院专利行政部门予以公告。专利申请权或者专利权的转让自登记之日起生效。

中国单位或者个人向外国人、外国企业或者外国其他组织转让专利申请权或者专利权的，应当依照有关法律、行政法规的规定办理手续。

3. 许可权

许可权是指专利权人允许其他单位或个人实施其专利权并获得报酬的权利。任何单位或者个人实施他人专利的，应当与专利权人订立实施许可合同，向专利权人支付专利使用费。被许可人无权允许合同规定以外的任何单位或者个人实施该专利。

专利申请权或者专利权的共有人对权利的行使有约定的，从其约定。没有约定的，共有人可以单独实施或者以普通许可方式许可他人实施该专利；许可他人实施该专利的，收取的使用费应当在共有人之间分配。除此情形外，行使共有的专利申请权或者专利权应当取得全体共有人的同意。

4. 标记权

标记权是指专利权人在其专利产品或该项产品的包装上标明专利标记和专利号的权利。

5. 放弃权

专利权人可以在专利权的期限届满之前以书面形式声明或不按规定缴纳年费等方式放弃其专利权。专利权放弃后，成为社会公共财富，任何人都可以免费实施。

6. 阻止权

除法律另有规定外，专利权人有权阻止他人未经许可而以生产经营为目的进口其专利产品或进口以其专利方法直接获得产品的权利。

(二) 专利权人的义务

专利权人负有实施专利、缴纳专利年费、保持充分公开专利的义务。在职务发明中，作为专利权人的单位有给予发明人或设计人精神和物质奖励、在专利实施后给予报酬的义务。

(三) 专利权的限制

1. 不视为侵犯专利权的行为

(1) 专利产品或者依照专利方法直接获得的产品，由专利权人或者经其许可的单位、个人售出后，使用、许诺销售、销售、进口该产品的。

(2) 在专利申请日前已经制造相同产品、使用相同方法或者已经做好制造、使用的必要准备，并且仅在原有范围内继续制造、使用的。

(3) 临时通过中国领陆、领水、领空的外国运输工具，依照其所属国同中国签订的协议或者共同参加的国际条约，或者依照互惠原则，为运输工具自身需要而在其装置和设备中使用有关专利的。

(4) 专为科学研究和实验而使用有关专利的。

(5) 为提供行政审批所需要的信息，制造、使用、进口专利药品或者专利医疗器械的，以及专门为其制造、进口专利药品或者专利医疗器械的。

为生产经营目的使用、许诺销售或者销售不知道是未经专利权人许可而制造并售出的专利侵权产品，能证明该产品合法来源的，不承担赔偿责任。

【思考 7-19】下列行为不视为侵犯专利权的有( )。
A. 某研究生在实验室中未经专利权人同意而使用了其专利技术
B. 甲厂为推销自己的产品，在没有征得乙同意的情况下，在其自己的产品上标上乙的专利号和专利标记
C. 甲公司未征得乙公司的同意，从国外进口用乙公司的专利方法可直接获得的产品
D. 甲公司擅自实施乙公司的专利
【解析】正确答案是 A。

2. 强制许可

强制许可是指国务院专利行政部门在一定条件下，不需要经过专利权人同意，准许其他单位或者个人实施其专利的措施。强制许可的情形主要有如下几种。

(1) 专利权人自专利权被授予之日起满三年，且自提出专利申请之日起满四年，无正当

理由未实施或者未充分实施其专利的。

(2) 专利权人行使专利权的行为被依法认定为垄断行为，为消除或者减少该行为对竞争产生的不利影响的。

(3) 为了公共健康目的，对取得专利权的药品，国务院专利行政部门可以给予制造并将其出口到符合中华人民共和国参加的有关国际条约规定的国家或者地区的强制许可。

(4) 在国家紧急状态或非常情况下的强制许可。在国家出现紧急状态或者非常情况时，或者为了公共利益的目的，国务院专利行政部门可以给予实施发明专利或者实用新型专利的强制许可。

(5) 从属专利的强制许可。一项取得专利权的发明或者实用新型比之前已经取得专利权的发明或者实用新型具有显著经济意义的重大技术进步，其实施又有赖于前一发明或者实用新型的实施的，国务院专利行政部门根据后一专利权人的申请，可以给予实施前一发明或者实用新型的强制许可。同时，国务院专利行政部门根据前一专利权人的申请，可以给予实施后一发明或者实用新型的强制许可。

【思考7-20】龙某申请了软包装饮料的外观设计，甲饮料厂以合理的价格多次找龙某请求使用许可，却屡遭拒绝，于是甲厂向国家专利行政部门申请强制许可，试分析能否获准？为什么？

【解析】不能获准。强制许可只适用于发明和实用新型专利，不适用于外观设计专利。

七、专利权的保护

发明或者实用新型专利权的保护范围以其权利要求的内容为准，说明书及附图可以用于解释权利要求。外观设计专利权的保护范围以表示在图片或者照片中的该外观设计专利产品为准。

(一) 专利侵权行为

专利侵权行为是指在专利权的有效期限内，未经专利权人许可，以生产经营为目的实施专利的行为。专利侵权行为主要表现如下。

1. 未经专利权人许可，实施其专利的行为

(1) 发明和实用新型专利权被授予后，除法律另有规定的以外，任何单位或者个人未经专利权人许可，都不得实施其专利，即不得为生产经营目的制造、使用、许诺销售、销售、进口其专利产品，或者使用其专利方法以及使用、许诺销售、销售、进口依照该专利方法直接获得的产品。

(2) 外观设计专利权被授予后，任何单位或者个人未经专利权人许可，都不得实施其专利，即不得为生产经营目的制造、许诺销售、销售、进口其外观设计专利产品。

2. 假冒他人专利的行为

(1) 未经许可，在其制造或者销售的产品、产品的包装上标注他人的专利号。

(2) 未经许可，在广告或者其他宣传材料中使用他人的专利号，使人将所涉及的技术误认为是他人的专利技术。

(3) 未经许可，在合同中使用他人的专利号，使人将合同涉及的技术误认为是他人的专利技术。

(4) 伪造或者变造他人的专利证书、专利文件或者专利申请文件等。

3. 以非专利产品冒充专利产品、以非专利方法冒充专利方法的行为

(1) 制造或者销售标有专利标志的非专利产品。

(2) 专利权被宣告无效后，继续在制造或者销售的产品上标注专利标记。

(3) 在广告或者其他宣传材料中将非专利技术称为专利技术。

(4) 在合同中将非专利技术称为专利技术。

(5) 伪造或者变造专利证书、专利文件或者专利申请文件等。

4. 侵夺发明人或者设计人的非职务发明创造专利申请权以及其他权益的行为

这些行为在实践中有多种表现。例如，发明人、设计人所在的单位强行要求发明人、设计人将其非职务发明创造以单位的名义申请专利，不允许发明人、设计人自己申请专利；或者以不合理的条件，强行要求实施发明人、设计人的非职务发明专利；或者强行要求发明人、设计人将其非职务发明创造专利转让给本单位等。

(二) 专利侵权行为的法律责任

侵害专利权行为的法律责任包括民事责任、行政责任和刑事责任。

1. 民事责任

民事责任主要包括停止侵害、赔偿损失、消除影响、恢复名誉等。

根据《专利法》的规定，侵犯专利权的赔偿数额，按照权利人因被侵权所受到的实际损失确定；实际损失难以确定的，可以按照侵权人因侵权所获得的利益确定。权利人的损失或者侵权人获得的利益难以确定的，参照该专利许可使用费的倍数合理确定。赔偿数额还应当包括权利人为制止侵权行为所支付的合理开支。权利人的损失、侵权人获得的利益和专利许可使用费均难以确定的，人民法院可以根据专利权的类型、侵权行为的性质和情节等因素，确定给予一万元以上一百万元以下的赔偿。

2. 行政责任

专利行政机关可以对侵权人作出责令停止侵权行为、没收违法所得、罚款等行政处罚。如假冒专利的，除依法承担民事责任外，由管理专利工作的部门责令改正并予公告，没收违法所得，可以并处违法所得四倍以下的罚款；没有违法所得的，可以处二十万元以下的罚款；构成犯罪的，依法追究刑事责任。

3. 刑事责任

假冒他人专利，情节严重的，对直接责任人追究刑事责任，处 3 年以下有期徒刑或者拘役，并处或者单处罚金。

【案例 7-2】甲公司未经许可擅自使用乙公司专利技术生产并销售了变频家用空调器 5 000 台。丙家电销售公司在明知甲公司侵犯乙公司专利权的情况下，从甲公司进货 2 000 台，并已实际售出 1 600 台。丁宾馆在不知甲公司侵犯乙公司专利权的情况下也从甲公司购

入了200台并已安装使用。乙公司发现甲公司、丙公司和丁宾馆的上述生产、销售和使用行为后，向法院起诉，状告甲公司、丙公司和丁宾馆侵犯其专利权。试分析：

(1) 甲公司的生产、销售行为是否侵权？是否应承担相应的赔偿责任？

(2) 丙公司的销售行为是否侵权？是否应承担相应的赔偿责任？是否可以继续销售库存的400台空调器？

(3) 丁宾馆的使用行为是否侵权？是否应承担相应的赔偿责任？是否可以继续使用这200台空调器？

【分析】

(1) 甲公司的行为构成侵权，需要承担赔偿责任。因为其未经许可使用乙公司专利技术并销售了侵权产品。

(2) 丙公司的销售行为构成侵权，需要承担赔偿责任，因为其在明知的情况下销售了侵权产品。另外不可以继续销售库存的侵权产品。

(3) 丁宾馆的使用行为构成侵权，不需要承担赔偿责任。因为其行为属于《专利法》第六十三条的规定："为生产经营目的使用或者销售不知道是未经专利权人许可而制造并售出的专利产品或者依照专利方法直接获得的产品，能证明其产品合法来源的，不承担赔偿责任。"但是不可以继续使用这200台侵权产品。

第四节　著作权法

【案情导入】

优秀青年教师郭某，通过总结自己多年从事教学工作的经验和体会，撰写了一篇关于教学改革方面的论文，准备参加本校第四届论文研讨会。为此，找到本校打字员赵某帮其打印。期间，赵某的同学肖某看到该论文后很欣赏，遂以自己学习为名向赵某索要一份。之后，以自己的名义在某杂志上发表。郭某知道后，指责肖某剽窃了自己的论文，侵犯了自己的著作权。而肖某则辩解，自己当时看到的郭某的论文还未公开发表，自己只是赞同郭某的观点，并下了一番功夫写了该论文，且已正式发表，自己才依法享有该论文的著作权。

【思考】

(1) 肖某的观点是否正确？为什么？

(2) 什么是著作权？如何保护著作权？

一、著作权法概述

(一) 著作权的概念

著作权也称为版权，是指作者及其他著作权人对其创作的文学、艺术和科学作品依法享有的权利。著作权包括人身权和财产权两个方面的内容。

著作权除了具有知识产权所共有的特征，还具有以下特征。

1. 自动产生

著作权因作品的创作完成而自动产生，一般不必履行任何形式的登记或注册手续，也不论其是否已经发表。

2. 人身权的特殊保护

著作权与作品的创作者密切相关。因此，在著作权中，保护作者对作品的人身权利是其重要的内容。著作权中作者的发表权、署名权、修改权、保护作品完整权等人身权利，永远归作者享有，不能转让。

> 【思考 7-21】公民甲是作家，经常发表文学作品。一日甲与其友乙在乙家探讨甲一近期作品，谈毕，甲对该作品表示极不满意，并说要弃之重写，临行亦将作品扔到乙家垃圾桶。后来乙将甲这一作品稍加修改，并署乙名发表。以下说法正确的是(　　)。
> A. 乙的行为侵犯了甲的著作权
> B. 乙的行为没有侵犯甲的著作权，因为甲已表示弃之重写并已将作品扔掉
> C. 乙的行为没有侵犯甲的著作权，因为乙将作品修改
> D. 甲、乙均无著作权
> 【解析】正确答案是 A。著作权因作品的完成而自动产生，不必履行任何形式的登记或注册手续，也不论其是否已经发表，所以甲对该作品享有著作权。

（二）著作权法

著作权法是指调整因文学、艺术和科学作品的创作和使用而产生的人身关系和财产关系的法律规范的总称。著作权法有狭义和广义之分，狭义的著作权法仅指 1990 年 9 月 7 日第七届全国人大常委会第十五次会议通过的《中华人民共和国著作权法》(以下简称《著作权法》)，并于 2001 年、2013 年进行了修正；广义的著作权法还包括相关的实施细则和配套的条例。

二、著作权的主体与归属

著作权的主体又称为著作权人，是指依法对文学、艺术和科学作品享有著作权的人，包括作者以及其他依法享有著作权的公民、法人或者其他组织。

1. 作者

作者是指文学、艺术和科学作品的创作人。除法律另有规定的外，著作权属于作者。

创作作品的公民是作者。创作是指直接产生文学、艺术和科学作品的智力活动。为他人创作进行组织工作，提供咨询意见、物质条件，或者进行其他辅助工作，均不视为创作。

由法人或者其他组织主持，代表法人或者其他组织意志创作，并由法人或者其他组织承担责任的作品，法人或者其他组织视为作者。计算机软件的著作权属于软件开发者。

作者有权在作品上署名。如无相反证明，在作品上署名的公民、法人或者其他组织就是作者。

2. 其他著作权人

并非所有作品的著作权都属于作者。其他著作权人取得著作权主要有以下情形。

(1) 演绎作品。即通过改编、翻译、注释、整理已有作品而产生的作品。其著作权属于

改编人、翻译人、注释人和整理人。演绎作品的作者仅对演绎部分享有著作权，对被演绎的作品不享有著作权，并且无权阻止他人对同一原作品进行演绎。

(2) 合作作品。即由两个以上作者合作创作的作品，其著作权由合作者共同享有。

(3) 汇编作品。即汇编若干作品、作品的片段或者不构成作品的数据或者其他材料，对其内容的选择或者编排体现独创性的作品。其著作权属于汇编人。

(4) 影视作品。即电影、电视、录像作品和经类似摄制电影的方法创作的作品。其著作权属于制片人。

(5) 职务作品。即公民为完成法人或者其他组织工作任务而创作的作品。其著作权归属分两种情形：①一般职务作品的著作权归作者享有，但法人或者其他组织有权在其业务范围内优先使用。作品完成两年内，未经单位同意，作者不得许可第三人以与单位使用的相同方式使用该作品。作品完成两年内，如单位在其业务范围内不使用，作者可以要求单位同意由第三人以与单位使用的相同方式使用，单位没有正当理由不得拒绝。一般职务作品是指虽是为完成工作任务而为，但非经法人或其他组织主持，不代表其意志创作，也不由其承担责任的职务作品。②作者仅享有署名权，其他权利属于法人或者其他组织。包括：主要是利用法人或者其他组织的物质技术条件创作，并由法人或者其他组织承担责任的工程设计图、产品设计图、地图、计算机软件等职务作品；法律、行政法规规定或者合同约定著作权由法人或者其他组织享有的职务作品。

【思考 7-22】李某是一名中学教师，每学期均按学校规定编写教案，并上交学校存档。2018 年李某向学校提出，因编写教材的需要，要求学校返还教案，或者将教案原本借出复印。但遭到学校拒绝，理由是该教案属于职务作品，一切权利归学校，试分析：
(1) 该教案是否属于职务作品？为什么？
(2) 学校关于"该教案属于职务作品，一切权利归学校"的说法是否正确？
【解析】
(1) 正确。该教案是李某为完成单位工作任务而创作的，属于职务作品。
(2) 不正确。该教案属于一般职务作品，著作权由李某享有，学校的权利仅为在其业务范围内优先使用。

(6) 委托作品。即受委托创作的作品。其著作权的归属由委托人和被委托人通过合同约定，合同未明确约定或者没有订立合同的，著作权属于受托人。

【思考 7-23】甲委托乙创作一剧本，但双方没有订立任何书面合同，也未作出明确的口头约定。后甲调到外省工作，乙修改完作品即以自己的名义对外发表。试分析该剧本的著作权应归谁所有？（　　）
A. 甲、乙均不享有　　　　　　　B. 甲、乙共同享有
C. 甲一人享有　　　　　　　　　D. 乙一人享有
【解析】正确答案是 D。甲与乙并未签订任何合同，该剧本的著作权属于受托人。

(7) 美术作品。包括绘画、书法、雕塑、建筑等作品。其著作权属于作者，美术作品原件所有权的转移，不视为作品著作权的转移，但美术作品原件的展览权由原所有人享有。

(8) 作者身份不明的作品。由作品原件的合法持有人行使除署名权以外的著作权。作者身份确定后，由作者或者其继承人行使著作权。

三、著作权的客体

著作权的客体,即著作权保护的对象,是法律规定的作品。作品是指文学、艺术和科学领域内具有独创性并能以某种有形形式复制的智力成果。《著作权法》保护的作品,包括:文字作品;口述作品;音乐、戏剧、曲艺、舞蹈、杂技艺术作品;美术、建筑作品;摄影作品;电影作品和以类似摄制电影的方法创作的作品;工程设计图、产品设计图、地图、示意图等图形作品和模型作品;计算机软件;法律、行政法规规定的其他作品。

以下作品不受《著作权法》保护:依法禁止出版、传播的作品;法律、法规,国家机关的决议、决定、命令和其他具有立法、行政、司法性质的文件,及其官方正式译文;时事新闻;历法、通用数表、通用表格和公式。

【思考 7-24】下列各项中,不适用或不受《著作权法》保护的作品是(   )。
A. 国务院《关于实施行政诉讼法的通知》   B. 某作家的作品《绿化树》
C. 最高人民法院组织编写的《行政诉讼案例选编》   D. 淫秽书籍
【解析】正确答案是 AD。

四、著作权的内容

著作权的内容包括著作人身权和著作财产权两部分。

(一) 著作人身权

著作人身权是指作者基于作品的创作活动而产生的与其人身利益紧密相连的权利,包括发表权、署名权、修改权和保护作品完整权。

(二) 著作财产权

著作财产权是指作者许可他人使用、全部或部分转让其作品而获得报酬的权利。与著作人身权相比,财产权可以脱离作者而由他人行使,主要包括复制权、发行权、出租权、展览权、表演权、放映权、广播权、信息网络传播权、摄制权、改编权、翻译权、汇编权、许可他人使用并获得报酬的权利、转让权、应当由著作权人享有的其他权利。

五、邻接权

邻接权也称为与著作权有关的权利,是指作品的传播者所享有的权利。

根据《著作权法》的规定,邻接权主要包括:出版者对其出版的图书和报刊享有的权利;表演者对其表演享有的权利;录音录像制作者对其制作的录音录像制品享有的权利;广播电台、电视台对其制作的广播、电视节目享有的权利。

六、著作权的保护

(一) 著作权的保护期限

著作权的保护期限是指著作权人依法取得著作权的有效期限。在保护期内,著作权人的著作权受法律保护;超过保护期,该作品即进入公有领域,作者或者其他著作权人不再享有专有使用权。

在我国,作者的署名权、修改权、保护作品完整权的保护期不受限制。

公民作品的发表权及著作财产权的保护期为作者终生及其死亡后50年,截止于作者死亡后第50年的12月31日;如果是合作作品,截止于最后死亡的作者死亡后第50年的12月31日。

> 【思考7-25】公民甲生前有大量作品问世,一部分已经发表,还有一些没有发表。2017年12月20日,公民甲去世,根据法律规定,公民甲的未发表作品的著作权保护期为( )。
> A. 其署名权的保护期至2067年12月20日
> B. 其修改权的保护期至2067年12月31日
> C. 其保护作品完整权的保护期至2067年12月20日
> D. 其发表权、使用权和获得报酬权的保护期至2067年12月31日
> 【解析】正确答案是D。公民的作品,作者的署名权、修改权、保护作品完整权的保护期不受限制。

法人或者其他组织的作品、著作权(署名权除外)由法人或者其他组织享有的职务作品,其发表权及各种使用权和著作财产权的保护期为50年,截止于作品首次发表后第50年的12月31日,但作品自创作完成后50年内未发表的,不再受《著作权法》的保护。

电影作品和以类似摄制电影的方法创作的作品、摄影作品,其发表权、著作财产权的保护期为50年,截止于作品首次发表后第50年的12月31日,但作品自创作完成后50年内未发表的,不再受《著作权法》的保护。

(二) 著作权的限制

著作权的限制主要是针对著作权人行使财产权利的限制。这种限制是为了使作品最大限度地为社会、公众所利用,广泛传播优秀作品。著作权的限制主要体现在以下两个方面。

1. 合理使用

在特定条件下,法律允许他人使用已发表的作品可以不经著作权人的同意,不向著作权人支付报酬。但应当指明作者姓名、作品名称,并且不得侵犯著作权人依照《著作权法》享有的其他权利。合理使用情形主要有以下几种。

(1) 个人学习、研究或者欣赏,使用他人已经发表的作品。

(2) 为介绍、评论某一作品或者说明某一问题,在作品中适当引用他人已经发表的作品。

(3) 为报道时事新闻,在报纸、期刊、广播电台、电视台等媒体中不可避免地再现或者引用已经发表的作品。

(4) 报纸、期刊、广播电台、电视台等媒体刊登或者播放其他报纸、期刊、广播电台、电视台等媒体已经发表的关于政治、经济、宗教问题的时事性文章,但作者声明不许刊登、播放的除外。

(5) 报纸、期刊、广播电台、电视台等媒体刊登或者播放在公众集会上发表的讲话,但作者声明不许刊登、播放的除外。

(6) 为学校课堂教学或者科学研究,翻译或者少量复制已经发表的作品,供教学或者科

研人员使用,但不得出版发行。

(7) 国家机关为执行公务在合理范围内使用已经发表的作品。

(8) 图书馆、档案馆、纪念馆、博物馆、美术馆等为陈列或者保存版本的需要,复制本馆收藏的作品。

(9) 免费表演已经发表的作品,该表演未向公众收取费用,也未向表演者支付报酬。

(10) 对设置或者陈列在室外公共场所的艺术作品进行临摹、绘画、摄影、录像。

(11) 将中国公民、法人或者其他组织已经发表的以汉语言文字创作的作品翻译成少数民族语言文字作品在国内出版发行。

(12) 将已经发表的作品改成盲文出版。

【思考 7-26】翻译他人已发表的作品,在下列哪些情况下可以不经作者许可,不支付报酬?( )
A. 为学生学习之目的,翻译他人作品
B. 将少数民族语言文字作品翻译成汉语言文字作品在国内发行
C. 将少数民族语言文字作品改成盲文出版
D. 将中国作者的汉语语言文字作品翻译成少数民族文字作品在国内发行
【解析】正确答案是 ACD。

2. 法定许可

作品的使用人依照法律规定,营利性使用他人已发表的作品,不必经著作权人同意,但须按规定向其支付报酬。法定许可的情形主要包括如下几种。

(1) 法定许可编写教科书。为实施九年制义务教育和国家教育规划而编写出版教科书,除作者事先声明不许使用的外,可以不经著作权人许可,在教科书中汇编已经发表的作品片段或者短小的文字作品、音乐作品或者单幅的美术作品、摄影作品,但应当按照规定支付报酬,指明作者姓名、作品名称,并且不得侵犯著作权人依法享有的其他权利。该规定同样适用于对出版者、表演者、录音录像制作者、广播电台、电视台的权利的限制。

(2) 法定许可转载或摘编。作品在报刊上刊登后,除著作权人声明不得转载、摘编的外,其他报刊可以转载或者作为文摘、资料刊登,但应当按照规定向著作权人支付报酬。

(3) 法定许可录音。录音制作者使用他人已经合法录制为录音制品的音乐作品制作录音制品,可以不经著作权人许可,但应当按照规定支付报酬。著作权人声明不许使用的不得使用。

(4) 法定许可制作广播、电视节目。广播电台、电视台播放他人已发表的作品,可以不经著作权人许可,但应当支付报酬。当事人另有约定的除外。

(5) 广播电台、电视台播放已经出版的录音制品,可以不经著作权人许可,但应当支付报酬。当事人另有约定的除外。

(三) 侵犯著作权的行为

1. 应当承担民事责任的侵权行为

应当承担民事责任的侵权行为主要有以下几种。

(1) 未经著作权人许可，发表其作品的。
(2) 未经合作作者许可，将与他人合作创作的作品当作自己单独创作的作品发表的。
(3) 没有参加创作，为谋取个人名利，在他人作品上署名的。
(4) 歪曲、篡改他人作品的。
(5) 剽窃他人作品的。
(6) 未经著作权人许可，以展览、摄制电影和以类似摄制电影的方法使用作品，或者以改编、翻译、注释等方式使用作品的，《著作权法》另有规定的除外。
(7) 使用他人作品，应当支付报酬而未支付的。
(8) 未经电影作品和以类似摄制电影的方法创作的作品、计算机软件、录音录像制品的著作权人或者与著作权有关的权利人许可，出租其作品或者录音录像制品的，《著作权法》另有规定的除外。
(9) 未经出版者许可，使用其出版的图书、期刊的版式设计的。
(10) 未经表演者许可，从现场直播或者公开传送其现场表演，或者录制其表演的。
(11) 其他侵犯著作权以及与著作权有关的权益的行为。

【思考 7-27】甲经乙许可，将乙的小说改编成电影剧本，丙获得该剧本手稿后，未取得甲和乙的同意，将该电影剧本改编为电视剧本并予以发表，下列对丙的行为的说法哪项是正确的？（ ）
A. 侵犯了甲的著作权，但未侵犯乙的著作权
B. 侵犯了乙的著作权，但未侵犯甲的著作权
C. 不构成侵权
D. 同时侵犯了甲的著作权和乙的著作权
【解析】正确答案是 D。

2. 应当承担民事责任、行政责任或刑事责任的侵权行为

(1) 未经著作权人许可，复制、发行、表演、放映、广播、汇编、通过信息网络向公众传播其作品的，《著作权法》另有规定的除外。
(2) 出版他人享有专有出版权的图书的。
(3) 未经表演者许可，复制、发行录有其表演的录音、录像制品，或者通过信息网络向公众传播其表演的，《著作权法》另有规定的除外。
(4) 未经录音录像制作者许可，复制、发行、通过信息网络向公众传播其制作的录音录像制品的，《著作权法》另有规定的除外。
(5) 未经许可，播放或者复制广播、电视的，《著作权法》另有规定的除外。
(6) 未经著作权人或者与著作权有关的权利人许可，故意避开或者破坏权利人为其作品、录音录像制品等采取的保护著作权或者与著作权有关的权利的技术措施的，法律、行政法规另有规定的除外。
(7) 未经著作权人或者与著作权有关的权利人许可，故意删除或者改变作品、录音录像制品等的权利管理电子信息的，法律、行政法规另有规定的除外。
(8) 制作、出售假冒他人署名的作品的。

【案例7-3】画家张甲与图画爱好者杨乙是挚友，张甲常乘兴作画相赠。杨乙收藏张甲的赠画50余幅。2013年6月张甲因病去世。2018年6月，时值张甲逝世五周年，为表示对亡友的哀悼之情，杨乙从张甲的生前赠画中精选了30幅，以张甲的名义出版发行。张甲的子女得知后，认为杨乙擅自出版张甲的绘画，侵犯了他们的著作权，遂与杨乙进行交涉。杨乙则认为，画既已赠送给自己，自己便取得了包括著作权在内的所有权，绘画是以张甲的名义发表的，自己没有侵犯其署名权，不发生侵犯著作权问题。试分析杨乙的行为是否侵犯张甲及其子女的著作权，为什么？

【分析】杨乙的行为侵犯了张甲及其子女的著作权。依据《著作权法》规定，美术作品原件所有权的转移，不视为作品著作权的转移。张甲将画赠与杨乙，只是将作品原件所有权转移给杨乙，杨乙只享有对作品原件的展览权，著作权中的其他权利仍由作者或其他著作权人享有。杨乙未经张甲的继承人同意或授权，擅自将张甲的作品出版，既侵犯了张甲的著作权中的发表权，又侵犯了张甲的继承人依法继承的财产权。

【案例7-4】语文教师赵某在报纸上看到李某发表的一组诗歌，颇为欣赏，就复印了一百份作为语文辅导材料发给了学生。赵某又将这组诗歌逐段加以评析，写成评论文章后投到文学杂志上发表。李某得知后，认为赵某未经自己许可，擅自复印其作品，并在评论文章中全文引用了自己的诗歌，侵犯了自己的著作权。试分析赵某是否侵犯了李某的著作权？为什么？

【分析】赵某没有侵犯李某的著作权，其行为是合理使用。一是李某的诗歌已公开发表，赵某是为教学需要复印了一百份，是非营利为目的的使用；二是因评论李某的诗歌引用其作品。二者均属于合理使用范畴。

复习思考题

1. 什么是知识产权？知识产权有哪些特征？
2. 商标注册申请的原则和条件有哪些？
3. 侵犯商标专用权的行为有哪些？
4. 简述专利权的主体与客体。
5. 授予专利权必须具备哪些条件？
6. 专利侵权行为有哪些？
7. 简述著作权的主体、客体和内容。
8. 侵犯著作权的行为有哪些？

强化训练

一、单项选择题

1. 在相同商品上使用类似商标，甲企业使用在先，乙企业申请在先，商标专用权应当授予（　　）。

A. 甲企业　　　B. 乙企业　　　C. 甲和乙　　　D. 双方协商

2. 在商标注册方面，我国采用(　　)原则。
   A. 一律自愿申请注册
   B. 一律强制注册
   C. 自愿注册原则，法律规定必须使用注册商标的，依其规定
   D. 强制注册原则，法律规定可以不注册的，依其规定

3. 我国注册商标的有效期限为(　　)，自(　　)起计算。
   A. 5年　申请之日　　　　　　　B. 15年　申请之日
   C. 10年　核准注册之日　　　　D. 20年　核准注册之日

4. 下列使用的商标，符合法律规定的是(　　)。
   A. "新西兰"风衣　　　　　　B. "蜘蛛"计算机软件
   C. "美又新"衬衫　　　　　　D. "锋利"菜刀

5. 某市中医院配制的治疗感冒的中药制剂，按照《商标法》的规定(　　)。
   A. 应当使用注册商标　　　　　B. 可以不使用注册商标
   C. 经批准后，可以不使用注册商标　　D. 不使用注册商标，不得销售

6. 注册商标人连续(　　)停止使用，注销其商标专用权。
   A. 2年　　　　B. 3年　　　　C. 1年　　　　D. 5年

7. 商标不得使用下列图形(　　)。
   A. 八一军旗　　B. 太阳　　　C. 熊猫　　　D. 黄山迎客松

8. 甲单位接受乙单位委托的研究任务完成一项发明创造，在双方事前无协议约定的情况下，对该成果的专利申请权归属问题，下列选项中，表述正确的有(　　)。
   A. 专利申请权应属于甲单位　　　　B. 专利申请权归两单位中先提出专利申请者
   C. 专利申请权应属于乙单位　　　　D. 专利申请权应属于甲乙两单位共同拥有

9. 下列选项中，不属于职务发明创造的是(　　)。
   A. 王某在单位从事计算机设计工作，开发设计出一种新产品
   B. 李某大学毕业后在单位销售部门工作，后由于单位技术开发部门人手较紧，李某被暂调到技术开发部开发新产品，两周后，李某开发出一种新产品
   C. 王师傅为某机械厂金属材料仓库管理员。2016年7月退休后，王师傅潜心钻研，于2018年6月发明创造出一种焊接高碳钢的新方法
   D. 王老师是某大学实验室研究员。王老师与校办工厂合作，利用实验室中的显微镜等尖端设备，发明创造出一种性能优越的新型材料

10. 我国实用新型专利保护期限是(　　)。
    A. 20年　　　　B. 10年　　　　C. 15年　　　　D. 5年

11. 我国专利申请原则是(　　)。
    A. 申请在先　　　　　　　　B. 申请在先与使用在先相结合
    C. 使用在先　　　　　　　　D. 以上都适用

12. 下列作品中，不属于著作权客体的有(　　)。
    A. 工程设计图　　　　　　　B. 计算机软件
    C. 人民法院的判决书　　　　D. 地图、示意图

13. 下列行为中，无须获得著作权人的许可而使用他人作品的行为不构成侵权的是（　）。
    A. 为报道时事新闻，在报纸上引用已发表的作品
    B. 将外国法学著作译成中文后，编成教学参考资料出版发行
    C. 报纸刊登其他报社采写但尚未登出的时事新闻
    D. 电视台播放其他电视台制作的电视节目

14. 关于著作权产生的时间，表述正确的是（　）。
    A. 自作品首次公开发表时
    B. 自作者有创作意图时
    C. 自作品得到国家著作权行政管理部门认可时
    D. 自作品完成创作之日起

15. 知名画家甲把自己画的一幅画送给乙，乙一直珍藏在家中，在一次画展中，乙将上述画参展，乙的行为属于（　）。
    A. 侵犯了甲的署名权
    B. 侵犯了甲的展览权
    C. 侵犯了甲的发行权
    D. 不侵权

16. 甲公司决定由本公司科研人员张某负责组建团队进行一项发明创造。两年后，张某带领其团队完成了该项任务。根据专利法律制度的规定，下列主体中，有权为该项发明创造申请专利的是（　）。
    A. 甲公司
    B. 张某
    C. 张某组建的团队
    D. 张某及其组建的团队

17. 甲公司于2015年6月向国家专利行政部门提出某产品生产方法的专利申请，2018年10月被授予专利权。已知乙公司2015年1月已经以相同的方法生产出该种产品。根据专利法律制度的规定，下列未经甲公司许可而实施的行为中，属于侵犯甲公司专利权的是（　）。
    A. 某网店销售明知是假冒甲公司专利的产品
    B. 丙公司购买甲公司获得专利权的产品后自行使用
    C. 乙公司仅在原有范围内继续使用甲公司的专利方法
    D. 某技术人员在实验室中专为科学实验使用甲公司的专利方法

18. 对申请注册的商标，商标局应当自收到商标注册申请文件之日起一定期间内审查完毕，符合《商标法》有关规定的，予以初步审定公告。根据商标法律制度的规定，该期间是（　）。
    A. 15日
    B. 30日
    C. 3个月
    D. 9个月

19. 根据《商标法》的规定，下列行为中，不属于侵害注册商标专用权的有（　）。
    A. 未经商标注册人许可，在同种商品上使用与其注册商标相同的商标
    B. 未经商标注册人许可，在类似商品上使用与其注册商标近似的商标
    C. 销售侵犯注册商标专用权的商品
    D. 使用侵犯注册商标专用权的商品

20. 下列商品中，属于法律、行政法规规定必须使用注册商标的是（　）。
    A. 卷烟
    B. 服装
    C. 食品
    D. 化妆品

二、多项选择题

1. 某厂使用宇航牌注册商标生产床上用品,有下列哪些情形,商标局可以撤销其注册商标(   )。
   A. 商品粗制滥造,以次充好,欺骗消费者
   B. 自行转让该商标
   C. 连续三年停止使用的
   D. 自行在注册商标上添加了图形

2. 经许可使用他人注册商标的,必须在使用该注册商标的商品上标明(   )。
   A. 许可人的注册地   B. 被许可人的注册地
   C. 被许可人的名称   D. 商品产地

3. 下列各项中,不得作为注册商标使用的有(   )。
   A. 坚固牌保险柜   B. 北京牌电视   C. 企鹅牌衬衫   D. 真皮牌皮衣

4. 下列行为属于侵犯注册商标专用权的有(   )。
   A. 某电子公司未经商标注册人的许可,在同一种商品或者类似商品上使用与其注册商标相同或者近似的商标的
   B. 某商场销售侵犯注册商标专用权的商品的
   C. 某印刷厂销售伪造、擅自制造的注册商标标志的
   D. 甲商场未经商标注册人乙同意,将乙的商品更换其注册商标并将该更换商标的商品又投入市场的

5. 根据我国《商标法》规定生产或销售(   )必须使用注册商标。
   A. 感冒清胶囊   B. 香烟   C. 食品   D. 服装

6. 依据《专利法》的有关规定,下列哪些情况不授予专利权?(   )
   A. 甲发明了仿真伪钞机   B. 乙发明了对糖尿病特有的治疗方法
   C. 丙发现了某植物新品种   D. 丁发明了某植物新品种的生产方法

7. 下列各种关于发明、实用新型和外观设计的有关说法,正确的是(   )。
   A. 发明一般分为产品发明和方法发明两类,而实用新型仅限于产品
   B. 发明和实用新型须进行实质审查,外观设计只进行初步审查
   C. 发明和实用新型授予专利的条件为新颖性、创造性和实用性,外观设计授予专利的条件为新颖性
   D. 发明专利权的保护期为20年,实用新型和外观设计的保护期为10年

8. 下列各项中不享有著作权的有(   )。
   A. 口述作品   B. 摄影作品   C. 法律法规   D. 时事新闻

9. 下列哪些属于著作人身权?(   )
   A. 发表权   B. 署名权   C. 修改权   D. 复制权

10. 根据《著作权法》规定,下列各项中,当事人可以不经著作权人许可使用其作品,但必须向其支付报酬的有(   )。
    A. 电视台播放已经出版的录音制品
    B. 录音制作者使用他人已经合法出版的音乐作品制作录音制品,著作权人声明不得使用的除外

C. 对设置在室外公共场所的艺术作品进行摄影录像

D. 为学校课堂教学翻译或者少量复制已经发表的作品，供教学或者科研人员使用

11. 根据商标法律制度的规定，下列情形中，不得申请商标注册的有( )。

　　A. 丙公司拟使用中央国家机关的名称申请商标注册

　　B. 甲公司拟使用"红十字"标志申请商标注册

　　C. 乙公司拟以自己未作为商标使用的某产品的通用名称申请商标注册

　　D. 丁公司拟使用中华人民共和国国徽图案申请商标注册

12. 根据商标法律制度的规定，下列可以作为商标标识的有( )。

　　A. 纯文字　　　　B. 纯数字　　　　C. 纯图形　　　　D. 气味

13. 根据专利法律制度的规定，未经专利权人许可的下列行为中，不构成侵犯专利权的有( )。

　　A. 丙科研院专为科学研究而使用赵某的专利技术

　　B. 王某将购买的专利产品出售给李某

　　C. 丁公司在专利许可协议期满后，在专利有效期内继续生产该专利产品

　　D. 乙公司在甲公司申请专利之前已经制造某产品，在甲公司就相同产品获得专利权后，乙公司在原有范围内继续生产该产品

14. 根据专利法律制度的规定，下列各项中，可以授予专利权的是( )。

　　A. 药品的生产方法

　　B. 对产品的构造提出的适于实用的新的技术方案

　　C. 对平面印刷品的图案作出的主要起标识作用的设计

　　D. 对产品的形状作出的富有美感并适于工业应用的新设计

15. 甲公司获得了A产品的实用新型专利，不久后乙公司自行研制出了与甲公司专利相同的A产品，并大规模生产；丙公司从乙公司处批发购进A产品100箱，并将其中的20箱提供给丁公司办公使用；乙公司、丙公司和丁公司对甲公司已经获得A产品的专利一事均不知情。根据专利法律制度的规定，下列说法正确的有( )。

　　A. 乙公司的制造行为构成侵权

　　B. 丙公司的销售行为构成侵权

　　C. 丁公司的使用行为构成侵权

　　D. 如果丙公司和丁公司能够证明其产品的合法来源，不承担赔偿责任

三、判断题

1. 任何能够将商品与他人的商品区别开来的可视性标志，包括文字、图形、字母、数字、三维标志、颜色组合和声音等，以及其组合，均可以作为商标申请注册。(　　)

2. 经许可使用他人注册商标的，必须在商品上标明许可人的名称和商品产地。(　　)

3. 《商标法》保护对象是一切商标。(　　)

4. 销售不知道是未经专利权人许可而制造并出售专利产品的，不视为侵犯专利权。(　　)

5. 企事业单位、社会团体、国家机关的工作人员在工作时间以外完成的发明创造是非职务发明创造。(　　)

6. 发明专利期满，如果专利权人想继续得到法律保护，可以申请续展。（　）
7. 中国公民、法人或者其他组织的作品，经发表后，享有著作权。（　）
8. 作者的署名权、修改权、保护作品的完整权的保护期不受限制。（　）
9. 专利权人自专利权被授予之日起满三年，且自提出专利申请之日起满四年，无正当理由未实施或者未充分实施其专利的，国务院专利行政部门可以给予实施该发明专利或者实用新型专利的强制许可。（　）
10. 委托作品著作权的归属由委托人和被委托人通过合同约定，合同未明确约定或者没有订立合同的，著作权属于受托人。（　）

四、案例分析题

1. M公司自2016年起就将"香脆"牌作为商标使用于土豆片、锅巴产品的包装上。2018年5月，M公司决定将"香脆"商标向中国商标局申请注册，使用的商品仍为土豆片、锅巴等。试分析：

(1) "香脆"牌是否能获准注册？为什么？
(2) 假设商标局驳回注册申请，M公司不服，它在什么期间向何机构提出复审请求？
(3) 假设商标复审机构维持商标局驳回申请决定，M公司仍不服，应如何做？

2. 甲童车厂生产的童车，质量优良，声誉很高，2017年10月20日将多年使用的"大桥"牌商标向商标局提出注册申请。乙钢木家具厂2017年年初开始生产童车，也于2017年10月20日向商标局提出"大桥"牌商标的注册申请。同时，丙味精厂一直使用"大桥"牌商标生产味精。另外丁家具厂也一直在使用"大桥"牌商标生产童车，但没有提出商标注册申请。试分析：

(1) 商标局应将商标专用权授予谁？
(2) 如果上述两厂或两厂之一取得了商标专用权，其他工厂能否继续使用"大桥"牌商标生产其产品，为什么？

3. 2015年某市达康食品厂研制出一种新型保健饮料，使用商标为"达康"，产品投放市场后很受消费者欢迎，已成为当地知名的饮料品牌，但一直是以未注册商标使用的。2018年，同市的康健饮料厂自行研制一种果汁无醇饮料，并向商标局注册"达康"商标；经商标局初步审定后在《商标公告》上予以公告。达康食品厂看到后，欲向商标局提出异议。试分析：

(1) 达康厂的异议理由是什么？
(2) 如果商标局认为异议理由不成立，达康厂怎样进一步主张自己的权利？
(3) 如果达康厂与康健厂同一天提出商标申请，商标局该怎样处理？

4. 甲厂2016年研制出一种N型高压开关，于2017年1月向中国专利局提出专利申请，2017年5月获得实用新型专利权。乙厂也于2016年7月自行研制出这种N型高压开关。乙厂在2016年年底前已生产了80台N型高压开关，2017年3月开始在市场销售。2017年乙厂又生产了70台N型高压开关。2017年年初，甲厂发现乙厂销售行为后，遂与乙厂交涉，但乙厂认为自己的行为不构成侵权。试分析乙厂是否侵犯了甲厂的专利权？为什么？

5. 郭某4月10日获得了名称为"一种组合拼板"的实用新型专利权，随后开始建厂实施该专利，专利产品的名称为"欢乐插板"。一年后，郭某发现儿童文化用品商店在销一种由 A 公司生产的"欢乐童年"插板,除包装和产品名称略有区别外,与郭某的"欢乐插板"完全一致,郭某遂以侵犯专利权为由将儿童文化用品商店和 A 公司告上法庭。儿童文化用品商店辩称不知道其销售的"欢乐儿童"插板是侵权产品,并且是经合法渠道从 A 公司进货的,该产品的包装上也标有 A 公司的名称和地址,故不构成侵权。试分析:

(1) 儿童文化用品商店是否侵犯了郭某的专利权?为什么?应承担什么责任?

(2) A 公司的行为是否侵犯了郭某的专利权?应承担什么责任?

6. 甲的网络原创小说 A 授权冲浪网站发表。蒙文编辑乙将该小说译成蒙文在期刊上连载,但未指明原作者姓名和作品出处。丙出版社擅自以蒙文、汉文对照版的形式出版了该小说,为作者、译者署名并向其支付报酬。丁书店销售了该图书(进货 200 本,已售出 80 本)。甲发现上述行为后,向法院起诉,状告乙、丙出版社和丁书店侵犯其著作权。试分析:

(1) 乙的翻译、发表行为是否侵权?为什么?

(2) 丙出版社的出版行为是否侵权?为什么?

(3) 丁书店的行为是否构成侵权?为什么?

第八章　市场管理法

【能力目标】
- 识别不正当竞争行为。
- 正确分析产品责任的归属及应承担的法律责任。
- 识别侵犯消费者权益的行为。

【知识目标】
- 熟悉不正当竞争的行为。
- 掌握生产者的产品质量义务和销售者的产品质量义务。
- 熟悉消费者的权利和义务，掌握消费者权益保护机构。
- 熟悉违反《消费者权益保护法》《反不正当竞争法》及《产品质量法》的责任。
- 了解消费者权益争议的解决方法。

【职业素质目标】
在市场经济中，明确违反法律的行为及后果，强化依法经营的观念，并能应用所学保护自身的合法权益。

【章前测试】

1. 下列哪些行为属于不正当的竞争行为？（　　）
   A. 发布对比性广告，贬低他人的商品，鼓吹自己的商品
   B. 恶意对其他经营者合法提供的网络产品或者服务实施不兼容
   C. 在账外暗中给予对方单位或个人回扣
   D. 冒充注册商标

2. 李某在某饭店就餐，饭店服务员张某在给液化炉点火时液化炉突然爆炸。李某、张某及邻座杜某均被炸伤。经查液化炉为甲厂生产，质量存在严重缺陷。下列有关赔偿责任的说法正确的有哪些？（　　）
   A. 李某既可以向饭店要求赔偿损失，也可以向甲厂要求赔偿损失
   B. 张某只能按照劳动合同关系要求饭店赔偿损失
   C. 杜某只能要求饭店赔偿损失
   D. 李某只能要求甲厂赔偿损失

3. 抽奖式的有奖销售，其最高奖的金额不得超过多少钱？（　　）
   A. 30 000元　　B. 50 000元　　C. 80 000元　　D. 10 000元

4. 某商场张贴着"请君选好，本商场商品售出概不退换"的告示，李某在该商场购买了一台洗衣机，使用中发现质量有问题，能否要求商场退换？

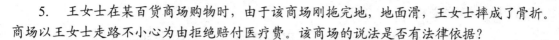

5. 王女士在某百货商场购物时，由于该商场刚拖完地，地面滑，王女士摔成了骨折。商场以王女士走路不小心为由拒绝赔付医疗费。该商场的说法是否有法律依据？

【参考答案】

1. ABCD　　2. A　　3. B　　4. 能要求退换　　5. 没有法律依据

第一节　反不正当竞争法

【案情导入】

某市甲、乙、丙、丁四家企业为争夺市场，展开了激烈的竞争。甲企业首先降价，产品利润为零；乙企业自恃财大气粗，不甘落后，产品以低于成本的价格销售；丙企业慌了手脚，便冒用某一知名商品的包装销售商品；丁企业认为甲、乙、丙的做法太笨，声称：凡购买本企业产品的消费者均可获得抽奖机会，最高奖是名牌手提电脑一台，价值1万元。

【思考】

(1) 甲、乙、丙、丁四家企业的行为是否是正当竞争行为？

(2) 不正当竞争行为有哪些？其法律责任如何？

一、反不正当竞争法概述

(一) 不正当竞争的概念和特征

不正当竞争是指经营者违反法律、法规的规定，损害其他经营者和消费者的合法权益，扰乱社会经济秩序的行为。它具有以下显著特征。

1. 行为的违法性

只要违反了自愿、平等、公平、诚实信用的原则或者违背了公认的商业道德，损害了其他经营者的合法权益，扰乱了社会经济秩序，就应认定为不正当竞争行为。

2. 行为主体是经营者

不正当竞争行为的主体是经营者，即从事商品生产经营或者提供营利性服务的法人、其他经济组织和个人，非经营者不能作为竞争的主体。但是，如果政府及其所属职能部门滥用行政权力妨碍经营者的正当竞争行为，根据《反不正当竞争法》的规定，也应视为不正当竞争行为。

3. 行为结果的损害性

不正当竞争行为所侵害的客体是其他经营者或消费者的合法权益，从整体上讲扰乱了正常的社会经济秩序。不正当竞争行为不仅损害了其他经营者和广大消费者的利益，而且严重地损害了国家的利益，破坏了市场秩序，阻碍了社会生产力的发展。

(二) 反不正当竞争法的概念

反不正当竞争法是指经过国家制定的，调整在制止不正当竞争行为过程中发生的经济关系的法律规范的总称。

(三) 不正当竞争与正当竞争、不平等竞争、垄断的区别

1. 不正当竞争与正当竞争的区别

(1) 合法性不同。正当竞争是依法竞争，是在遵守法律、法规前提下的合法竞争；不正当竞争属于违法行为或违背法律所确认的道德准则的竞争。

(2) 目的不同。正当竞争的经营者通过改进经营管理，促进自身发展，目的是增加利润的同时为社会创造财富；而不正当竞争的目的是为了击败竞争对手或牟取暴利。

(3) 手段不同。正当竞争的经营者通过改进管理、提高技术与服务等积极手段，公平参与竞争以求发展；不正当竞争则是采取非法的、不道德的手段，违背或规避法律，诋毁、损害对方，损害消费者。

(4) 后果不同。正当竞争促进经营者发展，满足社会需求；不正当竞争不但危害其他经营者，侵犯消费者权益，而且给社会造成负面效应。

2. 不正当竞争与不平等竞争的区别

不平等竞争不是行为人违反法律、法规或商业道德等主观因素造成的，而是由于外因所形成的，如地方性政策的限制性规定等。随着我国市场经济的进一步完善，不平等竞争会逐步减少。二者的主要区别如下。

(1) 原因不同。不平等竞争是经营者的外部条件不平等、不公平所造成的；不正当竞争是由于经营者主观违法、违背商业道德造成的。

(2) 违法性不同。不平等竞争一般不是违法行为；而不正当竞争则是违法行为。

(3) 危害性不同。不平等竞争可能影响其他经营者的积极性，但不一定直接损害消费者利益和严重破坏社会秩序；不正当竞争则直接损害其他经营者利益和消费者的权益，危害社会。

3. 不正当竞争与垄断的区别

垄断是指少数大企业或经济组织之间为攫取高额利润，利用正当或不正当竞争的手段，彼此达成协议独占某种产品的生产、销售。二者主要区别如下。

(1) 对待竞争的态度不同。不正当竞争是一种竞争行为，垄断是一种排除(或限制)竞争的行为。

(2) 违法性不同。不正当竞争行为是违法行为，为法律所禁止；有些垄断行为则可以由法律认可和维护，如关系到国计民生的重大企业在一定范围内实行国家垄断经营等。

二、不正当竞争行为

经营者在生产经营活动中，应当遵循自愿、平等、公平、诚实信用、遵守公认的商业道德及合法经营的原则。根据《反不正当竞争法》的规定，不正当竞争行为主要有以下几种。

(一) 假冒行为

假冒行为是指采用假冒商标，伪造、冒用标志等手段，从事市场交易，损害竞争对手

的行为。该行为也称为欺骗性交易行为，可以归纳为以下几种：①擅自使用与他人有一定影响的商品名称、包装、装潢等相同或者近似的标识；②擅自使用他人有一定影响的企业名称(包括简称、字号等)、社会组织名称(包括简称等)、姓名(包括笔名、艺名、译名等)；③擅自使用他人有一定影响的域名主体部分、网站名称、网页等；④其他足以引人误认为是他人商品或者与他人存在特定联系的混淆行为。

【思考8-1】下列行为中，属于不正当竞争行为中的假冒行为的有(　　)。
A. 甲厂在其产品说明书中作夸大其词的不实说明
B. 丙商场在有奖销售中把所有的奖券刮奖区都印上"未中奖"字样
C. 乙厂的矿泉水使用"清凉"牌，而"清凉矿泉水厂"是本地一家知名矿泉水厂的名称
D. 丁酒厂将其在当地评奖会上的获奖证书复印在所有的产品包装上
【解析】正确答案是C。选项A属于虚假宣传行为，选项B属于不正当的有奖销售行为，选项D属于正当竞争行为。

(二) 商业贿赂行为

商业贿赂行为是指经营者在市场交易中采用财物或者其他手段进行贿赂以销售或者购买商品，损害其他经营者的合法权益，扰乱社会经济秩序的行为。其主要表现为账外暗中给付和收受回扣。这里的"回扣"是指经营者在销售商品时，在账外暗中以现金、实物或者其他方式退给对方单位或者个人的一定比例的商品价款。回扣包括以下几种形式：①现金回扣，如辛苦费、劳务费、手续费、交通费、茶水费等；②实物回扣，如赠送一些很名贵物品；③服务性回扣，如供其子女出国留学、出国旅游。

在账外暗中给予对方单位或者个人回扣的，以行贿论处；对方单位或者个人在账外暗中收受回扣的，以受贿论处。但是，应将回扣同折扣、佣金区分开来。经营者销售或者购买商品，可以以明示的方式给对方折扣，可以给中间人佣金。经营者给对方折扣，给中间人佣金的，必须如实入账。接受折扣、佣金的经营者必须入账。

《反不正当竞争法》规定，经营者不得采用财物或者其他手段贿赂下列单位或者个人，以谋取交易机会或者竞争优势：①交易相对方的工作人员；②受交易相对方委托办理相关事务的单位或者个人；③利用职权或者影响力影响交易的单位或者个人。

经营者的工作人员进行贿赂的，应当认定为经营者的行为；但是，经营者有证据证明该工作人员的行为与为经营者谋取交易机会或者竞争优势无关的除外。

【思考8-2】某期货交易所章程规定，对日交易量超过一百手的客户，可以将手续费的2%作为折扣费退还给他们，并办理完整的财务手续。其他交易所对此规定提出异议。下列说法中，正确的是(　　)。
A. 该交易所的行为构成不正当竞争
B. 该交易所的行为不构成不正当竞争
C. 该交易所的行为构成行贿
D. 该交易所的行为既构成行贿又构成不正当竞争
【解析】正确答案是B。商业贿赂行为是指"账外暗中"给付和收受回扣。

(三) 虚假宣传行为

虚假宣传行为是指经营者利用广告或者其他方法，经营者不得对其商品的性能、功能、质量、销售状况、用户评价、曾获荣誉等作虚假或者引人误解的商业宣传，欺骗、误导消费者。经营者不得通过组织虚假交易等方式，帮助其他经营者进行虚假或者引人误解的商业宣传。使人误解的虚假宣传，既包括虚假宣传，也包括引人误解的宣传。

【思考8-3】张某从甲商场购买了一套标明"意大利聚酯漆家具"的沙发，后来发现该家具并非意大利生产，于是找甲商场退货，商场经理声称："这套沙发是用意大利生产的聚酯漆刷的，我方并没有欺诈、隐瞒等行为，不能退货。"试分析甲商场的说法是否合法？

【解析】甲商场的说法不合法。虽然甲商场没有对商品的质量、生产者、产地等做虚假宣传，但却做了使人误解的虚假宣传。

(四) 侵犯商业秘密行为

商业秘密是指不为公众所知悉，能为权利人带来经济利益、具有实用性并经权利人采取保密措施的技术信息和经营信息。它具有秘密性、保密性和实用性三方面的特征。侵犯商业秘密行为就是指经营者不正当获取、披露或使用权利人商业秘密的行为。该行为主要包括的内容如下。

(1) 以盗窃、贿赂、欺诈、胁迫或者其他不正当手段获取权利人的商业秘密。

(2) 披露、使用或者允许他人使用以前项手段获取的权利人的商业秘密。

(3) 违反约定或者违反权利人有关保守商业秘密的要求，披露、使用或者允许他人使用其所掌握的商业秘密。

(4) 第三人明知或者应知商业秘密权利人的员工、前员工或者其他单位、个人实施前款所列违法行为，仍获取、披露、使用或者允许他人使用该商业秘密的，视为侵犯商业秘密。

【思考8-4】甲制药厂组织参观乙制药厂实验室时，甲厂一名技术人员暗中提取了实验室中的一种溶液样品。回到甲厂后，该技术人员与他人一起分析了溶液的成分，得出了乙厂新开发的一种药品的配方，甲厂迅速根据此配方推出了一种新药。乙厂在市场上见到这种新药十分震惊，经调查查清了其中原委，遂向人民法院提起诉讼，要求甲厂赔偿损失，并停止生产这种药品。下列说法中正确的是(　　)。

A. 甲厂构成不正当竞争，但只能停止生产这种药品，而不能赔偿损失
B. 乙厂的诉讼请求应予支持
C. 人民法院无权管辖此案
D. 甲厂不构成不正当竞争，因提取溶液样品的技术人员并不能代表甲厂

【解析】正确答案是 B。甲厂属于"不正当获取、使用"权利人商业秘密的行为，构成不正当竞争行为。

(五) 不正当的有奖销售行为

不正当的有奖销售行为是指经营者违反诚实公平竞争原则，利用物质、金钱或其他经济利益引诱购买者与之交易，排挤竞争对手的不正当竞争行为。这类行为包括：①所设奖的种类、兑奖条件、奖金金额或者奖品等有奖销售信息不明确，影响兑奖；②采用谎称有

奖或者故意让内定人员中奖的欺骗方式进行有奖销售；③抽奖式的有奖销售，最高奖的金额不超过 5 万元。

> **【思考 8-5】** 抽奖式有奖销售行为最高奖励不得超过( )。
> A. 3 000 元　　　B. 5 000 元　　　C. 30 000 元　　　D. 50 000 元
> **【解析】** 正确答案是 D。

（六）诋毁商誉行为

诋毁商誉行为是指经营者为了占领市场，针对同类竞争对手，故意捏造和散布有损于其商业信誉和商品声誉的虚假信息，贬低其法律上的人格，削弱其市场竞争能力，使其无法正常参与市场交易活动，从而使自己在市场竞争中取得优势地位的行为。

《反不正当竞争法》规定，经营者不得编造、传播虚假信息或者误导性信息，损害竞争对手的商业信誉、商品声誉。

经营者利用网络从事生产经营活动，应当遵守本法的各项规定。

经营者不得利用技术手段，通过影响用户选择或者其他方式，实施下列妨碍、破坏其他经营者合法提供的网络产品或者服务正常运行的行为：①未经其他经营者同意，在其合法提供的网络产品或者服务中，插入链接、强制进行目标跳转；②误导、欺骗、强迫用户修改、关闭、卸载其他经营者合法提供的网络产品或者服务；③恶意对其他经营者合法提供的网络产品或者服务实施不兼容；④其他妨碍、破坏其他经营者合法提供的网络产品或者服务正常运行的行为。

> **【思考 8-6】** 某市一家保温瓶生产厂，研制出一种新型保温瓶胆，并为此召开新闻发布会。该厂长在新闻发布会上称：现在市场上销售的保温瓶胆均含有有毒砷化物，只有该厂研制的这种新型瓶，具有无毒、保健的特点。试分析该厂长的说法有无不妥？为什么？
> **【解析】** 该厂长的说法属于诋毁商业信誉的行为，即散布有损于其他商品声誉的虚假信息，削弱其他经营者的市场竞争力。

三、不正当竞争行为的监督与检查部门

在我国有权对不正当竞争行为进行监督检查的部门主要有县级以上人民政府的工商行政管理部门和法律、行政法规规定的其他部门。技术监督部门、物价部门、卫生部门、证券监督部门等也有权在自己职权范围内依法对不正当竞争行为进行监督检查。国务院建立反不正当竞争工作协调机制，研究决定反不正当竞争重大政策，协调处理维护市场竞争秩序的重大问题。同时，国家鼓励、支持和保护一切组织和个人对不正当竞争行为进行社会监督。行业组织应当加强行业自律，引导、规范会员依法竞争，维护市场竞争秩序。

四、不正当竞争行为的法律责任

根据法律规定，经营者发生不正当竞争行为应承担的法律责任包括民事责任、行政责任和刑事责任三种。

(一) 民事责任

民事责任主要是指民事损害赔偿责任。经营者违反《反不正当竞争法》规定,给被侵害的经营者造成损害的,应当承担损害赔偿责任,被侵害的经营者的损失难以计算的,赔偿额为侵权期间因侵权所获得的利润;并应当承担被侵害的经营者因调查该经营者侵害其合法权益的不正当竞争行为所支付的合理费用。经营者发生假冒行为或者侵犯商业秘密行为,权利人因被侵权所受到的实际损失、侵权人因侵权所获得的利益难以确定的,由人民法院根据侵权行为的情节判决给予权利人300万元以下的赔偿。

(二) 行政责任

行政责任分为行政处分和行政处罚。行政处分是国家机关根据法律、法规和规章制度,给予犯有轻微违法失职行为或者内部违纪人员的一种制裁。对实施不正当竞争行为的经营者,由工商行政管理部门或法律、行政法规规定的其他监督检查部门进行行政处罚。如对假冒行为的经营者,违法经营额在5万元以上的,处5倍以下罚款,情节严重的可吊销营业执照;没有违法经营额或者违法经营额不足五万元的,处以25万元以下的罚款;违法经营额无法计算的,根据情节处以10万元以上100万元以下的罚款。

当事人对监督检查部门作出的决定不服的,可以依法申请行政复议或者提起行政诉讼。

(三) 刑事责任

经营者的不正当竞争行为,如果触犯《刑法》构成犯罪,应当追究刑事责任。在我国,能够构成犯罪的不正当竞争行为主要是假冒行为、商业贿赂行为等不正当竞争行为。

【案例8-1】试分析下列行为,是否构成不正当竞争,并简要说明理由。

(1) 内蒙古伊利实业集团股份有限公司(简称"伊利集团")在2012年推出"QQ星营养果汁酸奶饮品",包括香蕉和草莓两种口味,采用迪斯尼卡通形象3D立体包装,获得很高的知名度。蒙牛乳业股份有限公司(简称"蒙牛乳业")在2015年推出了一款名为"未来星营养果汁酸奶饮品"的产品,口味也包括香蕉、草莓两种,同样采用迪斯尼卡通形象3D立体包装。伊利集团认为蒙牛乳业的行为构成了不正当竞争。

(2) OPPO手机用户通过腾讯官方网站下载腾讯手机管家软件时,手机会弹出包含"用户需自行承担可以的手机损坏和数据丢失风险""身份验证"等内容的页面,腾讯认为OPPO手机拦截用户下载其软件,并阻碍软件运行,构成不正当竞争。

(3) 瓜子二手车直卖网宣传"遥遥领先""全国领先"等宣传用语,人人车二手车网站认为瓜子网构成不正当竞争。

【分析】

(1) 蒙牛乳业的行为构成不正当竞争。根据法律规定,不正当竞争行为包括"擅自使用与他人有一定影响的商品名称、包装、装潢等相同或者近似的标识",本案中,蒙牛乳业推出同类产品的时间,且在包装、装潢上对属于同类产品的QQ星的包装、装潢相似,容易造成消费者的混淆和误认。

(2) OPPO的行为构成不正当竞争行为。根据法律规定,经营者利用网络从事生产经营活动,不得恶意对其他经营者合法提供的网络产品或者服务实施不兼容,或者其他妨碍、破坏其他经营者合法提供的网络产品或者服务正常运行的行为。本案中OPPO与腾讯之间的矛盾，实质上是手机厂商自营分发渠道与第三方 App 分发平台之间的流量入口利益之争，OPPO 打出"安全牌"限制用户下载，引流到自家应用平台，不仅会导致诸多第三方应用分发平台巨额的损失，还会给整个移动互联网产业带来负能量。

(3) 瓜子网的行为构成不正当竞争。法律规定，经营者不得编造、传播虚假信息或者误导性信息，损害竞争对手的商业信誉、商品声誉。瓜子二手车直卖网宣传"遥遥领先""全国领先"等宣传用语，无形中损害了竞争对手的商业信誉。

第二节　产品质量法

【案情导入】

章某和王某在甲饭店就餐，服务员在给卡式煤气炉点火时，煤气炉突然爆炸，章某一只眼睛当场被炸瞎。经查，煤气炉是乙厂生产的，质量存在缺陷。

【思考】

(1) 章某应向谁主张赔偿？

(2) 生产者和销售者的产品质量义务有哪些？

(3)《产品质量法》的主要规定有哪些？产品质量责任归责原则是什么？

一、产品质量法概述

(一) 产品质量和产品质量法的概念

产品质量是指反映产品满足明示或隐含要求的能力的特性的总和，即产品符合用户使用需求的特性。它具体是指产品的安全性、适用性、可靠性、维修性、有效性、经济性等质量指标，反映、代表了产品的质量状况。

产品质量法是指调整产品的生产和销售以及产品质量的监督管理等活动中所发生的社会关系的法律规范的总称。为加强对产品质量的监督管理，提高产品质量水平，明确产品质量责任，保护消费者的合法权益，维护社会经济秩序，1993 年 2 月 22 日，全国人民代表大会通过了《中华人民共和国产品质量法》(以下简称《产品质量法》)，于同年 9 月 1 日起施行，并分别于 2000 年、2009 年进行了两次修订。

(二) 产品质量法的适用范围

《产品质量法》的适用范围包括以下几方面。

1. 产品

《产品质量法》所指的产品是经过加工、制作，用于销售的产品。其所确认的产品应当具备以下条件。

(1) 产品必须是经过加工、制作的。未经加工、制作的产品不是《产品质量法》意义上的产品，即天然产品不由《产品质量法》调整，包括未加工的农副产品、林产品、水产品、畜牧产品、原矿、原油等。

(2) 产品必须是用于销售的。非为销售而加工的物品就不是本法意义上的产品，如某企业自制的自用设备。

(3) 建设工程不属于《产品质量法》上的产品。建设工程有其特殊的质量要求，与一般加工制作的产品有很大的不同，所以建设工程的质量一般由专门的《建筑法》调整，不适用《产品质量法》的规定。但是，建设工程使用的建筑材料、建筑构配件和设备等符合《产品质量法》产品定义的，适用于《产品质量法》，如用于建设工程的水泥、钢材等。

另外，军工产品质量监督管理办法，由中央军事委员会另行制定，不适用于《产品质量法》。

【思考 8-7】下列产品，不属于《产品质量法》调整范围的有(　　)。
A. 水稻　　　　B. 原油　　　　C. 自来水　　　　D. 建设工程
【解析】正确答案是 ABCD。未经加工、天然形成的产品不适用《产品质量法》，建筑工程不适用《产品质量法》。

2. 主体

主体适用于中华人民共和国境内从事产品生产、销售活动的法人、其他经济组织和个人，包括国有企业、集体企业、私营企业、外商投资企业、个体工商户和农村承包经营户，它们都必须严格遵守《产品质量法》的规定。

(三) 产品质量监督管理部门

国务院产品质量监督管理部门主管全国的产品质量监督工作，县级以上地方产品质量监督部门主管本行政区域内的产品质量监督工作；国务院有关部门在各自的职责范围内负责产品质量监督工作，县级以上地方政府有关部门在各自的职责范围内负责产品质量监督工作(如卫生部门、药品管理部门等)。法律对产品质量监督部门另有规定的从其规定。

(四) 产品质量监督管理制度

1. 产品质量检验制度

我国产品质量检验实行标准化制度，现行产品质量的标准形式分为国家标准(GB)、行业标准(HB)、地方标准(DB)、企业标准(QB)。产品质量应当检验合格，不得以不合格产品来冒充合格产品；可能危及人体健康和人身、财产安全的工业产品，必须符合国家标准、行业标准；未制定国家标准、行业标准的，必须符合保障人体健康和人身、财产安全的要求；禁止生产、销售不符合保障人体健康和人身、财产安全的标准和要求的工业产品。

2. 企业质量体系认证制度

企业质量体系认证是指依据国家质量管理和质量保证体系标准，经过认证机构对企业质量体系的检查和确认并通过颁发认证证书，证明企业质量保证能够符合相应要求的活动。国际通用的质量标准为 ISO，即国际标准化组织推行的 ISO 9000(质量标准)系列标准和 ISO 14000(环境标准)系列标准。企业根据自愿原则申请企业质量体系认证，经过质量体系认证的企业在申请生产许可证、产品质量认证及申请其他质量认证时可免予质量体系审查。

3. 产品质量认证制度

产品质量认证是由认证机构按照产品标准和技术要求，确认某一产品符合相应标准并颁发认证标志的活动。国家参照国际先进产品标准的技术要求，由企业自愿申请产品质量认证；认证合格的，由认证机构颁发证书，企业可以在自己的产品或其包装上使用认证标志，如真皮标志、纯毛标志等。产品质量认证一般分为安全认证(多为强制性认证)和合格认证。

凡是属于法律规定的强制性产品认证范围内的产品必须经国家指定的认证机构认证，符合相关标准和技术法规，取得认证证书并加施认证标志后，才能出厂、销售、进口或在经营服务场所使用。我国的强制性产品认证使用统一的标志，即"CCC"，简称3C认证。

4. 监督检查制度

国家对产品质量实行以抽查为主要方式的监督检查制度，对可能危及人体健康和人身、财产安全的产品，影响国计民生的重要工业产品以及消费者、有关组织反映有质量问题的产品进行抽查。监督抽查工作由国务院产品质量监督部门规划和组织。县级以上地方产品质量监督部门在本行政区域内也可以组织监督抽查。法律对产品质量的监督检查另有规定的，依照有关法律的规定执行。

监督抽查的产品质量不合格的，由实施监督抽查的产品质量监督部门责令其生产者、销售者限期改正。逾期不改正的，由省级以上人民政府产品质量监督部门予以公告；公告后经复查仍不合格的，责令停业，限期整顿；整顿期满后经复查产品质量仍不合格的，吊销营业执照。

二、生产者、销售者的产品质量义务

(一) 生产者的产品质量义务

生产者应当对其生产的产品质量负责，包括作为和不作为两个方面的义务。

1. 作为义务

(1) 产品质量应当符合下列要求：①不存在危及人身、财产安全的不合理的危险，有保障人体健康和人身、财产安全的国家标准、行业标准的，应当符合该标准；②具备产品应当具备的使用性能，但是，对产品存在使用性能的瑕疵作出说明的除外；③符合在产品或者其包装上注明采用的产品标准，符合以产品说明、实物样品等方式表明的质量状况。

(2) 产品或者其包装上的标识必须真实，并符合下列要求：①有产品质量检验合格证明；②有中文标明的产品名称、生产厂厂名和厂址；③根据产品的特点和使用要求，需要标明产品规格、等级、所含主要成分的名称和含量的，用中文相应地予以标明，需要事先让消费者知晓的，应当在外包装上标明，或者预先向消费者提供有关资料；④限期使用的产品，应当在显著位置清晰地标明生产日期和安全使用期或者失效日期；⑤使用不当，容易造成产品本身损坏或者可能危及人身、财产安全的产品，应当有警示标志或者中文警示说明；⑥易碎、易燃、易爆、有毒、有腐蚀性、有放射性等危险物品以及储运中不能倒置和其他有特殊要求的产品，其包装质量必须符合相应要求，依照国家有关规定作出警示标志或者中文警示说明，标明储运注意事项。

> 【思考8-8】 王某不满两岁的孩子，在吃甲厂生产的果冻时，不幸被噎导致窒息死亡，王某以甲厂没有警示标志为由，将甲厂告上法庭。试问甲厂是否应承担责任？
> 【解析】甲厂应承担责任。使用不当，容易造成产品本身损坏或者可能危及人身、财产安全的产品，应当有警示标志或者中文警示说明。

2. 不作为义务

生产者必须遵守国家的有关规定，不得有下列行为：①生产者不得生产国家明令淘汰的产品；②生产者不得伪造产地，不得伪造或者冒用他人的厂名、厂址；③生产者不得伪造或者冒用认证标志等质量标志；④生产者生产的产品，不得掺杂、掺假，不得以假充真、以次充好，不得以不合格产品冒充合格产品。

(二) 销售者的产品质量义务

销售者的产品质量义务主要有以下几方面。

(1) 进货验收检查义务，销售者应当建立并执行进货检查验收制度，验明产品合格证明和其他标识。

(2) 保持销售产品质量的义务，销售者应当采取措施，保持销售产品的质量。

(3) 正确标识的义务，这一义务与生产者相同。

(4) 禁止性义务，包括：不得销售国家明令淘汰并停止销售的产品和失效、变质的产品；不得伪造产地，不得伪造或者冒用他人的厂名、厂址；不得伪造或者冒用认证标志等质量标志；销售的产品，不得掺杂、掺假，不得以假充真、以次充好，不得以不合格产品冒充合格产品。

销售者的产品质量责任概括起来有三方面：一是担保责任，当产品出现质量问题时，销售者应消费者的请求，应承担赔偿责任，然后再向生产者追偿；二是连带责任，发生产品质量问题时，消费者既可以向生产者主张权利，也可向销售者主张权利；三是销售者找不到生产者时，由其自己承担赔偿责任。

三、产品质量的法律责任

产品质量法律责任分为民事责任、行政责任和刑事责任。

(一) 产品质量的民事责任

产品质量民事责任主要是因有缺陷产品造成损害的侵权的民事责任。产品质量民事责任包括两种：产品的瑕疵担保责任和缺陷产品的侵权损害赔偿责任。

1. 产品的瑕疵担保责任

产品的瑕疵担保责任是指合同当事人违反对产品质量所做的承诺或保证，所应当承担的法律后果。瑕疵担保责任的主体是销售者。销售者出售的产品有以下情形的，应承担产品瑕疵担保责任：①不具备产品应当具备的使用性能而事先未做说明的；②不符合在产品或者其包装上注明采用的产品标准的；③不符合以产品说明、实物样品等方式表明的质量状况的。

销售者应根据不同情况分别负责承担修理、更换、退换、赔偿损失等不同的责任。销售者拖延或拒绝承担上述民事责任的，由产品质量监督部门或者工商行政管理部门责令改正。销售者依照规定负责修理、更换、退货、赔偿损失后，如确能证明是属于生产者的责任或供货者的责任造成产品质量不合格的，有权向生产者、供货者进行追偿。

2. 缺陷产品的侵权损害赔偿责任

缺陷产品的侵权损害赔偿责任，简称产品责任，是指由于产品缺陷造成消费者、使用者或者其他受害人人身、财产损害，依法应承担的损害赔偿的法律后果。产品责任成立的前提是产品存在缺陷，产品没有缺陷，则不构成产品责任。产品侵权损害赔偿责任的主体是缺陷产品的生产者或者销售者。

(1) 产品责任的归责原则。我国采取严格责任与过错责任相结合的归责原则，即对生产者适用严格责任原则，对销售者适用过错责任原则。

生产者承担严格责任，指的是只要存在产品缺陷，有产品造成损害的事实，该产品的生产者就要承担产品责任。但是生产者若能证明有下列情形之一的，不承担赔偿责任：①未将产品投入流通的；②产品投入流通时，引起损害的缺陷尚不存在的；③将产品投入流通时的科学技术水平尚不能发现缺陷的存在的。如很多淘汰的药品，当初投入市场时，科技水平未发现其危害，因此，造成损害时生产者可以免责。

销售者则适用过错责任原则。由于销售者的过错使产品存在缺陷，造成人身、他人财产损害的，销售者应当承担赔偿责任。如果销售者不能提供缺陷产品的生产者或者供货者的详细信息，销售者适用过错推定责任原则，也应当承担赔偿责任。

生产者和销售者对产品质量缺陷造成的损害依法承担连带赔偿责任，但是，不论最终责任应由谁承担，销售者对损害都负有先行赔偿的义务，在赔偿后，如属生产者的责任，销售者有追偿权。

(2) 损害赔偿的范围。因产品存在缺陷造成受害人人身伤害的，侵害人应当赔偿医疗费、治疗期间的护理费、因误工减少的收入等费用；造成残疾的，还应当支付残疾者生活自助费、生活补助费、残疾赔偿金以及由其扶养的人所必需的生活费等费用；造成受害人死亡的，并应当支付丧葬费、死亡赔偿金以及由死者生前扶养的人所必需的生活费等费用。

(3) 产品责任的诉讼时效。因产品存在缺陷造成损害要求赔偿的诉讼时效期间为2年，自当事人知道或者应当知道其权益受到损害时起计算。因产品存在缺陷造成损害要求赔偿的请求权，在造成损害的缺陷产品交付最初消费者满10年后丧失；但是，尚未超过明示的安全使用期的除外。

【思考8-9】 李某从电风扇厂盗取了两台刚研制出的新型电风扇，然后将其中一台卖给了赵某，赵某在使用中，风扇叶片飞出，伤了右手，赵某找厂家索赔，但厂家以这种产品尚未投入市场为由，拒绝承担赔偿责任。试分析电风扇厂的说法是否有法律依据？

【解析】 有法律依据，未将产品投入流通的，生产者可以免责。

(二) 产品质量的行政责任

产品质量的行政责任，是指产品的生产者、销售者以及产品质量检验机构因其违反产品质量法律、法规和规章所规定的义务,实施了扰乱国家对产品质量管理的正常秩序、但尚未构成刑事犯罪的行为,所应当承担的后果。违反《产品质量法》的行政责任的种类主要有:责令停止生产、销售,没收违法生产、销售的产品,没收违法所得,罚款,吊销营业执照等。行使产品质量行政处罚的行政机关主要是产品质量监督部门和工商行政管理部门。

(三) 产品质量的刑事责任

违反《产品质量法》规定,生产、销售不符合保障人体健康和人身、财产安全的国家标准和行业标准的产品,或者在产品中掺杂、掺假,以假充真、以次充好,或者以不合格产品冒充合格产品,销售失效、变质产品等行为,构成犯罪的,依法追究其刑事责任。

第三节 消费者权益保护法

【案情导入】

甲、乙、丙三人相约到一家大型的商场购物。甲因被怀疑有盗窃行为,被商场的保安强行搜身;乙因商场太拥挤,不小心撞了另外一位顾客王某,被王某殴打致伤,当时保安站在一旁观看却未吱声;丙在柜台上花了 300 元人民币买了一双真皮旅游鞋,但后来鉴定发现并非真皮而是人造革的,该鞋最多值 15 元。

【思考】

(1) 商场侵犯了消费者甲的什么权利?

(2) 消费者乙所花的医药费应向谁主张赔偿?假如王某没有能力承担,商场是否要承担责任?为什么?

(3) 消费者丙的损失可向谁主张赔偿?赔偿多少?

一、消费者权益保护法概述

(一) 消费者的概念

消费者是指为生活消费需要而购买、使用商品或者接受服务的个人。消费者一般是自然人。

(二) 消费者权益保护法的概念

消费者权益保护法是调整国家机关、经营者、消费者相互之间因保护消费者利益而产生的各种社会关系的法律规范的总称。为保护消费者权益,维护社会经济秩序,1993 年 10 月 31 日全国人大常委会通过了《中华人民共和国消费者权益保护法》(以下简称《消费者权益保护法》),自 1994 年 1 月 1 日起实施,并于 2013 年进行了修订。该法是我国保护消费者权益的基本法。广义上的消费者权益保护法则包括所有有关保护消费者权益的法律、法规,如《产品质量法》《反不正当竞争法》等。

(三) 消费者权益保护法的调整对象

《消费者权益保护法》的调整对象是消费过程中所产生的社会关系，包括以下内容。

(1) 经营者与消费者之间的关系，主要是经营者因违法经营给消费者造成损害，消费者有权请求赔偿，以及消费者对经营者进行监督而发生的关系。

(2) 国家机关与经营者之间的关系，主要是国家机关对经营者的经营活动进行监督管理的关系。

(3) 国家机关与消费者之间的关系，主要是国家有关管理部门，在为消费者提供指导、服务与保护过程中所发生的关系。

二、消费者的权利

消费者的权利是指消费者在购买、使用商品或者接受服务的一定时间内，依法应享有的各种权利。《消费者权益保护法》规定，消费者享有以下十项权利。

1. 安全保障权

消费者在购买、使用商品和接受服务时享有人身、财产安全不受损害的权利；消费者有权要求经营者提供的商品和服务，符合保障人身、财产安全的要求。安全保障权包括人身安全权和财产安全权两个方面，这是消费者最重要的权利。

2. 知悉真情权

知悉真情权是指消费者享有的知悉其购买、使用商品或者接受服务真实情况的权利。对消费者来说，知情权是消费活动中必不可少的，是消费者决定购买商品、接受服务的前提。消费者有权根据商品或者服务的不同情况，要求经营者提供商品的价格、产地、生产者、用途、性能、规格、等级、主要成分、生产日期、有效期限、检验合格证明、使用方法说明书、售后服务，或者服务的内容、规格、费用等有关情况。

【思考8-10】张女士在A商场购买某高档粉底霜，营业员不允许试用，张女士一再强调自己要买的是自然肤色，不是雪白色。营业员介绍了一种自然肤色粉底霜。张女士购得后，当即打开试用，发现是雪白色的，要求营业员退货，可营业员说："这么贵的化妆品，上面留下了明显的用过的痕迹，没办法退了。"试分析该粉底霜能否退换？为什么？
【解析】可以退换。因为商场侵犯了消费者的知悉真情权。

3. 自主选择权

自主选择权是指消费者有权根据自己的消费需求、意向和兴趣，自主选择自己满意的商品或服务。这项权利包括四方面的内容：①自主选择商品或者服务的经营者；②自主选择商品的品种或者服务的方式；③自主决定是否购买商品或者接受服务；④自主比较、鉴别和挑选商品或服务。

4. 公平交易权

公平交易权是指消费者在购买商品或者接受服务时所享有的，获得质量保障和价格合理、计量准确等公平交易条件，拒绝经营者的强制交易行为的权利。其核心是消费者以一定数量的货币换取同等价值的商品或者服务。

【思考 8-11】小李与朋友小赵赶火车,因时间还早,于是两人进了一家茶社,要了一壶普通的绿茶,边等车边聊天。临走结账时,发现账单居然是 1 588 元。双方发生了争执。试分析茶社侵犯了消费者的什么权利?

【解析】侵犯了消费者的公平交易权。

5. 依法求偿权

依法求偿权是指消费者因购买、使用商品或者接受服务受到人身、财产损害的,享有依法获得赔偿的权利。它是弥补消费者所受损害的必不可少的救济权。享有获得赔偿权的主体包括购买、使用商品或者接受服务的消费者和使用他人购买的商品、服务而受到损害的消费者,以及在别人购买、使用商品或接受服务时,因在场而受到商品或者服务的伤害,致使人身、财产受损害的第三者。前者按契约关系求偿,后两者因与经营者之间没有契约关系,一般按侵权处理,求偿的范围包括人身损害和财产损害两方面。

6. 依法结社权

依法结社权是指消费者享有依法成立维护自身合法权益的社会组织的权利,如消费者协会。消费者成立社会组织的目的在于通过集体力量来改变自身的弱小地位,从而维护自身的合法权益。

7. 获得知识权

获得知识权是指消费者享有获得有关消费和消费者权益保护方面的知识的权利。消费者应当努力掌握所需商品或者服务的知识和使用技能,正确使用商品,提高自我保护意识。

8. 维护尊严权

维护尊严权是指消费者在购买、使用商品和接受服务时,享有其人格尊严、民族风俗习惯得到尊重的权利,享有个人信息依法得到保护的权利。消费者在消费过程中不受非法搜查、检查、侮辱、诽谤。

9. 监督批评权

监督批评权是指消费者享有对商品和服务以及保护消费者权益工作进行监督的权利。消费者有权检举、控告侵害消费者权益的行为和国家机关及其工作人员在保护消费者权益工作中的违法失职行为,有权对保护消费者权益工作提出批评、建议。

【思考 8-12】三位女士到 A 商场买鞋,其中一位姓张的女士让营业员拿出一双价值 560 元的女靴试穿,试穿后感到不理想,准备离开。这时营业员要求其支付 5 元的试穿费,否则不允许离开该店,并对张某恶言相骂。试分析该商场侵犯了消费者的哪些权利?

【解析】侵犯了消费者的公平交易权和维护尊严权。

三、经营者的义务

经营者应当履行以下义务。

(一) 履行法定或约定的义务

经营者向消费者提供商品或者服务，应当依照法律、法规的规定履行义务。经营者和消费者有约定的，应当按照约定履行义务，但双方的约定不得违背法律、法规的规定。

经营者向消费者提供商品或者服务，应当恪守社会公德，诚信经营，保障消费者的合法权益；不得设定不公平、不合理的交易条件，不得强制交易。

(二) 接受监督的义务

经营者应当听取消费者对其提供的商品或者服务的意见，接受消费者的监督。

(三) 保障安全的义务

保障安全的义务是指经营者在经营场所对消费者、潜在的消费者或者其他进入服务场所的人的人身、财产安全依法承担的安全保障义务。其义务主体为服务场所的经营者，包括服务场所的所有者、管理者、承包经营者等对该场所负有法定安全保障义务或者具有事实上控制力的公民、法人或其他社会组织。与此相对应的权利主体是：消费者、潜在的消费者、实际进入该服务场所的任何人。

经营者应当保证其提供的商品或者服务符合保障人身、财产安全的要求。对可能危及人身、财产安全的商品和服务，应当向消费者作出真实的说明和明确的警示，并说明和标明正确使用商品或者接受服务的方法以及防止危害发生的方法。宾馆、商场、餐馆、银行、机场、车站、港口、影剧院等经营场所的经营者，应当对消费者尽到安全保障义务。

经营者发现其提供的商品或者服务存在缺陷，有危及人身、财产安全危险的，应当立即向有关行政部门报告和告知消费者，并采取停止销售、警示、召回、无害化处理、销毁、停止生产或者服务等措施。采取召回措施的，经营者应当承担消费者因商品被召回支出的必要费用。

(四) 提供真实信息的义务

经营者向消费者提供有关商品或者服务的质量、性能、用途、有效期限等信息，应当真实、全面，不得作虚假或者引人误解的宣传。经营者对消费者就其提供的商品或者服务的质量和使用方法等问题提出的询问，应当作出真实、明确的答复。经营者提供商品或者服务应当明码标价。

(五) 标明经营者真实名称和标记的义务

经营者应当标明其真实名称和标记。租赁他人柜台或者场地的经营者，应当标明其真实名称和标记。展销会举办者、场地和柜台提供者应当加强管理，督促参展者和场地柜台的使用者悬挂营业执照并标明其真实名称和标记。

(六) 签发凭证和单据的义务

经营者提供商品或者服务，应当按照国家有关规定或者商业惯例向消费者出具发票等购货凭证或者服务单据；消费者索要发票等购货凭证或者服务单据的，经营者必须出具。

(七) 保障产品质量的义务

经营者应当保证在正常使用商品或者接受服务的情况下，其提供的商品或者服务应当具有的质量、性能、用途和有效期限；但消费者在购买该商品或者接受该服务前已经知道其存在瑕疵，且存在该瑕疵不违反法律强制性规定的除外。

经营者以广告、产品说明、实物样品或者其他方式表明商品或者服务的质量状况的，应当保证其提供的商品或者服务的实际质量与表明的质量状况相符。经营者提供的机动车、计算机、电视机、电冰箱、空调器、洗衣机等耐用商品或者装饰装修等服务，消费者自接受商品或者服务之日起六个月内发现瑕疵，发生争议的，由经营者承担有关瑕疵的举证责任。

【思考 8-13】李某在某商场购买了一台迷你小冰箱。使用两个月后，小冰箱内壁便出现了裂痕。李某拿着发票及保修卡找商场免费修理，但商场认为裂痕是李某人为损坏，不同意免费修理。试分析该商场是否应当免费修理？

【解析】新修订的《消费者权益保护法》，实行"举证责任倒置"，即将消费者"拿证据维权"转换为经营者"自证清白"。本案中，冰箱出现裂痕原因应由商家来举证，若商家拿不出证据证明冰箱不存在质量问题，就应当免费修理。值得注意的是，"举证责任倒置"仅适用于机动车等耐用品和装饰装修等服务，且仅限于购买或者接受服务之日起六个月内，超过六个月后，不再适用。

(八) 承担"三包"义务

经营者提供的商品或者服务不符合质量要求的，消费者可以依照国家规定、当事人约定退货，或者要求经营者履行更换、修理等义务。没有国家规定和当事人约定的，消费者可以自收到商品之日起七日内退货；七日后符合法定解除合同条件的，消费者可以及时退货，不符合法定解除合同条件的，可以要求经营者履行更换、修理等义务。消费者按规定进行退货、更换、修理的，经营者应当承担运输等必要费用。

经营者采用网络、电视、电话、邮购等方式销售商品，消费者有权自收到商品之日起七日内退货，且无须说明理由，但下列商品除外：①消费者定做的；②鲜活易腐的；③在线下载或者消费者拆封的音像制品、计算机软件等数字化商品；④交付的报纸、期刊。此外，其他根据商品性质并经消费者在购买时确认不宜退货的商品，不适用无理由退货。消费者退货的商品应当完好。经营者应当自收到退回商品之日起七日内返还消费者支付的商品价款。退回商品的运费由消费者承担；经营者和消费者另有约定的，按照约定执行。

【思考 8-14】王某在某大型购物网站上看到一双高跟鞋，款式新颖，价格便宜，便点击购买，并支付了货款。收到货后，王某发现鞋的颜色跟网页上的图片出入很大，于是便联系网店店主，要求退货，并愿意承担来往的运费，但遭到店主的拒绝。试分析该网店是否应当退货？

【解析】新修订的《消费者权益保护法》，针对网络等远程购物方式赋予了消费者"七天的反悔权"，本案中，网店应当退货。值得注意的是，"反悔权"仅适用网络等远程购物方式，消费者直接到商店购买的物品，不适用该条规定。另外，反悔权的期限是七日，且根据商品性质不宜退货的商品，不在此列。

(九) 严格遵守公平交易的义务

经营者在经营活动中使用格式条款的，应当以显著方式提请消费者注意商品或者服务的数量和质量、价款或者费用、履行期限和方式、安全注意事项和风险警示、售后服务、民事责任等与消费者有重大利害关系的内容，并按照消费者的要求予以说明。经营者不得以格式条款、通知、声明、店堂告示等方式，作出排除或者限制消费者权利、减轻或者免除经营者责任、加重消费者责任等对消费者不公平、不合理的规定，不得利用格式条款并借助技术手段强制交易。格式条款、通知、声明、店堂告示等含有前述内容的，其内容无效。

(十) 尊重消费者的义务

消费者依法享有人身权，经营者不得以任何理由侵犯消费者的人身权利，不得对消费者进行侮辱、诽谤，不得搜查消费者的身体及其携带的物品，不得侵犯消费者的人身自由。

(十一) 保护消费者个人信息的义务

经营者收集、使用消费者个人信息，应当遵循合法、正当、必要的原则，明示收集、使用信息的目的、方式和范围，并经消费者同意。经营者收集、使用消费者个人信息，应当公开其收集、使用规则，不得违反法律、法规的规定和双方的约定收集、使用信息。经营者及其工作人员对收集的消费者个人信息必须严格保密，不得泄露、出售或者非法向他人提供。经营者应当采取技术措施和其他必要措施，确保信息安全，防止消费者个人信息泄露、丢失。在发生或者可能发生信息泄露、丢失的情况时，应当立即采取补救措施。经营者未经消费者同意或者请求，或者消费者明确表示拒绝的，不得向其发送商业性信息。

【思考 8-15】冯某在某酒店预订了婚宴，并留了电话。可是不久，婚庆、旅游等公司的电话便接踵而至，冯某不堪其扰。冯某在婚礼操办过程中，唯独在该酒店订酒席时预留了电话。当他找到该酒店时，酒店经理却告诉他，打电话的婚庆公司、旅游公司都是酒店的合作方，是酒店免费提供的一项服务，并不存在泄密行为。试分析该酒店的说法是否有道理？

【解析】没有道理。新修订的《消费者权益保护法》首次将个人信息保护作为消费者权益确认下来，明确规定，经营者及其工作人员对收集的消费者个人信息必须严格保密，不得泄露、出售或者非法向他人提供。

四、消费者权益保护

(一) 消费者权益保护机构

1. 各级人民政府

国家和地方各级工商行政管理机关，是实施消费者权益保护的基本职能机构，其主要职能包括：拟订和组织实施有关法律、法规和政策，协调各部门共同做好保护消费者权益的工作，在工商行政管理机关职权范围内查处侵犯消费者权益的行为。

各级物价、技术监督、卫生、食品检验、商检等行政管理机关和行业主管部门、企业主管部门应在各自的职责范围内，依法加强对经营者的监督管理，保护消费者权益。

2. 公安、司法机关

经营者的违法行为构成犯罪的，应由公安机关和人民检察院依法立案、侦查、起诉到人民法院追究相关责任人员的刑事责任。

人民法院依法受理消费者权益争议案件，应及时审理，通过公正的审理保护消费者的合法权益。

3. 消费者组织

消费者协会和其他消费者组织是依法成立的对商品和服务进行社会监督的保护消费者合法权益的社会组织。消费者协会履行下列职能：①向消费者提供消费信息和咨询服务，提高消费者维护自身合法权益的能力，引导文明、健康、节约资源和保护环境的消费方式；②参与制定有关消费者权益的法律、法规、规章和强制性标准；③参与有关行政部门对商品和服务的监督、检查；④就有关消费者合法权益的问题，向有关部门反映、查询，提出建议；⑤受理消费者的投诉，并对投诉事项进行调查、调解；⑥投诉事项涉及商品和服务质量问题的，可以委托具备资格的鉴定人鉴定，鉴定人应当告知鉴定意见；⑦就损害消费者合法权益的行为，支持受损害的消费者提起诉讼；⑧对损害消费者合法权益的行为，通过大众传播媒介予以揭露、批评。消费者组织不得从事商品经营和营利性服务，不得以收取费用或者其他牟取利益的方式向消费者推荐商品和服务。

(二) 消费者权益争议的解决途径

消费者和经营者发生消费者权益争议的，可以通过下列途径解决：①与经营者协商和解；②请求消费者协会或者依法成立的其他调解组织调解；③向有关行政部门投诉，消费者向有关行政部门投诉的，该部门应当自收到投诉之日起七个工作日内，予以处理并告知消费者；④根据与经营者达成的仲裁协议提请仲裁机构仲裁；⑤向人民法院提起诉讼。对侵害众多消费者合法权益的行为，中国消费者协会以及在省、自治区、直辖市设立的消费者协会，可以向人民法院提起诉讼。

五、违反消费者权益保护法的法律责任

(一) 赔偿责任主体的确定

(1) 消费者在购买、使用商品时，其合法权益受到损害的，可以向销售者要求赔偿。销售者赔偿后，属于生产者的责任或者属于向销售者提供商品的其他销售者的责任的，销售者有权向生产者或者其他销售者追偿。

(2) 消费者或者其他受害人因商品缺陷造成人身、财产损害的，可以向销售者要求赔偿，也可以向生产者要求赔偿。属于生产者责任的，销售者赔偿后，有权向生产者追偿；属于销售者责任的，生产者赔偿后，有权向销售者追偿。

(3) 消费者在接受服务时，其合法权益受到损害的，可以向服务者要求赔偿。

(4) 消费者在购买、使用商品或者接受服务时，其合法权益受到损害，因原企业分立、合并的，可以向变更后承受其权利义务的企业要求赔偿。

(5) 使用他人营业执照的违法经营者提供商品或者服务，损害消费者合法权益的，消费者可以向其要求赔偿，也可以向营业执照的持有人要求赔偿。

(6) 消费者在展销会、租赁柜台购买商品或者接受服务，其合法权益受到损害的，可以向销售者或者服务者要求赔偿。展销会结束或者柜台租赁期满后，也可以向展销会的举办者、柜台的出租者要求赔偿。展销会的举办者、柜台的出租者赔偿后，有权向销售者或者服务者追偿。

(7) 消费者通过网络交易平台购买商品或者接受服务，其合法权益受到损害的，可以向销售者或者服务者要求赔偿。网络交易平台提供者不能提供销售者或者服务者的真实名称、地址和有效联系方式的，消费者也可以向网络交易平台提供者要求赔偿；网络交易平台提供者作出更有利于消费者的承诺的，应当履行承诺。网络交易平台提供者赔偿后，有权向销售者或者服务者追偿。网络交易平台提供者明知或者应知销售者或者服务者利用其平台侵害消费者合法权益，未采取必要措施的，依法与该销售者或者服务者承担连带责任。

(8) 消费者因经营者利用虚假广告或者其他虚假宣传方式提供商品或者服务，其合法权益受到损害的，可以向经营者要求赔偿。广告经营者、发布者发布虚假广告的，消费者可以请求行政主管部门予以惩处。广告经营者、发布者不能提供经营者的真实名称、地址和有效联系方式的，应当承担赔偿责任。

广告经营者、发布者设计、制作、发布关系消费者生命健康商品或者服务的虚假广告，造成消费者损害的，应当与提供该商品或者服务的经营者承担连带责任。

社会团体或者其他组织、个人在关系消费者生命健康商品或者服务的虚假广告或者其他虚假宣传中向消费者推荐商品或者服务，造成消费者损害的，应当与提供该商品或者该服务的经营者承担连带责任。

(二) 法律责任

违反《消费者权益保护法》的法律责任形式以民事责任为核心，同时还包括行政责任和刑事责任。

1. 民事责任

民事责任包括侵害消费者人身权利和财产权利两个方面的民事责任。

(1) 侵害消费者人身权利的民事责任。经营者提供商品或者服务，造成消费者或者其他受害人人身伤害的，应当赔偿医疗费、护理费、交通费等为治疗和康复支出的合理费用，以及因误工减少的收入。造成残疾的，还应当赔偿残疾生活辅助用具费和残疾赔偿金；造成死亡的，还应当赔偿丧葬费和死亡赔偿金。经营者侵害消费者的人格尊严、侵犯消费者人身自由或者侵害消费者个人信息依法得到保护的权利的，应当停止侵害、恢复名誉、消除影响、赔礼道歉，并赔偿损失。

经营者有侮辱诽谤、搜查身体、侵犯人身自由等侵害消费者或者其他受害人人身权益的行为，造成严重精神损害的，受害人可以要求精神损害赔偿。

(2) 侵害消费者财产权利的民事责任。经营者提供商品或者服务，造成消费者财产损害的,应当依照法律规定或者当事人约定承担修理、重做、更换、退货、补足商品数量、退还货款和服务费用或者赔偿损失等民事责任。

经营者以预收款的方式提供商品或者服务的,应当按照约定提供。未按照约定提供的,应当按照消费者的要求履行约定或者退回预付款,并应当承担预付款的利息、消费者必须支付的合理费用。

依法经有关行政部门认定为不合格的商品,消费者要求退货的,经营者应当负责退货。

经营者提供商品或者服务有欺诈行为的,应当按照消费者的要求增加赔偿其受到的损失,增加赔偿的金额为消费者购买商品的价款或者接受服务的费用的三倍;增加赔偿的金额不足500元的,为500元。法律另有规定的,依照其规定。如孙某在某超市购物时,看到一款促销的泰国大米,原价10.5元/千克,促销价6.2元/千克。孙某便买了1千克。结账回家后,发现超市是按大米的原价进行结账的。由于超市的欺诈行为,孙某要求商场赔偿500元(增加赔偿金额应为商品价款的3倍,即10.5×3=31.5元,由于该数额不足500元,按500元赔偿)。

经营者明知商品或者服务存在缺陷,仍然向消费者提供,造成消费者或者其他受害人死亡或者健康严重损害的,受害人有权要求经营者赔偿损失,并有权要求所受损失两倍以下的惩罚性赔偿。

2. 行政责任

《消费者权益保护法》规定,经营者违反该法规定,侵害消费者合法权益的,除承担相应的民事责任外,其他有关法律、法规对处罚机关和处罚方式有规定的,依照法律、法规的规定执行;法律、法规未做规定的,由工商行政管理部门或者其他有关行政部门责令改正,可以根据情节单处或者并处警告、没收违法所得、处以违法所得1倍以上10倍以下的罚款,没有违法所得的,处以50万元以下的罚款;情节严重的,责令停业整顿、吊销营业执照。

3. 刑事责任

经营者违反本法规定提供商品或者服务,侵害消费者合法权益,构成犯罪的,依法追究刑事责任。以暴力、威胁等方法阻碍有关行政部门工作人员依法执行职务的,依法追究刑事责任;国家机关工作人员玩忽职守或者包庇经营者侵害消费者合法权益的行为的,由其所在单位或者上级机关给予行政处分;情节严重构成犯罪的,依法追究刑事责任。

【思考8-16】 赵某将自己才穿了1个月、价值6 000元的羊绒大衣送到A干洗店干洗,A干洗店给他开的取衣凭条上写明:"干洗费5元,如有损坏,赔偿洗衣费的10倍。"一个星期后,赵某取衣时发现,羊绒大片脱落,遂要求A店赔偿,A店负责人只同意按洗衣费的10倍即50元赔偿,双方发生争执。试分析:

(1) A店负责人的说法有无法律依据?为什么?

(2) 赵某可以采取什么途径来保护自己的合法权益?

【解析】

(1) 没有法律依据。取衣凭条上的"说明"属于格式合同,作出了对消费者不公平、不合理的规定,其规定无效,应当依法赔偿赵某的损失。

(2) 赵某可以先与 A 店负责人协商解决，或请求消费者协会或者依法成立的其他调解组织调解；或向有关行政部门投诉；也可以根据双方达成的仲裁协议提请仲裁机构仲裁；或向人民法院提起诉讼。

复习思考题

1. 不正当竞争行为与正当竞争行为有什么区别？
2. 不正当竞争行为有哪些？
3. 生产者和销售者的产品质量义务有哪些？
4. 产品责任的归责原则是什么？
5. 消费者有哪些权利？若发生消费者权益争议该如何解决？

强化训练

一、单项选择题

1. 不正当竞争的行为主体是（　　）。
   A. 生产者　　　　B. 经营者　　　　C. 消费者　　　　D. 国家机关
2. 对不正当竞争行为进行监督检查的主管机关是（　　）。
   A. 技术监督部门　　　　　　　　B. 物价部门
   C. 专利管理部门　　　　　　　　D. 工商行政管理部门
3. 抽奖式的有奖销售，其最高奖的金额不得超过（　　）。
   A. 30 000 元　　　B. 40 000 元　　　C. 50 000 元　　　D. 80 000 元
4. 某市甲宾馆向为其介绍客人的出租车司机，按客人房费的 8% 支付酬金，与甲宾馆相邻的乙酒店向监督检查部门举报了这一行为。监督检查部门经过检查，发现甲宾馆给予出租车司机的酬金如实入账。根据《反不正当竞争法》的规定，甲宾馆的行为属于（　　）。
   A. 商业贿赂行为　　　　　　　　B. 正当竞争行为
   C. 限制竞争行为　　　　　　　　D. 低价倾销行为
5. 甲商场为打垮竞争对手乙商场，在网上发帖谎称乙商场销售假皮鞋，乙商场的声誉因此受到损害。根据《反不正当竞争法》的规定，下列对甲商场发帖行为定性的表述中，正确的是（　　）。
   A. 侵犯商业秘密行为　　　　　　B. 诋毁商誉行为
   C. 假冒行为　　　　　　　　　　D. 虚假陈述行为
6. 根据反不正当竞争法律制度的规定，下列行为中，属于不正当竞争行为的是（　　）。
   A. 甲因其所居住小区内的超市过于吵闹，影响其休息，遂捏造该超市出售伪劣商品的事实并进行散布，导致该超市营业额严重下降
   B. 乙家具制造企业将产自中国的家具产品的原产地标注为意大利
   C. 丙歌厅见与其相邻的另外一家歌厅价格低、服务好、客源多，遂雇用打手上门

寻衅滋事，进行威胁

D. 入夏前，丁商场为了筹集资金购进夏装，以低于进货价的价格甩卖了一批库存的羽绒服

7. 按照我国《产品质量法》的规定，生产者承担产品责任的归责原则是(　　)。
   A. 过错责任原则　　　　　　　B. 过失责任原则
   C. 公平责任原则　　　　　　　D. 严格责任原则

8. 因产品存在缺陷造成损害要求赔偿的请求权，在产品交付最初消费者满一定期限的丧失，但尚未超过明示安全使用期的除外。该一定期限是(　　)。
   A. 1年　　　　B. 2年　　　　C. 3年　　　　D. 10年

9. 经营者提供的机动车、计算机、电视机、电冰箱、空调器、洗衣机等耐用商品或者装饰装修等服务，消费者自接受商品或者服务之日起(　　)内发现瑕疵，发生争议的，由经营者承担有关瑕疵的举证责任。
   A. 3个月　　　　　　　　　　B. 6个月
   C. 1年　　　　　　　　　　　D. 2年

10. 王某在某商场购得一台多功能电烤箱，回家试用后发现该产品只有一种功能，遂向商场提出退货，商场答复："该产品说明书未就其使用性能做明确说明，且产品本身无质量问题，所以顾客应向厂家索赔，商场概不负责。"对此，顾客应当(　　)。
    A. 要求销售者给予退换
    B. 只能向生产者要求退换
    C. 可选择向销售者或生产者要求退换并给予赔偿
    D. 因未当场认真检验商品所以不能要求退换

二、多项选择题

1. 经营者利用网络从事生产经营活动，不得实施以下(　　)行为。
   A. 未经其他经营者同意，在其合法提供的网络产品或者服务中，插入链接、强制进行目标跳转
   B. 误导、欺骗、强迫用户修改、关闭、卸载其他经营者合法提供的网络产品或者服务
   C. 恶意对其他经营者合法提供的网络产品或者服务实施不兼容
   D. 其他妨碍、破坏其他经营者合法提供的网络产品或者服务正常运行的行为

2. 根据《反不正当竞争法》规定，下列行为中属不正当竞争行为的是(　　)。
   A. 一个人明知是他人窃取的商业秘密而有偿取得并使用
   B. 使用人不知道自己取得并使用的技术是他人骗取来的
   C. 甲和乙就一项技术签订了一份技术转让合同，同时约定不论该转让协议是否达成，只要受让方接触到了该技术的核心部分，合同中的保密条款永久有效。而在合同未达成后，受让方即将该技术的核心部分全部泄漏给了自己的亲属
   D. 使用人窃取的技术是早已公诸于世的技术

3. 下列行为中，属商业贿赂行为的是(　　)。
   A. 在账外暗中给予对方单位或个人回扣的

B. 以明示方式如实入账给对方单位或个人折扣的

C. 对方单位或个人在账外暗中接受回扣的

D. 通过第三人在账外暗中给对方单位或个人回扣的

4. 某工厂为开发一种新产品收集了大量技术情报,请指出该厂下列(　　)行为构成侵犯他人商业秘密。

A. 出高价向竞争对手的关键技术人员获取

B. 从市场上购买同类产品,经反向研究而取得

C. 假扮成客户向竞争对手套取

D. 使用以盗窃手段获取情报者披露的商业秘密

5. 我国《产品质量法》所称的产品包括(　　)。

A. 工业产品、电力、煤气　　B. 经过加工的畜产品

C. 小麦　　D. 建设工程

6. 发生产品质量责任,生产者可以免责的是(　　)。

A. 生产者非主观上的过错

B. 未将产品投入流通的

C. 产品投入流通时,引起损害的缺陷尚不存在的

D. 将产品投入流通时的科学技术水平尚不能发现缺陷的存在的

7. 下列属于生产者不作为义务的有(　　)。

A. 伪造产品的生产产地　　B. 以不合格产品冒充合格产品

C. 生产国家明令淘汰的产品　　D. 生产的产品未达到国际先进标准

8. 消费者或者其他受害人因商品缺陷造成人身、财产损害的,其损害赔偿责任人包括(　　)。

A. 生产者　　B. 销售者　　C. 提供服务者　　D. 消费者组织

9. 按照《消费者权益保护法》的规定,消费争议的解决途径有(　　)。

A. 协商和解　　B. 消费者协会调解

C. 行政投诉　　D. 仲裁机构仲裁或诉讼

10. 小王在商场选服装,试了几套均不合适,准备离开时,被营业员拦住,强制小王购买其中的一套,该商场侵犯了小王的(　　)。

A. 保障安全权　　B. 自主选择权　　C. 公平交易权　　D. 维护尊严权

11. 消费者权益保护机构包括(　　)。

A. 各级人民政府　　B. 公安机关

C. 人民法院　　D. 消费者组织

12. 消费者的权利包括(　　)。

A. 安全保障权　　B. 选择权　　C. 监督权　　D. 公平交易权

三、判断题

1. 引人误解的宣传不属于不正当竞争行为。　　(　　)

2. 以盗窃、利诱、胁迫或者其他不正当竞争手段获取权利人的商业秘密,构成不正当竞争行为。　　(　　)

3. 使用他人营业执照的违法经营者提供商品或者服务，损害消费者合法权益的，消费者可以向其要求赔偿，也可以向营业执照的持有人要求赔偿。（　）

4. 消费者在展销会、租赁柜台购买商品或接受服务，其合法权益受到损害的，在展销会结束或者柜台租赁期满后，可以向展销会的举办者、柜台的出租者要求赔偿。（　）

5. 因产品缺陷造成他人人身、财产损害的，均由产品生产者承担赔偿责任。（　）

6. 《产品质量法》确定的归责原则是过错责任原则。（　）

7. 维护尊严权是指消费者在购买、使用商品和接受服务时，享有其人格尊严、民族风俗习惯得到尊重的权利，享有个人信息依法得到保护的权利。（　）

8. 经营者提供商品或者服务可视情况明码标价。（　）

9. 经营者提供的商品或者服务不符合质量要求的，消费者可以依照国家规定、当事人约定退货，或者要求经营者履行更换、修理等义务。没有国家规定和当事人约定的，消费者可以自收到商品之日起 1 个月内退货；消费者按规定进行退货、更换、修理的，经营者应当承担运输等必要费用。（　）

10. 广告经营者、发布者设计、制作、发布关系消费者生命健康商品或者服务的虚假广告，造成消费者损害的，应当与提供该商品或者服务的经营者承担连带责任。（　）

四、案例分析题

1. 张某到附近的一家超市购买生活用品。该超市在醒目位置写着"谨慎购买，概不退换"八个大字。张某在食品柜挑选了一袋奶粉，然后又挑选了其他一些日常生活用品。当天下午，张某发现这袋奶粉已经过了保质期。张某立刻来到这家超市要求退货。值班经理认为不能退货，双方产生争执。试分析：

（1）本案中的这家超市侵犯了消费者的何种权利？

（2）超市打出的"谨慎购买，概不退换"的告示牌的效力如何？为什么？

（3）张某可以通过什么方式解决纠纷？

2. 2017 年 12 月份，人人车二手车网站，刊登了"买车 0 首付，三天包卖"的宣传语，引起瓜子二手车直卖网的不满。试分析上述行为是否构成不正当竞争？为什么？常见的类似的行为还有哪些？

3. 甲市一位老人过 80 大寿时，儿孙们在甲商场给他买了一条乙家电厂生产的电热毯，送给老人祝寿。正巧当晚大雪纷飞，气温骤然降至零下。晚 11 时，大儿子为老人铺好电热毯，安顿老人入睡。第二天，大儿子起床后闻到老人屋里传出刺鼻的焦味，他急忙叫醒众人，撞开门，只见满屋浓烟滚滚，老人躺在床上已死去，全身烧焦，屋内物品均化为灰烬。案发后，技术监督部门对电热毯进行了质量监督检验。检验发现电热毯有 7 项技术指标不符合国家有关标准的要求，属劣质品。老人的后辈多次找乙家电厂协商未果。试分析：

（1）该案中老人的后辈们可向谁索赔？为什么？

（2）责任者应承担哪些责任？

4. 8 月 12 日是某市民李某的生日，当晚李某在甲酒店邀请朋友庆祝，大家正在进餐时，放在餐桌上的一瓶尚未开口的由乙厂生产的 A 牌啤酒突然发生爆炸，致使李某朋友张某双眼受伤，导致失明。张某向甲酒店索赔。甲酒店以张某受伤是由于乙啤酒厂产品不合格所致，只同意支付部分医药费，并建议张某向乙厂索赔。试分析：

(1) 甲酒店的理由成立吗？为什么？
(2) 张某能否向乙厂要求赔偿？为什么？
(3) 此案如何处理？

5. 某化妆品专卖店新开张，为促销印发了许多传单，声称其经销的化妆品不仅价格便宜，而且是全市最好的。试分析该化妆品专卖店的宣传词有无不妥？为什么？

6. A县商业局和供销社联手举办商品展销会，甲在展销会上以2 150元的价格购买了B厂展销的电冰箱一台，将冰箱拉回家后，甲按照说明书的要求安放、接通电源。但是过了很长时间电冰箱仍然没有启动，打开冰箱发现里面很热。第二天，甲到展销会，请B厂的技术人员到家里维修，经过两个多小时检修，冰箱恢复正常。但是，用了一周之后，冰箱再也不制冷了，此时展销会已经结束。甲写信到B厂要求修理、更换，被告知B厂已被合并到C厂，B厂已被撤销。试分析：

(1) 甲应向谁提出修理、更换、退货等要求？
(2) 甲可以通过何种途径解决纠纷？

7. 刘某请朋友到某餐馆吃饭，结账时，发现餐馆多收了18元钱。刘某询问得知，是就餐时使用的一次性餐具费用，对所有来餐馆消费的顾客都收了。刘某认为餐馆这种强制性消费违法，于是，向当地消费者协会申请调解。调解无果，消费者协会建议刘某到法院起诉。为了18元钱起诉，刘某认为不值得，建议消费者协会起诉，以维护当地众多消费者的合法权益。试分析消费者协会能否作为诉讼主体起诉？并说明理由。

8. 赵女士在某大型网购平台上的一家手表网店中购买了一款知名进口品牌手表。收到货后，赵女士发现自己购买的手表并非正品。于是便联系卖家退货，但发现网店中所留的电话、邮件等均是假的。赵女士向网购平台工作人员反映，他们在核实后表示，对方当时提供验证的身份证件系假冒，目前他们已将这家网店关闭，但对赵女士所遭受的损失，不负责赔偿。试分析该网购平台是否应该赔偿赵女士的损失？为什么？

第四单元 经济调控监督法

第九章 金融法

【能力目标】
- 识别中国人民银行的职责及宏观调控方式。
- 识别商业银行的经营范围。

【知识目标】
- 了解金融、金融法的概念以及金融法规体系。
- 熟悉我国中央银行的性质、职能及业务范围。
- 熟悉商业银行经营原则及业务范围。

【职业素质目标】

应用所学,识别违反金融法的行为,自觉遵守金融法。

【章前测试】

1. 下列哪些企业属于金融企业?（   ）
   A. 中国银行　　　　　　　　　B. 康达建材有限公司
   C. 中国人寿保险公司　　　　　D. 宏源证券公司
2. 日常生活中我们可以在哪些银行存款?（   ）
   A. 建设银行　　　　　　　　　B. 中国人民银行
   C. 工商银行　　　　　　　　　D. 农业银行
3. 甲公司从乙公司购进6 000元的原材料,应乙公司的要求,甲公司以现金方式支付了材料款。甲公司的支付方式正确吗?

【参考答案】

1. ACD　　2. ACD　　3. 不正确

【案情导入】

A县财政机关在上半年财政检查中,发现甲乡政府私自印制了10万元、期限为3年的该乡政府债券,使用范围仅限于该乡范围内的招待费支出。县财政部门提出异议时,该乡政府领导振振有词地说:"我们乡政府财政资金入不敷出,招待费一直拖欠,若不解决,以后日常的接待业务无法进行,所以,经研究决定才发行乡政府债券,只限于本乡使用,而且只能用于支付饭店或宾馆的相关费用,等3年后有钱再兑现。"

【思考】
(1) 该乡政府能否发行政府债券?
(2) 什么是金融?我国的金融机构有哪些?
(3) 《金融法》的主要规定有哪些?

第一节　金融法概述

一、金融与金融法的概念

(一) 金融

金融是指货币资金的融通,是以银行等金融机构为中心的各种形式的信用活动以及在信用基础上组织起来的货币流通,包括货币的发行和回笼,存款的吸收和贷款发放,现金流通,金银、外币、有价证券的买卖,汇兑往来,票据贴现,信托投资,各种保险等活动。金融活动是市场经济活动不可缺少的组成部分,是商品货币关系的必然产物,是社会再生产的必要条件。

(二) 金融法

金融法是指确认金融机构的法律地位并调整金融关系的法律规范的总称。金融关系包括金融监管关系和金融交易关系。金融监管关系主要是指政府金融主管机关对金融机构、金融市场、金融产品及金融交易的监督管理的关系。金融交易关系主要是指在货币市场、证券市场、保险市场和外汇市场等各种金融市场发生的各种金融交易的关系。

调整金融关系的法律规范主要是通过金融法律、法规表现出来的,包括银行法、货币法、证券法、信托法、票据法、外汇法、证券交易法等法律规范。本章重点介绍人民银行法、商业银行法、保险法、现金管理暂行条例及支付结算管理办法。

二、金融机构

目前我国已初步建立了一个以中央银行调控为核心,政策性金融与商业性金融分离,以国有商业银行为主体,多种金融机构并存的金融体系,主要包括以下金融机构。

(一) 中国人民银行

中国人民银行是我国的中央银行,是我国银行的银行、发行的银行、政府的银行和宏观调控的银行。在国务院的领导下,中国人民银行制定执行货币政策,防范和化解金融风险,维护金融稳定。

(二) 政策性银行

政策性银行是指专门经营政策性货币信用业务、用融资手段贯彻国家经济政策的,不以营利为目的的金融机构。政策性银行坚持自担风险、保本经营、不与商业银行竞争的原则。我国现有的政策性银行有国家开发银行、中国农业发展银行、中国进出口银行。

(三) 商业银行

商业银行是以营利为目的，以追求最大利润为目标进行信用贷款业务的金融机构。商业银行是金融体系中的基本机构和骨干力量。我国的商业银行分为国有独资商业银行和股份制商业银行两类。

国有独资商业银行是由国家专业银行演变而来的，包括中国工商银行、中国农业银行、中国银行、中国建设银行。自2004年起，国有独资商业银行逐步开展股份制改革试点。

股份制商业银行是1987年以后发展起来的，包括交通银行、深圳发展银行、中信实业银行、中国光大银行、外资商业银行、中外合资商业银行等。

(四) 非银行金融机构

非银行金融机构主要包括信托投资公司、企业集团财务公司(仅限于企业集团内部)、证券机构(证券公司、证券交易所、登记结算公司)、保险公司、金融租赁公司等。国家对保险业、证券业、信托业和银行业实行分业经营。

> 【思考9-1】甲企业急需流动资金5万元，却无法取得银行贷款，于是找乙企业借入5万元，期限为3年。甲、乙企业之间能否融资？
>
> 【解析】甲、乙企业之间不能融资。《商业银行法》规定，未经国务院银行业监督管理机构审查批准，任何单位和个人不得从事吸收公众存款等商业银行业务。贷款业务由金融机构经营，其他单位不得擅自发放，不允许单位之间互相借贷。

第二节　中国人民银行法

> 【案情导入】
>
> 中国人民银行甲市分行在2017年会计年度中，从事了以下几项业务：①2017年5月向甲企业发放贷款45万元，贷款期限为1年。②2017年8月为乙厂提供债务担保15万元，担保期限为半年。③2017年11月发行面额为50元的人民币100万元，面额为10元的人民币50万元。④2017年12月吸收社会公众储蓄存款100万元。
>
> 【思考】
> (1) 上述中国人民银行甲市分行哪些行为合法？哪些行为不合法？
> (2) 中国人民银行的性质、职能及业务范围是什么？

一、中国人民银行法概述

(一) 中央银行的概念

中央银行是指代表国家制定和实施货币政策，对金融业实施监督管理并从事有关金融业务活动的特殊金融机构。我国的中央银行是中国人民银行。

(二) 中国人民银行法的概念

中国人民银行法即中央银行法，是调整中央银行因制定实施货币政策、行使对金融业监督管理职能而产生的社会关系的法律规范的总称。

1995年3月18日全国人民代表大会通过了《中华人民共和国中国人民银行法》(以下简称《中国人民银行法》)，并于2003年进行了修订。

(三) 中国人民银行的性质

中国人民银行是中华人民共和国的中央银行，其全部资本由国家出资，属于国家所有。中国人民银行在国务院领导下依法独立执行货币政策，履行职责，开展业务，不受地方政府、各级政府部门、社会团体和个人的干涉。

(四) 中国人民银行的职责

保持币值稳定，并以此促进经济增长，是中国人民银行履行职责的目标。中国人民银行依法履行下列职责。

(1) 发布和履行与其职责有关的命令和规章。
(2) 依法制定和执行货币政策。
(3) 发行人民币，管理人民币流通。
(4) 监督管理银行间同业拆借市场和银行间债券市场。
(5) 实施外汇管理，监督管理银行间的外汇市场。
(6) 监督管理黄金市场。
(7) 持有、管理、经营国家外汇储备和黄金储备。
(8) 经理国库。
(9) 维护支付、清算系统的正常运行。
(10) 指导、部署金融业反洗钱工作，负责反洗钱的资金监测。
(11) 负责金融业的统计、调查、分析和预测。
(12) 作为国家的中央银行，从事有关的国际金融活动。
(13) 国务院规定的其他职责。

【思考9-2】中央银行和商业银行一样，以存贷款为主要业务。这一说法正确吗？

【解析】不正确。中央银行主要通过实施发行的银行、银行的银行、政府的银行和宏观调控的银行四大职能来对我国的金融业进行宏观管理，而不从事基本的存贷款业务，基本的存贷款业务是由商业银行完成的。

二、中国人民银行的组织机构

(一) 中国人民银行的行长

中国人民银行实行行长负责制，设行长1人，副行长若干人协助行长工作。中国人民银行行长由国务院总理提名，报全国人民代表大会或常务委员会决定，由国家主席任免；副行长由国务院总理任免。

(二) 货币政策委员会

货币政策委员会是中国人民银行设立的常设决策机构，其职责是在综合分析宏观经济形势的基础上，依据国家的宏观经济调控目标，讨论货币政策的制定、调整。有关货币政策委员会的职责、组成和工作程序，由国务院规定，报全国人民代表大会常务委员会备案。

货币政策委员会会议每月至少召开1次，并定期向全国人大常务委员会报告。

(三) 中国人民银行的分支机构

中国人民银行根据履行职责的需要设立分支机构，作为中国人民银行的派出机构。中国人民银行对分支机构实行统一领导和管理。中国人民银行的分支机构根据中国人民银行的授权维护本辖区的金融稳定，承办有关业务。

目前，我国中国人民银行总行设在北京，在沈阳、天津、济南、上海、西安、武汉、成都、广州、南京设有分支机构；在北京、重庆设有营业部。

三、中国人民银行的业务

(一) 中国人民银行的主要业务

与商业银行及其他金融机构相比，中国人民银行的业务有两个显著特点：一是不以营利为目的；二是不经营一般银行业务。中国人民银行依法开展如下业务。

1. 执行货币政策

货币政策是指国家为了保持货币币值的稳定，促进经济增长而制定的控制、调节和稳定货币的经济政策。中国人民银行为执行货币政策，可以运用下列货币政策工具：①要求银行业金融机构按照规定的比例缴存存款准备金；②确定中央银行基准利率；③为在中国人民银行开立账户的金融机构办理再贴现；④向商业银行提供贷款；⑤在公开市场上买卖国债、其他政府债券和金融债券及外汇；⑥国务院规定的其他货币政策工具。

2. 经理国库

政府的财政收支均由中国人民银行代理，财政存款是中国人民银行重要的资金来源，中国人民银行对财政存款不付利息。

3. 代理经营政府债券业务

中国人民银行可以代理国务院财政部门向金融机构组织发行、兑付国债和其他政府债券。中国人民银行经营证券业务的目的不在于营利，而是为了调剂金融市场的资金供求，实现货币稳值。中国人民银行不经营企业债券业务。

4. 办理银行业金融机构账户开立业务

中国人民银行可以根据需要，为银行业金融机构开立账户，但不得对银行业金融机构账户透支。

5. 办理清算业务

中国人民银行办理银行业金融机构之间债权债务关系的结算，协调银行业金融机构相互之间的清算事项，提供清算服务。

【思考9-3】中国人民银行为执行货币政策，可以运用下列哪些货币政策工具？（ ）
A. 缴存存款准备金　　　　　　　　B. 确定基准利率
C. 办理再贴现　　　　　　　　　　D. 在公开市场上买卖政府债券
【解析】正确答案是 ABCD。

(二) 中国人民银行的业务限制

《中国人民银行法》对中国人民银行的业务活动做了如下限制性的规定：①中国人民银行不得为商业银行提供 1 年期以上的贷款；②中国人民银行不得对银行业金融机构的账户透支；③中国人民银行不得对政府财政透支，不得直接认购国债和其他政府债券；④中国人民银行不得向地方政府、各级政府部门提供贷款，不得向非银行业金融机构以及其他单位和个人提供贷款，但国务院决定可以向特定的非银行业金融机构提供贷款的除外；⑤中国人民银行不得向任何单位和个人提供担保。

四、人民币管理

我国的法定货币是人民币。人民币是我国境内流通使用的唯一合法货币，由中国人民银行统一印制、发行，其他任何单位和个人均无权发行货币或变相发行货币。任何单位和个人不得印制、发售代币票券，以代替人民币在市场上流通。

禁止伪造、变造人民币；禁止出售、购买伪造和变造的人民币；禁止运输、持有、使用伪造、变造的人民币；禁止故意毁损人民币；禁止在宣传品、出版物或者其他商品上非法使用人民币图样。

残缺、污损的人民币，按照中国人民银行的规定兑换，并由中国人民银行负责收回、销毁。

【案例9-1】中国人民银行 A 市分行在上一年度从事了以下几项业务：①1月份直接认购国库券100万元；②2月份向甲公司贷款20万元；③3月份向 A 市农业银行发放期限为两年的贷款300万元；④5月份向工商银行透支20万元；⑤8月份为乙国有企业购买40万元的设备提供了债务担保；⑥9月发行面额为10元的人民币100万元，面额为20元的人民币50万元；⑦12月份向中国银行再贴现人民币60万元。试分析中国人民银行 A 市分行的上述行为是否合法？
【分析】
(1) 直接认购国库券100万元不合法，中国人民银行可以在公开市场上买卖国债和其他政府债券，但不能直接认购、包销国债和其他政府债券。
(2) 向甲公司贷款20万元不合法，中国人民银行不得向非银行金融机构及其他单位和个人提供贷款。
(3) 向 A 市农业银行发放期限为两年的贷款300万元不合法，中国人民银行可以向商业银行提供贷款,但期限不得超过1年。

(4) 向工商银行透支20万元不合法,中国人民银行不得对银行业金融机构的账户透支。

(5) 为乙国有企业提供债务担保不合法,中国人民银行不得向任何单位和个人提供担保。

(6) 发行人民币合法,人民币由中国人民银行统一印制、发行。

(7) 向中国银行再贴现人民币60万元合法,人民银行可以为金融机构办理再贴现。

第三节 商业银行法

【案情导入】

某市甲商业银行于2月1日在营业窗口贴出告示:由于现金周转困难,根据市政府的规定,从即日起,客户每周只能提款一次,单位存款人每次只能支取8 000元,个人存款人每次只能支取3 000元;本行一旦资金周转正常,即恢复正常支取。同年3月1日,该银行所在地的市政府又发出通知:凡本市公务员,应从即日起1个月内,每人自觉到本市甲商业银行一次性存入人民币5 000元。

【思考】

(1) 该市市政府和商业银行的做法是否违法?

(2) 商业银行的业务经营范围有哪些?

(3) 商业银行法的主要规定有哪些?

一、商业银行法概述

(一) 商业银行的概念

商业银行是指依照《中华人民共和国商业银行法》和《中华人民共和国公司法》设立的吸收公众存款、发放贷款、办理结算等业务的企业法人。商业银行依法开展业务,不受任何单位和个人的干涉,并以其全部法人财产独立承担民事责任。

(二) 商业银行法的概念及调整对象

商业银行法是规定商业银行组织机构的设立、变更、终止、业务范围和基本业务规则与法律责任的法律规范的总称。1995年5月10日全国人大常委会通过《中华人民共和国商业银行法》(以下简称《商业银行法》),分别于2003年、2005年进行了修订。该法是我国商业银行法的基本表现形式。

我国商业银行法的调整对象为从事存放款业务的银行业金融机构,非银行业金融机构与银行的地位、业务范围明显不同,监管的内容也不一样,因此它们不属于商业银行法的调整对象。

二、商业银行的经营原则与业务范围

(一) 商业银行的经营原则

我国商业银行以安全性、流动性、效益性为经营原则,实行自主经营,自担风险,自负盈亏，自我约束。

(二) 商业银行的业务范围

1. 存款业务

商业银行办理个人储蓄存款业务，应当遵循存款自愿、取款自由、存款有息、为存款人保密的原则。对于个人储蓄存款、单位存款，商业银行有权拒绝任何单位或个人查询、冻结、扣划，但法律另有规定的除外。商业银行应当保证存款本金和利息的支付，不得拖延、拒绝支付存款本金和利息。

2. 贷款业务

贷款业务是商业银行的核心业务。商业银行开展贷款业务应根据国民经济和社会发展的需要，接受国家产业政策的指导。商业银行在发放贷款时应当对借款人的借款用途、偿还能力、还款方式等情况进行审查，并实行审贷分离、分级审批的制度。

3. 票据贴现业务

票据贴现是商业银行的主要业务之一。票据贴现是指商业银行将扣除利息和相关费用后的票据款项支付给贴现申请人，从而成为票据的持票人，拥有票据的相关权利。

4. 结算业务

商业银行是办理转账结算的主体。它依法办理国内外结算业务。商业银行办理票据承兑、汇兑、委托收款等结算业务应当按照规定的期限兑现、收付入账，同时公布有关兑现、收付入账的期限。

5. 发行金融债券或者到境外借款业务

发行金融债券或者到境外借款应当依照法律、行政法规的规定。

6. 同业拆借业务

同业拆借是指银行间的一种短期借贷，其借入方一般是出现准备金或头寸不足的商业银行。同业拆借的目的是解决商业银行临时性资金不足的问题，期限由拆借双方协议决定，拆借期限最长不得超过4个月。

7. 其他业务

除了上述业务以外，商业银行还从事代理发行、代理兑付、承销政府债券；买卖金融债券、政府债券；买卖、代理买卖外汇；从事银行卡业务；提供信用证服务及担保；代理收付款项及代理保险业务；提供保险箱服务以及经国务院银行业监督管理机构批准的其他业务。

【思考9-4】商业银行进行同业拆借，应当遵守中国人民银行规定的期限，拆借的最长期限不得超过多长时间？（ ）

A. 1个月　　　　B. 2个月　　　　C. 3个月　　　　D. 4个月

【解析】正确答案是D。

三、商业银行的设立、接管与终止

(一) 商业银行的设立

1. 商业银行的设立条件

商业银行的设立条件如下。

(1) 有符合《商业银行法》和《公司法》规定的章程。

(2) 有符合《商业银行法》规定的最低限额以上的注册资本。设立全国性商业银行的注册资本最低限额为人民币 10 亿元;设立城市商业银行的注册资本最低限额为人民币 1 亿元;设立农村商业银行的注册资本最低限额为人民币 5 000 万元。注册资本应当是实缴资本。

(3) 有具备任职专业知识和业务工作经验的董事、高级管理人员。

(4) 有健全的组织机构和管理制度。

(5) 有符合要求的营业场所、安全防范措施和与业务有关的其他设施。

(6) 符合其他审慎性条件。

2. 商业银行的设立程序

设立商业银行,申请人应按有关审批权限的规定,向国务院银行业监督管理机构提出申请。经批准设立的商业银行,由中国人民银行颁发《金融机构法人许可证》,并凭此证依法向公司登记机关申请设立登记。经公司登记机关核准设立登记并发给《企业法人营业执照》,营业执照签发日为商业银行成立日。

(二) 商业银行资产负债管理

商业银行贷款,应当遵守下列资产负债比例管理的规定。

(1) 资本充足率不得低于 8%。

(2) 流动性资产余额与流动性负债余额的比例不得低于 25%。

(3) 对同一借款人的贷款余额与商业银行资本余额的比例不得超过 10%。

(4) 国务院银行业监督管理机构对资产负债比例管理的其他规定。

商业银行不得向关系人发放信用贷款;向关系人发放担保贷款的条件不得优于其他借款人同类贷款的条件。所谓"关系人"是指:商业银行的董事、监事、管理人员、信贷业务人员及其近亲属,以及他们所投资或者担任高级管理职务的公司、企业和其他经济组织。

商业银行在中华人民共和国境内不得从事信托投资和证券经营业务,不得向非自用不动产投资或者向非银行金融机构和企业投资,但国家另有规定的除外。

(三) 商业银行的接管

商业银行已经或者可能发生信用危机,严重影响存款人的利益时,国务院银行业监管机构可以对该银行实行接管。接管由国务院银行业监管机构决定并组织实施。接管自接管决定实施之日开始,由接管组织行使商业银行的经营管理权。接管期限最长不超过 2 年。

有下列情况之一的,接管终止:接管期限或延期届满;接管期限届满前已恢复正常经营能力;接管期限届满前,被合并或破产。

【思考9-5】根据我国《商业银行法》的规定，国务院银行业监督管理机构可以对银行实行接管的条件有（　　）。

A. 商业银行已经发生信用危机
B. 商业银行可能发生信用危机
C. 商业银行已经发生信用危机，严重影响存款人的利益
D. 商业银行可能发生信用危机，严重影响存款人的利益

【解析】正确答案是CD。无论商业银行是否已经或可能发生信用危机，必须达到严重影响存款人利益的程度时才具备被接管的条件。

(四) 商业银行的终止

商业银行可因解散、撤销和宣告破产而终止。

(1) 因解散而终止。商业银行因分立、合并或者出现公司章程规定的解散事由需要解散的，应当向国务院银行业监督管理机构提出申请，并附解散的理由和支付存款的本金和利息等债务清偿计划，经国务院银行业监督管理机构批准后解散。

(2) 因撤销而终止。商业银行因吊销经营许可证被撤销的，国务院银行业监督管理机构应当依法及时组织成立清算组进行清算，按照清偿计划及时偿还存款本金和利息等债务。

(3) 因破产终止。商业银行不能支付到期债务，经国务院银行业监督管理机构同意，由人民法院依法宣告其破产。商业银行破产清算时，在支付清算费用、所欠职工工资和劳动保险费用后，应当优先支付个人储蓄存款的本金和利息。

【思考9-6】根据我国《商业银行法》的规定，商业银行破产清算时，在支付清算费用、所欠职工工资和劳动保险费用后，应当优先支付的款项包括（　　）。

A. 有财产担保的债权　　B. 所欠税款
C. 个人储蓄存款的本金　　D. 个人储蓄存款的利息

【解析】正确答案是CD。

第四节　现金管理暂行条例及支付结算法律制度

【案情导入】

甲公司从乙企业购进价值50万元的原材料，乙企业提出如果以现金方式结算，可以优惠5%，即只收取47.5万元，若采取转账方式则全额付款。于是，甲公司董事长便要求财务人员想办法以现金方式支付。

【思考】
(1) 该笔交易能否以现金支付？
(2) 开户单位可以在哪些范围内使用现金？
(3) 结算方式有哪些？

一、现金管理暂行条例

现金管理是我国一项重要的财经制度,为改善现金管理,促进商品的生产和流通,加强对社会经济活动的监督,1988年9月国务院颁布了《现金管理暂行条例》(以下简称《条例》)。

(一) 现金管理的对象

凡在银行和其他金融机构(以下简称"开户银行")开立账户的机关、团体、部队、企事业单位和其他组织(以下简称"开户单位")收支和使用现金,必须遵守《现金管理暂行条例》的规定,接受开户银行的监督。

(二) 现金管理的机构

中国人民银行总行是现金管理的主管部门。各级人民银行要严格履行金融主管机关的职责,负责对开户银行的现金管理进行监督和稽核。

开户银行负责现金管理的具体执行,对开户单位的现金收支、使用进行监督管理。一个单位只能在一家银行开设现金结算账户以支取现金,并由该家银行负责核定库存现金限额和进行现金管理检查。

(三) 现金的使用范围

开户单位之间的经济往来,必须通过银行进行转账结算。根据《现金管理暂行条例》的规定,开户单位可以在下列范围内使用现金。

(1) 职工工资、津贴。
(2) 个人劳动报酬。
(3) 根据国家规定颁发给个人的科学技术、文化艺术、体育等各种奖金。
(4) 各种劳保、福利费用以及国家规定的对个人的其他现金支出。
(5) 向个人收购农副产品和其他物资支付的价款。
(6) 出差人员必须随身携带的差旅费。
(7) 结算起点1 000元以下的零星支出。结算起点为人民币1 000元,需要增加时,由中国人民银行总行确定后,报国务院备案。
(8) 中国人民银行确定需要支付现金的其他支出。

除上述第(5)、(6)项外,开户单位支付给个人的款项,超过使用现金限额的那部分应当以支票或者银行本票支付;确需支付现金的,经开户银行审查后予以支付。单位购置国家规定的专项控制商品,必须采取转账结算方式,不得使用现金。

【思考9-7】下列各项开支,开户单位可以用现金支付的有(   )。
A. 职工工资   B. 甲公司向乙公司支付货款2万元
C. 丙公司向商场支付办公用品费890元   D. 棉麻公司向棉农支付收购款3万元
【解析】正确答案是ACD。向个人支付或单位之间1 000元以下的开支可以用现金支付。

【思考9-8】下列各项开支中,开户单位可使用现金的包括( )。
A. 职工工资 800 元　　　　　　B. 个人获得的奖金 1 万元
C. 向个人收购农副产品 3 万元　　D. 出差人员必须随身携带的差旅费 5 000 元
【解析】正确答案是ACD。除向个人收购款项以及出差人员必须随身携带的差旅费外,开户单位支付给个人的款项,超过使用现金限额的部分,应当以支票或者银行本票支付。选项B超过了现金结算起点,不能以现金支付,应以支票或银行本票支付。

(四) 库存现金限额的管理

库存现金限额由开户银行核定。开户银行根据实际需要,原则上以开户单位 3～5 天的日常零星开支所需核定库存现金限额。边远地区和交通不发达地区的开户单位的库存现金限额可以适当放宽,但不得超过 15 天的日常零星开支总额。

(五) 现金收支管理

开户单位收入现金应于当日送存银行,当日送存确有困难的,由开户银行确定送存时间。

开户单位支付现金,可以从本单位现金库存中支付或者从开户银行提取,不得从本单位的现金收入中直接支付,即不得"坐支"现金;需要直接支付的单位,要事先报经开户银行审查批准,由开户银行核定支出范围和限额。

开户单位从开户银行提取现金的,应当如实写明用途,由本单位财会部门负责人签字盖章,并经开户银行审查批准后方可支付。

(六) 现金管理纪律

开户单位不准用不符合财务制度的凭证顶替库存现金;不准利用银行账户代替其他单位和个人存取现金;不准将单位收入的现金以个人名义存储;不准保留账外公款;禁止发行变相货币,不准以任何票券代替人民币在市场上流通。

【案例9-2】甲学校组织学生进行了为期半个月的"支农"勤工俭学活动,共收取勤工俭学收入 30 万元。学校财务室当即从收入中支付了学生超额完成任务的奖励及带队教师生活补助等款项 8 万元,又开支 20 万元给每个教室配置了一台电视机。然后,将剩余的 2 万元存入了学校账户。试分析甲校的做法是否合法?为什么?

【分析】甲校的做法违反了《现金管理暂行条例》的规定,属于"坐支"现金的行为,即直接从学校的现金收入中支付支出。该校应该将收取的 30 万元收入于当天交存银行,需要开支的各项支出,可以从开户银行提取。

二、支付结算法律制度

支付结算是指单位、个人在社会经济活动中使用票据、信用卡和汇兑、托收承付、委托收款等结算方式进行货币给付及其资金清算的行为。即当事人采用银行支付手段进行货币给付及其资金清算的行为。

(一) 支付结算的基本要求

(1) 单位、个人和银行办理支付结算,必须使用按中国人民银行统一规定印制的票据和结算凭证；否则，银行不予受理。

(2) 单位、个人和银行应当按照人民币银行结算账户管理办法的规定开立、使用账户。在银行开立存款账户的单位和个人办理支付结算时，账户内需有足够的资金保证支付。

(3) 票据和结算凭证上的签章和其他记载事项应当真实，不得伪造、变造。

(4) 填写各种票据和结算凭证应当规范。

(二) 支付结算的方式

我国现行支付结算方式包括银行汇票、商业汇票、银行本票、支票、信用卡、汇兑、托收承付、委托收款和信用证。其中前四种称为票据结算(详见第十章)，本节主要介绍非票据结算。

1. 汇兑

汇兑是汇款人委托银行将其款项汇给外地收款人的结算方式。汇兑分为信汇和电汇两种。收款人是单位的，汇入银行应将汇给收款人的款项直接转入其账户，并向其发出收账通知。收款人是个人的，凭个人身份证支取款项。支取现金的款项，必须在汇款凭证上注明"现金"字样。

2. 托收承付

托收承付是指根据购销合同由收款人发货后委托银行向异地付款人收取款项，由付款人向银行承认付款的结算方式。使用托收承付的单位，必须是国有企业、供销合作社以及经营管理较好，并经开户行审查同意的城乡集体所有制工业企业。办理托收承付结算的款项，必须是商品交易，以及因商品交易而产生的劳务供应的款项。代销、寄销、赊销商品的款项，不得办理托收承付结算。

托收承付结算每笔的金额起点为1万元，新华书店系统每笔的金额起点为1 000元。

3. 委托收款

委托收款是指收款人委托银行向付款人收取款项的结算方式。在银行或其他金融机构开立账户的单位和个人，凭已承兑商业汇票、债券、存单等付款人债务证明均可办理款项的结算。委托收款同城、异地均可办理，不受金额起点的限制。

4. 信用证

信用证是指开证银行依照申请人(购货方)的申请向受益人(销货方)开立的、对相符交单予以付款的承诺。我国信用证是以人民币计价、不可撤销的跟单信用证。

信用证分为即期信用证和远期信用证两种。即期信用证，开证行应在收到相符单据次日起5个营业日内付款。远期信用证付款期限最长不超过1年，开证行应在收到相符单据次日起5个营业日内确认到期付款，并在到期日付款。

信用证结算方式只适用于国内企事业单位之间货物和服务贸易提供的结算服务，并且只能用于转账结算，不得支取现金。

5. 信用卡

信用卡是指商业银行向个人和单位发行的，凭其向特约单位购物、消费或向银行存取现金,且具有消费信用的特制载体卡片,如"牡丹卡""长城卡"等。

(三) 支付结算纪律

单位和个人办理结算,必须严格遵守支付结算办法的规定。不准套取银行信用;不准签发空头支票、印章与预留印鉴不符的支票和远期支票以及没有资金保证的票据;不准无理拒付,任意占用他人资金;不准违反规定开立和使用账户;不准签发、取得和转让没有真实交易和债权债务关系的票据,套取银行和他人资金。

【思考9-9】下列支付结算方式中,有结算金额起点规定的有( )。
A. 委托收款　　　B. 托收承付　　　C. 信用证　　　D. 汇兑
【解析】正确答案是B。

复习思考题

1. 我国的金融机构有哪些?
2. 我国中央银行的职能及业务范围是什么?
3. 我国商业银行的业务范围有哪些?
4. 现金管理的基本要求有哪些?
5. 支付结算的基本要求是什么?结算方式有哪些?

强 化 训 练

一、单项选择题

1. 下列银行中,属于我国中央银行的是( )。
   A. 中国人民银行　B. 中国银行　　C. 中国建设银行　D. 中国交通银行
2. 人民币的发行银行是( )。
   A. 中国人民银行　　　　　　　B. 国务院
   C. 货币政策委员会　　　　　　D. 商业银行
3. 设立全国性商业银行的注册资本最低限额为人民币( )。
   A. 10亿元　　　B. 1亿元　　　C. 5亿元　　　D. 5 000万元
4. 库存现金限额由开户银行核定,一般为开户单位( )的日常零星开支所需。
   A. 3天　　　　B. 10天　　　C. 15天　　　D. 3~5天
5. 根据《现金管理暂行条例》的规定,各单位必须依照现金管理办法收支现金,接受( )的监督。
   A. 人民银行　　B. 财政部门　　C. 银监会　　　D. 开户银行

二、多项选择题

1. 以下关于中国人民银行业务活动的限制性规定的表述中,正确的有( )。
   A. 不得为商业银行提供贷款　　　B. 不得对金融机构的账户透支

C. 不得在公开市场买卖政府债券　　D. 不得向企业提供贷款
2. 商业银行办理个人储蓄存款业务，应当遵循(　　)原则。
　　A. 存款自愿　　B. 取款自由　　C. 存款有息　　D. 对存款人保密
3. 下列业务中，商业银行可以经营的有(　　)。
　　A. 存款业务　　B. 贷款业务　　C. 同业拆借　　D. 发行货币
4. 下列支出中，开户单位可以采用现金支付方式的有(　　)。
　　A. 职工工资、津贴　　　　　　B. 个人劳动报酬
　　C. 从工厂购进两万元材料　　　D. 差旅费6 000元
5. 下列各项中，属于开户单位现金收支基本要求的有(　　)。
　　A. 开户单位不准用不符合国家统一的会计制度的凭证顶替库存现金
　　B. 不准利用账户替其他单位和个人套取现金
　　C. 不准编造用途套取现金
　　D. 不准用单位收入的现金以个人储蓄方式存入银行

三、判断题

1. 中国人民银行可以在公开市场上买卖国债和其他政府债券。　　　　　(　)
2. 商业银行是企业法人。　　　　　　　　　　　　　　　　　　　　　(　)
3. 中国银行是我国的中央银行，不是商业银行。　　　　　　　　　　　(　)
4. 企业之间的一切往来均可以以现金支付。　　　　　　　　　　　　　(　)
5. 单位可使用现金向个人收购农副产品和其他产品，如超过使用现金限额的部分，应当以支票或者银行本票支付。　　　　　　　　　　　　　　　　　　(　)

四、案例分析题

1. 中国人民银行A分行2017年发生以下主要业务：①3月2日，A分行向A市人民政府农业局发放支农贷款人民币200万元，期限为3年；②5月1日，向甲企业发放贷款人民币300万元，期限为两年；③5月5日，向工商银行当地分行发放贷款人民币3 000万元，期限为1年；④6月2日，向建设银行再贴现人民币60万元；⑤8月10日，直接认购3年期国债人民币200万元；⑥9月3日，购进B上市公司股票人民币600万元；⑦10月21日，向在其行开立账户的农业银行当地分行透支人民币100万元；⑧11月20日，经国务院决定向当地人民保险公司发放贷款人民币500万元，期限为1年；⑨12月6日，为A市市长赵某贷款人民币10万元，期限为两年；⑩12月19日，为本市乙国有企业提供担保，担保额为人民币100万元。试分析中国人民银行A分行的上述业务是否合法？为什么？

2. 某市城市合作银行为增强经济实力，拓展业务范围，动用本行1 000万元资金投资给本市机械厂，动用本行5 000万元资金投资给本市的房地产公司。通过参股，大大提高了投资回报率，利润大幅提升。试分析该城市合作银行的做法是否合法？为什么？

3. 甲公司2017年度有以下几笔业务：①3月10日，从乙公司拆借资金20万元，用以偿还工商银行到期贷款的本息；②4月2日向农户销售农资，收取现金收入3万元，未交存银行，而是直接支付了相关人员的差旅费；③6月6日，从丙公司购买20万元的原材料，应丙公司要求，开出现金支票一张，以结清材料款；④7月份，销售商品取得现金收入8万元，直到年底都未交存银行。试分析甲公司的上述行为是否合法？

第十章 票 据 法

【能力目标】

- 识别有效的票据行为。
- 解释提示承兑与提示付款期限的区别。
- 区分不同的票据，正确行使票据权利。

【知识目标】

- 了解票据的概念、特征。
- 掌握票据权利的取得及其补救措施。
- 熟悉票据权利与抗辩。
- 掌握汇票、本票、支票的主要规定。

【职业素质目标】

应用所学，选择适宜的票据结算方式，规范地进行票据行为，依法行使票据权利。

【章前测试】

1. 下列哪些是我国票据法所规定的票据？(　　)
   A. 汇票　　　　B. 支票　　　　C. 发票　　　　D. 本票
2. 支票的持有人应当在法定期限内提示付款，超过期限的，开户银行不予受理。下列关于支票提示付款期限的说法，正确的有(　　)。
   A. 自出票日起10天　　　　B. 自到期日起10天
   C. 自出票日起5天　　　　 D. 自出票日起1个月
3. 持票人丢失票据后，可以采取下列哪些补救措施保护自己的票据权利？(　　)
   A. 挂失止付　　　　　　　B. 公示催告
   C. 普通诉讼　　　　　　　D. 要求票据出票人重新开具
4. 票据金额中以中文大写和阿拉伯数字同时记载，二者必须一致，不一致时，以中文大写记载为准。这一说法正确吗？

【参考答案】

1. ABD　　2. A　　3. ABC　　4. 不正确

【案情导入】

甲公司与乙公司签订了一份购销合同，约定乙公司向甲公司出售价值50万元的商品，甲公司收货后3天内付款。乙公司按合同供货后，甲公司因资金不够，不能开转账支票，经协商，甲公司开出一张期限为5个月、面额为50万元的商业汇票。

【思考】

(1) 什么是商业汇票？该支付方式有什么优点？

(2) 票据分为几种？各有什么区别？

(3) 票据使用中应注意的问题有哪些？

第一节 票据法概述

一、票据与票据法

(一) 票据的概念

票据的概念有广义、狭义之分。广义的票据包括各种有价证券和凭证，如股票、债券、发票、提单、仓单、保单等；狭义的票据，仅指出票人依法签发的、由本人或委托他人在见票时或指定的日期无条件支付票据金额给收款人或持票人的有价证券。我国《票据法》规定的票据，是指狭义的票据，包括汇票、本票和支票。

(二) 票据的特征

与其他有价证券相比，票据具有以下特征。

1. 设权证券

票据权利的产生、行使及处分都以票据的存在为条件，即票据上所表示的权利，由票据行为而产生。票据的签发，是为了创设票据权利。

2. 金钱证券

票据是以支付一定金额货币为目的而创设的有价证券，不同于仓单、提单。

3. 无因证券

票据权利的行使以持有票据为必要条件，持票人无须证明其取得票据的原因。只要票据形式要件合法，不管票据权利人取得票据的基础关系是否有效，不影响票据权利人行使票据权利。

【思考10-1】 甲、乙之间签订了一份假酒买卖合同，甲供货后，乙于3月10日签发了一张面额为10万元、期限为3个月的商业承兑汇票交付给甲。3月20日，甲从丙公司购原材料，便将该汇票依法转让给了丙。之后，假酒被查封，甲、乙之间的合同被裁定为无效合同。试分析：票据到期后，丙提示付款，乙能否以买卖合同无效为由拒绝兑现票据金额？

【解析】 不能拒绝兑现票据金额。票据是无因证券，依法出票后，便与当初签发票据的基础原因分离，不论基础原因是否合法，只要票据本身无缺陷，持票人依法取得票据，即享有票据权利，付款人应当见票付款。

4. 文义证券

票据所表现的权利和义务的内容，必须以票据上记载的文义为标准，不得因票据以外的任何事由变更其效力，如金额为10万元，则只能主张10万元。

5. 要式证券

票据的制作、转让、格式等《票据法》均有明确的规定。票据行为必须严格按照《票据法》规定的要素和格式做成；否则，票据无效。

6. 流通证券

在票据到期前，票据权利可以依法转让。其流通方式简捷便利，能够迅速完成，转让的次数越多，票据的使用度越高，可靠性越强。

(三) 票据法的概念

票据法是指规定票据的种类、形式、内容以及各当事人之间权利义务关系的法律规范的总称。票据法有广义、狭义之分。广义的票据法，是指各种法律中有关票据规定的总称，包括《票据法》《民法》《银行法》等法律、法规中有关票据的规定。狭义的票据法则仅指1995年5月10日全国人大常务委员会通过的《中华人民共和国票据法》(以下简称《票据法》)，自1996年1月1日起施行，2004年进行了修订。

二、票据行为

(一) 票据行为的概念

票据行为是指票据关系的当事人之间以发生、变更或终止票据关系为目的而进行的法律行为。《票据法》规定的票据行为包括出票、背书、承兑、保证四种。

(1) 出票是指出票人签发票据并将其交付给收款人的票据行为。

(2) 背书是指收款人或持票人为将票据权利转让给他人或将一定的票据权利授予他人行使，而在票据背面或者粘单上记载有关事项并签章的票据行为。

(3) 承兑是指汇票付款人承诺在汇票到期日支付汇票金额并签章的行为。

(4) 保证是指票据债务人以外的人，为担保特定债务人履行票据债务而在票据上记载有关事项并签章的行为。

(二) 票据行为成立的要件

票据行为的成立，必须符合以下基本条件。

1. 行为人必须具有从事票据行为的能力

《票据法》规定，无民事行为能力人或者限制民事行为能力人在票据上签章的，其签章无效。即在票据上签章的自然人必须是具有完全民事行为能力的人，否则，该签章不具有任何效力，签章者并不因此而成为票据上的债务人，其他票据当事人也不得据此签章向无民事行为能力人或限制民事行为能力人主张任何票据债权。

2. 行为人的意思表示必须真实或无缺陷

票据的取得和转让，应当遵循诚实信用的原则，以欺诈、偷盗或者胁迫等手段取得票据的，或者明知有前述情形而恶意取得票据的，不享有票据权利。

3. 票据行为符合法定形式

票据行为是一种要式行为，必须符合法律、法规规定的形式。

(1) 票据签章。票据上的签章可以是签名、盖章或者签名加盖章。法人和其他使用票据的单位在票据上的签章，为该法人或者该单位的盖章加其法定代表人或者其授权的代理人的签章。个人在票据上的签章，应为该个人本人的签名或者盖章。

出票人在票据上的签章不符合规定的，票据无效；其他人在票据上的签章不符合规定的，或者无民事行为能力人、限制民事行为能力人在票据上签章的，其签章无效，但不影响其前手符合规定签章的效力，即其他有效签章人仍应承担票据责任。

【思考10-2】甲公司签发了一张商业汇票，下列关于出票人签章的说法正确的有( )。
A. 甲公司盖章　　　　　　　　B. 甲公司法定代表人赵某签名或盖章
C. 甲公司法定代表人赵某签名并盖章　D. 甲公司盖章加法定代表人赵某签名或盖章
【解析】正确答案是 D。公司法人或单位在票据上的签章为该单位的盖章加其法定代表人或其授权的代理人的签章。

(2) 票据记载事项。票据记载事项一般分为绝对记载事项、相对记载事项、任意记载事项、不得记载事项等。

绝对记载事项是指《票据法》明文规定必须记载的，如果未记载，票据无效，如出票日期、票据收款人等；相对记载事项是指某些应该记载而未记载，适用法律的有关规定而不使票据失效的事项，如未记载付款地的，以付款人所在地为付款地；任意记载事项是指《票据法》规定由当事人任意记载的事项，行为人不记载，对票据效力不发生影响，一旦做了记载，就发生《票据法》规定的效力，如出票人在票据上记载了"不得转让"字样，则该票据不能再转让；不得记载事项是指《票据法》禁止行为人在票据上记载的事项，包括记载无效的事项和使票据无效的事项，如约定产品质量不合格，则本票据无效等。

票据的金额、出票或签发日期、收款人名称不得更改，更改的票据无效。

三、票据权利与抗辩

(一) 票据权利

1. 票据权利的概念

票据权利是指持票人向票据债务人请求支付票据金额的权利。票据权利包括付款请求权和追索权。

付款请求权是指持票人向票据债务人请求按票面金额付款的权利，是第一次请求权，也是票据上的主权利；票据追索权是指票据当事人行使付款请求权遭到拒绝或其他法定原因存在时，向其前手请求偿还票据金额及其他法定费用的权利，是第二次请求权，它是第一次请求权不能实现时才得以行使的权利，也称为从票据权利。

2. 票据权利的取得

票据权利是以持有票据为依据的，行为人合法取得票据，即取得了票据权利。当事人取得票据主要有以下几种情况：①从出票人处取得；②从持有票据的人处受让票据；③依税收、继承、赠与、企业合并等方式获得票据。

票据的取得必须给付对价，无对价或无相当对价取得票据的，如属于善意取得，仍然享有票据权利，但该票据权利不能优于其前手。以欺诈、偷盗、胁迫、恶意或重大过失取得票据的人，不得享有票据权利。

3. 票据权利的消灭

票据权利的消灭是指因发生一定的法律事实而使票据权利不复存在。票据权利可因履行、免除、抵销等事由的发生而消灭，也可因票据时效期届满而消灭。《票据法》规定，票据权利在下列期限内不行使而消灭：①持票人对票据的出票人和承兑人的权利，自票据到期日起两年；见票即付的汇票、本票，自出票日起两年。②持票人对支票出票人的权利，自出票日起6个月。③持票人对前手的追索权，在被拒绝承兑或者被拒绝付款之日起6个月。④持票人对前手的再追索权，自清偿日或者被提起诉讼之日起3个月。

4. 票据权利的补救

票据权利与票据是紧密相连的。票据一旦丧失，票据权利的实现就会受到影响。票据丧失后可采取挂失止付、公示催告、普通诉讼三种方式来进行补救。

(1) 挂失止付。挂失止付是指失票人将票据丧失的事实通知付款人，并要求付款人暂停支付票据款项的一种方法。未记载付款人或者无法确定付款人及其代理付款人的票据，不得申请挂失止付，如未填明"现金字样"的银行汇票、本票等。挂失止付并非票据丧失后采取的必经措施，而只是一种暂时的预防措施，最终要通过申请公示催告或提起普通诉讼的方式进行补救。

(2) 公示催告。公示催告是指人民法院根据失票人的申请，以公告方法告知并催促不确定利害关系人在限期内向人民法院申报权利，逾期未申报权利，人民法院通过除权判决宣告所丧失票据无效的一种制度。失票人应当在通知挂失止付后3日内，也可以在票据丧失后，依法向人民法院申请公示催告。

(3) 普通诉讼。普通诉讼是指票据的失票人向人民法院提起民事诉讼，要求法院判定付款人向其支付票据金额的活动。如果与票据上的权利有利害关系的人是明确的，无须公示催告，可按一般的票据纠纷向法院提起诉讼。

【思考10-3】甲公司财务室被盗，丢失现金支票1张、转账支票1张、未填明"现金"字样的银行本票1张，甲公司可以采取什么方式补救票据权利？

【解析】丢失的现金支票及转账支票可以挂失止付，也可以采取公示催告或普通诉讼措施。但丢失的未填明"现金"字样的银行本票不能挂失止付，只能公示催告。

(二) 票据抗辩

票据抗辩是指票据的债务人依照《票据法》的规定，对票据债权人拒绝履行义务的行为。根据抗辩原因及抗辩效力的不同，票据抗辩可分为对物抗辩和对人抗辩。

1. 对物抗辩

对物抗辩是指基于票据本身的内容而发生的事由所进行的抗辩。这一抗辩可以对任何持票人提出。其主要包括以下情形：①票据行为不成立而为的抗辩，如票据应记载的内容有欠缺，因欺诈、偷盗、胁迫、恶意、重大过失取得票据等；②依票据记载不能提出请求而为的抗辩，如票据未到期等；③票据载明的权利已消灭或已失效而为的抗辩，如票据债权因付款、抵销、除权判决、时效届满而消灭等；④票据权利的保全手续欠缺而为的抗辩，如行使追索权时未出具付款请求被拒绝的证明等；⑤票据上有伪造、变造情形而为的抗辩。

2. 对人抗辩

对人抗辩是指基于人的事由而发生的抗辩，这一抗辩多与票据的基础关系有关。票据债务人只能对基础关系中的直接相对人不履行约定义务的行为进行抗辩，如果该票据已经被依法转让给了第三人，票据债务人则不能对第三人抗辩。如甲因购买商品而给乙签发了一张票据，若乙的货物有质量问题，则甲可以向乙主张抗辩，拒绝付款。若乙将该票据依法转让给了丙，则甲不能拒绝向丙付款。

票据债务人与出票人或持票人前手之间存在的抗辩事由不得用于对抗持票人。

四、票据的伪造和变造

（一）票据的伪造

票据的伪造是指假冒他人名义或以虚构人的名义而进行的票据行为。如在空白票据上伪造出票人的签章或者盗盖出票人的印章而进行出票等。票据上有伪造签章的，不影响票据上其他真实签章的效力。即在票据上真实签章的人，仍应对被伪造票据的债权人承担票据责任，当票据债权人依法行使票据权利时，在票据上真实签章的人不能以伪造为由进行抗辩。

（二）票据的变造

票据的变造是指无权更改票据内容的人对票据上签章以外的记载事项加以变更的行为，如变更票据上的到期日、付款日、付款地、金额等。

【思考10-4】下列选项中，属于变造票据的有(   )。
A. 变更票据金额　　　　　　　　B. 变更票据上的到期日
C. 变更票据上的签章　　　　　　D. 变更票据上的付款日
【解析】正确答案是ABD。变更票据上的签章属于票据的伪造行为。

第二节　汇　票

一、汇票的概念和种类

（一）汇票的概念

汇票是指出票人签发的，委托付款人在见票时或者在指定日期无条件支付确定的金额给收款人或者持票人的票据。

汇票关系中有三个基本当事人，即出票人、付款人和收款人。出票人是指依法签发汇票委托他人付款的人；付款人是指按照出票人的付款委托无条件支付汇票金额的人；收款人是指汇票上记载的收取票款的人。

(二) 汇票的种类

根据汇票出票人的不同，可将汇票分为银行汇票和商业汇票，前者是指银行签发的汇票，后者则是指由银行以外的企事业单位、机关、团体等签发的汇票。商业汇票按承兑人的不同，可分为商业承兑汇票和银行承兑汇票。商业承兑汇票由银行以外的付款人承兑，银行承兑汇票由银行承兑。

按付款期限长短的不同，汇票可分为见票即付汇票、定期付款汇票、出票后定期付款汇票和见票后定期付款汇票。

二、汇票的出票

出票是指出票人签发票据并将其交付给收款人的票据行为。出票实际包括两种行为：一是出票人依照《票据法》的规定做成票据，即在原始票据上记载法定事项并签章；二是交付票据，即将做成的票据交付给他人。汇票的出票人必须与付款人具有真实的委托付款关系，并且具有支付汇票金额的可靠资金来源；汇票的出票人不得签发无对价的汇票以骗取银行或者其他票据当事人的资金。

(一) 汇票的记载事项

1. 绝对应记载事项

汇票的绝对应记载事项是指按《票据法》规定必须在票据上记载的事项，如不记载，汇票无效。

汇票的绝对应记载事项包括：①表明"汇票"的字样；②无条件支付的委托；③确定的金额；④付款人名称；⑤收款人名称；⑥出票日期；⑦出票人签章。

票据金额以中文大写和阿拉伯数字同时记载，两者必须一致，不一致时，票据无效。

2. 相对应记载事项

相对应记载事项是指按《票据法》规定应该记载而未记载，但并不影响汇票本身的效力，适用法律有关规定的事项。如汇票上未记载付款日期的，视为见票即付；未记载付款地或出票地的，以付款人或出票人的营业场所、住所或者经常居住地为付款地或出票地。相对应记载事项主要有付款日期、付款地、出票地等。

3. 任意记载事项

任意记载事项，是指出票人可以选择是否记载的事项，该事项一经记载即发生《票据法》上的效力。如出票人在汇票上记载"不得转让"字样的，汇票即不得转让。

4. 非法定记载事项

汇票的非法定记载事项是指按《票据法》规定记载后不产生票据上的效力。其主要是指与汇票的基础关系有关的事项，如签发票据的原因或用途、该票据项下交易的合同号码等。

【思考10-5】下列有关汇票的表述中,正确的有( )。
A. 汇票未记载收款人名称的,可由出票人授权补记
B. 汇票未记载付款日期的,汇票无效
C. 汇票未记载出票日期的,汇票无效
D. 汇票未记载付款地的,以出票人的营业场所、住所或经常居住地为付款地
【解析】正确答案是CD。

(二) 出票的效力

汇票出票人依法完成出票行为后即产生票据上的效力,即收款人取得票据权利;付款人基于出票人的付款委托使其具有承兑人的地位,在其对汇票进行承兑后,即成为汇票上的主债务人;出票人承担保证该汇票承兑和付款的责任。

【思考 10-6】汇票出票人依法完成出票行为后,付款人即成为汇票上的主债务人。这一说法正确吗?
【解析】不正确。付款人只有在承兑后,才成为汇票上的主债务人。

三、汇票的背书

背书是指持票人在票据的背面或粘单上记载有关事项并签章将汇票权利让与他人的一种票据行为。票据转让必须做成记名背书。票据凭证如不能满足背书人记载事项的需要,可以加附粘单,黏附于票据凭证上。粘单上的第一记载人应当在汇票和粘单的粘接处签章。

(一) 背书记载事项

背书应记载的事项包括背书人签章、被背书人名称和背书日期。其中前两项属于绝对记载事项;背书日期如未记载,则视为在汇票到期日前背书。

背书不得附有条件,附有条件的,所附条件不具有汇票上的效力,但背书转让仍然有效。此外,将汇票金额的一部分转让或将汇票金额分别转让给两人以上的背书无效。

(二) 禁止背书的记载

禁止背书是任意记载事项,如果背书人不愿意对其后手以后的当事人承担票据责任,即可在背书时记载禁止背书。《票据法》规定,背书人在汇票上记载"不得转让"字样,其后手再背书转让的,该转让不产生《票据法》上的效力,而只具有普通债权让与的效力,原背书人对后手的被背书人不承担保证责任。

【思考10-7】下列关于票据背书的表述中,正确的有( )。
A. 背书人在背书时记载"不得转让"字样的,其后手再行背书转让的行为无效
B. 背书附条件的,背书无效
C. 部分转让票据权利的背书无效
D. 将汇票金额分别转让给两人以上的,该背书转让无效
【解析】正确答案是CD。

(三) 背书连续

背书连续是指在票据转让中,转让汇票的背书人与受让汇票的被背书人在汇票上的签章依次前后衔接。例如,第一次背书的被背书人是第二次背书的背书人,第二次背书的被背书人是第三次背书的背书人,以此类推。若背书形式上不连续,票据并非无效,而仅是背书间断后的持票人不得主张票据上的权利,如果持票人非经背书转让而以其他合法方式取得汇票的(如质押、委托收款取得等),必须依法举证,证明其汇票权利。

汇票被拒绝承兑、被拒绝付款或者超过付款提示期限的,不得背书转让;背书转让的,背书人应当承担汇票责任。

【思考10-8】甲公司从乙公司购入一批设备,给乙公司开出期限为两个月的商业承兑汇票一张,面额为50万元。后乙公司依法将该汇票背书转让给丙,丙将汇票遗失,被A捡到,A便将该汇票背书转让给丁。该汇票到期时付款人是否应该给丁付款?

【解析】不付款。A取得汇票时,丙未背书签章,背书发生间断,不连续。

四、汇票的承兑

承兑是指汇票付款人承诺在汇票到期日支付汇票金额的票据行为。承兑是商业汇票特有的制度,仅适用于"商业汇票",其他票据不需要承兑。

汇票是一种出票人委托他人付款的委付证券,只有在付款人表示愿意向收款人或持票人支付汇票金额后,持票人才可于汇票到期日向付款人行使付款请求权。

(一) 承兑的程序

1. 提示承兑

提示承兑是指持票人向付款人出示汇票并要求付款人承诺付款的行为。提示期限因汇票种类不同而有所区别。

见票即付的汇票,因请求承兑的同时就意味着请求付款,无须提示承兑;定日付款或者出票后定期付款的汇票,持票人应当在汇票到期日前向付款人提示承兑;见票后定期付款的汇票,持票人应当自出票日起1个月内向付款人提示承兑。持票人未在提示期限内请求承兑的,丧失对其前手的追索权。

【思考10-9】下列汇票中,哪些属于无须提示承兑的汇票?(   )
A. 见票后定期付款的汇票   B. 见票即付的汇票
C. 定日付款的汇票   D. 出票后定期付款的汇票
【解析】正确答案是B。

2. 承兑的记载事项

承兑的记载事项包括三项,即承兑文句、承兑日期、承兑人签章。其中承兑文句和承兑人签章是绝对应记载事项,承兑日期属于相对应记载事项,但见票后定期付款的汇票,则必须记载日期。付款人承兑汇票,不得附有条件;承兑附有条件的,视为拒绝承兑。

付款人应当自收到提示承兑的汇票之日起3日内承兑或者拒绝承兑。如果付款人在3

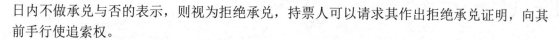

日内不做承兑与否的表示,则视为拒绝承兑,持票人可以请求其作出拒绝承兑证明,向其前手行使追索权。

(二) 承兑的效力

承兑的效力在于确定汇票付款人的付款责任。一经承兑,承兑人于票据到期日必须向持票人无条件地支付汇票上的金额。承兑人的票据责任不因持票人未在法定期限提示付款而解除,承兑人仍要对持票人承担票据责任。

【思考10-10】甲公司在与乙公司的交易中获得面额为100万元的商业汇票一张,付款人为丙公司。甲公司请求丙公司承兑时,丙公司在汇票上签注:"承兑,待账上有资金时支付。"丙公司的行为是否属于承兑?
【解析】丙公司没有承兑,承兑不得附条件,否则视为拒绝承兑。

五、汇票的保证

汇票的保证是指汇票债务人以外的第三人,担保特定的票据债务人能够履行票据债务的票据行为。

(一) 保证的记载事项

保证人必须在汇票或粘单上记载下列事项:表明"保证"的字样;保证人名称和住所;被保证人的名称;保证日期;保证人签章。

绝对应记载事项包括保证文句和保证人签章;相对应记载事项包括被保证人的名称、保证日期和保证人住所。未记载被保证人名称的:已承兑的汇票,承兑人为被保证人;未承兑的汇票,出票人为被保证人。未记载保证日期的,出票日期为保证日期。

(二) 保证的记载方法

汇票的保证应当记载在汇票或者其粘单上,在票据之外签订的保证合同,不属于票据的保证。如果保证人是为出票人、承兑人保证的,则应记载于汇票的正面;如果保证人是为背书人保证的,则应记载于汇票的背面或者粘单上。

(三) 保证的效力

1. 保证人的责任

保证人与被保证人对持票人承担连带责任。被保证的汇票到期后得不到付款的,持票人有权向保证人请求付款,保证人应当足额付款。保证人的票据责任从属于被保证人的债务,与被保证人负有同一责任,同时又不随被保证人的债务由于实质原因无效而无效,只有当被保证人的债务因欠缺票据形式要件而无效时,如绝对应记载事项欠缺等,保证才无效。

保证人为两人以上的,保证人之间承担连带责任。

2. 保证人的权利

保证人向持票人清偿债务后,取得票据而成为持票人,享有票据上的权利,有权对被保证人及其前手行使追索权。

六、汇票的付款

付款是指付款人依据票据文义支付票据金额，以消灭票据关系的行为。付款不属于票据行为。

(一) 提示付款

提示付款是指持票人向付款人或承兑人出示票据并向其请求付款的行为。

提示付款是付款的必经程序，如果持票人未在上述法定期限内提示付款的，则丧失对其前手的追索权。但在作出说明后，承兑人或付款人仍应对持票人承担付款责任。

持票人应按下列期限提示付款：见票即付的汇票，自出票日起1个月内向付款人提示付款；定日付款、出票后定期付款或者见票后定期付款的汇票，自到期日起10日内向承兑人提示付款。

通过委托收款银行或者通过票据交换系统向付款人提示付款的，视同持票人提示付款。

(二) 支付票款

持票人依法向付款人进行提示付款后，付款人应当在当日无条件地按票据金额足额付款。

付款人或者代理付款人在付款时应当尽审查义务。对持票人是否为合法权利人负有形式审查义务，即应当审查汇票背书的连续和应记载事项，并审查提示付款人的合法身份证明或者有效证件。

付款人及其代理人以恶意或有重大过失付款的，应当自行承担责任。此外，如果付款人对定日付款、出票后定期付款或者见票后定期付款的汇票在到期日前付款，应由付款人自行承担所产生的责任，即当持票人不是票据权利人时，对于真正的票据权利人并不能免除其票据责任，而对由此造成损失的，付款人只能向非正当持票人请求赔偿。

(三) 付款的效力

付款人依法足额付款后，全体汇票债务人的责任解除。但是，如果付款人付款存在瑕疵，即未尽审查义务而对不符法定形式票据付款，或其存在恶意或重大过失而付款的，则不发生上述法律效力，付款人的义务不能免除，其他债务人也不能免除责任。

七、汇票的追索权

追索权是指持票人在票据到期不获付款或期前不获承兑或有其他法定原因，并在实施行使或保全票据权利的行为后，可以向其前手请求偿还票据金额、利息及其他法定款项的一种票据权利。追索权是在票据权利人的付款请求权得不到满足后，法律赋予持票人对票据债务人进行追偿的权利。

(一) 追索权的当事人

追索权的当事人包括追索权人和偿还义务人。追索权人包括最后的持票人和因清偿而取得票据的人，即向自己的后手已做清偿的持票人。偿还义务人包括出票人、背书人、承兑人、保证人。

追索权与付款请求权在权利行使对象上有一定的区别，付款请求权的行使对象是票据上的付款人；追索权的行使对象可以是票据上的主债务人，但主要还是票据上的次债务人，如票据上的出票人、背书人、保证人等。

(二) 追索权的行使

1. 追索权行使的原因

发生下列情形之一的，持票人可以行使追索权：①汇票到期被拒绝付款；②汇票在到期日前被拒绝承兑；③在汇票到期日前，承兑人或付款人死亡、逃匿的；④在汇票到期日前，承兑人或付款人被依法宣告破产或因违法被责令终止业务活动。

2. 追索权的保全

持票人行使追索权必须履行一定的保全手续而不致使追索权丧失。保全手续包括：①在法定提示期限提示承兑或提示付款；②取得拒绝证明。持票人在行使追索权之前，应对被拒绝的事实负举证责任。持票人不能出示拒绝证明的，将丧失对其前手的追索权。拒绝证明主要有拒绝证书、退票理由书、汇票上记载拒绝事由等形式。

【思考10-11】发生下列哪些情形时，持票人可以行使票据追索权？（　　）
A. 汇票被拒绝承兑　　　　　　B. 付款人因违法被责令停业
C. 付款人逃匿　　　　　　　　D. 背书人破产
【解析】正确答案为ABC。

3. 追索权行使的程序

(1) 发出追索通知。持票人应当自收到被拒绝承兑或者被拒绝付款的有关证明之日起3日内，将被拒绝事由书面通知其前手，其前手应当自收到通知之日起3日内书面通知其再前手。持票人也可以同时向各汇票债务人发出书面通知。未按照上述规定期限通知的，持票人仍可以行使追索权。因延期通知给其前手或者出票人造成损失的，由没有按照规定期限通知的汇票当事人承担对该损失的赔偿责任，但是所赔偿的金额以汇票金额为限。

(2) 确定追索对象。持票人可以不按照汇票债务人的先后顺序而对其中任何一人、数人或者全体行使追索权。持票人对票据债务人中的一人或者数人已经进行追索的，对其他票据债务人仍可以行使追索权。但是，持票人为出票人的，对其前手无追索权，持票人为背书人的，对其后手无追索权。

汇票的出票人、背书人、承兑人和保证人对持票人承担连带责任。被追索人清偿债务后，与持票人享有同一权利。

(3) 追偿金额。持票人行使追索权，可以请求被追索人支付以下金额与费用：被拒绝付款的汇票金额；汇票金额自到期日或者提示付款日起至清偿日止，按照中国人民银行规定的同档次流动资金贷款利率计算的利息；取得有关拒绝证明和发出通知书的费用。

【思考10-12】A公司与B公司签订了一份价款为20万元的买卖合同，A公司收到B公司签发的商业承兑汇票一张，期限为3个月。1个月后，A将该汇票转让给C，甲公司在票据上记载了保证事项，后C转让给了D，D又转让给了E。E公司于到期日向B公司提示付款，因银行存款不足遭退票。E公司向甲公司行使追索权，甲公司以E公司应该先向D追索为由拒绝。试分析：

(1) 甲公司的主张是否合法？为什么？
(2) 若E公司未在取得拒绝证明书的3日内发出追索通知，还能否追索？
(3) 若E公司未在法定提示付款期内向B公司提示付款，能否向前手行使追索权？

【解析】
(1) 甲的主张不合法。持票人可以不按照汇票债务人的先后顺序行使追索权。
(2) 若E公司未在规定的期限发出追索通知，仍可以向所有前手追索，只是由此造成的损失自负。
(3) 若E公司未在法定提示付款期内向B公司提示付款，则丧失对其前手的追索权。

第三节　本票与支票

一、本票

(一) 本票的概念

本票是指出票人签发的，承诺自己在见票时无条件支付确定的金额给收款人或者持票人的票据。我国《票据法》所指的本票仅指银行本票，并限于见票即付。本票为自付证券，无须承兑。

银行本票是指银行签发的，承诺自己在见票时无条件支付确定的金额给收款人或持票人的票据。银行本票分为定额银行本票和不定额银行本票。定额银行本票的面额为1 000元、5 000元、10 000元和50 000元。

本票的背书、保证、付款行为和追索权的行使，除特别规定外，适用有关汇票的规定。

(二) 本票的记载事项

本票的出票人必须具有支付本票金额的可靠资金来源，并保证支付。银行本票的出票人，为经中国人民银行当地分支行批准办理银行本票业务的银行机构。

(1) 本票的绝对应记载事项包括：①表明"本票"的字样；②无条件支付的承诺；③确定的金额；④收款人的名称；⑤出票日期；⑥出票人签章。

(2) 本票的相对应记载事项包括：①付款地。本票上未记载付款地的，以出票人的营业场所为付款地。②出票地。本票上未记载出票地的，以出票人的营业场所为出票地。

(三) 本票的付款

银行本票是见票付款的票据，收款人或持票人在取得银行本票后，随时可以向出票人请求付款。本票自出票日起，付款期限最长不得超过两个月。持票人未按规定期限提示见票的，丧失对出票人以外的前手的追索权。

【思考10-13】下列关于本票的表述中，正确的有（　　）。
A. 付款日期是本票的绝对应记载事项
B. 本票的基本当事人只有出票人和收款人
C. 本票无须承兑
D. 本票是由出票人本人对持票人付款的票据
【解析】正确答案是BCD。本票限于见票即付，随时支付，不允许另约定付款日期。

二、支票

(一) 支票的概念

支票是出票人签发的，委托办理支票存款业务的银行或其他金融机构在见票时，无条件支付确定的金额给收款人或持票人的票据。

支票的基本当事人有三个：出票人、付款人和收款人。支票是一种委付证券，与汇票相同，与本票不同。支票有两个显著的特点：一是以银行或者其他金融机构作为付款人；二是见票即付。

(二) 支票的种类

支票按照支付票款的方式可以分为普通支票、现金支票和转账支票三种。

现金支票专门用于支取现金。转账支票专门用于转账，不得用于支取现金。普通支票既可以转账，也可以支取现金。用于转账的，可在普通支票左上角加划两条平行线，也称为划线支票；未划线的普通支票，可用于支取现金。

在实践中，我国一直采用的是现金支票和转账支票，没有普通支票，但为了方便当事人，并借鉴国外的方法和经验，《票据法》便规定了普通支票的形式。

支票的背书、保证、付款行为和追索权的行使，除特别规定外，适用有关汇票的规定。

(三) 支票的记载事项

支票的出票人为在经中国人民银行当地分支行批准办理支票业务的银行机构开立可以使用支票的存款账户的单位和个人。

(1) 支票的绝对应记载事项包括：①表明"支票"的字样；②无条件支付的委托；③确定的金额；④付款人名称；⑤出票日期；⑥出票人签章。支票上未记载上述规定事项之一的，则支票无效。

(2) 支票的相对应记载事项包括：①付款地。未记载付款地的，以付款人营业场所为付款地。②出票地。未记载出票地的，以出票人的营业场所、住所或者经常居住地为出票地。

支票的金额、收款人名称可以由出票人授权补记。未补记前，不得背书转让和提示付款。

【思考10-14】支票记载事项中，哪些可以授权补记？（　　）
A. 付款人　　　　　　　　　　B. 支票的金额

C. 收款人 　　　　　　　　　　　D. 出票日期

【解析】正确答案是BC。

(四) 支票的付款

出票人必须按照签发的支票金额承担保证向该支票的持票人付款的责任,出票人在付款人处的存款足以支付支票金额时,付款人应当在当日足额付款。

支票限于见票即付,不得另行记载付款日期。另行记载付款日期的,该记载无效。持票人应当自出票日起10日内提示付款,超过提示付款期限的,付款人可以不予付款;付款人不予付款的,出票人仍应当对持票人承担票据责任。

禁止签发空头支票、签发印章与预留印鉴不符的支票。否则,按票面金额对其处以5%,但不低于1 000元的罚款;同时处以2%的赔偿金,赔偿收款人。

【思考10-15】A公司向B公司购买一批货物,于8月20日签发了一张转账支票给B公司用于支付货款,但A公司在支票上未记载收款人名称,约定由B公司自行填写,B公司取得支票后,在支票收款人处填写上B公司的名称,并于8月20日将该支票背书转让给C公司。C公司于9月3日向付款银行提示付款。A公司在付款银行的存款足以支付支票金额。试分析:

(1) A公司签发的未记载收款人名称的支票是否有效?
(2) A公司签发的支票能否向银行支取现金?
(3) 付款银行能否拒绝向C公司付款?为什么?

【解析】

(1) 支票有效。支票的收款人名称,可以由出票人授权补记。
(2) 不能支取现金。转账支票只能用于转账,不能用于支取现金。
(3) 银行可以拒绝付款。支票的提示付款期限自出票之日起10日。在本案中,C公司于9月3日向银行提示付款,已经超过了法定的提示付款期限,所以银行可以拒绝付款。

【思考10-16】汇票、本票、支票提示承兑、提示付款的期限有什么区别?

【解析】区别如表10-1所示。

表10-1 票据提示承兑、提示付款期限一览

票据种类		提示承兑期限	提示付款期限
商业汇票	见票即付	无须提示承兑	出票日起1个月
	定日付款	到期日前提示承兑	到期日起10天
	出票后定期付款		
	见票后定期付款	出票日起1个月	
银行汇票		见票即付无须提示承兑	出票日起1个月内
银行本票			出票日起2个月内
支票			出票日起10日

【案例 10-1】 甲公司于 2 月 10 日向乙公司发出 100 万元的货物，乙公司将一张出票日期为 2 月 15 日、金额为 200 万元、期限为 3 个月的商业承兑汇票交给甲公司。3 月 10 日，甲公司在与丙公司的买卖合同中，将该汇票背书转让给丙公司，A 企业在汇票上记载了保证事项。4 月 10 日，丙公司又将该汇票背书转让给了丁公司，但丙公司在汇票上记载"只有丁公司货物质量没问题时，该汇票才发生背书转让效力"。同年 5 月 18 日，持票人丁公司向乙公司开户银行提示付款时，银行以乙公司未能足额交存票款为由拒绝付款，并于当日签发拒绝证明。试分析：

(1) 持票人丁公司应在什么时间之前向银行提示付款？
(2) 丙公司背书所附条件是否具有票据上的效力？
(3) 丁公司提示付款遭拒绝后，可向谁追索？为什么？
(4) 如果 A 企业代为履行票据付款义务，则 A 企业可向谁行使追索权？为什么？

【分析】

(1) 在 5 月 25 日之前向银行提示付款。出票后定期付款的商业汇票，提示付款期为到期日起 10 天。

(2) 丙公司背书所附条件不具有票据上的效力，背书不得附条件。

(3) 可向甲公司、乙公司、丙公司、A 企业追索，在法定期限内提示付款遭拒绝，可向一切前手追索，包括保证人。

(4) A 企业可向甲公司、乙公司行使追索权，保证人代为清偿后，可向被保证人及其前手追偿。

复习思考题

1. 简述汇票的绝对应记载事项和相对应记载事项。
2. 票据丧失后如何补救？
3. 如何理解票据的抗辩？
4. 如何理解票据的无因性？
5. 简述汇票、支票、本票提示承兑、提示付款规定的区别。
6. 简述汇票出票、背书、承兑、保证的主要规定。

强化训练

一、单项选择题

1. 票据记载事项的下列各项中不得更改的有(   )。
   A. 付款人地址　　B. 出票日期　　C. 出票人名称　　D. 付款人名称
2. 见票即付的汇票，持票人应自出票日起(   )内向付款人提示付款。
   A. 10 天　　　　B. 15 天　　　　C. 1 个月　　　　D. 3 个月

3. 本票自出票日起,付款期限最长不得超过( )个月。
   A. 1   B. 2   C. 3   D. 4
4. 支票的持票人应当自出票日起( )日内提示付款。
   A. 5   B. 10   C. 30   D. 15
5. 下列选项中,属于汇票的绝对应记载事项的是( )。
   A. 背书日期   B. 付款日期   C. 保证日期   D. 出票日期

二、多项选择题

1. 下列各项中,属于无效背书的是( )。
   A. 将汇票金额的一部分转让   B. 将汇票金额分别转让给甲、乙二人
   C. 在背书时附条件   D. 没有记载背书日期的背书
2. 根据《票据法》的规定,票据背书的效力主要有( )。
   A. 票据权利的转移   B. 票据义务的转移
   C. 票据权利的证明   D. 票据权利的担保
3. 下列各项中,属于票据行为的是( )。
   A. 出票   B. 背书   C. 承兑   D. 付款
4. 关于汇票的提示付款期限,下列说法中正确的是( )。
   A. 见票即付的汇票无须提示付款
   B. 见票即付的汇票,自出票日起1个月内向付款人提示付款
   C. 定日付款的汇票,自到期日起10日内向承兑人提示付款
   D. 见票后定期付款的汇票,自到期日起10日内向承兑人提示付款
5. 支票的( )可以由出票人授权补记。未补记前,不得背书转让和提示付款。
   A. 收款人名称   B. 出票地点   C. 付款人名称   D. 支票金额
6. 在汇票到期日前,下列情形中持票人可以行使追索权的是( )。
   A. 付款人被责令终止业务活动的   B. 承兑人逃匿的
   C. 付款人死亡的   D. 付款人被宣告破产的
7. 持票人丧失票据时,可采取的补救措施有( )。
   A. 挂失止付   B. 公示催告   C. 提起诉讼   D. 登报作废
8. 根据《中华人民共和国票据法》的规定,( )不得更改,更改的票据无效。
   A. 票据金额   B. 出票日期   C. 付款人名称   D. 收款人名称
9. 见票后定期付款的汇票,承兑的绝对应记载事项包括( )。
   A. 承兑文句   B. 承兑日期   C. 承兑人签章   D. 收款人名称
10. 下列关于票据签章效力的表述,正确的有( )。
    A. 出票人在票据上的签章不符合规定的,票据无效
    B. 承兑人、保证人在票据上的签章不符合规定的,其签章无效,但不影响其他符合规定的签章的效力
    C. 单位在票据上的签章为法定代表人签名或盖章加单位盖章
    D. 个人在票据上的签章为该个人的签名或盖章

三、判断题

1. 背书不得附条件，否则背书无效。（　　）
2. 票据的承兑附有条件的，所附条件无效，但承兑有效。（　　）
3. 本票是出票人签发的，承诺自己在见票时无条件支付确定的金额给收款人或者持票人的票据。（　　）
4. 支票另行记载付款日期的，该支票无效。（　　）
5. 支票可以支取现金，也可以转账，用于转账时，应当在支票正面注明。（　　）
6. 汇票上未记载付款日期的，为出票后1个月内付款。（　　）
7. 汇票的持有人未在法定期限内提示付款的，则承兑人的票据责任解除。（　　）
8. 见票即付的汇票不需要提示承兑。（　　）
9. 银行本票丢失后，可以挂失止付。（　　）
10. 汇票的出票人依法完成出票行为后，付款人便成为票据的主债务人。（　　）

四、案例分析题

1. 甲公司派业务员A赴某县收购粮食，在与该县乙公司签订粮食买卖合同后，A拟将甲公司作为收款人的一张汇票背书给乙公司。由于A和乙公司的业务员B不熟悉票据的背书规则，于是A、B委托当地农行的工作人员C完成背书。C将乙公司的公章盖在了背书人栏，将甲公司的公章盖在了被背书人栏，并将汇票交给B，之后乙公司又将汇票背书给了丙公司，用以支付所欠的购货款。试分析：

(1) 丙公司若持该汇票提示付款，付款人应否付款？为什么？

(2) 票据背书的绝对应记载事项有哪些？

2. A公司为支付货款，2017年3月1日向B公司签发一张金额为50万元、期限为2个月的商业承兑汇票。B公司取得汇票后，将汇票背书转让给C公司。C公司在汇票的背面记载"不得转让"字样后，将汇票背书转让给D公司。其后，D公司将汇票背书转让给E公司，但D公司在汇票上记载"只有在E公司交货后，该汇票才发生背书转让效力"。后E公司将汇票背书转让给F公司。2018年5月5日，F公司持汇票向A公司开户银行提示承兑，银行以A公司未足额交存货款为由拒绝付款，且于当日签发了退票理由书。2017年5月7日，F公司向A、B、C、D、E公司同时发出追索通知。B公司以F公司应先向C、D、E公司追索为由拒绝承担担保责任；C公司以自己在背书时记载"不得转让"字样为由拒绝承担担保责任。试分析：

(1) D公司背书所附条件是否具有票据上的效力？

(2) B公司拒绝承担担保责任的主张是否符合法律规定？

(3) C公司拒绝承担担保责任的主张是否符合法律规定？

3. A签发并承兑一张汇票给收款人B，金额为人民币8万元，B将该汇票背书转让给C，之后，C赠送给了D，D将汇票金额改写为人民币18万元，背书给E，E又背书转让给F，F在法定期限内向付款人请求付款，付款人在审查该汇票后拒绝付款，理由是：该汇票金额已被变造。随即，付款人做成退票证明书，退票。试分析：

(1) 付款人可否以金额伪造为由拒绝付款？为什么？

(2) F应如何行使追索权？

(3) 若C采用欺诈手段从B处骗取汇票，C又赠送给了D，D是否拥有票据权利？

4. 2017年3月10日，甲、乙两个企业签订了100万元的买卖合同。甲企业向乙签发了100万元的转让支票，出票日期为2017年4月1日，付款人为丙银行。但甲企业在支票上未记载支票金额，授权乙企业补记。同时，甲企业在支票上记载了"该支票只能在2017年4月6日以后提示付款"的字样。乙企业在支票上补记金额后，于2017年4月8日向丙银行提示付款，但甲企业的银行账户上只有20万元。试分析：

(1) 甲企业在出票时未记载金额即将支票交给乙企业，该支票是否有效？并说明理由。

(2) 甲企业在支票上记载了"4月6日后提示付款"字样，该支票是否有效？并说明理由。

(3) 对于甲企业签发空头支票的行为，其应承担何种法律责任？

(4) 如果持票人乙企业于2017年4月18日向丙银行提示付款，出票人甲企业的票据责任能否解除？并说明理由。

5. 振辉机械厂财务部8月15日开出两张票据：一张为面额10 000元的支票，用于向甲宾馆支付会议费；另一张为面额200 000元的银行承兑汇票，到期日为9月5日，用于向乙公司支付材料款，该汇票已经银行承兑。8月20日，甲宾馆向银行提示付款。银行发现该支票为空头支票，遂予以退票，并对振辉机械厂处以1 000元罚款。甲宾馆要求振辉机械厂除支付其10 000元会议费外，另需支付其2 000元赔偿金。9月5日，乙公司向银行提示付款时，得知振辉机械厂的账户余额不足200 000元。试分析：

(1) 银行对振辉机械厂签发空头支票处以1 000元罚款是否符合法律规定？简要说明理由。

(2) 甲宾馆能否以振辉机械厂签发空头支票为由要求其支付2 000元赔偿金？简要说明理由。

(3) 银行能否以振辉机械厂账户余额不足200 000元为由拒绝向乙公司付款？简要说明理由。

6. 甲企业从乙企业购进一批装置，价款为80万元，甲企业开出一张付款期限为6个月的已承兑的商业承兑汇票给乙企业，丙企业在该汇票的正面记载了保证事项，乙企业取得汇票后，将该汇票背书转让给了丁企业。汇票到期，丁企业委托银行收款时才得知甲企业的存款账户不足支付。银行将付款人未付票款通知书和该商业承兑汇票一同交给丁企业。丁企业遂向乙企业要求付款。试分析：

(1) 丁企业在票据未获付款的情况下是否有权向乙企业要求付款？

(2) 丁企业在乙企业拒绝付款的情况下是否可向甲企业、丙企业要求付款？

(3) 如果丙企业代为履行票据付款义务，则丙企业可向谁行使追索权？

7. 2017年3月11日，甲公司签发了一张商业汇票，收款人为乙公司，到期日为2017年9月11日，甲公司的开户银行P银行为该汇票承兑。

2017年6月30日，乙公司从丙公司采购一批货物，将该汇票背书转让给了丙公司，丙公司9月30日持该汇票到其开户银行Q银行办理委托收款，Q银行为丙公司办理了委托收款手续，P银行收到委托收款凭证后，拒绝付款。

要求：根据上述资料，分析回答下列第(1)～(5)小题。

(1) 丙公司应去银行办理该汇票提示付款的期限是(   )。

A. 自该汇票转让给丙公司之日起 10 日内　B. 自该汇票转让给丙公司之日起 1 个月内
C. 自该汇票到期日起 10 日　　　　　　D. 自该汇票到期日起 1 个月

(2) 该汇票的付款人是(　　)。
A. 甲公司　　　B. P 银行　　　C. 乙公司　　　D. Q 银行

(3) 在不考虑委托收款背书的情况下，关于确定该汇票非基本当事人的下列表述中，正确的是(　　)。
A. 背书人是乙公司　　　　　　　B. 被背书人是丙公司
C. 承兑人是 Q 银行　　　　　　　D. 保证人是 P 银行

(4) 关于银行是否应受理该汇票并承担付款责任的下列判断中，正确的是(　　)。
A. Q 银行不应受理　　　　　　　B. Q 银行应当受理
C. P 银行不再承担付款责任　　　 D. P 银行仍应承担付款责任

(5) 丙公司委托收款被 P 银行拒绝后，正确的做法是(　　)。
A. 向甲公司进行追索
B. 向乙公司进行追索
C. 出具书面说明，再次要求 Q 银行发出委托收款
D. 出具书面说明，直接到 P 银行提示付款

8. 甲商场与一空调公司签订一份买卖合同，合同规定该生产公司向商场提供空调 5 000 台，价款 1 500 万元，由该商场贴另一名牌空调机厂的商标对外销售。商场为此开具 1 500 万元的汇票给空调生产公司，空调生产公司随后将该汇票转让给某原料供应商。原料供应商于汇票到期日向某商场兑现时，遭商场拒付。

(1) 下列各项中，属于汇票绝对应记载事项的是(　　)。
A. 表明商业承兑汇票或银行承兑汇票字样　B. 无条件支付的委托
C. 出票日期　　　　　　　　　　　　　　D. 收款人名称

(2) 商业汇票的提示付款期限是(　　)。
A. 自汇票到期日起 3 日　　　　　B. 自汇票到期日起 5 日
C. 自汇票到期日起 1 日　　　　　D. 自汇票到期日起 10 日

(3) 该商业汇票的出票人和收款人分别是(　　)。
A. 甲商场　空调机生产公司　　　B. 甲商场　原料供应商
C. 空调机生产公司　原料供应商　D. 空调机生产公司　甲商场

(4) 付款人应当自收到提示承兑的汇票之日起多久内承兑或拒绝承兑(　　)。
A. 1 日　　　B. 3 日　　　C. 7 日　　　D. 30 日

(5) 商业汇票的出票人应具备的条件有(　　)。
A. 在承兑银行开立的法人以及其他组织
B. 与承兑银行具有真实的委托付款关系
C. 资信状况良好，具有支付汇票资金的可靠资金来源
D. 与收款人位于同城

9. 甲公司的开户银行为 P 银行，甲公司委派员工张某携带一张公司签发的出票日期为 2017 年 4 月 1 日，金额和收款人名称均空白的转账支票赴乙公司洽谈业务，为支付货款，张某在支票上填写金额 15 万元后交付乙公司，当日，为偿还所欠丙公司劳务费，乙公司将

支票背书转让给丙公司，在背书栏记载了"不得转让"，未记载背书日期。丙公司持票到P银行提示付款，被拒绝支付。丙公司行使追索权以实现票据权利。

要求：根据上述资料，不考虑其他因素，分别回答以下小题。

(1) 关于甲公司签发支票行为的效力及票据当事人的下列表述中，符合法律规定的有（　　）。

A. 因出票时未记载收款人名称，支票无效

B. P银行是支票的付款人

C. 因出票时未记载确定的金额，支票无效

D. 甲公司是支票的保证人

(2) 关于乙公司将支票背书转让给丙公司行为效力的下列表述中，符合法律规定的是（　　）。

A. 丙公司再背书转让该支票，乙公司对丙公司的被背书人不承担保证责任

B. 背书上附不得转让的条件，背书无效

C. 未记载背书日期，背书无效

D. 未记载背书日期，视为在支票到期日前背书

(3) 关于丙提示付款的下列表述中，符合法律规定的是（　　）。

A. 丙公司提示付款期限为2017年4月2日起10日

B. 支票无效，丙公司无权提示付款

C. 丙公司提示付款期限为2017年4月1日起10日

D. 丙公司可以委托开户银行向P银行提示付款

(4) 关于丙公司行使票据追索权的下列表述中，不符合法律规定的是（　　）。

A. 丙公司应按照先乙公司后甲公司的顺序行使追索权

B. 丙公司只能对乙公司或甲公司其中之一行使追索权

C. 丙公司不享有票据追索权

D. 丙公司可以同时对甲公司和乙公司行使追索权

(5) 支票应记载的事项可以通过授权补记的方式记载的有（　　）。

A. 支票的金额　　B. 收款人名称　　C. 付款人名称　　　D. 出票人签章

第十一章 证 券 法

【能力目标】
- 识别证券发行与交易过程中的违法行为。
- 区分股票和公司债券发行与交易的条件。

【知识目标】
- 掌握证券发行与上市的主要规定。
- 掌握证券交易的一般规定及禁止交易的行为。
- 了解证券管理原则、上市公司信息披露、上市公司收购。

【职业素质目标】

应用所学，能够正确识别证券发行和交易活动中的违法之处，依法保护自身的合法权益。

【章前测试】

1. 下列关于上市公司年度报告公告时间的说法，正确的有(　　)。
   A. 每一会计年度结束之日起 1 个月内
   B. 每一会计年度结束之日起 2 个月内
   C. 每一会计年度结束之日起 3 个月内
   D. 每一会计年度结束之日起 4 个月内
2. 申请公司债券上市时，公司债券实际发行额应不少于(　　)万元。
   A. 1 000　　　　B. 3 000　　　　C. 5 000　　　　D. 6 000
3. 某证券公司挪用客户账户上的资金用于股票买卖，但在获利后及时、足额地归还到客户账户中。该证券公司的行为是否合法？
4. 某上市公司董事 2 月 1 日将其持有的本公司股份的 10%出售，因公司经营情况良好，于是在 5 个月后又购入本公司股票两万股。该董事的做法是否合法？
5. 在按照国务院有关规定并经国务院证券监督管理机构批准的情况下，证券公司可以为客户买卖证券提供融资融券服务。这一说法正确吗？

【参考答案】

1. D　　2. C　　3. 不合法　　4. 不合法　　5. 正确

【案情导入】

小孙在 A 证券公司营业部开立了资金与股票账户。一天，小孙给该营业部场内交易员小王发出以每股10元的价格卖出其账户中甲公司股票1 000股的指令,但小王操作不慎,将卖出指令敲成买入指令,当日该股票的收盘价为10.20元,由于小孙账面资金不足,小王书面请示营业部经理批准后,挪用营业部其他客户资金4 000元为小孙购入了1 000股甲公司股票。当天收盘时,小王发现了自己的失误。于是,第二天一开盘便在10.20元的价位将1 000股甲公司的股票卖出,并归还了挪用资金4 000元。当天,该股票价格下跌,最高价为10.32元,收盘价为9.87元,小孙查账后发现昨天自己的委托未被办理,于是提出索赔。

【思考】
(1) 本案中违反《证券法》的行为有哪些?
(2) 小孙应该向谁索赔?为什么?
(3) 什么是证券?证券的发行与交易有哪些主要规定?

第一节 证券法概述

一、证券的概念

证券是以证明或设定权利为目的所做成的一种书面凭证。证券有广义与狭义之分。广义的证券是指各种财产所有权或债权凭证的通称,是用来证明证券持有者有权按其所载取得相应权益的凭证。通常包括货币证券(汇票、支票等)、财物证券(提货单、仓单等)、资本证券(股票、债券)三类。狭义的证券仅指资本证券,即《证券法》规定的证券,主要包括股票、债券及国务院依法认定的其他证券(投资基金、认股权证等)。

二、证券法的概念

证券法有广义和狭义之分。广义的证券法是指调整因证券的发行、交易、监督、管理及为方便证券发行与交易所提供服务而产生的社会关系的法律规范的总称;狭义的证券法专指《中华人民共和国证券法》(以下简称《证券法》),1998年12月29日全国人大常务委员会通过了该法,分别于2005年、2014年进行了两次修订。

三、证券管理原则

根据《证券法》的规定,在证券发行、交易及监管中应当坚持以下原则。

(一) 公开、公平、公正原则

公开原则,是指证券发行和交易的一切活动和所涉及的信息都必须公开,让投资者在充分了解真实情况的基础上自行作出投资决策。

公平原则,是指有关证券市场的所有参与者的法律地位平等,在市场中机会平等。

公正原则,是指证券监督管理机关在履行职责过程中,必须依法进行,执行统一的规则,适用统一的规范,同等地对待所有的证券市场参与者。

(二) 自愿、有偿、诚实信用原则

自愿原则,是指当事人有权根据自己的意愿参与证券的发行与交易活动。

有偿原则，是指在证券发行与交易活动中，一方当事人取得另一方当事人的利益必须付出代价，不得无偿占有他方的财产和劳动。

诚实信用原则，是指有关各方当事人应当自觉遵守社会公德，参与民事活动要诚实守信、客观公正、信守承诺，不弄虚作假，不欺骗他人。

(三) 守法原则

守法原则是《证券法》的基本原则，在证券发行、交易活动中，必须遵守法律、行政法规，禁止欺诈、内幕交易和操纵证券交易市场等非法行为。

(四) 分业经营、分业管理原则

分业经营、分业管理有利于提高经营水平，加强监督管理，化解金融风险。因此，《证券法》规定，证券业和银行业、信托业、保险业实行分业经营、分业管理，证券公司与银行、信托保险业务机构分别设立，国家另有规定的除外。

(五) 政府监管与行业自律相结合的原则

证券市场涉及的主体很多，各方目标和利益又不完全相同，国家有必要对证券市场进行严格监管。同时，充分发挥行业协会的作用，强调行业自律。

(六) 审计监督原则

为保护投资者的合法权益和证券市场的安全与健康发展，有必要对证券机构财务收支进行审计。《证券法》规定，国家审计机关依法对证券交易所、证券公司、证券登记结算机构、证券监督管理机构进行审计监督。

第二节 证券的发行

一、证券发行的一般规定

(一) 证券发行的方式

证券发行是指证券发行人依法向证券投资人销售证券的活动。

证券发行的方式分为非公开发行和公开发行。非公开发行证券，不得采用广告、公开劝诱和变相公开方式。公开发行证券，必须符合法律、行政法规规定的条件，并依法报经国务院证券监督管理机构或者国务院授权的部门核准或者审批；未经依法核准或者审批，任何单位和个人不得向社会公开发行证券。有下列情形之一的，为公开发行。

(1) 向不特定对象发行证券的。
(2) 向特定对象发行证券累计超过 200 人的。
(3) 法律、行政法规规定的其他发行行为。

(二) 公开发行证券的保荐制度

发行人申请公开发行股票、可转换为股票的公司债券，依法采取承销方式的，或者公开发行法律、行政法规规定实行保荐制度的其他证券的，应当聘请具有保荐资格的机构担任保荐人。

> **【思考 11-1】** 申请发行下列哪些证券应当实行保荐制度？（　　）
> A. 不可转换公司债券　　　　　　B. 承销方式发行可转换公司债券
> C. 承销方式发行股票　　　　　　D. 非承销方式向特定对象 260 人发行股票
> **【解析】** 正确答案是 BC。申请一般的公司债券不需要聘请保荐人，依法不采取承销方式的，也不需要聘请保荐人，选项 A、D 不正确。

二、证券发行的条件

（一）股票发行的条件

股票发行分为首次发行和二次发行两种情况。首次发行（设立发行）是指股份公司采取募集方式设立时，一部分发起人认购部分股票，剩余部分向社会公众发行；二次发行是指股份公司成立以后再次发行股票，也称为新股发行。

1. 设立发行的条件

设立股份有限公司公开发行股票，应当符合《公司法》规定的条件和经国务院批准的国务院证券监督管理机构规定的其他条件，包括中国证监会《首次公开发行股票并上市管理办法》等规定的发行条件。这些条件包括：①发行人应当是依法设立且合法存续的股份有限公司。该股份有限公司应自成立后，持续经营时间在 3 年以上。经国务院批准，有限责任公司在依法变更为股份有限公司时，可以采取募集设立方式公开发行股票。②发行人已经依法建立健全股东大会、董事会、监事会、独立董事、董事会秘书制度，相关机构和人员能够依法履行职责。③发行人资产质量良好，资产负债结构合理，盈利能力较强，现金流量正常。

2. 新股发行的条件

《证券法》规定，上市公司公开发行新股的条件包括：①具备健全且运行良好的组织机构；②具有持续盈利能力，财务状况良好；③最近 3 年财务会计文件无虚假记载，无其他重大违法行为；④经国务院批准的国务院证券监督管理机构规定的其他条件。

上市公司非公开发行新股，应当符合经国务院批准的国务院证券监督管理机构规定的条件，并报国务院证券监督管理机构核准。

> **【思考 11-2】** 甲股份有限公司采取发起设立方式，发起人共有 3 人，公司股本总额为 1 000 万元。公司成立 3 年来，生产规模不断扩大，职工总数已超过 200 人；组织机构健全，且运行良好；经营业绩持续上升；公司的财务会计报告无虚假记载，公司也无其他重大违法行为。为此，甲向中国证监会申请面向现有职工与股东公开发行股票。试分析：
> (1) 甲公司是否具备发行新股的条件？
> (2) 本次发行新股属于公开发行吗？
> **【解析】**
> (1) 甲公司已具备发行新股的条件。
> (2) 本次发行新股属于公开发行，虽然是向特定对象发行，但是人数已经超过 200 人。

3. 募集资金的使用

公司对公开发行股票所募集的资金，必须按照招股说明书所列资金用途使用。如改变招股说明书所列资金的用途，必须经股东大会作出决议。擅自改变用途而未做纠正的，或者未经股东大会认可的，不得公开发行新股。

【思考 11-3】上市公司改变招股说明书所列资金用途，必须经下列哪个部门批准？( )
A. 国务院证券监督管理机构
B. 证券交易所
C. 股东大会
D. 董事会
【解析】正确答案是 C。改变资金用途须经股东大会作出决议。

(二) 公司债券发行的条件

《公司法》规定，公开发行公司债券应当符合下列条件：①公司规模达到国家规定的要求，股份有限公司的净资产额不低于人民币 3 000 万元，有限责任公司不低于 6 000 万元；②累计资产总额不超过公司净资产总额的 40%；③最近 3 年平均可分配利润足以支付公司债券 1 年的利息；④募集的资金投向符合国家产业政策；⑤债券的利率不得超过国务院限定的利率水平；⑥国务院规定的其他条件。

公司有下列情形之一的，不得再次公开发行公司债券：①最近 36 个月内公司财务会计文件存在虚假记载，或者公司存在其他重大违法行为；②本次发行申请文件存在虚假记载、误导性陈述或者重大遗漏；③对已发行的公司债券或者其他债务有违约或者迟延支付本息的事实，仍处于继续状态；④严重损害投资者合法权益和社会公共利益的其他情形。

资信状况符合以下标准的公司债券可以向公众投资者公开发行，也可以自主选择仅面向合格投资者公开发行：①发行人最近 3 年无债务违约或者迟延支付本息的事实；②发行人最近 3 个会计年度实现的年均可分配利润不少于债券一年利息的 1.5 倍；③债券信用评级达到 AAA 级；④中国证监会根据投资者保护的需要规定的其他条件。

未达到前述规定标准的公司债券公开发行应当面向合格投资者；仅面向合格投资者公开发行的，中国证监会简化核准程序。

公开发行公司债券，应当委托具有从事证券服务业资格的资信评级机构进行信用评级。发行人应当按照中国证监会信息披露内容与格式的有关规定编制和报关公开发行公司债券的申请文件。中国证监会受理申请文件后，依法审核公开发行公司债券的申请，自受理发行申请文件之日起 3 个月内，作出是否核准的决定，并出具相关文件。

公开发行公司债券，可以申请一次核准，分期发行。公开发行公司债券筹集的资金，必须用于核准的用途，不得用于弥补亏损和非生产性支出。

【思考 11-4】某股份有限公司申请公开发行公司债券。下列关于该公司公开发行公司债券条件的表述中，不符合《证券法》规定的是( )。
A. 净资产为人民币 5 000 万元
B. 累计债券余额是公司净资产的 50%
C. 最近 3 年平均可分配利润足以支付公司债券 1 年的利息
D. 筹集的资金投向符合国家产业政策

> 【解析】正确答案是 B。公司公开发行债券的，累计债券余额应当不超过公司净资产的 40%。

(三) 证券投资基金的发行

1. 证券投资基金的概念

证券投资基金是一种利益共享、风险共担的集合证券投资方式，即通过发行基金的单位，集中基金投资者的资金由基金托管人托管，由基金管理人管理和运用资金从事股票、债券等金融工具投资的方式。

基金投资者是指基金的出资人。基金托管人是指投资人权益的代表，是基金资产的名义持有人或管理机构，一般是由商业银行、信托公司等专业性金融机构担任。基金管理人是指具有专业的投资知识与经验，依法经营管理基金资产，谋求基金资产的不断增值，使基金持有人获取收益最大化的机构。在我国是指专门设立的基金管理公司。

2. 证券投资基金的种类

目前，证券投资基金主要分为开放式基金和封闭式基金两种。开放式基金是指基金份额总额不固定，基金份额可以在基金合同约定的时间和场所申购或者赎回的一种基金。封闭式基金是指经核准的基金份额总额在基金合同期限内固定不变，持有人不得申请赎回，但可以在依法设立的证券交易场所交易的一种基金。

3. 基金的募集

基金管理人发售基金份额，募集基金，应当依法向国务院证券监督管理机构提交相关文件，申请核准。国务院证券监督管理机构应当自受理基金募集申请之日起 6 个月内依法作出核准或者不予核准的决定，并通知申请人。基金管理人应当自收到核准文件之日起 6 个月内进行基金募集。

基金募集不得超过国务院证券监督管理机构核准的基金募集期限。基金募集期限届满，封闭式基金募集的基金份额总额达到核准规模的 80%以上，开放式基金募集的基金份额总额超过核准的最低募集份额总额，并且基金份额持有人数符合国务院证券监督管理机构规定的，基金管理人应当自募集期限届满之日起 10 日内聘请法定验资机构验资，自收到验资报告之日起 10 日内，向国务院证券监督管理机构提交验资报告，办理基金备案手续，并予以公告。

三、证券发行的程序

(一) 作出发行决议

发行人发行证券一般由其董事会就有关发行事项作出决议，并提请股东大会批准。

(二) 提出发行申请

发行人发行证券，应当依照法定程序向国务院证券监督管理机构或者国务院授权的部门报送证券发行申请文件，依法申请核准发行证券。未经依法核准，任何单位和个人不得公开发行证券。

(三) 依法核准申请

1. 审核

国务院证券监督管理机构设立发行审核委员会，依法审核股票和公司债券的发行申请。发行审核委员会由国务院证券监督管理机构的专业人员和所聘请的该机构以外的有关专家组成，以投票方式对股票发行申请进行表决，提出审核意见。发行审核委员会的具体组成办法、组成人员任期、工作程序，由国务院证券监督管理机构规定。

国务院证券监督管理机构依照法定条件负责核准股票发行申请，核准程序应当公开，依法接受监督。参与核准股票及公司债券发行申请的人员不得与发行申请单位有利害关系，不得接受发行申请单位的馈赠，不得持有发行申请单位的股票，不得私下与发行申请单位进行接触。

2. 决定

国务院证券监督管理机构或者国务院授权的部门应当自受理证券发行申请文件之日起3个月内，依照法定条件和法定程序作出予以核准或者不予核准的决定。不予核准的，应当说明理由。

证券发行申请经核准，发行人应当依照法律、行政法规的规定，在证券公开发行前，公告公开发行募集文件，并将该文件置备于指定场所供公众查阅。发行证券的信息依法公开前，任何知情人不得公开或者泄露该信息。发行人不得在公告公开发行募集文件前发行证券。

3. 补救措施

国务院证券监督管理机构或国务院授权的部门对已经作出的核准证券发行的决定，发现不符合法定条件或者法定程序的，应当予以撤销。尚未发行证券的，停止发行；已经发行尚未上市的，发行人应当按照发行价并加算银行同期存款利息返还证券持有人。保荐人应当与发行人承担连带责任，但是能够证明自己没有过错的除外。发行人的控股股东、实际控制人有过错的，应当与发行人承担连带责任。

【思考11-5】A公司以欺骗手段骗取股票发行核准，股票正在发行之中，经群众举报，国务院证券监督管理机构及时作出了撤销决定。该公司便将扣除股票发行费用后的股款余额退还给了股票持有人。试分析该公司做法是否合法？

【解析】不合法。核准决定被撤销后，证券已经发行的，发行人应按发行价并加算银行同期存款利息返还给证券持有人。

(四) 证券的承销

证券承销是指证券公司通过与证券的发行人订立合同委托证券公司代理发行证券的一种法律行为。

1. 证券承销方式

证券承销方式分为代销和包销两种。证券代销是指证券公司代发行人发售证券，在承销期结束时，将未售出的证券全部退还给发行人的承销方式。证券包销是指证券公司将发行人的证券按照协议全部购入或者在承销期结束时将售后剩余证券全部自行购入的承销方式。

2. 证券承销协议

证券公司承销证券，应当同发行人签订代销或者包销协议。协议中应载明以下事项：①当事人的名称、住所及法定代表人姓名；②代销、包销证券的种类、数量、金额及发行价格；③代销、包销的期限及起止日期；④代销、包销的付款方式及日期；⑤代销、包销的费用和结算办法；⑥违约责任；⑦国务院证券监督管理机构规定的其他事项。

3. 承销团承销

向不特定对象公开发行的证券票面总值超过人民币5 000万元的，应当由承销团承销。承销团应当由主承销和参与承销的证券公司组成。

证券公司承销证券，应当对公开发行募集文件的真实性、准确性、完整性进行核查；发现有虚假记载、误导性陈述或者重大遗漏的，不得进行销售活动；已经销售的，必须立即停止销售活动，并采取纠正措施。

4. 承销的期限

证券的代销、包销期限最长不得超过90日。证券公司在代销、包销期内，对所代销、包销的证券应当保证先行出售给认购人，证券公司不得为本公司预留所代销的证券和预先购入并留存所包销的证券。

股票发行采用代销方式，代销期限届满，向投资者出售的股票数量未达到拟公开发行股票数量70%的为发行失败。发行人应当按照发行价并加算银行同期存款利息返还股票认购人。

【思考11-6】2013年，甲公司获准公开发行股票，与乙证券公司签订了包销协议，承销期为100天。乙预留了10%的股票后，将剩余股票全部对外销售。试分析承销过程中有无违法之处？
【解析】承销期限违反《证券法》规定，承销期最长不得超过90天；预留股票违法，证券公司不得预留所承销的证券。

【思考11-7】下列关于证券承销的说法中，正确的有(   )。
A. 我国证券承销的主要方式有包销和代销两种形式
B. 公开发行证券的发行人有权依法自主选择承销的证券公司
C. 向社会公开发行的证券票面总值超过人民币5 000万元的，应当由承销团承销
D. 代销、包销期限最长不得超过90日
【解析】正确答案是ABCD。

第三节 证券的交易

一、证券交易的一般规定

证券交易当事人依法买卖的证券，必须是依法发行并交付的证券。非依法发行的证券，

不得买卖。

(一) 证券交易的场所

依法公开发行的证券，应当在依法设立的证券交易所上市交易或者在经国务院批准的其他证券交易所转让。目前，我国内地依法设立的证券交易场所有两个，即上海证券交易所和深圳证券交易所。

(二) 证券交易的方式

证券在证券交易所上市交易，应当采用公开的集中交易方式或者国务院证券监督管理机构批准的其他方式。我国证券交易种类既可以是现货交易又可以是国务院规定的其他方式。

(三) 证券转让的限制

(1) 股份有限公司的发起人持有的本公司股份，自公司成立之日起1年内不得转让。

(2) 公司公开发行股份前已经发行的股份，自公司股票在证券交易所上市交易之日起1年内不得转让。

(3) 董事、监事、高级管理人员在任职期间每年转让的股份不得超过其所持有本公司股份总数的25%；所持本公司股份，自公司股票上市交易之日起1年内不得转让。

(4) 为股票的发行人出具审计报告、资产评估报告或法律意见书等文件的有关专业机构和人员，在该股票承销期内和期满后6个月内，不得买卖该种股票。为上市公司出具审计报告、资产评估报告或者法律意见书等文件的证券服务机构和人员，自接受上市公司委托之日起至上述文件公开后5日内，不得买卖该种股票。

(5) 上市公司董事、监事、高级管理人员、持有上市公司股份5%以上的股东，将其持有的该公司的股票在买入后6个月内卖出，或者在卖出后6个月内又买入，由此所得收益归该公司所有，公司董事会应当收回其所得收益。但是，证券公司因包销购入售后剩余股票而持有5%以上股份的，卖出该股票不受6个月时间限制。

(6) 证券交易所、证券公司和证券登记结算机构的从业人员、证券监督管理机构的工作人员以及法律、行政法规禁止参与股票交易的其他人员，在任期或者法定限期内，不得直接或者以化名、借他人名义持有、买卖股票，也不得收受他人赠送的股票。任何人在成为上述所列人员时，其原已持有的股票，必须依法转让。

上述相关人员违反规定进行交易所得的收益应当归公司所有。

【思考11-8】下列股票交易行为中，属于国家有关证券法律、法规禁止的有(　　)。
A. 甲上市公司的董事在甲公司股票上市交易之日起1年内转让自己所持有本公司股票的10%
B. 乙证券公司的从业人员，在任职期间购买了ABC上市公司的股票
C. 为丙上市公司发行新股出具审计报告的注册会计师在该公司股票承销期满后第8个月买卖了该公司的股票
D. 丁上市公司的监事将其持有的该公司股票在卖出后5个月内又买入
【解析】正确答案是ABD。

二、证券上市

(一) 股票上市

1. 股票上市交易的条件

股份有限公司申请股票上市交易，应当符合下列条件。

(1) 股票经国务院证券监督管理机构核准已公开发行。

(2) 公司股本总额不少于人民币3 000万元。

(3) 公开发行的股份达到公司股份总数的25%以上；公司股本总额超过人民币4亿元的，公开发行股份的比例为10%以上。

(4) 公司最近3年无重大违法行为，财务会计报告无虚假记载。

证券交易所可以规定高于上述规定的上市条件，并报国务院证券监督管理机构批准。

股票上市交易申请经证券交易所审核同意后，签订上市协议的公司应当在规定期限内公告股票上市的有关文件，并将该文件备置于指定场所供公众查阅。

2. 股票上市的暂停、终止

上市公司有下列情形之一的，由证券交易所决定暂停其股票上市交易：①公司股本总额、股权分布等发生变化不再具备上市条件；②公司不按照规定公开其财务状况，或者对财务会计报告做虚假记载，可能误导投资者；③公司有重大违法行为；④公司最近3年连续亏损；⑤证券交易所上市规则规定的其他情形。

上市公司有下列情形之一的，由证券交易所决定终止其股票上市交易：①公司股本总额、股权分布等发生变化不再具备上市条件，在证券交易所规定的期限内仍不能达到上市条件；②公司不按照规定公开其财务状况，或者对财务会计报告做虚假记载，且拒绝纠正；③公司最近3年连续亏损，在其后一个年度内未能恢复盈利；④公司解散或者被宣告破产；⑤证券交易所上市规则规定的其他情形。

【思考11-9】下列情形中，证券交易所可以决定暂停上市公司股票上市交易的有( )。

A. 公司股本总额由1亿元减少到6 000万元

B. 公司不按照规定公开其财务状况

C. 公司有重大违法行为

D. 公司最近两年连续亏损

【解析】正确答案是BC。

(二) 公司债券上市

1. 公司债券上市交易的条件

公司申请债券上市交易，应当符合下列条件。

(1) 公司债券的期限为1年以上。

(2) 公司债券实际发行额不少于人民币5 000万元。

(3) 公司申请债券上市时仍符合法定的公司债券发行条件。

公司债券上市交易申请经证券交易所审核同意后，签订上市协议的公司应当在规定的期限内公告公司债券上市文件及有关文件，并将其申请文件备置于指定场所供公众查阅。

2. 公司债券上市的暂停、终止

公司债券上市交易后，公司有下列情形之一的，由证券交易所决定暂停其公司债券上市交易：①公司有重大违法行为；②公司情况发生重大变化不符合公司债券上市条件；③发行公司债券所募集的资金不按照核准的用途使用；④未按照公司债券募集办法履行义务；⑤公司最近两年连续亏损。

公司有上述第①、④项所列情形之一经查实后果严重的，或者有第②、③、⑤项所列情形之一，在限期内未能消除的，由证券交易所决定终止其公司债券上市交易。公司解散或者被宣告破产的，由证券交易所终止其公司债券上市交易。

> 【思考11-10】上市公司发行公司债券上市交易后，发生下列哪些情形，证券交易所可以决定暂停债券上市交易？（　　）
> A. 公司有重大违法行为
> B. 公司最近1年发生亏损
> C. 公司净资产降至人民币5 000万元
> D. 公司债券所募集的资金不按照核准的用途使用
> 【解析】正确答案是AD。

(三) 证券投资基金上市

1. 证券投资基金上市交易的条件

申请上市的基金，必须符合下列条件。
(1) 基金的募集符合《证券投资基金法》的规定。
(2) 基金合同期限为5年以上。
(3) 基金募集金额不低于2亿元人民币。
(4) 基金持有人不少于1 000人。
(5) 基金份额上市交易规则规定的其他条件。

获准上市的基金，须于上市首日前3个工作日内至少在国务院证券监督管理机构指定的报刊上刊登。

2. 证券投资基金上市的暂停、终止

证券投资基金上市期间，出现下列情形之一的，将暂停上市：①发生重大变更而不符合上市条件；②违反国家法律、法规，国务院证券监督管理机构决定暂停上市；③严重违反投资基金上市规则；④国务院证券监督管理机构和证券交易所认为须暂停上市的其他情形。

证券投资基金上市期间，有下列情形之一的，将终止上市：①不再具备《证券投资基金法》规定的上市交易条件；②基金合同期限届满；③基金份额持有人大会决定提前终止上市交易；④基金合同约定的或者基金份额上市交易规则规定的终止上市交易的其他情形。

三、持续信息公开

持续信息公开也称为信息披露,是贯彻《证券法》公开性原则的具体体现。上市公司必须严格按照《证券法》的规定进行持续信息披露。持续信息公开主要包括上市公司定期报告、临时报告及其他信息公告。

(一) 定期报告

定期报告分为中期报告和年度报告。

1. 中期报告

上市公司和公司债券上市交易的公司,应当在每一会计年度的上半年结束之日起两个月内向国务院证券监督管理机构和证券交易所报送中期报告,并予以公告。

上市公司还应在会计年度前3个月、9个月结束后的一个月内编制季度报告,并予以公告。

2. 年度报告

上市公司和公司债券上市交易的公司,应当在每一会计年度结束之日起4个月内向国务院证券监督管理机构和证券交易所报送年度报告,并予以公告。

(二) 临时报告

发生可能对上市公司股票交易价格产生较大影响而投资者尚未得知的重大事件时,上市公司应当立即将有关情况向国务院证券监督管理机构和证券交易所报送临时报告,并予以公告,说明事件的起因、目前的状态和可能产生的法律后果。

有下列情形之一的为重大事件:①公司的经营方针和经营范围的重大变化;②公司的重大投资行为和重大购置财产的决定;③公司订立重要合同,可能对公司的资产、负债、权益和经营成果产生重要影响;④公司发生重大债务和未能清偿到期重大债务的违约情况;⑤公司发生重大亏损或者重大损失;⑥公司生产经营的外部条件发生的重大变化;⑦公司的董事、1/3以上监事或者经理发生变动;⑧持有公司5%以上股份的股东或者实际控制人,其持有股份或者控制公司的情况发生较大变化;⑨公司减资、合并、分立、解散及申请破产的决定;⑩涉及公司的重大诉讼,股东大会、董事会决议被依法撤销或者宣告无效;⑪公司涉嫌犯罪被司法机关立案调查,公司董事、监事、高级管理人员涉嫌犯罪被司法机关采取强制措施;⑫国务院证券监督管理机构规定的其他事项。

【思考11-11】上市公司发生下列情形时,应立即公告的有(   )。
A. 公司经理发生变动　　　　　　　　B. 公司20%的监事发生变动
C. 股东大会决议被依法撤销或者宣告无效　　D. 公司副经理发生变动
【解析】正确答案是AC。

(三) 其他信息公告

依法公开发行股票或公司债券,应当公告招股说明书、公司债券募集办法等。依法发行新股或者公司债券的，还应当公告财务会计报告。

(四) 信息的发布与监督

上市公司董事、监事、高级管理人员应当保证上市公司所披露的信息真实、准确、完整。发行人，上市公司公告的招股说明书、公司债券募集办法、财务会计报告等有虚假记载、误导性陈述或者重大遗漏致使投资者在证券交易中遭受损失的，发行人、上市公司应当承担赔偿责任；发行人，上市公司的董事、监事、高级管理人员和其他直接责任人员以及保荐人、承销的证券公司，应当与发行人、上市公司承担连带赔偿责任，但是能够证明自己没有过错的除外；发行人、上市公司的控股股东、实际控制人有过错的，应当与发行人、上市公司承担连带赔偿责任。

国务院证券监督管理机构对上市公司信息公告情况进行监督，证券监督管理机构、证券交易所、保荐人、承销的证券公司及有关人员，对公司依照法律、行政法规规定必须作出的公告，在公告前不得泄露其内容。

证券交易所决定暂停或者终止证券上市交易的，应当及时公告，并报国务院证券监督管理机构备案。

四、禁止交易行为

(一) 内幕交易

1. 内幕交易的概念

内幕交易是指知悉证券交易内部信息的人员和非法获取证券交易内幕信息的人员利用内幕信息进行证券交易的行为。《证券法》规定，禁止证券交易内幕信息的知情人和非法获取内幕信息的人利用内幕信息从事证券交易活动。

2. 内幕信息的知情人

内幕信息的知情人包括：①发行公司的董事、监事、高级管理人员；②持有公司5%以上股份的股东及其董事、监事、高级管理人员，公司的实际控制人及其董事、监事、高级管理人员；③发行人控股的公司及其董事、监事、高级管理人员；④由于所任公司职务可以获取公司有关内幕信息的人员，如办公室秘书、打字员等；⑤证券监督管理机构工作人员以及由于法定的职责对证券交易进行管理的其他人员；⑥保荐人、承销的证券公司、证券交易所、证券登记结算机构、证券服务机构的有关人员；⑦国务院证券监督管理机构规定的其他人员。

【思考 11-12】下列人员中，不属于《证券法》规定的证券交易内幕信息的知情人员的是(　　)。

A. 上市公司的总会计师　　B. 持有上市公司3%股份的股东
C. 上市公司控股的公司的董事　　D. 上市公司的监事

【解析】正确答案是 B. 持有上市公司"5%以上"股份的股东属于内幕信息的知情人员。

3. 内幕信息

证券交易活动中，凡涉及公司的经营、财务或者对该公司证券的市场价格有重大影响的尚未公开的信息为内幕信息。

下列信息均属内幕信息：①需要临时公告的重大事件；②公司分配股利或者增资的计划；③公司股权结构的重大变化；④公司债务担保的重大变更；⑤公司营业用主要资产的抵押、出售或者报废一次超过该资产的30%；⑥公司的董事、监事、高级管理人员的行为可能依法承担重大损害赔偿责任；⑦上市公司收购的有关方案；⑧国务院证券监督管理机构认定的对证券交易价格有显著影响的其他重要信息。

证券交易内幕信息的知情人和非法获取内幕信息的人，在内幕信息公开前不得买入或者卖出该公司的证券，不得泄露该信息，也不得建议他人买卖该证券。内幕交易行为给投资者造成损失的，行为人应当依法承担赔偿责任。

【思考11-13】李某是A上市公司的董事，在一次与朋友聚会期间无意中泄露了本公司即将配股的消息。其朋友张某第二天便购得A公司股票5万元，待配股消息公开后全部卖出，获利两万元。试分析张某的行为是否属于内幕交易？

【解析】属于内幕交易。内幕信息的知情人在信息公开前利用该信息买卖证券。

（二）操纵市场

1. 操纵市场的概念

证券市场的操纵市场是指单位或个人为牟取经济利益或减少经济损失，利用资金、信息等优势，或者滥用职权，制造证券市场假象，诱导投资者在不了解事实真相的情况下作出证券投资的决定。

2. 操纵市场的行为

《证券法》禁止任何人以下列手段操纵证券市场。

(1) 单独或者通过合谋，集中资金优势、持股优势或者利用信息优势联合或者连续买卖，操纵证券交易价格。

(2) 与他人串通，以事先约定的时间、价格和方式相互进行证券交易，影响证券交易价格或者证券交易量。

(3) 在自己实际控制的账户之间进行证券交易，影响证券交易价格或者证券交易量。

(4) 以其他手段操纵证券市场。

操纵证券市场行为给投资者造成损失的，行为人应当依法承担赔偿责任。

【思考11-14】甲、乙均为证券公司，双方联合，集中全部资金连续两周大量购入C公司的股票，使该股票从每股11元上升到每股17元，然后在此价位大量卖出获利。试分析甲、乙两公司的行为是否合法？

【解析】甲、乙两公司的行为不合法，属于操纵市场的违法行为。

(三) 制造虚假信息

制造虚假信息包括编造、传播虚假信息和作虚假陈述或信息误导两种情况。

《证券法》规定，禁止国家工作人员、传播媒介从业人员和有关人员编造、传播虚假信息，扰乱证券市场；禁止证券交易所、证券公司、证券登记结算机构、证券服务机构及其从业人员，证券业协会、证券监督管理机构及其工作人员，在证券交易活动中作出虚假陈述或者信息误导。各种传播媒介传播证券市场信息必须真实、客观，禁止误导。

(四) 欺诈客户

欺诈客户是指证券公司及其从业人员在证券交易中违背客户的真实意愿，侵害客户利益的违法行为。欺诈客户行为给客户造成损失的，行为人应当依法承担赔偿责任。

欺诈客户的行为主要表现为：①违背客户的委托为其买卖证券；②不在规定时间内向客户提供交易的书面确认文件；③挪用客户所委托买卖的证券或者客户账户上的资金；④未经客户的委托，擅自为客户买卖证券，或者假借客户的名义买卖证券；⑤为牟取佣金收入，诱使客户进行不必要的证券买卖；⑥利用传播媒介或者通过其他方式提供、传播虚假或者误导投资者的信息；⑦其他违背客户真实意思表示，损害客户利益的行为。

【思考11-15】某证券公司挪用客户账户上的资金用于股票买卖，但在获利后及时、足额地归还到客户账户中。试分析该证券公司的行为是否合法？
【解析】不合法。该证券公司的行为属于欺诈客户的行为。

(五) 其他禁止交易行为

《证券法》规定，禁止法人非法利用他人账户从事证券交易；禁止法人出借自己或者他人的证券账户；禁止任何人挪用公款买卖证券；禁止国家工作人员、传播媒介从业人员和有关人员编造、传播虚假信息，扰乱证券市场；禁止证券交易所、证券公司、证券登记结算机构、证券服务机构及其从业人员，证券业协会、证券监督管理机构及其工作人员，在证券交易活动中作虚假陈述或者信息误导。国有企业和国有资产控股的企业买卖上市交易的股票，必须遵守国家有关规定。

五、上市公司收购

(一) 上市公司收购的概念

上市公司收购是指投资者依法公开收购上市交易的股份，以达到对该股份有限公司控股或兼并目的的行为。

(二) 上市公司收购的方式

上市公司收购主要包括要约收购、协议收购和其他合法方式收购三种。

要约收购，是指投资者向目标公司的所有股东发出要约，表明愿意以要约中的条件购买目标公司的股票，以期达到对目标公司的控股或兼并目的。采取要约收购方式的，收购要约约定的收购期限不得少于30天，并不得超过60天。在收购要约确定的承诺期限内，收购人不得撤销其收购要约。收购人需要变更收购要约的，必须事先向国务院证券监督管理机构及证券交易所提出报告，经批准后，予以公告。收购人在收购期限内不得卖出被收购公司的股票，也不得采取要约规定以外的形式和超出要约的条件买入被收购公司的股票。

协议收购，是指投资者与目标公司的股东进行协商，购买目标公司的股票，以达到对目标公司的控股或兼并目的。以协议方式收购上市公司时，达成协议后，收购人必须在3日内将该收购协议向国务院证券监督管理机构及证券交易所作出书面报告，并予以公告。在公告前不得履行收购协议。采取协议收购方式的，协议双方可以临时委托证券登记结算机构保管协议转让的股票，并将资金存放于指定的银行。

(三) 收购信息披露

(1) 通过证券交易所的证券交易，投资者持有或者通过协议、其他安排与他人共同持有一个上市公司已发行的股份达到5%时，应当在该事实发生之日起3日内，向国务院证券监督管理机构、证券交易所作出书面报告，通知该上市公司，并予以公告；在上述期限内，不得再行买卖该上市公司的股票。

(2) 投资者持有或者通过协议、其他安排与他人共同持有一个上市公司已发行的股份达到5%后，其所持该上市公司已发行的股份比例每增加或者减少5%，应当依照上述规定进行报告和公告。在报告期限内和作出报告、公告后2日内，不得再行买卖该上市公司的股票。

(3) 通过证券交易所的证券交易，投资者持有或者通过协议、其他安排与他人共同持有一个上市公司已发行的股份达到30%时，继续进行收购的，应当依法向该上市公司所有股东发出收购上市公司全部或者部分股份的要约。

(四) 收购后事项的处理

收购期限届满，被收购公司股权分布不符合上市条件的，该上市公司的股票应当由证券交易所依法终止上市交易；其余仍持有被收购公司股票的股东，有权向收购人以收购要约的同等条件出售其股票，收购人应当收购。收购行为完成后，被收购公司不再具备股份有限公司条件的，应当依法变更企业形式。

在上市公司收购中，收购人持有的被收购的上市公司的股票，在收购行为完成后的12个月内不得转让。

收购行为完成后，收购人与被收购公司合并，并将该公司解散的，被解散公司的原有股票由收购人依法更换。

收购行为完成后，收购人应当在15日内将收购情况报告国务院证券监督管理机构和证券交易所，并予以公告。

【思考11-16】甲依法向乙上市公司发出了上市公司收购要约，在收购要约期满后，乙上市公司的股权分布不符合上市条件，下列哪些说法是正确的？（　　）
A. 乙上市公司终止上市
B. 乙上市公司的其他股东有权向甲出售股票
C. 甲以比收购要约苛刻的条件收购乙上市公司其他股东的股票
D. 甲以与收购要约的同等条件收购乙上市公司其他股东的股票

【解析】正确答案为ABD。其余股东有权向收购人以收购要约的同等条件出售其股票，收购人应当收购。

【案例11-1】2017年4月，中国证监会根据举报，调查甲上市公司时发现以下事实。

在甲公司股票上市后的3个月内，该公司董事长的司机李某根据董事长向其透露的公司将有发行新股的信息(董事会通过草案，尚未报股东大会决议)，便以每股6.2元的价格买入甲公司股票1万股；持有甲公司法人股达3%的A公司认为甲上市公司具有潜在投资价值，使用自有资金以每股6.3元的价格买入了8万股，使其持有甲上市公司的股份达到4%；受托为甲上市公司发行股票出具审计报告的会计师事务所注册会计师张某，在此期间也以6.3元的价格购入了3万股。2013年5月信息公开后，甲上市公司股票连续攀升，至7月份，涨幅高达50%左右。李某、A公司、张某分别以11.65元、11.88元、11.73元抛出其持有的甲公司股票。试分析李某、A公司、张某买卖甲上市公司股票的行为是否违法？并说明理由。

【分析】

(1) 甲上市公司驾驶员李某买卖甲上市公司股票的行为不合法。甲上市公司的董事长是知悉公司内幕信息的内幕人员，将自己掌握的尚未公开披露的内幕信息透露给李某，李某依此购入甲上市公司股票的行为属于内幕交易行为，是法律所禁止的。

(2) A公司买卖甲上市公司股票的行为合法，A公司不属法律、行政法规规定禁止参与股票交易的单位。

(3) 注册会计师张某买卖甲上市公司股票的行为不合法。为股票发行出具审计报告等文件的专业机构和人员，在该股票承销期和期满后6个月内不得买卖该种股票。张某7月份出售的甲上市公司股票正处于法律禁止买卖的期间(仍处于6个月内)，违反了法律规定。

复习思考题

1. 公开发行新股应具备什么条件？
2. 公开发行公司债券应具备什么条件？
3. 股票上市、公司债券上市的条件是什么？
4. 禁止交易的行为有哪些？
5. 简述证券交易的一般规则。

强化训练

一、单项选择题

1. 向不特定对象公开发行的证券票面总值超过人民币(　　)的，应当由承销团承销。
   A. 3 000万元　　B. 5 000万元　　C. 6 000万元　　D. 1亿元
2. 为股票发行出具审计报告的注册会计师在一定期限内不得买卖该公司的股票。该期限为(　　)。

A. 该股票的承销期内和期满后6个月内

B. 接受上市公司委托之日起至期满后6个月内

C. 出具审计报告后6个月内

D. 接受上市公司委托之日起至审计报告公开后5日内

3. 上市公司向国务院证券监督管理机构和证券交易所提交年度报告并予以公告的时间为(　　)。

　　A. 每一会计年度结束之日起1个月内　　B. 每一会计年度结束之日起3个月内

　　C. 每一会计年度结束之日起4个月内　　D. 每一会计年度结束之日起6个月内

4. 根据《证券法》的规定，收购要约的期限为(　　)。

　　A. 不得少于15日，并不得超过30日　　B. 不得少于15日，并不得超过60日

　　C. 不得少于30日，并不得超过60日　　D. 不得少于30日，并不得超过90日

5. 在上市公司收购中，收购人对所持有的上市公司的股票，在收购行为完成后的(　　)内不得转让。

　　A. 3个月　　　　B. 12个月　　　　C. 3年　　　　D. 6个月

6. 某证券公司利用资金优势，在3个交易日内连续对某一上市公司的股票进行买卖，使该股票从每股10元上升至13元，然后在此价位大量卖出获利。根据《证券法》的规定，下列关于该证券公司行为效力的表述中，正确的是(　　)。

　　A. 合法，因该行为不违反平等自愿、等价有偿的原则

　　B. 合法，因该行为不违反交易自由、风险自担的原则

　　C. 不合法，因该行为属于操纵市场的行为

　　D. 不合法，因该行为属于欺诈客户的行为

7. 根据《证券法》的规定，下列关于上市公司收购的说法中，不正确的有(　　)。

　　A. 上市公司收购可以采取要约收购或者协议收购的方式

　　B. 投资者持有一个上市公司已发行股份的5%时，应当在该事实发生之日起3日内，向国务院证券监督管理机构、证券交易所作出书面报告，通知该上市公司，并予以公告

　　C. 收购要约的期限不少于20日，并不得超过1年

　　D. 在收购要约的有效期限内，收购人不得撤销其收购要约

8. 下列关于公司债券发行的表述中，不正确的有(　　)。

　　A. 公司债券的发行包括面向公众投资者公开发行、面向合格投资者公开发行、非公开发行三种方式

　　B. 公开发行公司债券是否进行信用评级由发行人确定，并在债券募集说明书中披露

　　C. 公开发行公司债券，可以申请一次核准，分期发行

　　D. 非公开发行的公司债券仅限于合格投资者范围内转让

9. 上市公司的下列情形中，属于应当由证券交易所决定终止其股票上市交易的是(　　)。

　　A. 公司对财务会计报告作虚假记载，因遭证券交易所警告才予以纠正

　　B. 公司最近3年连续亏损，但在其后1个年度内恢复盈利

　　C. 公司有重大违法行为

D. 公司股本总额、股权分布等发生变化不再具备上市条件，在证券交易所规定的期限内仍不能达到上市条件

10. 下列情形中，属于应当由证券交易所决定暂停其公司债券上市交易的有( )。
   A. 公司有重大违法行为，经查实后果严重的
   B. 公司情况发生重大变化不符合公司债券上市条件
   C. 公司债券所募集资金不按照核准的用途使用
   D. 公司最近1年连续亏损，在限期内未消除的

二、多项选择题

1. 下列属于公开发行证券情形的有( )。
   A. 向不特定对象发行证券
   B. 向特定对象发行证券
   C. 向特定对象发行证券累计超过100人
   D. 向特定对象发行证券累计超过200人

2. 公司公开发行新股，应当符合下列( )条件。
   A. 具备健全且运行良好的组织机构
   B. 具有持续盈利能力，财务状况良好
   C. 最近3年财务会计文件无虚假记载，无其他重大违法行为
   D. 公司股本总额不低于3 000万元

3. 下列股份有限公司申请股票上市的条件中，正确的有( )。
   A. 公司股本总额不少于人民币3 000万元
   B. 公司股本总额不少于人民币5 000万元
   C. 公开发行的股份达公司股份总数的25%以上；公司股本总额超过人民币4亿元的，公开发行股份的比例为10%以上
   D. 公司在最近3年内无重大违法行为，财务会计报告无虚假记载

4. 上市公司发生的下列情形中，证券交易所应决定暂停其股票上市交易的有( )。
   A. 公司有重大违法行为
   B. 公司对财务会计报告作虚假记载
   C. 公司的股本总额由人民币8 000万元减至人民币4 000万元
   D. 公司最近3年连续亏损

5. 上市公司发行的公司债券上市交易后，证券交易所决定暂停其公司债券上市交易的情形有( )。
   A. 上市公司当年亏损导致净资产降至人民币5 000万元
   B. 公司有重大违法行为
   C. 公司最近1年连续亏损
   D. 公司债券所募集资金不按照审批机关批准的用途使用

6. 上市公司发生下列事件中，应当立即公告的有( )。
   A. 公司总经理发生变动
   B. 公司董事发生变动

C. 董事会决议被依法撤销

D. 公司发生合并或分立

7. 下列选项中，属于知悉证券交易内幕信息的知情人员的有(　　)。

   A. 上市公司的实际控制人及其董事、监事、高级管理人员

   B. 发行人的董事、监事、高级管理人员

   C. 持有公司5%以上股份的股东

   D. 发行人控股的公司及其董事、监事、高级管理人员

8. 下列属于内幕信息的有(　　)。

   A. 公司债务担保发生重大变更

   B. 公司股权结构的重大变化

   C. 公司营业用主要资产的抵押、出售或者报废一次超过该资产的20%

   D. 上市公司收购的有关方案

9. 下列属于操纵市场的行为是(　　)。

   A. 单独或者通过合谋，集中资金优势、持股优势或者利用信息优势联合或者连续买卖，操纵证券交易价格

   B. 利用传播媒介或者通过其他方式提供、传播虚假或者误导投资者的信息

   C. 与他人串通，以事先约定的时间、价格和方式相互进行证券交易，影响证券交易价格或者证券交易量

   D. 未经客户委托，擅自为客户买卖证券，或者假借客户的名义买卖证券

10. 下列股票交易行为中，属于国家有关证券法律、法规禁止的有(　　)。

    A. 甲上市公司的监事在甲公司股票上市交易之日起1年内转让自己所持有本公司股票的25%

    B. 乙证券公司的从业人员在任职期间购买了某上市公司的股票

    C. 为丙上市公司出具审计报告的注册会计师在审计报告公开后的第3天购买了该公司的股票

    D. 丁上市公司的董事将其持有的该公司股票在卖出后3个月内又买入

三、判断题

1. 上市公司如果改变招股说明书所列的资金用途，必须经国务院证券监督管理机构批准。(　　)

2. 股票发行采用代销方式，代销期限届满，向投资者出售的股票数量未达到拟公开发行股票数量80%的，为发行失败。(　　)

3. 上市公司最近三年连续亏损，在其后一年内未能恢复盈利的，应终止其股票上市交易。(　　)

4. 国务院证券监督管理机构或者国务院授权的部门应当自受理证券发行申请文件之日起3个月内，依照法定条件和法定程序作出予以核准或者不予核准的决定。(　　)

5. 持有上市公司股份4%以上的股东，将其持有的该公司的股票在买入后6个月内卖出，或者在卖出后6个月内又买入，由此所得收益归该公司所有。(　　)

四、案例分析题

1. ABC股份有限公司于2017年上市，2018年3月份，该公司股东大会通过收购甲公司的决议，该公司董事赵某将这一消息告诉了同学胡某。两人遂开始筹集资金，大量购买甲公司的股票，在收购消息公开的前两天将甲公司的股票全部出售，获利60万元。试分析赵某、胡某的行为是否合法？为什么？

2. 2017年6月，甲股份有限公司获准向社会公开发行公司债券，票面总值6000万元。甲股份有限公司委托A证券公司及其他两家证券公司组成承销团承销发行证券，并签订了承销协议。约定由A证券公司为主承销商，承销方式为全额包销，包销期120天。协议签订后，三家证券公司按期将资金划至甲股份有限公司指定的账户。此时，国务院证券监督管理机构接到群众举报，称甲股份有限公司为获准发行证券，其申报文件中虚报了前三年的盈利情况，经查证情况属实，于是国务院证券监督管理机构发布公告撤销甲公司的债券发生资格。试分析：

(1) 国务院证券监督管理机构撤销甲股份有限公司的债券发行资格是否符合法律规定？为什么？

(2) 公司债券承销协议约定内容是否合法？为什么？

(3) 本案应如何处理？

3. 甲股份有限公司于2013年1月获准上市。近年来公司经营效益下滑，为此，2017年5月，公司董事会作出上一条新的生产线的决议，并通过了增资发行新股筹集资金的草案，交股东大会讨论通过，决定发行100万股，每股面值10元，按面额发行，预计筹集资金1000万元。6月14日，股东大会通过了发行新股决定，该公司便于6月15日在报纸上刊登发行新股的公告，开始向社会公开发行股票。试分析该公司的做法合法吗？为什么？

4. 2017年，甲股份有限公司欲公开发行股票，在申请发行过程中，得知本公司的发行申请已经通过国务院证券监督管理机构的核准。于是，便在公告公开发行募集文件之前，将拟发行股票总额的15%自行卖给当地投资者，其他部分委托B证券公司代销，代销期限为5个月。试分析甲股份有限公司的上述做法是否合法？为什么？

5. 甲股份有限公司(简称"甲公司")于2011年1月成立，专门从事药品生产。张某为其发起人之一，持有甲公司股票1 000 000股，系公司第10位大股东。王某担任总经理，未持有甲公司股票。2015年11月，甲公司公开发行股票并上市。

2017年5月，甲公司股东刘某在查阅公司2016年年度报告时发现以下情况。

(1) 2016年9月，王某买入公司股票20 000股；2016年12月，王某将其中的5 000股卖出。

(2) 2016年10月，张某转让了其持有的甲公司股票200 000股。

2017年6月，刘某向甲公司董事会提出：王某无权取得转让股票的收益；张某转让其持有的甲公司股票不合法。董事会未予理睬。

2017年8月，刘某向法院提起诉讼。经查：该公司章程对股份未作特别规定；王某12月转让股票取得收益3万元归其个人所有；张某因急需资金不得已转让其持有的甲公司股票200 000股。

要求：根据上述资料和公司、证券法律制度的规定，回答下列问题。

(1) 王某是否有权将3万元收益归其个人所有？简要说明理由。

(2) 张某转让股票的行为是否合法？简要说明理由。

6. 甲通过证券交易所的证券交易持有丁上市公司(该公司股本总额为3.8亿元，国家授权投资机构未持有该公司股份)5%的股份。甲在法定期间向国务院证券监督管理机构和证券交易所报告并公告其持股比例后，继续在证券交易所进行交易。当持有丁上市公司股份30%时，甲决定继续对丁上市公司进行收购，在向国务院证券监督管理机构报送上市公司收购报告书之日起15日后，即向丁上市公司的所有股东发出并公告收购该公司全部股份的要约，收购要约约定的收购期限为60天。

收购要约期满，甲持有丁上市公司的股份达到85%，持有其余15%股份的股东要求甲继续以收购要约的同等条件收购其股票，遭到拒绝。

收购行为完成后，甲、乙在15日内将收购情况报告国务院证券监督管理机构和证券交易所，并予以公告。

要求：根据上述事实及证券法律制度的规定，回答下列问题。

(1) 收购要约期满后，丁上市公司的股票是否还具备上市条件？简要说明理由。

(2) 甲拒绝收购其余15%股份的做法是否合法？简要说明理由。

第十二章 经济纠纷的解决途径

【能力目标】
- 识别仲裁与行政复议的适用范围。
- 解释仲裁与诉讼的区别。

【知识目标】
- 掌握仲裁的范围及仲裁协议的效力。
- 掌握法院的管辖规定及审判制度。
- 了解仲裁、法院审判的程序。

【职业素质目标】

应用所学,选择适宜的经济纠纷解决途径,依法维护自身合法权益。

【章前测试】

1. 下列纠纷中,可以适用《仲裁法》解决的是( )。
    A. 甲、乙之间的土地承包合同纠纷　　B. 甲、乙之间的货物买卖合同纠纷
    C. 甲、乙之间的遗产继承纠纷　　　　D. 甲、乙之间的劳动争议纠纷
2. A市的李某与B市的张某发生经济纠纷,李某欲起诉张某,应向A市人民法院提交诉状还是应向B市人民法院提交诉状?
3. 不服仲裁裁决的,可以向人民法院起诉。这一说法正确吗?

【参考答案】

1. B　　2. B市　　3. 不正确

第一节 经济纠纷解决途径概述

【案情导入】

甲商厦与乙鞋厂签订了棉鞋购销合同,合同规定10月交货。双方在合同签订后又补签了一份仲裁协议。协议约定,如果双方就合同发生争议,任何一方有权提请仲裁。后来合同履行中双方发生了纠纷,乙鞋厂向人民法院起诉。开庭前,甲商厦向法院提交了仲裁协议,请求法院驳回鞋厂的起诉。

【思考】

(1) 法院应否驳回鞋厂的起诉?为什么?

(2) 什么是仲裁？当事人的哪些争议可以仲裁？
(3) 《仲裁法》的主要规定有哪些？

在经济交往中，由于当事人的利益冲突以及合同缺陷等，必然会在当事人之间产生争议，解决经济纠纷的途径包括四种方式：协商、调解、仲裁、诉讼。

1. 协商

协商是争议各方当事人在自愿的基础上，按照有关法律的规定及合同条款的约定，直接进行磋商或谈判，互谅互让达成解决争端的协议。协商这一争端解决方式的最大特点是没有第三者介入，完全依靠双方当事人自己解决，争端能否解决取决于当事人的意愿。

2. 调解

调解是在第三者主持下，通过劝说诱导，促使经济纠纷的当事人在自愿的基础上互谅互让达成协议以解决争端的一种方式。调解与协商的最大区别在于调解有第三者介入，而协商则没有。尽管如此，调解与协商的根本性质是相同的，在调解过程中，调解人只能说服劝导，不能独立自主地作出具有约束力的决定，争端能否解决最终还是取决于双方当事人能否互相达成协议。

3. 仲裁

在当事人双方协商、调解不能达成协议的情况下，可以依据订立的仲裁条款或仲裁协议提交仲裁庭仲裁。仲裁建立在双方自愿的基础上，但其裁决结果对双方都有法律约束力。

4. 诉讼

这里所称的诉讼是指法院在诉讼当事人参加的情况下，对经济纠纷案件受理、审理、裁判和执行的全部活动。诉讼的程序及其所依据的法律非常严格，其裁决结果也具有很强的约束力。

第二节　经济仲裁

一、仲裁法概述

(一) 仲裁的概念和特征

仲裁也称为"公断"，是指纠纷当事人之间自愿达成协议，将纠纷提交给仲裁机构进行审理，并作出对争议各方均有约束力的裁决的解决纠纷的活动。

仲裁具有以下特征。

1. 自愿性

当事人是否采取仲裁方式解决纠纷，完全基于当事人双方的自愿。一般来说，仲裁机构的选择、仲裁庭组成人员的产生、仲裁事项等均可以由当事人协议确定。

2. 约束性

仲裁的裁决对当事人均有约束力，一方当事人不履行的，另一方当事人可以向人民法院申请执行，受理申请的人民法院应当执行。

3. 灵活性

当事人可以选择仲裁庭的组成形式、开庭的方式，以及仲裁规则等，仲裁程序、仲裁形式等与经济诉讼相比，具有很大的灵活性。

4. 效率性

仲裁实行一裁终局制度，不同于法院审判的两审终审制度，可以使当事人的纠纷在较短时间内得到解决。

（二）仲裁法

仲裁法是指国家制定或认可的，调整在仲裁过程中发生的各种关系的法律规范的总称。

仲裁是当今国际上通行的解决争议的重要方式。1994年8月31日全国人大常委会第九次会议通过了《中华人民共和国仲裁法》(以下简称《仲裁法》)，是调整仲裁法律关系的基本法，该法自1995年9月1日起施行。

《仲裁法》的颁布和施行，对于保证公正、及时地仲裁经济纠纷，保护当事人的合法权益，保障社会主义市场经济健康发展，具有十分重要的意义。

（三）仲裁的适用范围

根据《仲裁法》的规定，仲裁适用于解决平等主体的公民、法人和其他组织之间发生的合同纠纷和其他财产权益纠纷，如买卖合同、租赁合同、知识产权转让合同、劳动合同等。但是，下列纠纷不能仲裁：①婚姻、收养、监护、抚养、继承纠纷；②依法应当由行政机关处理的行政争议；③劳动合同和农业集体经济组织内部的农业承包合同纠纷的仲裁。

【思考12-1】下列各项中，可以申请仲裁解决的是（　　）。
A. 甲与其任职单位的劳动合同争议
B. 甲、乙两人的继承遗产纠纷
C. 甲企业与银行签订的流动资金贷款合同纠纷
D. 甲某与村民委员会签订的土地承包合同纠纷
【解析】正确答案是C。

（四）仲裁法的基本原则

《仲裁法》的基本原则是仲裁立法的指导思想，它是贯穿整个仲裁过程、仲裁机构和双方当事人必须遵循的基本准则，主要包括以下原则。

1. 自愿原则

自愿原则是《仲裁法》最基本的原则。即是否选择仲裁作为解决纠纷的途径，选择哪家仲裁机构仲裁，哪些争议事项提交仲裁，选择哪个仲裁员和哪种形式的仲裁庭，以及选择哪种审理方式和开庭形式，由当事人自愿决定。甚至仲裁时间、仲裁地点，当事人也可以选择。

2. 以事实为根据，以法律为准绳原则

仲裁应当根据事实，符合法律规定，公平合理地解决纠纷。即仲裁活动必须以确凿的证据和事实为根据，裁决必须以法律作为处理案件的标准和衡量尺度，这是公正处理经济纠纷的根本保障。

3. 独立原则

仲裁独立指的是从仲裁机构的设置到解决仲裁纠纷的整个过程都具有法定的独立性。具体体现在：一是仲裁独立于行政机关，与行政机关没有隶属关系，其依法独立仲裁，不受行政机关的干涉；二是仲裁不实行级别管辖和地域管辖，仲裁组织体系中的仲裁协会、仲裁委员会和仲裁庭三者之间相对独立；三是仲裁独立于审判。

(五) 仲裁法的基本制度

1. 协议仲裁制度

当事人采用仲裁方式解决纠纷，应当由双方自愿达成仲裁协议。没有仲裁协议，一方申请仲裁的，仲裁委员会不予以受理。

2. 或裁或审制度

仲裁和诉讼是两种不同的争议解决方式。当事人发生争议只能在仲裁与诉讼两种方式中选择一种解决方式。有效的仲裁协议可排除法院的管辖权，只有在没有仲裁协议或者仲裁协议无效，或者当事人放弃仲裁协议的情况下，法院才可以行使管辖权。

3. 一裁终局制度

仲裁实行一裁终局制度，即仲裁庭作出的仲裁裁决为终局裁决。裁决作出后，当事人就同一纠纷再申请仲裁或者向人民法院起诉的，仲裁机构或人民法院不予以受理。

【思考 12-2】甲、乙双方签订购销合同，解决争议的条款约定：发生争议由甲方所在地的仲裁机构解决。后来双方发生争议，作出裁决之后，乙方对裁决结果不服，再次申请甲方所在地的仲裁机构重新仲裁，并且向法院起诉，问乙方再次申请仲裁并且向法院起诉是否符合法律规定？

【解析】不符合法律规定。仲裁实行一裁终局制度。

4. 回避制度

仲裁员有下列情形之一的，应当回避，当事人也有权提出回避申请：①本案当事人或者当事人、代理人的近亲属；②与本案有利害关系；③与本案当事人、代理人有其他关系，可能影响公正仲裁的；④私自会见当事人、代理人，或者接受当事人、代理人的请客送礼的。仲裁员是否回避，由仲裁委员会主任决定；仲裁委员会主任担任仲裁员的，由仲裁委员会集体决定。

二、仲裁机构

仲裁机构包括仲裁委员会和仲裁协会。

(一) 仲裁委员会

仲裁委员会是组织进行仲裁工作，解决经济纠纷的事业单位法人。仲裁委员会可以在直辖市和省、自治区人民政府所在地的市设立，也可以根据需要在其他设区的市设立，不按行政区划层层设立。仲裁委员会独立于行政机关，与行政机关没有隶属关系。仲裁委员会之间也没有隶属关系。仲裁委员会由上述市的人民政府组织有关部门和商会统一组建。设立仲裁委员会，应当在省、自治区、直辖市的司法行政部门登记。

仲裁委员会由主任1人、副主任2~4人和委员7~11人组成。仲裁委员会的组成人员中，法律、经济贸易专家不得少于2/3。

仲裁委员会应当从公道、正派的人员中聘任仲裁员。仲裁员应当符合下列条件之一：①从事仲裁工作满8年的；②从事律师工作满8年的；③曾任审判员满8年的；④从事法律研究、教学工作并具有高级职称的；⑤具有法律知识、从事经济贸易等专业工作并具有高级职称或者具有同等专业水平的。

(二) 仲裁协会

仲裁协会是社会团体法人。中国仲裁协会实行会员制。各仲裁委员会是中国仲裁协会的法定会员。中国仲裁协会是仲裁委员会的自律性组织，根据由全国会员大会制定的章程对仲裁委员会及其组成人员、仲裁员的违纪行为进行监督。根据《仲裁法》和《中华人民共和国民事诉讼法》(以下简称《民事诉讼法》)的有关规定制定仲裁规则和其他仲裁性文件。

三、仲裁协议

(一) 仲裁协议的概念

仲裁协议是指双方当事人自愿把他们之间可能发生或者已经发生的经济纠纷提交仲裁机构裁决的书面约定。仲裁协议应当以书面形式订立，口头达成仲裁的意思表示无效。

(二) 仲裁协议的内容

仲裁协议应当具有下列内容：①请求仲裁的意思表示；②有仲裁事项；③有选定的仲裁委员会。

有下列情形之一的，仲裁协议无效：①约定的仲裁事项超出了法律规定的仲裁范围；②无民事行为能力人或限制民事行为能力人订立的仲裁协议；③一方采取胁迫手段，迫使另一方订立的仲裁协议；④口头订立的仲裁协议；⑤仲裁协议对仲裁事项或者仲裁委员会没有约定或者约定不明确，当事人又达不成补充协议的。

(三) 仲裁协议的效力

仲裁协议依法成立，即具有法律约束力。仲裁协议独立存在，合同的变更、解除、终止或者无效，不影响仲裁协议的效力。

当事人对仲裁协议的效力有异议的，可以请求仲裁委员会作出决定或者请求人民法院作出裁定。一方申请仲裁委员会作出决定，另一方请求法院作出裁定的，由人民法院裁定。

当事人对仲裁协议的效力有异议的,应当在首次开庭前提出。

当事人达成仲裁协议,一方向人民法院起诉未声明有仲裁协议,人民法院受理后,另一方在首次开庭前提交仲裁协议的,人民法院应当驳回起诉,但仲裁协议无效的除外;另一方在首次开庭前未对人民法院受理起诉提出异议的,视为放弃仲裁协议,人民法院应当继续审理。

> 【思考 12-3】甲、乙签订买卖童装的合同,约定如果发生纠纷,由乙所在地的仲裁机构仲裁解决。后来,甲提出解除合同,并愿意承担由此给乙造成的损失,于是,双方解除合同,但就损失赔偿金额发生了争议。乙认为合同既然已经解除,其中的仲裁条款也失去了效力,于是向人民法院起诉。试分析乙的观点是否正确?
>
> 【解析】乙的观点不正确。仲裁协议具有独立性,不会因合同的变更、解除、终止或无效而失效。

四、仲裁程序

(一) 申请和受理

1. 申请

当事人申请仲裁应当符合下列条件:①有仲裁协议;②有具体的仲裁请求和事实、理由;③属于仲裁委员会的受理范围。此外,当事人还应当向仲裁委员会递交仲裁协议、仲裁申请书及副本,并按规定缴纳仲裁费用。

2. 受理

仲裁委员会自收到仲裁申请书之日起 5 日内,认为符合受理条件的,应当受理,并通知当事人;认为不符合受理条件的,应当书面通知当事人不予受理,并说明理由。

仲裁委员会受理仲裁申请后,应当在仲裁规则规定的期限内将仲裁规则和仲裁员名册送达申请人,并将仲裁申请书副本和仲裁规则、仲裁员名册送达被申请人。被申请人应当在规定的期限内提交答辩书,并由仲裁委员会按规定将答辩书副本送达申请人。被申请人未提交答辩书的,不影响仲裁程序的进行。

(二) 仲裁庭的组成

仲裁庭可以由 3 名仲裁员或者 1 名仲裁员组成。由 3 名仲裁员组成的,设首席仲裁员。当事人约定由 3 名仲裁员组成的,应当各自选定或者各自委托仲裁委员会主任指定 1 名仲裁员,第 3 名仲裁员由当事人共同选定或者共同委托仲裁委员会主任指定,第 3 名仲裁员是首席仲裁员。当事人约定由 1 名仲裁员成立仲裁庭的,应当由当事人共同选定或者共同委托仲裁委员会主任指定。当事人没有在仲裁规则规定的期限内约定仲裁庭组成方式或者选定仲裁员的,由仲裁委员会指定。仲裁庭组成后,仲裁委员会应当将仲裁庭的组成情况书面通知当事人。

(三) 开庭和裁决

1. 开庭

仲裁应当开庭进行。当事人协议不开庭的,仲裁庭可以根据仲裁申请书、答辩书以及其他材料作出裁决。所谓开庭审理,是指在仲裁庭的主持下,在双方当事人和其他仲裁参与人的参加下,按照法定程序,对案件进行审理并作出判决的方式。

仲裁不公开进行。当事人协议公开的,可以公开进行,但涉及国家秘密的除外。所谓不公开进行是指仲裁庭在审理案件时不对社会公开,不允许群众旁听,也不允许新闻记者采访和报道。

当事人申请仲裁后,可以自行和解,也可以撤回仲裁申请。当事人达成和解协议,撤回仲裁申请后反悔的,还可以根据仲裁协议申请仲裁。

2. 裁决

仲裁庭在作出裁决前,可以先行调解。当事人自愿调解的,仲裁庭应当调解;调解不成的,应当及时作出裁决。调解达成协议的,仲裁庭应当制作调解书或者根据协议的结果制作裁决书。调解书与裁决书具有同等法律效力。调解书经双方当事人签收后,即发生法律效力。

裁决应按多数仲裁员的意见作出,仲裁庭不能形成多数意见时,裁决应当按首席仲裁员的意见作出。裁决书自作出之日起发生法律效力。

【思考12-4】甲、乙双方就合同履行问题发生纠纷,根据仲裁协议,2017年12月10日提出仲裁申请,12月25日开庭审理,2018年1月5日作出裁决,1月8日裁决书送达,乙方签收,该裁决书什么时间生效?( )
A. 2017年12月10日   B. 2017年12月25日
C. 2018年1月5日   D. 2018年1月8日
【解析】正确答案是C。裁决书自作出之日起发生法律效力。

【思考12-5】甲、乙因合同纠纷达成仲裁协议,甲选定A仲裁员,乙选定B仲裁员,另由仲裁委员会主任指定1名首席仲裁员,3人组成仲裁庭。仲裁庭在作出裁决时产生了两种不同意见。正确的做法是( )。
A. 按多数仲裁员的意见作出裁决
B. 按首席仲裁员的意见作出裁决
C. 提请仲裁委员会作出裁决
D. 提请仲裁委员会主任作出裁决
【解析】正确答案是A。裁决应按多数仲裁员的意见作出,仲裁庭"不能形成多数"意见时,裁决应当按首席仲裁员的意见作出。

五、仲裁监督

人民法院对仲裁裁决予以执行,同时又对仲裁裁决进行必要的监督。法院对仲裁的监督主要表现在仲裁裁决生效后,人民法院经当事人申请应组成合议庭,经审查核实,对不符合法定条件的仲裁裁决可以裁定撤销或不予执行。

当事人提出证据证明裁决有下列情形之一的,可以向仲裁委员会所在地的中级人民法院申请撤销裁决。

(1) 没有仲裁协议的。
(2) 裁决的事项不属于仲裁协议的范围或者委员会无权仲裁的。
(3) 仲裁庭的组成或者仲裁的程序违反法定程序的。
(4) 裁决所根据的证据是伪造的。
(5) 对方当事人隐瞒了足以影响公正裁决的证据的。
(6) 仲裁员在仲裁该案时,有索贿受贿、徇私舞弊、枉法裁决行为的。

当事人申请撤销裁决的,应当自收到裁决书之日起 6 个月内提出。人民法院应当在受理撤销裁决申请之日起两个月内作出撤销裁决或者驳回申请的裁定。

对当事人撤销仲裁裁决的申请,人民法院应当组成合议庭审查核实。如果确有《仲裁法》规定的可以撤销仲裁裁决的情形,应当裁定撤销。人民法院认定裁决违背社会公共利益的,应当裁定撤销。

人民法院受理撤销裁决的申请后,认为可以由仲裁庭重新仲裁的,通知仲裁庭在一定期限内重新仲裁,并裁定中止撤销程序。仲裁庭拒绝重新仲裁的,人民法院应当裁定恢复撤销程序。

六、仲裁裁决的执行

当事人应当履行裁决。一方当事人不履行的,另一方当事人可以依照《民事诉讼法》的有关规定向人民法院申请执行,接受申请的人民法院应当执行,但仲裁裁决有依法被撤销的情形除外。

仲裁裁决被人民法院依法撤销或裁定不予执行后,当事人双方可以重新协商达成仲裁协议,提交仲裁机构予以仲裁,也可以由任何一方向法院起诉,以诉讼方式解决纠纷。

【案例 12-1】位于甲市的 A 公司与位于乙市的 B 公司订立了一份买卖水果的合同,合同约定如果发生纠纷,由位于丙市的经济仲裁委员会进行仲裁。后来在合同履行中发生了纠纷,并由丙市仲裁委员会进行仲裁,该仲裁委员会决定公开审理,但 A 公司表示反对。该仲裁委员会作出裁决后,A 公司不服,准备向人民法院起诉。由于 A 公司拒绝履行仲裁裁决书,B 公司便向该仲裁委员会申请执行,被仲裁委员会拒绝。试分析:

(1) 两公司约定由丙市的经济仲裁委员会仲裁是否合法?为什么?
(2) A 公司反对仲裁委员会公开审理是否正确?为什么?
(3) A 公司能否向人民法院起诉?为什么?
(4) 该仲裁委员会拒绝 B 公司的执行申请是否正确?为什么?

【分析】

(1) 约定是合法的。仲裁没有级别管辖和地域管辖的限制,由当事人约定选择仲裁委员会。
(2) A 公司反对公开审理正确。仲裁原则上不公开进行。
(3) A 公司不能起诉。仲裁实行一裁终局原则,裁决书作出后即产生法律效力,既不能再向其他仲裁机构申请仲裁,也不能向人民法院起诉。
(4) 正确。一方当事人不履行仲裁裁决书的,另一方当事人应当向有管辖权的人民法院申请执行。

第三节 民事诉讼

【案情导入】

A市的甲公司与B市的乙公司签订了一份买卖合同，履行地点在C市，合同签订地点在A市，合同中未约定争议解决的管辖法院。甲按期履行了合同，但乙迟迟不付款，甲多次催要无果，于是向A市的人民法院起诉，A市的人民法院以对本案没有管辖权为由裁定不予受理，并告知甲向有管辖权的法院起诉。

【思考】
(1) 人民法院的管辖权是如何划分的？
(2)《民事诉讼法》的主要规定有哪些？
(3) 仲裁与诉讼有什么区别？

一、民事诉讼法概述

(一) 民事诉讼的概念

民事诉讼是指人民法院在双方当事人和其他诉讼参加人参加的情况下，审理和解决民事案件的活动。民事诉讼特点如下。

(1) 人民法院的审判活动在全过程中起着主导作用。
(2) 参加诉讼的双方当事人的法律地位是平等的。
(3) 审理和解决的是有关财产关系和人身关系的民事案件。

(二) 民事诉讼法

民事诉讼法是指规定人民法院和诉讼参加人在审理民事案件过程中进行各种诉讼活动所应遵循的程序制度的法律规范的总称。1982年3月8日，我国第五届全国人大常委会第二十二次会议通过颁布了《中华人民共和国民事诉讼法 (试行)》，同年10月1日起试行。1991年4月9日第七届全国人大第四次会议通过修改后的《中华人民共和国民事诉讼法》，分别于2007年、2012年和2017年进行了三次修订。

二、民事诉讼参加人

民事诉讼参加人，是指参加诉讼的当事人和类似当事人诉讼地位的人。当事人包括原告和被告、共同诉讼人、诉讼代表人、第三人。类似当事人诉讼地位的人是诉讼代理人。诉讼参加人不同于诉讼参与人。诉讼参与人除包括上述诉讼参加人外，还包括证人、鉴定人、翻译人员。

(一) 当事人

民事诉讼中的当事人是指因民事权利义务关系发生纠纷，以自己的名义进行诉讼，案件审理结果与其有法律上的利害关系，并受人民法院裁判约束的人。

1. 原告和被告

原告是指认为自己的民事权益受到侵害，或者与他人发生争议，为维护其合法权益而向人民法院提起诉讼，引起诉讼程序发生的人。

被告是指被诉称侵犯原告民事权益或与原告发生民事权益争议，被人民法院通知应诉的人。

2. 共同诉讼人

当事人一方或双方各为两人以上，其诉讼标的是共同的，或者是同一种类，人民法院认为可以合并审理并经当事人同意的民事诉讼为共同诉讼。共同诉讼中的当事人统称为共同诉讼人。

3. 诉讼代表人

当事人众多的一方推选出代表，由其为维护本方当事人利益而进行诉讼活动的人为诉讼代表人。当事人一方人数众多，一般是指10人以上。

4. 第三人

民事诉讼的第三人，是指对他人争议的诉讼标的有独立的请求权，或者虽无独立的请求权，但案件的处理结果与其有法律上的利害关系而参加诉讼的人。

第三人分为有独立请求权的第三人和无独立请求权的第三人。

有独立请求权的第三人是指对他人争议的诉讼标的有独立的请求权。

无独立请求权的第三人是指无独立的请求权，但案件的处理结果与其有法律上的利害关系。

(二) 诉讼代理人

民事诉讼代理人，是指为了一方当事人的利益，以该当事人的名义在法定的或者委托的权限范围内，代替或协助当事人进行诉讼活动的人。被代替或协助的当事人称为被代理人。诉讼代理人分为法定代理人和委托代理人。

三、民事诉讼的管辖

诉讼管辖，是指各级人民法院之间以及不同地区的同级人民法院之间受理第一审民事案件的分工和权限。诉讼管辖按照不同标准可以分为级别管辖、地域管辖、专属管辖、协议管辖等。

(一) 级别管辖

级别管辖是指人民法院系统内划分的上下级人民法院之间对第一审民事案件受理范围上的分工和权限。

我国法院分为四级：基层人民法院、中级人民法院、高级人民法院、最高人民法院。另外，还有专门法院，如军事法院、海事法院、铁路运输法院。

基层人民法院(指县级、不设区的市级、市辖区的法院)管辖除上级人民法院管辖外的所有第一审民事、经济纠纷案件。我国绝大多数的第一审民事案件由基层人民法院管辖。

中级人民法院管辖重大涉外案件、在本辖区有重大影响的案件、最高人民法院确定由中级人民法院管辖的案件。

高级人民法院管辖在本辖区内有重大影响的第一审民事案件。

最高人民法院管辖两类案件：一是在全国有重大影响的案件；二是认为应当由本院审理的案件。

(二) 地域管辖

各级人民法院的辖区和各级行政区划一致。按照人民法院的辖区确定同级法院之间受理第一审案件的分工和权限，称为地域管辖。地域管辖又分为一般地域管辖、特殊地域管辖。

1. 一般地域管辖

一般地域管辖是指根据当事人住所地确定管辖法院的一种管辖。通常采取"原告就被告"的原则，即到被告所在地法院去起诉。被告所在地对作为公民的个人被告而言，是指其住所地，即户籍所在地。如果经常居住地(居住满1年)与户籍所在地不一致的，以经常居住地为住所。对作为法人或其他组织的被告而言，是指其主要办事机构所在地或主要营业地。

对不在中华人民共和国领域内居住的人和对下落不明或者宣告失踪的人提起的有关身份关系的诉讼，以及对被采取强制性教育措施或者被监禁的人提起的诉讼，由原告所在地人民法院管辖。

2. 特殊地域管辖

特殊地域管辖是以诉讼标的所在地或引起法律关系发生、变更、消灭的法律事实所在地为依据确定管辖法院的一种管辖，其主要内容如下。

(1) 一般合同纠纷案件，由被告住所地或合同履行地人民法院管辖。

(2) 保险合同纠纷案件，由被告住所地或保险标的物所在地人民法院管辖。

(3) 票据纠纷案件，由被告住所地或票据支付地人民法院管辖。

(4) 运输合同纠纷案件，由被告住所地或运输始发地、目的地人民法院管辖。

(5) 侵权行为纠纷案件，由被告住所地或侵权行为地(包括侵权行为实施地、侵权结果发生地)人民法院管辖。

信息网络侵权实施地包括实施被诉侵权行为的计算机设备所在地，侵权结果地包括被侵权人住所地。

因产品不合格造成他人财产、人身损害提出诉讼的，产品制造地、销售地、服务提供地、侵权行为地和被告住所地均有管辖权。

(6) 交通事故损害赔偿纠纷案件，由被告住所地或事故发生地、车辆或船舶最先到达地、航空器最先降落地人民法院管辖。

(7) 船舶碰撞或者其他海事损害事故请求损害赔偿纠纷案件，由被告住所地或者碰撞发生地、碰撞船舶最先到达地、加害船舶被扣留地或者被告住所地人民法院管辖。

(8) 海难救助费用纠纷案件，由救助地或者被救助船舶最先到达地法院管辖。

(9) 共同海损纠纷的案件，由船舶最先到达地、共同海损理算地或者航程终止地人民法院管辖。

(10) 因公司设立、确认股东资格、分配利润、解散等纠纷提起的诉讼，由公司住所地人民法院管辖。

【思考 12-6】A 企业因与银行发生票据兑付纠纷而提起诉讼，该企业在起诉银行时可以选择的人民法院有（　　）。
　　A. 原告住所地人民法院　　　　B. 票据兑付地人民法院
　　C. 被告住所地人民法院　　　　D. 票据出票地人民法院
【解析】正确答案是 BC。由票据兑付地或者被告住所地的人民法院管辖。

(三) 专属管辖

专属管辖是法律规定案件必须由特定法院管辖，其他法院无权受理，当事人也不得协议变更受理法院，主要包括：①因不动产纠纷提起的诉讼，由不动产所在地人民法院管辖；②因港口作业中发生的纠纷提起的诉讼，由港口所在地人民法院管辖；③因继承遗产纠纷提起的诉讼，由被继承人死亡时住所地或主要遗产所在地人民法院管辖。

【思考 12-7】B 市的甲购买了乙在 A 市的一套房屋，因房屋质量问题发生了争议，甲准备起诉乙，试分析甲应向哪市的法院提起诉讼？
【解析】应向 A 市人民法院提起诉讼。因不动产提起的诉讼，由不动产所在地的法院管辖。

(四) 协议管辖

协议管辖是指当事人在纠纷发生前或诉讼发生后，以协议方式确定第一审民事案件的管辖法院。根据法律规定，国内合同纠纷案件当事人可以在被告住所地、原告住所地、合同履行地、合同签订地、标的物所在地人民法院中选择。涉外合同或涉外财产权益纠纷案件当事人可以选择与争议有实际联系的地点的人民法院管辖。

两个以上法院都有管辖权（共同管辖）的诉讼，原告可以向其中一个法院起诉（选择管辖）；原告向两个以上有管辖权的法院起诉的，由最先立案的法院管辖。

四、民事诉讼的程序

(一) 第一审程序

第一审程序是指人民法院审理当事人起诉案件所适用的程序。通常包括下面几个阶段。

1. 起诉和受理

起诉，是指公民、法人和其他民事主体因自己的民事权益受到侵害或与他人发生争议而向人民法院提出诉讼请求，要求人民法院予以司法保护，依法作出裁判的诉讼行为。起诉必须符合下列条件：①原告是与本案有直接利害关系的公民、法人和其他组织；②有明确的被告；③有具体的诉讼请求和事实、理由；④属于人民法院受理民事诉讼的范围和受诉人民法院管辖。

人民法院收到起诉状或者口头起诉，经审查，认为符合起诉条件的，应当在 7 日内立案，并在立案之日起 5 日内将起诉状副本发送被告，被告在收到之日起 15 日内提出答辩状。

人民法院认为不符合起诉条件的,应当在 7 日内裁定不予受理;原告对裁定不服的,可以提起上诉。

2. 调查和调解

人民法院审判人员必须认真审核诉讼材料,调查收集必要的证据,并根据当事人自愿的原则,在事实清楚的基础上,分清是非,进行调解。调解达成协议,必须双方自愿,不得强迫。调解协议的内容不得违反法律规定。调解达成协议,人民法院应当制作调解书。调解书经双方当事人签收后,即具有法律效力。调解未达成协议或者调解书送达前一方反悔的,人民法院应当及时判决。人民法院审理行政案件,不适用调解。

3. 开庭审理

人民法院审理案件,除涉及国家秘密、个人隐私或者法律另有规定的以外,应当公开进行。涉及商业秘密的案件,当事人申请不公开审理的,可以不公开审理。开庭审理包括庭审准备、法庭调查、法庭辩论、评议和宣判等阶段。庭审准备是指开庭审理案件前所进行的准备工作,如开庭审理前 3 日通知当事人和其他诉讼参与人,开庭审理前,核对当事人和其他诉讼参与人身份等。法庭调查是在当事人和其他诉讼参与人的参与下,核实各种证据,以查明案情,认定事实。法庭辩论是在审判人员主持下,由双方当事人对案件有争议的事实、证据等互相辩驳。法庭辩论结束后,当事人不愿进行调解或者调解不成的,合议庭全体成员进行评议,实行少数服从多数的原则,评议后,根据案件情况当庭宣判或者定期宣判。

人民法院对公开审理或者不公开审理的案件,一律公开宣告判决。当庭宣判的,应当在 10 日内发送判决书;定期宣判的,宣判后立即发给判决书。宣告判决时,必须告知当事人上诉权利、上诉期限和上诉的法院。

(二) 第二审程序

我国实行两审终审制,当事人不服地方人民法院第一审判决的,有权在判决书送达之日起 15 日内向上一级人民法院提起上诉。当事人不服地方人民法院第一审裁定的,有权在裁定书送达之日起 10 日内向上一级人民法院提起上诉。

二审法院对上诉案件进行审理,按下列情况分别处理:①原判决认定事实清楚,适用法律正确的,判决驳回上诉,维持原判;②原判决适用法律错误,依法改判;③原判决认定事实错误,或者原判决认定事实不清,证据不足,裁定撤销原判决,发回原审人民法院重审,或查清事实后改判;④原判决违反法定程序,可能影响案件正确判决,裁定撤销原判决,发回原审人民法院重审。

第二审的判决、裁定是终审的判决、裁定,一经送达当事人,即发生法律效力,当事人不得再行上诉,或就同一诉讼标的以同一事实和理由重新起诉。对发回原审人民法院重审的案件的判决、裁定可以上诉。

(三) 审判监督程序

审判监督程序是指人民法院对已经发生法律效力的判决、裁定发现确有错误,依法进行再审给予纠正的一种特殊程序。审判监督程序的提起,通常包括以下情况:①各级人民法院院长对本院已经发生法律效力的判决、裁定，发现确有错误，认为需要再审的，应当提交审判委员会讨论决定。②最高人民法院对地方各级人民法院已经发生法律效力的判决、裁定，上级人民法院对下级人民法院已经发生法律效力的判决、裁定，发现确有错误的，有权提审或者指令下级人民法院再审。③当事人对已经发生法律效力的判决、裁定，认为有错误的，可以向原审人民法院或者上一级人民法院申请再审，但不停止判决、裁定的执行。当事人申请再审，应当在判决、裁定发生法律效力后 2 年内提出。④人民检察院提出抗诉的案件，人民法院应当再审。

(四) 执行程序

执行程序是人民法院依法对已经发生法律效力的判决、裁定及其他法律文书的规定，强制义务人履行义务的程序。对发生法律效力的判决、裁定、调解书和其他应由人民法院执行的法律文书，当事人必须履行。一方拒绝履行的，对方当事人可以向人民法院申请执行。申请执行的期限从法律文书规定履行期间的最后一日起计算，双方或者一方当事人是公民的为 1 年，双方是法人或者其他组织的为 6 个月。

【思考12-8】下列关于仲裁与民事诉讼区别的表述中，正确的有(　　)。
A. 仲裁必须由双方当事人自愿达成仲裁协议方可进行，而诉讼只要有一方当事人起诉即可进行
B. 仲裁实行一裁终局制度，而诉讼实行两审终审制度
C. 仲裁不公开进行，诉讼一般公开进行
D. 仲裁不实行回避制度，诉讼实行回避制度
【解析】正确答案是 ABC。

【案例12-2】A 地甲公司与 B 地乙公司签订了一份书面购销合同，甲公司向乙公司购买冰箱 100 台，每台价格是 1 500 元。双方约定由乙公司代办托运，甲公司在收到货物后的 10 日内付款，任何一方违约需支付违约金 10 万元，并且约定了因合同发生纠纷由合同签订地 C 地的法院管辖。后来，乙公司违约，双方发生争议，甲公司欲提起诉讼。试分析：
(1) 甲、乙双方约定发生合同纠纷由 C 地的法院管辖，该管辖协议是否有效？
(2) 如果双方当事人没有约定管辖协议，那么，甲公司可以向哪个法院提起诉讼？
(3) 如果乙不服一审判决，能否上诉？
(4) 乙上诉后，如果二审法院维持原判，试分析二审法院判决的法律效力有哪些？
【分析】
(1) 该管辖协议有效。双方可以协议约定管辖，同时，并没有违反专属管辖和级别管辖等特殊规定，具备了管辖协议生效的条件。
(2) 如果双方当事人没有约定管辖协议。合同纠纷应当由合同履行地或者被告住所地的人民法院管辖。
(3) 如果乙不服一审判决，应在判决书送达之日起 15 日内向上一级人民法院提起上诉。
(4) 我国民事诉讼实行二审终审制度。二审法院判决后即产生法律效力，乙应当履行判决。若乙不履行判决，甲公司可以申请法院强制执行；非经法定审判监督程序，二审判决不得撤销。

复习思考题

1. 简述仲裁的范围与仲裁协议的效力。
2. 简述民事诉讼管辖的规定。
3. 简述诉讼与仲裁的区别。
4. 民事诉讼的参加人有哪些？

强 化 训 练

一、单项选择题

1. 下列纠纷中，可以适用《仲裁法》解决的是(   )。
   A. 房屋租赁合同纠纷　　　　B. 劳动合同纠纷
   C. 遗产继承纠纷　　　　　　D. 土地承包合同纠纷
2. 当事人不服地方人民法院一审判决的，有权在法定期限内向上一级人民法院提起上诉，该法定期限是指(   )。
   A. 判决书作出之日起 10 日内　　B. 判决书作出之日起 15 日内
   C. 判决书送达之日起 10 日内　　D. 判决书送达之日起 15 日内
3. 根据《仲裁法》的规定，下列各项中，不正确的是(   )。
   A. 仲裁实行自愿原则　　　　　B. 仲裁实行地域管辖
   C. 仲裁不实行级别管辖　　　　D. 仲裁实行一裁终局制度
4. 企业因与银行发生票据支付纠纷而提起诉讼，该企业在起诉银行时可以选择的人民法院有(   )。
   A. 原告住所地的人民法院　　　B. 票据支付地或者被告住所地的人民法院
   C. 背书人所在地的人民法院　　D. 票据出票地的人民法院
5. 裁决书自(   )起发生法律效力。
   A. 作出裁决之日 5 日　　　　　B. 送达裁决书之日
   C. 作出裁决之日　　　　　　　D. 送达裁决书之日 5 日
6. 下列关于仲裁协议的说法中，正确的有(   )。
   A. 仲裁协议对仲裁委员会没有约定，当事人又达不成补充协议的，仲裁协议无效
   B. 仲裁协议可以书面形式订立，也可以口头形式订立
   C. 没有仲裁协议，一方申请仲裁的，仲裁委员会应当受理
   D. 当事人对仲裁协议的效力有异议的，只能请求仲裁委员会作出决定
7. 下列关于仲裁协议的说法中，不正确的是(   )。
   A. 仲裁协议既可以书面形式订立，也可以口头形式订立
   B. 当事人对仲裁协议的效力有异议的，应在仲裁庭首次开庭前提出
   C. 仲裁事项是仲裁协议应具备的内容之一
   D. 仲裁协议一经依法成立，即具有法律的约束力

8. 甲、乙发生合同纠纷，继而对双方事先签订的仲裁协议效力发生争议。甲提请丙仲裁委员会确认仲裁协议是否有效，乙提请丁法院确认仲裁协议是否有效。关于确定该仲裁协议效力的下列表述中，符合法律规定的是(　　)。
   A. 应由丙仲裁委员会对仲裁协议的效力作出决定
   B. 应由丁法院对仲裁协议的效力作出裁定
   C. 应根据甲、乙提请确认仲裁协议效力的时间先后来确定由仲裁委员会决定或丁法院裁定
   D. 该仲裁协议自然失效

9. 因港口作业发生的纠纷，享有管辖权的人民法院是(　　)。
   A. 港口所在地人民法院　　B. 被告所在地人民法院
   C. 原告住所地人民法院　　D. 原告住所地或被告住所地人民法院

10. 甲、乙因某不动产发生纠纷，甲欲通过诉讼方式解决。其选择诉讼管辖法院的下列表述中，符合法律规定的是(　　)。
    A. 甲只能向甲住所地法院提起诉讼
    B. 甲只能向乙住所地法院提起诉讼
    C. 甲只能向该不动产所在地法院提起诉讼
    D. 甲可以选择向乙住所地或该不动产所在地法院提起诉讼

二、多项选择题

1. 下列有关仲裁的表述中，符合规定的是(　　)。
   A. 仲裁仅适用于平等民事主体的当事人之间的合同纠纷及其他财产纠纷解决
   B. 仲裁庭由1名或3名仲裁员组成
   C. 仲裁裁决作出后，当事人就同一纠纷再申请仲裁的，仲裁委员会不予以受理
   D. 仲裁员是否回避由双方当事人决定

2. 对于仲裁机构的生效裁决，一方当事人不履行的，另一方当事人可以请求强制执行的人民法院是(　　)。
   A. 申请人住所地的人民法院　　B. 被执行人住所地的人民法院
   C. 仲裁委员会住所地的人民法院　　D. 被执行的财产所在地的人民法院

3. 下列符合《仲裁法》规定的有(　　)。
   A. 仲裁实行自愿原则　　B. 仲裁一律公开进行
   C. 仲裁不实行级别管辖和地域管辖　　D. 当事人若不服仲裁裁决可以向人民法院起诉

4. 因保险合同纠纷引起的诉讼，有管辖权的人民法院是(　　)。
   A. 被告住所地　　B. 保险合同签订地
   C. 保险合同履行地　　D. 保险标的物所在地

5. 甲地A公司和乙地B公司在丙地签订一份买卖合同，约定由B公司在丁地向A公司交货。后B公司未能按约履行合同，A公司便向人民法院提起诉讼。根据规定，该案有管辖权的人民法院是(　　)。
   A. 甲地人民法院　　B. 丙地人民法院
   C. 乙地人民法院　　D. 丁地人民法院

6. 下列关于诉讼和仲裁的说法中，正确的是(　　)。

A. 民事经济纠纷实行或裁或审制度
B. 民事诉讼与仲裁均实行回避制度
C. 民事诉讼实行两审终审制度,仲裁实行一裁终局制度
D. 民事诉讼实行公开审判制度,仲裁不公开进行

7. 下列关于公开审判制度的表述中,正确的是(   )。
A. 涉及商业秘密的民事案件,当事人申请不公开审理的,可以不公开审理
B. 不论民事案件是否公开审理,一律公开宣告判决
C. 涉及国家秘密的民事案件应当不公开审理
D. 涉及个人隐私的民事案件应当不公开审理

8. 下列关于仲裁制度的表述中,正确的有(   )。
A. 仲裁裁决对双方当事人都有约束力
B. 仲裁实行一裁终局
C. 仲裁实行级别管辖和地域管辖
D. 平等主体之间发生的合同纠纷和其他财产权益纠纷,可以仲裁

9. 甲、乙因合同纠纷申请仲裁,仲裁庭对案件裁决未能形成一致意见,关于该案件仲裁裁决的下列表述中,符合法律规定的有(   )。
A. 应当按照多数仲裁员的意见作出裁决
B. 应当由仲裁庭达成一致意见作出裁决
C. 仲裁庭不能形成多数意见时,按照首席仲裁员的意见作出裁决
D. 仲裁庭不能形成一致意见时,提请仲裁委员会作出裁决

10. 下列纠纷不适用仲裁方式解决的有(   )。
A. 房屋买卖合同纠纷
B. 企业之间的财产产权纠纷
C. 婚姻纠纷
D. 企业对环保局的处罚不服的纠纷

三、判断题

1. 仲裁裁决作出后,当事人就同一纠纷不能再申请仲裁或向人民法院起诉。(   )
2. 合同的变更、解除、终止或者无效,不影响仲裁协议的效力。(   )
3. 一般地域管辖通常实行原告就被告原则,即由被告住所地人民法院管辖。(   )
4. 当事人对仲裁协议的效力有异议的,一方请求仲裁委员会作出决定,另一方请求人民法院作出裁定的,由仲裁委员会裁定。(   )
5. 裁决应当由多数仲裁员的意见作出,仲裁庭不能形成多数意见时,裁决应当按首席仲裁员的意见作出。(   )
6. 对于平等民事主体当事人之间发生的经济纠纷而言,有效的仲裁协议可排除法院的管辖权。(   )
7. 作为平等主体的当事人之间发生经济纠纷,只能选择诉讼方式。(   )
8. 甲、乙两公司在建设工程合同中依法约定有仲裁条款,其后,该建设工程合同被确认无效,则仲裁协议也无效。(   )
9. 除涉及国家秘密的外,仲裁应公开进行。(   )
10. 因产品不合格造成他人财产、人身损害提出诉讼的,产品制造地、销售地、服务

提供地、侵权行为地和被告住所地均有管辖权。   (   )

四、案例分析题

1. 甲公司与乙公司签订了一份大豆代购合同。合同规定，甲为乙代购10吨大豆，总价款为18万元，货到3个月内付清款项。同时双方还达成口头协议，如果在合同履行过程中发生争议，任何一方均有权向A市仲裁机关申请仲裁。甲按约为乙代购了10吨大豆，但乙一直拖欠货款，甲多次催要未果。甲向A市仲裁委员会申请仲裁，要求乙公司支付货款。试分析：解决此案的法律途径是什么？为什么？此案该如何处理？

2. 1月份，A公司与B研究所签订了一份技术合同，商定双方联合开发一种保健药品，并另外签订了仲裁合同，约定"因履行本合同发生的争议，由C技术合同仲裁机构进行仲裁"。8月份，双方因履行合同发生争议，B研究所向C技术合同仲裁委员会递交了仲裁申请书，A公司拒绝答辩并向合同履行地的人民法院起诉，起诉时未向人民法院说明双方已达成仲裁协议，法院受理了此案，并向B研究所送达了起诉状副本，B研究所向人民法院提交了答辩状。法院经审理后判决B研究所败诉，B研究所不服，以双方事先有仲裁协议、法院无管辖权为由上诉。试分析：

   (1) 合同中约定的仲裁条款是否有效？
   (2) A公司向人民法院起诉是否正确？为什么？
   (3) 法院审理本案是否合法？
   (4) B研究所的上诉理由是否成立？为什么？

3. 6月份，甲公司与乙公司签订了一份租赁合同，约定由甲公司进口一套生产设备，租给乙公司使用，乙公司按年交付租金。A银行出具了担保函，为乙公司提供担保。双方在合同书中约定了仲裁条款。后来双方因履行合同发生争议，试分析：

   (1) 甲公司能否向人民法院起诉乙公司和A银行，请求支付拖欠的租金？为什么？
   (2) 如果仲裁裁决作出后，乙公司拒不执行仲裁裁决，甲公司应采取什么措施保护自身的合法权益？

4. 甲公司与乙公司签订了一份买卖节能灯的合同。双方在合同中约定：如果发生纠纷，应提交A市仲裁委员会仲裁。后来，双方发生纠纷。乙公司于8月18日向A市仲裁委员会申请仲裁，仲裁委员会于8月28日受理此案，并决定由3名仲裁员组成仲裁庭。甲、乙公司分别选定了一名仲裁员。乙公司作为申请方又选定了首席仲裁员。乙公司所选的仲裁员恰好是乙公司上级单位的常年法律顾问，首席仲裁员又是乙公司董事长的哥哥。此3名仲裁员对此案进行了公开审理。试分析此案仲裁程序上有无不当之处？

5. 北京的甲公司和长沙的乙公司于2017年4月1日在上海签订一份买卖合同。合同约定，甲公司向乙公司提供一批货物，双方应于2017年4月10日在厦门履行合同。4月10日，甲公司依约交货后，乙公司拒绝付款。经交涉无果，甲公司准备对乙公司提起诉讼。

   要求：根据上述资料，分析回答以下问题。

   (1) 对甲公司拟提起的诉讼有管辖权的是(　　)。
       A. 北京　　　　　B. 长沙　　　　　C. 上海　　　　　D. 厦门
   (2) 甲公司对乙公司提起诉讼的诉讼时效期间届满日是(　　)。
       A. 2018年4月1日　　　　　　　B. 2018年4月10日

C. 2020年4月1日   D. 2020年4月10日

(3) 下列关于诉讼时效的表述中，不正确的是(   )。

　　A. 诉讼时效期间届满，权利人丧失的是胜诉权

　　B. 诉讼时效期间届满，权利人的实体权利消灭

　　C. 诉讼时效期间届满，权利人自愿履行的，不受诉讼时效的限制

　　D. 诉讼时效期间，均从权利人知道或者应当知道权利被侵害及义务人之日起计算；但是，从权利被侵害之日起超过20年的，人民法院不予保护

(4) 下列情形中，可以引起诉讼时效中断的有(   )。

　　A. 权利人提起诉讼

　　B. 当事人一方提出履行义务的要求

　　C. 当事人一方同意履行义务

　　D. 在诉讼时效期间的最后6个月内，因不可抗力致使权利人不能行使诉讼请求权

参 考 文 献

[1] 财政部会计资格评价中心. 中级经济法[M]. 北京：中国财政经济出版社，2018.
[2] 财政部会计资格评价中心. 初级经济法[M]. 北京：中国财政经济出版社，2018.
[3] 黄洁洵. 中级经济法应试指导[M]. 北京：北京大学出版社，2018.
[4] 吉文丽. 经济法[M]. 3版. 北京：清华大学出版社，2014.
[5] 王福友，曲振涛. 经济法[M]. 北京：高等教育出版社，2017.
[6] 杨紫烜. 经济法[M]. 北京：北京大学出版社，2017.
[7] 中华人民共和国反不正当竞争法. 2017年11月4日修订通过，自2018年1月1日起施行.
[8] 中华人民共和国民法总则. 2017年3月15日修订通过，自2017年10月1日起施行.
[9] 中华人民共和国公司登记管理条例. 2016年2月6日修订通过，自2016年3月1日起施行.
[10] 中华人民共和国商标法. 2013年8月30日修订通过，自2014年5月1日起施行.
[11] 中华人民共和国消费者权益保护法. 2013年10月25日修订通过，自2014年3月15日起施行.
[12] 中华人民共和国商业银行法. 2015年8月29日修订通过，自2015年10月1日起施行.